Becker · Unterricht planen

Georg E. Becker

Unterricht planen

Handlungsorientierte Didaktik · Teil I

10. Auflage

BELTZ

Prof. Dr. *Georg E. Becker* war zehn Jahre Lehrer an verschiedenen Schulen und lehrte über dreißig Jahre Allgemeine Didaktik und Schulpädagogik an den Pädagogischen Hochschulen Heidelberg und Schwäbisch Gmünd.

FSC www.fsc.org MIX Papier | Fördert gute Waldnutzung FSC® C089473

Dieses Buch ist erhältlich als:
ISBN 978-3-407-25682-9 Print
ISBN 978-3-407-29131-8 E-Book (PDF)

10., neu ausgestattete Auflage 2012

Herstellung: Lore Amann
Satz: Beltz Bad Langensalza GmbH, Bad Langensalza
Reihengestaltung: glas ag, Seeheim-Jugenheim
Umschlaggestaltung: Sarah Veith
Druck und Bindung: Beltz Grafische Betriebe, Bad Langensalza
Beltz Grafische Betriebe ist ein Unternehmen mit finanziellem Klimabeitrag (ID 15985-2104-1001).
Printed in Germany

Weitere Informationen zu unseren Autor:innen und Titeln finden Sie unter: www.beltz.de

Inhaltsverzeichnis

Einleitung

Das Buch *Unterricht planen* wird als Teil I zur Handlungsorientierten Didaktik ausgewiesen. Letztere versteht sich als die *Lehre vom Erwerb jener Qualifikationen und Handlungskompetenzen, die angehende und praktizierende Lehrerinnen zunehmend in die Lage versetzen, einen humanen, demokratischen und effektiven Unterricht fach-, methoden- und sozial kompetent zu planen, durchzuführen und auszuwerten.*

Aufgrund dieser Definition ergibt sich ein Neun-Felder-Schema, aus dem sich die zentralen Anliegen dieses Ansatzes sowie die Veröffentlichungen zur Handlungsorientierten Didaktik entnehmen lassen.

<table>
<tr><th colspan="4">Handlungsorientierte Didaktik</th></tr>
<tr><td colspan="4">Unterricht</td></tr>
<tr><td>Human, demokratisch, effektiv</td><td>Fach-kompetenz</td><td>Methoden-kompetenz</td><td>Sozial-kompetenz</td></tr>
<tr><td rowspan="2">Planen</td><td colspan="3">I: »Unterricht planen«</td></tr>
<tr><td>Fach-kompetenz</td><td>Planungs-kompetenz</td><td>Prophylaktische Kompetenz</td></tr>
<tr><td rowspan="2">Durchführen</td><td colspan="3">II: »Unterricht durchführen«</td></tr>
<tr><td>Fach-kompetenz</td><td>Durchführungs-kompetenz</td><td>Interventions-kompetenz</td></tr>
<tr><td rowspan="2">Auswerten</td><td colspan="3">III: »Unterricht auswerten und beurteilen«</td></tr>
<tr><td>Fach-kompetenz</td><td>Auswertungs-kompetenz</td><td>Analytische Kompetenz</td></tr>
</table>

Dieses Buch wendet sich in erster Linie an *Studentinnen, Praktikantinnen und Referendarinnen,* deren Aufgabe es ist, Unterricht zu planen und vorzubereiten. Sie alle benötigen Vorstellungen hinsichtlich eines qualifizierten Unterrichts, einen anspruchsvollen Reflexionshintergrund über Unterricht sowie eine angemessene Fachsprache, um sich über Unterricht austauschen zu können. Auch werden in diesem

Buch konkrete Hinweise zur Fertigung von Unterrichtsskizzen und ausführlichen Unterrichtsentwürfen gegeben.

Sodann wendet sich das Buch an *Funktionsträgerinnen* – Ausbildungslehrerinnen, Mentorinnen, Rektorinnen, Schulrätinnen und Dozentinnen –, die Praktika zu betreuen, Unterrichtsskizzen und -entwürfe zu analysieren und Lehrveranstaltungen durchzuführen haben. Wenn die Funktionsträgerinnen die Fachsprache aufgreifen und bei der Ausübung ihrer Tätigkeiten verwenden, müsste im Interesse aller Beteiligten eine zweckrationale Verständigung über Unterricht möglich sein.

Die Planung von Unterricht ist eine *anspruchsvolle geistige Tätigkeit,* die analytisches, verknüpfendes und bewertendes Denken erfordert. Außerdem benötigt eine planende Lehrerin Einfallsreichtum oder Planungskreativität, die sich einer exakten Beschreibung entzieht. Planungsdenken verläuft nicht linear, sondern innerhalb der Problemstruktur sprunghaft. So können z.B. ein Lerninhalt, ein Lernziel, eine Frage, eine Unterrichtskonzeption, ein Medium oder eine zu vermutende Lernschwierigkeit zum Ausgangspunkt der Planungsüberlegungen werden. Diese und weitere Elemente müssen miteinander in Beziehung gesetzt und so lange gedanklich bewegt werden, bis sich ein möglicher Unterrichtsverlauf oder eine Lehr-Lern-Folge abzeichnet, die zielgerichtet erscheint, sich begründen und verantworten lässt.

Die Planung von Unterricht vollzieht sich in den *Stadien beruflicher Sozialisation* unterschiedlich. Wenn Praktikantinnen ihre ersten Unterrichtsskizzen und -entwürfe erstellen, benötigen sie zunächst einmal viel Zeit und Kraft, weil ihnen noch der erwähnte anspruchsvolle Reflexionshintergrund fehlt. Referendarinnen verfügen schon über eine gewisse Planungsroutine, die sie in die Lage versetzt, ökonomischer zu verfahren. Fach-, methoden- und sozial kompetente Lehrerinnen, die z.B. ein Thema das dritte Mal unterrichten, können auf eine erneute Sachanalyse verzichten, auf bewährte Methoden zurückgreifen und sich so auf die Maßnahmen der Unterrichtsvorbereitung beschränken. Sie können beim Studium dieses Buches früher erworbene Kenntnisse und Einsichten vertiefen und hinterfragen. Aber auch erfahrene Lehrerinnen widmen sich immer wieder der Planungsaufgabe, wenn sie neue Inhalte und Ziele erarbeiten wollen. Und sie planen hin und wieder bewusst, um der Alltagsroutine zu entrinnen und weil geplanter Unterricht meist qualifizierter als ein nicht geplanter Unterricht sein wird.

Mit diesem Planungsbuch werden vier besondere Anliegen verfolgt.

Das *erste Anliegen* bezieht sich auf den Versuch, die drei zentralen Aufgabenbereiche – *Unterricht planen*, durchführen und auswerten – *differenziert darzustellen.* Das Arbeitsfeld einer Lehrerin ist nun einmal hochkomplex und deshalb erscheint es illusorisch, es mit wenigen Variablen hinreichend erklären zu wollen. Allein die große Zahl möglicher Unterrichtskonzeptionen zwingt zu einer differenzierten Darstellung.

Das *zweite Anliegen* beinhaltet den Versuch, den planenden Lehrerinnen konkrete Hinweise zu geben, wie sie den *Unterricht möglichst effektiv gestalten* können. Solche Hinweise finden sich zumeist in angelsächsischen Forschungsarbeiten, wie z.B. in den Metaanalysen von Walberg (1984 und 1990), auf die immer wieder Bezug genommen werden soll.

Das *dritte Anliegen* ist ein *gesellschaftspolitisches.* Es gibt zahlreiche Publikationen zur Unterrichtsplanung, in denen die gesellschaftspolitische Komponente kaum oder gar nicht berücksichtigt wird. Doch die Auswahl der Lerninhalte, die Zielsetzungen oder Zielvereinbarungen, die Medien- und die Methodenwahl sind auch politische Entscheidungen von erheblicher Tragweite. Diese Entscheidungen sind von der planenden Lehrerin eigenverantwortlich zu treffen und können ihr nicht durch einen Blick in den Bildungs- oder Lehrplan abgenommen werden.

Das *vierte Anliegen* bezieht sich auf die Art der Darstellung und der Textgestaltung. Um das hochkomplexe Handlungsfeld einer Lehrerin differenziert beschreiben zu können und transparent werden zu lassen, ist eine verständliche Textgestaltung notwendig. Deshalb hat sich der Autor bewusst um eine möglichst einfache, kurze und prägnante, gegliederte und anregende Darstellung bemüht. Ob es ihm gelungen ist, hat die Leserin zu entscheiden.

In diesem Buch ist von *Lehrerinnen* und *Schülern* die Rede. Da der Lehrerinnenberuf eine Domäne der Frauen ist, erscheint die Verwendung der weiblichen Form gerechtfertigt. Und der Einfachheit halber werden die Schüler direkt angesprochen. Selbstverständlich sind alle Lehrer und Schülerinnen ebenfalls gemeint.

1 Merkmale eines qualifizierten Unterrichts

Wer Unterricht planen möchte, benötigt differenzierte Vorstellungen darüber, wie der zu planende Unterricht aussehen soll. Ohne solche Vorstellungen ist eine zielgerichtete Planungsarbeit nicht möglich.

Leider stellt sich Unterricht auf verschiedenen Schulstufen, in verschiedenen Lernbereichen und Fächern und in verschiedenen Unterrichtskonzeptionen so vielfältig dar, dass es nicht möglich ist, einen naiven Merkmalskatalog zu entwickeln, der auf jeglichen Unterricht Anwendung finden könnte. Deshalb muss auf mehreren Abstraktionsebenen operiert werden:

- Auf einer *Makroebene*, mit hohem Allgemeinheitsgrad – leider aber auch mit einem geringen Aussagegehalt im Hinblick auf die Handlungsebene.
- Auf einer *Mesoebene*, auf der die verschiedenen Unterrichtskonzeptionen angesiedelt sind, so z.B. Gesamtunterricht, fächerübergreifender Unterricht, lernzielorientierter Unterricht, Epochenunterricht, offener Unterricht, Freiarbeit, Wochenplanarbeit u.a. Diese Konzeptionen beruhen auf Erfahrungswerten, die Lehrerinnen in der Schulpraxis gesammelt haben, und sie werden zumeist schulpädagogisch und lernpsychologisch durch Theorien mittlerer Reichweite abgesichert.
- Auf der *Mikroebene*, der Handlungsebene, auf der es ganz konkret um die Planung, Durchführung und Auswertung von Unterrichtsstunden und Doppelstunden geht. Auf dieser Ebene steht die Ausgestaltung der einzelnen Lehr-Lern-Situation und deren Sequenzierung im Vordergrund. Hier geht es für die handelnde Lehrerin darum, die einzelnen Situationen hinsichtlich ihrer Lernchancen auszuschöpfen und dieselben lern- und sachlogisch miteinander zu verknüpfen.

Auf die Frage, welche der hier angesprochenen Ebenen für eine angehende Lehrerin besonders relevant sei, kann es nur eine Antwort geben: alle. Denn *es gibt keine Alternative zu einer theoriebewussten und handlungskompetenten Lehrerin,* die über einen allgemeinen Reflexionshintergrund verfügt, die Unterrichtskonzeptionen mit ihren verschiedenen Zielsetzungen kennt und die in den einzelnen Lehr-Lern-Situationen kompetent handeln kann.

Betrachtet man den Unterricht ganz allgemein auf der *Makroebene,* so lassen sich folgende Merkmale nennen, die Unterricht qualifizieren:

1) *In einem qualifizierten Unterricht finden die Lernvoraussetzungen der Schüler Berücksichtigung.* Die Lehrerin wird versuchen, den Schülern ein ihnen angemessenes Lernangebot zu unterbreiten, das ihren individuellen Begabungen, Fähigkeiten und Fertigkeiten, ihren Lernbedürfnissen und Lernmöglichkeiten weitgehend entspricht. Da es bei den individuellen Begabungen, den familialen, motivationalen, kulturellen, kognitiven, emotionalen, psychomotorischen, sprachlichen, sozialen, gruppalen, arbeitstechnischen und schulischen Lernvoraussetzungen sowie den sachstrukturellen Voraussetzungen erhebliche interindividuelle Differenzen gibt, können die Lernvoraussetzungen der Schüler einer Lerngruppe immer nur eingeschätzt werden. Doch dieses Bemühen um eine annähernd realistische Einschätzung ist wichtig, um eine Über- bzw. Unterforderung zu vermeiden und Differenzierungsmaßnahmen ergreifen zu können.
   An jedem Unterricht sind ganz verschiedene Schüler beteiligt, begabte und weniger begabte, motivierte und weniger motivierte, aktive und passive, konzentrierte und unkonzentrierte, leistungsstarke und leistungsschwache. Und es gibt höfliche und unhöfliche, extrovertierte und introvertierte, disziplinierte und undisziplinierte. Sie alle sind zunächst einmal zu akzeptieren, zu respektieren und zu tolerieren. Im Unterricht ist es dann Aufgabe der Lehrerin, den Schülern deutlich zu sagen, was nicht mehr akzeptiert, nicht mehr respektiert und nicht mehr toleriert werden kann. Schließlich kommt es darauf an, die Schüler zu fördern und zu fordern.
2) *Ein qualifizierter Unterricht berücksichtigt die Rahmenbedingungen,* die rechtlichen, institutionellen, örtlichen und zeitlichen Gegebenheiten, die Zusammensetzung und Größe der Lerngruppe, deren Stundenplan, die räumlichen Gegebenheiten mit den optischen, akustischen und klimatischen Verhältnissen sowie die Raum- und Medienausstattung. In einem qualifizierten Unterricht wird die *Zeit* fast ausschließlich zum Lehren und Lernen genutzt, sodass die Lehrerin und die Schüler das Gefühl haben, kostbare Lebenszeit nicht sinnlos vertan zu haben (Rutter 1980). Der Unterricht beginnt und schließt meist pünktlich.
3) *In einem qualifizierten Unterricht finden die Vorgaben des Bildungs- oder Lehrplans Berücksichtigung* (Vollstädt et al. 1999). Diese Vorgaben sorgen für eine Vereinheitlichung des Unterrichts, wahren einen gewissen Standard, ermöglichen Schülern den Schulwechsel, sichern die Kontinuität des Lehrens und Lernens, sorgen für Transparenz dessen, was im Unterricht geschieht, und ermöglichen eine Kontrolle der Lehrerin sowie der Schüler. Zeichnen sich Differenzen zwischen den Lehrplananforderungen einerseits und den Lernvoraussetzungen der Schüler andererseits ab, so hat in einem qualifizierten Unterricht die Orientierung an den Lernmöglichkeiten der Schüler Vorrang. Schließlich kann es nicht primär darauf ankommen, abstrakte Lehrplanvorgaben zu erfüllen, sondern Ziel muss es sein, den Schülern Lernchancen zu bieten.
4) *In einem qualifizierten Unterricht werden bedeutsame Lehr- und Erziehungsziele verfolgt.* Diese Ziele entsprechen weitgehend gesellschaftspolitischen Verhältnissen und bildungspolitischen Vorstellungen. So sollen die Schüler in einem frei-

heitlichen und demokratischen Gesellschaftssystem zur Mündigkeit, Eigenständigkeit, Selbstverwirklichung und Eigenverantwortung erzogen werden, aber auch zur sozialen Verantwortung, zur Mitverantwortung, Weltverantwortung, zur Solidarität und Kritikfähigkeit. Diese übergeordneten Lehr- und Erziehungsziele finden in einem qualifizierten Unterricht ihre Berücksichtigung.

5) *In einem qualifizierten Unterricht geht es um bedeutsame Lerninhalte und -ziele,* die von der Lehrerin als wichtig erkannt und den Schülern als bedeutsam vermittelt werden können, weil sie z.B. elementar, fundamental oder exemplarisch sind, weil durch sie anspruchsvolle kognitive Strukturen entwickelt werden können, weil Sinneserfahrungen gewonnen werden können, aber auch soziale Erfahrungen im Umgang miteinander möglich sind. Bedeutsam sind auch jene Inhalte, die den Erwerb einer Lerntechnik oder einer Lernstrategie zum Ziel haben. Und nicht zu vergessen sind Inhalte, die der Lehrerin und den Schülern Spaß und Freude bereiten.
6) *In einem qualifizierten Unterricht werden Schwerpunkte gesetzt,* anspruchsvolle *Fragen* gestellt und für die Schüler bedeutsame *Probleme* aufgeworfen (Claus 1969). Die Beantwortung bzw. Lösung führt zu Kenntnissen, Einsichten, Erkenntnissen, Fähigkeiten oder Fertigkeiten, zu Ergebnissen, welche die Schüler beeindrucken und bei ihnen Spuren hinterlassen, sodass sie anschließend über ihre Lernerlebnisse und Lernerfahrungen berichten können. Qualifiziert ist ein Unterricht dann, wenn er für die Schüler nicht folgenlos bleibt.
7) *In einem qualifizierten Unterricht werden die Beteiligungs- und Mitbestimmungsspielräume der Schüler ausgeschöpft,* d.h. die Lehrerin verfährt mit den Schülern metaunterrichtlich, spricht mit ihnen über den zurückliegenden, gerade ablaufenden oder zu planenden Unterricht, beteiligt sie an Entscheidungen und zieht sie so in die Verantwortung für den gemeinsamen Lehr-Lern-Prozess. Die Schüler werden ihrem Alter entsprechend und ihrer Einsichtsfähigkeit im Sinne einer emanzipierenden Mitbestimmung in die Entscheidungen eingebunden (Giesecke 1977). Jene Entscheidungen, die nicht verhandelbar sind, werden den Schülern erklärt und begründet.
8) *In einem qualifizierten Unterricht werden je nach Lernbereich unterschiedliche Lehr-Lern-Strategien verfolgt* (Eigler et al. 1975). Wird z.B. expositorisch verfahren, indem die Lehrerin vorträgt, erklärt oder ein Medium einsetzt, folgen auf Phasen der Informationsvermittlung stets Phasen der Informationsverarbeitung, in denen die Schüler Gelegenheit erhalten, sich auszutauschen, Beiträge zu liefern oder Fragen zu stellen. Auf diese Weise werden die Schüler aus einer eher passiv-rezeptiven Lernhaltung herausgeführt. – Verfolgt die Lehrerin eine entdecken lassende Lehr-Lern-Strategie, vertraut sie auf die Selbststeuerung und Selbstwirksamkeit ihrer Schüler, fungiert als Beraterin, hält sich zurück und gibt Lernhilfen nach dem Minimalprinzip.
9) *Ein qualifizierter Unterricht ist durch vielfältige und effiziente Methoden gekennzeichnet* (Bönsch 1991; Meyer, H. 1992; Terhart 2000). Methodenvielfalt regt die Schüler zum Lernen an und lässt den Unterricht abwechslungsreich werden.

Wirksame Methoden führen in der zur Verfügung stehenden Unterrichtszeit zu hohen Lernergebnissen. Sie gründen sich auf Erfahrungswerte oder auf lernpsychologische Einsichten und Erkenntnisse. Neben jenen Methoden, die auf die Vermittlung von Kenntnissen und Einsichten abzielen, stehen jene, bei denen Lerntechniken und Lernstrategien erworben werden sollen.

10) *In einem qualifizierten Unterricht ist die Medienwahl begründet, der Medieneinsatz vorbereitet* und die Lehrerin verfügt über die erforderliche technische, semantische und pragmatische Kompetenz (Maier 1998). Die Medien eröffnen den Schülern häufig multivalente Lernchancen, sie erfüllen spezifische angebbare Funktionen, ermöglichen z.B. Sinneserfahrungen, eröffnen Handlungssituationen, gestalten den Unterricht lebendiger, anschaulicher und abwechslungsreicher. Werden durch Medieneinsatz verschiedene Sinneskanäle in die Lernprozesse involviert, erhöht sich zumeist auch die Lehr-Lern-Effektivität.
11) Bestimmte Lerninhalte und -ziele bedingen spezifische *Sozialformen* und deshalb muss *ein qualifizierter Unterricht durch einen Wechsel von Einzel-, Partner-, Kleingruppenarbeit sowie der Arbeit mit der Lerngruppe gekennzeichnet sein* (Gudjons 1993; Meyer, E. 1981). Durch ihn erhalten die Schüler Gelegenheit, sich auszutauschen, miteinander zu kooperieren und soziale Konflikte selbstständig zu regeln. Der Unterricht wird abwechslungsreicher und effektiver.
12) *In einem qualifizierten Unterricht werden Differenzierungsmaßnahmen ergriffen,* Maßnahmen der Schulartdifferenzierung, der Schuldifferenzierung und innerhalb einer Lerngruppe Maßnahmen der Binnendifferenzierung, um auf diese Weise den Lernvoraussetzungen der Schüler besser gerecht werden zu können (Meyer-Willner 1979). Bekannte Differenzierungskriterien sind das Niveau einer Lernaufgabe, der Umfang derselben oder das Interesse an einer Lernaufgabe, doch sind zahlreiche andere Differenzierungskriterien denkbar. Üblicherweise werden leistungs- und geschlechtsheterogene Kleingruppen gebildet in der Hoffnung, dass die leistungsschwachen von den leistungsstarken Schülern profitieren und Jungen und Mädchen lernen, verständnisvoll miteinander umzugehen.
13) *Ein qualifizierter Unterricht zeichnet sich durch Verständlichkeit aus,* durch eine für die Schüler verständliche Sprache der Lehrerin, durch verständliche Erklärungen, Frage- und Problemstellungen, *verständliche Arbeitsaufträge,* durch eine anschauliche und lebendige Sprache (Ausubel 1963, 1974; Groeben 1978; Helmke/Weinert 1997; Miltz 1972; Rosenshine 1968; Walberg 1984, 1990). Dem Alter der Schüler angemessen, sind die Texte zumeist einfach, kurz und prägnant, gegliedert und geordnet und sie haben einen hohen Anregungsgehalt. Neue Begriffe werden definiert, es wird mit schülergemäßen Beispielen gearbeitet, erforderliche Vorkenntnisse werden oft in Form eines »advanced organizer« vorausgeschickt.
14) *In einem qualifizierten Unterricht werden den Schülern immer wieder neue Lernchancen geboten.* Dem Lernvermögen der Schüler entsprechend werden Frage- und Problemstellungen aufgeworfen, welche die Schüler als Lernschwierigkeiten erleben und die es zu beantworten oder zu lösen gilt. Zur Überwindung der

Lernwiderstände bietet die Lehrerin *Vermittlungshilfen* an und arbeitet mit sorgfältig dosierten *Lernhilfen,* um die Lernchancen der Schüler zu wahren (Aebli 1983).

15) *In einem qualifizierten Unterricht sind regelmäßige Ergebniskontrollen selbstverständlich,* damit die Lehrerin erfährt, was gelehrt worden ist, und die Schüler erfahren, was sie gelernt haben. Verlaufen solche Kontrollen positiv, werden alle Beteiligten emotional stabilisiert und frei für weiterführende Ziele. Verlaufen sie negativ, werden Lernlücken sichtbar, die geschlossen werden müssen (Eigler/Straka 1978). Wissen die Schüler um die Kontrollen, erhöhen sie ihre Anstrengungsbereitschaft und sie verhalten sich aufgrund dieses Rechenschaftsprinzips disziplinierter (Kounin 1976).

Den 15 allgemeinen Merkmalen auf der Makroebene folgen Merkmale eines qualifizierten Unterrichts auf der *Mesoebene.* Letztere betrifft die *Unterrichtskonzeptionen,* die Unterrichtseinheiten oder Module. Häufig werden solche Konzeptionen durch Theorien mittlerer Reichweite abgesichert. Aus der Vielzahl möglicher Faktoren, die den Unterricht in seiner Gesamtheit konstituieren, wird ein Faktor – oder werden mehrere Faktoren – herausgelöst und zum bestimmenden Merkmal der betreffenden Unterrichtskonzeption. Abweichend vom traditionellen Unterricht, bei dem die Lehrerin im Mittelpunkt steht, lassen sich u.a. die Konzeptionen des Gesamtunterrichts, des fächerübergreifenden Unterrichts, des lernzielorientierten Unterrichts, des adaptiven Unterrichts, des Epochenunterrichts, Projektunterrichts, des wissenschaftsorientierten Unterrichts, des offenen Unterrichts, der Wochenplanarbeit und der Freiarbeit unterscheiden.

So geht man z.B. beim Gesamtunterricht davon aus, dass Schüler in den ersten Grundschuljahren ganzheitlich denken, fühlen und lernen, man deshalb die aktuellen Erlebnisse und Lernbedürfnisse aufgreifen und zum Lerninhalt machen sollte. – Ganz anders bezieht sich ein wissenschaftsorientierter Unterricht auf die Struktur einer universitären Fachdisziplin, die es in ihren grundlegenden Elementen zu erarbeiten und zu durchschauen gilt. – Oder im Projektunterricht stehen die Faktoren wie Lernmotivation, gemeinsames Lehren und Lernen auf ein Ziel hin, soziales Lernen und das Lernen, wie man lernt, im Vordergrund.

Da sich nun innerhalb einer Unterrichtskonzeption die 15 allgemeinen Merkmale verändern, wird deutlich, wie kompliziert die Analyse, Auswertung und Beurteilung von Unterricht ist. Neben den allgemeinen Kriterien gibt es in Verbindung mit jeder Konzeption weitere konzeptspezifische Kriterien, die berücksichtigt werden müssen.

Lehrerinnen, die über die erforderliche didaktische und methodische Kompetenz verfügen, schätzen die Lernvoraussetzungen der Schüler ein, denken über die Rahmenbedingungen nach, über Lerninhalte und Ziele und entscheiden sich dann für eine bestimmte Unterrichtskonzeption. – So wird z.B. eine Grundschullehrerin in den ersten beiden Schuljahren überwiegend ganzheitlich und gesamtunterrichtlich verfahren, im dritten und vierten Schuljahr in einigen Lernbereichen zu einem lernzielorientierten Unterricht übergehen und daneben den Schülern Gelegenheit zur Freiarbeit bieten.

Eine Hauptschullehrerin verfährt hingegen überwiegend fächerübergreifend epochal. Bieten sich entsprechende Inhalte und Ziele an, geht sie zum Projektunterricht über. – Eine Gymnasiallehrerin, die Schüler in einem Leistungskurs zu unterrichten hat, wird sich an einer Fachdisziplin orientieren und ihre Schüler in grundlegende Elemente und Strukturen einführen. – Lehrerinnen, die im Bereich beruflicher Erwachsenenbildung tätig sind, müssen den lernzielorientierten Unterricht wählen, weil sie innerhalb der Schul- und Ausbildungszeit die Schüler auf die Berufsausübung im Praxisfeld vorzubereiten haben. Angebbare Qualifikationen und Kompetenzen lassen sich im lernzielorientierten Unterricht am besten erwerben und abprüfen.

Einzelne Konzeptionen werden im Kapitel 8 dieses Buches näher beschrieben, ohne allerdings Vollständigkeit in der Darstellung und Ausdifferenzierung der Kriterien anzustreben, was eine gesonderte Publikation erfordern würde. Versucht wurde die Beschränkung auf in der Schulpraxis vorherrschende Konzeptionen sowie auf jene, welche die schulpädagogische Diskussion bestimmen.

Steigt man auf die *Mikroebene* hinab, auf die Ebene der einzelnen Unterrichtsstunden oder Doppelstunden, und stellt man die Frage nach den Merkmalen eines qualifizierten Unterrichts ganz konkret, tauchen zwar einige Merkmale der Makro- und der Mesoebene wieder auf, doch werden sie durch weitere ergänzt. Bezogen auf eine Stunde oder Doppelstunde ist der Beginn bewusst zu gestalten, der Prozess ist zu gliedern. Die typischen Tertiaden – z.B. Arbeitsauftrag stellen, Schüler betreuen, Ergebnisse sichten – sind zu durchlaufen. Auf Phasen der Informationsvermittlung sollten Phasen der -verarbeitung folgen. Die Stunde sollte einen Schwerpunkt oder mehrere Schwerpunkte haben, einen zunehmenden Schwierigkeitsgrad aufweisen und zumeist vom Konkreten zum Abstrakten führen. Erwünscht sind zumindest eine aktiv-produktive Lernphase, ein angemessener Wechsel der Sozialformen, Differenzierungsmaßnahmen, sofern sie sich anbieten, eine Medienwahl und ein Medieneinsatz, der das Lehr-Lern-Anliegen unterstützt, Vermittlungshilfen bietet und die Lernchancen der Schüler wahrt. Und erstrebenswert erscheinen schließlich die Ergebnissicherung sowie die Berücksichtigung einer sinnvollen Hausaufgabenpraxis. Neben all diesen Kriterien hat die Lehrerin die zur Verfügung stehende Unterrichtszeit der Zielsetzung entsprechend einzuteilen und zu nutzen.

Auf dieser Mikroebene lassen sich weiterhin *die einzelnen Lehr-Lern-Situationen mit ihren Handlungsindikatoren* betrachten. Letztere zeigen an, ob die Handlungen der Lehrerin in einer spezifischen Lehr-Lern-Situation professionellen Anforderungen genügen, ob sie z.B. den Schülern zuhört, die Schüler beim Lernen beobachtet, die Schülerbeiträge integriert, ob sie vortragen oder erklären kann, wie sie Gespräche und Diskussionen leitet, wie sie Arbeitsaufträge stellt, Lernhilfen gibt und Lernergebnisse kontrolliert. Auf dieser Betrachtungsebene kommt es vor allem darauf an, die jeweilige Situation mit ihren Lernmöglichkeiten zu erkennen und für die Schüler die Lernchancen auszuschöpfen. Einzelne Lehr-Lern-Situationen werden in Teil II dieser Didaktik – Unterricht durchführen – dargestellt und analysiert.

Das Kapitel über die Merkmale eines qualifizierten Unterrichts auf der Makro-, Meso- und Mikroebene würde unvollständig bleiben, würde man nicht abschließend den Blick auf die Lehrerin und deren Lehr- und Erziehungsstil lenken. – In einem qualifizierten Unterricht stellt die Lehrerin an sich selbst hohe Anforderungen. Idealerweise verfügt sie über einige *wünschenswerte Persönlichkeitsmerkmale* sowie über förderliche Einstellungen und Haltungen, wie z.B. emotionale Ausgeglichenheit, Engagement, Humor, Freude am Umgang mit den Schülern, Freude an geistiger Arbeit – die sich auf einige Schüler überträgt –, Sinn für Gerechtigkeit, über eine soziale Grundeinstellung und über Interesse an bildungspolitischen Fragen. Im *Umgang mit den Schülern* zeigt sie sich offen, freundlich und natürlich, anregend, hilfreich und konsequent, flexibel und selbstkritisch. Im Umgang mit Kolleginnen, Eltern und Vorgesetzten erscheint sie kooperativ und konstruktiv. Da wohl keine Lehrerin alle Anforderungen erfüllt, ist es zu begrüßen, wenn sie einigen entsprechen kann.

In einem qualifizierten Unterricht lehrt eine *fachkompetente Lehrerin,* die den betreffenden Lernbereich überschaut, ihn strukturiert und die einzelnen Unterrichtseinheiten sinnvoll sequenziert. Diese Lehrerin hat die Sache, um die es geht, geistig durchdrungen. Sie gibt den Schülern zu verstehen, dass sie sich für die Lerninhalte interessiert, regt die Schüler zum Fragen an, freut sich über Schülerfragen, geht gerne auf Schülerbeiträge ein und denkt gemeinsam mit den Schülern über das schon Bekannte hinaus, freut sich über kleine geistige Abenteuer.

In einem qualifizierten Unterricht lehrt eine *methodenkompetente Lehrerin,* die den Lehr-Lern-Prozess souverän steuert und strukturiert. Diese Lehrerin kennt verschiedene Unterrichtskonzeptionen und kann diese auch realisieren. Sie kennt auch die entdecken lassende und expositorische Lehr-Lern-Strategie, vermag Schüler zum selbst gesteuerten Lernen anzuregen und ist gleichermaßen in der Lage, expositorisch zu verfahren. Auf Phasen der Informationsvermittlung lässt sie Phasen der Informationsverarbeitung folgen. Sie verfügt über ein breites Methodenrepertoire, das sie variabel und flexibel einzusetzen weiß. Und sie hält sich offen für neuartige Methoden.

In einem qualifizierten Unterricht lehrt eine *sozialkompetente Lehrerin,* die es versteht, den Lehr-Lern-Prozess eher unauffällig, aber doch wirksam zu steuern. Die Lehrerin hat mit den Schülern einige Regeln für den Umgang miteinander vereinbart. Lehrerin und Schüler achten gemeinsam auf die Einhaltung der Vereinbarungen. Wird die für das Lehren und Lernen erforderliche soziale Ordnung in der Lerngruppe empfindlich gestört, ergreift die Lehrerin pädagogische Maßnahmen, die der Situation angemessen erscheinen, die sich begründen lassen und die von den Schülern zumeist auch akzeptiert werden. Auf diese Weise bewirkt sie bei vielen Schülern eine Bewusstseinserweiterung und Einstellungsänderung, sodass sie sich für die Einhaltung der sozialen Ordnung mitverantwortlich fühlen.

Eine sozialkompetente Lehrerin erscheint konfliktfähig, d.h., sie ist bereit und in der Lage, mit und in Konflikten zu leben. Häufen sich konfliktträchtige Ereignisse, ergreift sie konfliktprophylaktische Maßnahmen. Beim Auftreten der Konflikte interveniert sie angemessen, indem sie sich z.B. Handlungsaufschub verschafft, die Konfliktparteien in ein Gespräch verwickelt, metakommunikativ verfährt oder die Austragung zeitlich verlagert. Und beim Auftreten zentraler oder extremer Konflikte ist sie in der Lage, konfliktanalytisch zu verfahren (Becker 2000). Schließlich nimmt eine sozialkompetente Lehrerin gruppendynamische Prozesse in ihren Stadien wahr und sie kann deshalb auch in einem Konfliktstadium sozial steuernd eingreifen, ohne die Bemühungen der Schüler um Selbstregulierung zu behindern.

In einem qualifizierten Unterricht ist sich die Lehrerin ihrer gesellschaftspolitischen Verantwortung bewusst, indem sie einen Lehr- und Erziehungsstil realisiert, der sich an übergeordneten *Lehr- und Erziehungszielen* – Mündigkeit, Selbstständigkeit, Selbstbestimmung, Selbstverantwortung, Mitverantwortung, Weltverantwortung, Solidarität, Kritikfähigkeit, Zivilcourage – orientiert. Diese Lehrerin achtet das nahezu uneingeschränkte Fragerecht der Schüler, erhöht die Sprechanteile der Schüler, lässt Themen kontrovers diskutieren, macht auf verschiedene Meinungen aufmerksam, erzieht so zur Toleranz und übt demokratische Spielregeln ein. Sie regt ihre Schüler immer wieder dazu an, sich eine eigene Meinung zu bilden, doch nimmt sie zu politischen Ereignissen engagiert Stellung, wenn die Schüler sie dazu auffordern.

Merkmale eines qualifizierten Unterrichts

Makroebene

Allgemeine Kriterien

Lernvoraussetzungen, Rahmenbedingungen, Bildungsplan, Lehr- und Erziehungsziele, Lerninhalte und Lernziele, Schwerpunkte, Schülerbeteiligung, Lehr-Lern-Strategien, Methoden, Medien, Sozialformen, Differenzierung, Verständlichkeit, Vermittlungshilfen, Lernhilfen, Ergebniskontrollen

Mesoebene

Konzeptionsspezifische Kriterien

Unterrichtskonzeptionen: Gesamtunterricht, fächerübergreifender Unterricht, lernzielorientierter Unterricht, Epochenunterricht, offener Unterricht, Freiarbeit, Wochenplanarbeit, wissenschaftsorientierter Unterricht u.a.
Theorien mittlerer Reichweite über Unterricht
Schulpädagogische und lernpsychologische Absicherung

Mikroebene

Handlungsebene

Einzel- oder Doppelstunden betreffend

Lernvoraussetzungen, Stundenbeginn, Gliederung, Schwerpunkt, aktiv-produktive Lernphase, Aufbau, Tertiaden, konkret-anschaulich-abstrakt, schülergemäß, abwechslungsreich, Zeiteinteilung, Rahmenbedingungen, Ergebniskontrolle

Ausgestaltung der Lehr-Lern-Situationen,
Ausschöpfung der Situationen,
Wahrung der Lernchancen

Lehrerin → Umgang ← Schüler

Lehrerin	Schüler
Fach-,	Lernfähigkeit,
Methoden-,	Lernbereitschaft,
Sozialkompetenz …	Arbeitsverhalten …

2 Die Lernvoraussetzungen einschätzen

Es ist das Merkmal eines jeden qualifizierten Unterrichts, dass bei der Planung und Durchführung die Lernvoraussetzungen der Schüler berücksichtigt werden. Geschieht dies nicht, wird dieses Defizit bei der Auswertung sichtbar. Diese Feststellung gilt übrigens für jede Unterrichtskonzeption, für offenen Unterricht ebenso wie für Freiarbeit, für Wochenplanarbeit und für Projektunterricht, für einen wissenschaftsorientierten – oder für einen lernzielorientierten Unterricht.

Schülerorientierung beinhaltet den Versuch, die Lernvoraussetzungen so gut wie möglich in die Planungsüberlegungen einzubeziehen, d.h. die Vorkenntnisse, die Vorerfahrungen, Lerninteressen und -bedürfnisse der Schüler zu berücksichtigen sowie den sachstrukturellen Entwicklungsstand, also jene Kriterien und Einsichten, welche die Schüler hinsichtlich der zu erarbeitenden Sachstruktur vermutlich schon haben (Heckhausen 1969).

Schätzen Lehrerinnen die Lernvoraussetzungen falsch ein, werden viele Schüler über- oder unterfordert. Die *überforderten Schüler* können dem Lehr-Lern-Prozess bald nicht mehr folgen, schalten ab und beschäftigen sich mit anderen Dingen. Die *unterforderten Schüler* fühlen sich gelangweilt, ziehen sich zurück, provozieren die Lehrerin oder stören auf andere Art. Auf jeden Fall sinkt bei einer Fehleinschätzung der Lernvoraussetzungen die Lehr-Lern-Effektivität ab und das Lern- und Gruppenklima wird belastet.

Lernvoraussetzungen lassen sich selten exakt bestimmen, sondern *immer nur einschätzen oder erahnen.* Selbst wenn aus der Sicht der Lehrerin eine Sache für eine bestimmte Schülergruppe neu sein müsste, kann sie nie sicher sein, dass nicht doch ein Schüler über Vorkenntnisse oder Vorerfahrungen verfügt. Im Umgang mit älteren Geschwistern, mit Eltern aber auch mit den verschiedenen Medien haben die Schüler immer wieder Gelegenheit, Sachverhalte aufzufassen oder zumindest Elemente einer Struktur zu begreifen, die dann in schon vorhandene Strukturen einfließen. Solche eher zufällig gewonnenen Kenntnisse, Einsichten oder Erkenntnisse sind allerdings meist noch nicht integriert oder verfügbar.

In Verbindung mit dem Versuch, die Lernvoraussetzungen einer Schülergruppe einzuschätzen, lässt sich eine allgemeine Feststellung treffen: *Je kleiner die Lerngruppe ist und je länger eine Lehrerin in der Gruppe arbeitet, desto größer ist die Wahrscheinlichkeit, dass ihr eine realistische Einschätzung gelingt.* – Wird Einzelunterricht erteilt, kann die Lehrerin diesen Schüler dort abholen, wo er steht, sofern sie sich intensiv mit ihm befasst. Lehrerinnen, die in Krankenhäusern arbeiten oder im Bereich der Rehabilitation tätig sind, die Nachhilfeunterricht erteilen oder wenige Schüler in einer Sonderschule betreuen, kennen die Lernvoraussetzungen ihrer Schüler ziemlich genau. Gleiches gilt auch für die Klassenlehrerin, die eine überschaubare Lerngruppe unterrichtet. Und eine ähnliche Situation zeichnet sich in der Oberstufe des Gymnasiums ab, wenn eine Lehrerin wenige Schüler in einem Leistungskurs betreut. – Für eine Fachlehrerin, die wöchentlich mit zahlreichen Lerngruppen konfrontiert wird, stellt sich die Situation allerdings anders dar. Sie hat zunächst einmal Mühe, die vielen Namen aufzufassen. Sodann werden ihr ausgesprochen leistungsstarke und leistungsschwache Schüler auffallen, doch wird es ihr kaum gelingen, die individuellen Voraussetzungen eines jeden Schülers genau einzuschätzen. In diesem Fall lassen sich Über- oder Unterforderungen gar nicht vermeiden.

In jedem didaktischen Ansatz oder didaktischen Modell wird die Notwendigkeit betont, die Lernvoraussetzungen zu berücksichtigen. So ist z.B. in einem kybernetischen Modell vom *Istwert* auszugehen. Oder im Berliner Modell werden die *anthropogenen* und die *sozial-kulturellen* Voraussetzungen genannt, auf welche sich die Überlegungen zur Unterrichtsanalyse und -planung zu beziehen haben (Heimann/Otto/Schulz 1972). Und auch Klafki stellt in seiner didaktischen Analyse die Frage:

> »*Welche Bedeutung hat der betreffende Inhalt bzw. die an diesem Thema zu gewinnende Erfahrung, Erkenntnis, Fähigkeit oder Fertigkeit bereits im geistigen Leben der Kinder meiner Klasse, welche Bedeutung sollte er – vom pädagogischen Gesichtspunkt aus gesehen – darin haben?*« (Klafki 1963, S. 136)

Doch diese Hinweise sind so allgemein gehalten, dass sich für die planende Lehrerin eine differenziertere Sichtweise empfiehlt, die auch konkretere Entscheidungen ermöglicht. Deshalb wird vorgeschlagen, neben den individuellen Voraussetzungen im Sinne von Dispositionen oder Begabungen, die familialen, motivationalen und kulturellen Voraussetzungen, die kognitiven, emotionalen und psychomotorischen Voraussetzungen, die sprachlichen, sozialen und gruppalen Voraussetzungen, die schulischen, ergonomischen und sachstrukturellen Lernvoraussetzungen zu sehen und gegebenenfalls in die Planungsüberlegungen einzubeziehen.

Spätestens seit es den Genforschern und Kriminologen gelingt, mittels des genetischen Fingerabdrucks und der DNA-Analyse Gewaltverbrecher zu überführen oder vor Jahren Verstorbene eindeutig zu identifizieren, ist die Einzigartigkeit eines jeden Menschen und somit auch eines jeden Schülers erwiesen. Aufgrund ihres besonderen genetischen Potenzials und ihrer *individuellen Begabungen* können einzelne Schüler Fähigkeiten und Fertigkeiten erbringen, zu denen andere nicht in der Lage sind. Folgt man dem Forschungsansatz von Gardner (1983), nach dem sich sprachliche Intelligenz, musische, logisch-mathematische, räumliche, körperlich-kinästhetische, intrapersonale und interpersonale Intelligenz unterscheiden lässt, können wir solche besonderen Leistungen auch besser verstehen und einordnen. So gibt es Schüler, denen die Mitschüler und die Lehrerin wie gebannt zuhören, wenn sie ihren

Aufsatz vorlesen (sprachliche Intelligenz). Andere Schüler können sich an das Klavier setzen und ein beliebiges Volkslied so variieren, wie es Chopin oder Mozart oder Rachmaninow gespielt hätten (musische Intelligenz). Und es gibt Schüler, die unter lebhafter Anteilnahme ihrer Mitschüler im Handstand das Klassenzimmer durchqueren, dasselbe verlassen, auf Händen den Flur queren und zum Entsetzen der Lehrerin sich im Handstand die Treppe hinabbewegen (körperlich-kinästhetische Intelligenz). Andere Schüler sind fasziniert von dem Gedanken, was geschieht, wenn sich zwei Körper im Raum treffen und sie träumen von Achsen und Ebenen (räumliche Intelligenz).

Solche ganz besonderen Begabungen sind zwar selten, aber sie kommen doch hin und wieder vor und sind in die Planungsüberlegungen einzubeziehen. Warum soll eine Lehrerin einen Sachverhalt unvollkommen demonstrieren, wenn ein Schüler dazu besser in der Lage ist? Begabte Schüler sind zur Übernahme bestimmter Lehrfunktionen gerne bereit. Sie können die Lehrerin bei der Ausübung ihrer Tätigkeit unterstützen, den Mitschülern z.B. etwas vorlesen, vortragen, vorsingen, zeichnen oder erklären. Der Unterricht wird so zu einem wirklichen Lehr-Lern-Prozess, den Lehrerin und Schüler gemeinsam gestalten.

Über besonders begabte Schüler wird sich jede Lehrerin freuen, doch stellen sie eine Herausforderung dar, weil es oft nicht gelingt, ihren besonderen Interessen und Lernbedürfnissen zu entsprechen (Gage/Berliner 1996, S. 219).

Die *familialen Voraussetzungen* der einzelnen Schüler variieren beträchtlich. Sie werden u.a. bestimmt durch die jeweilige Familienkonstellation (z.B. vollständige oder unvollständige Familie, Groß- oder Kleinfamilie) dem sozioökonomischen Status (Unter-, Mittel- oder Oberschicht, Familieneinkommen) und durch die in der Familie vorherrschenden Sozialisationsbedingungen. Günstige Voraussetzungen finden jene Schüler vor, die das Glück haben, in einer intakten Familie aufzuwachsen, die sich als Kind angenommen fühlen, Urvertrauen und gesunden Optimismus entwickeln können und die so in der Lage sind, frühzeitig ihren kindlichen Explorationstrieb zu entwickeln. Günstige Voraussetzungen haben auch jene Schüler, deren Eltern einer geregelten Arbeit nachgehen, die eine Vorbildfunktion ausüben, die ihre Kinder zum Lernen anhalten, die den Besuch der Schule für wichtig halten, auf die Erledigung der Hausaufgaben achten und einen gesunden Ehrgeiz wecken. Gute familiale Voraussetzungen sind weiterhin verknüpft mit einem kindgemäßen Anregungspotenzial, einer förderlichen und fordernden Sprachumgebung sowie der Bereitschaft der Familie, sich nach außen zu öffnen, Kontakte zu anderen Familien zu pflegen, sich in Vereine zu integrieren und an den verschiedenen Aktivitäten der Kommune teilzunehmen (vgl. Gage/Berliner 1996, S. 92). Die in einer Familie vorherrschenden Fernsehgewohnheiten scheinen als Faktor weniger bedeutsam zu sein. Zumindest konnte Walberg (1984) keinen nennenswerten Einfluss auf die schulischen Leistungen nachweisen.

Ungünstige familiale Voraussetzungen bringen jene Schüler mit, deren Eltern keine abgeschlossene Schul- oder Berufsausbildung haben, deren Eltern z.B. arbeitslos sind, deren Selbstwertgefühl gelitten hat und die häufig einer depressiven oder lethargischen Einstellung unterliegen. Ungünstig sind die Voraussetzungen auch, wenn sich die Familie in der untersten Einkommensgruppe befindet, mit beengten Wohnverhältnissen zurechtkommen muss und die Eltern ihren Kindern kein wünschenswertes Anregungspotenzial bieten können, weil anspruchsvolle Spielsachen fehlen oder die Teilnahme an außerfamilialen Aktivitäten finanziell nicht möglich ist. Benachteiligt sich auch jene Schüler, deren Eltern die deutsche Sprache kaum beherrschen, weil sie ausländischer Herkunft sind. Solche Eltern können innerhalb der Familie keinen Beitrag zur Sprachförderung leisten und auch nicht die Hausaufgaben betreuen.

Schüler, die aus sozial schwachen Familien kommen, können im Vergleich zu ihren Mitschülern keine gleichen Chancen haben. Aufgrund der unterschiedlichen Sozialisationsbedingungen sind sie schon beim Schuleintritt – was diesen Voraussetzungsfaktor betrifft – eklatant benachteiligt. Auch tüchtigen Grundschullehrerinnen kann es nicht gelingen, durch die Wahrnehmung einer Chancenausgleichsfunktion das in Jahren Versäumte nachzuholen. Sie können sich lediglich darum bemühen, diese benachteiligten Schüler zu fördern und zu fordern und für die größtmögliche Chancengerechtigkeit sorgen, d.h. darauf achten, dass Schüler mit ungünstigen familialen Voraussetzungen nicht zusätzlich benachteiligt werden.

Die unterschiedlichen familialen Voraussetzungen der Schüler sind für die Unterrichtsplanung dann besonders relevant, wenn Themen bearbeitet werden, die sich unmittelbar auf die Familien beziehen, wenn es z.B. um das Rollenverständnis von Vater und Mutter geht, um die Berufstätigkeit der Eltern, um Wohnverhältnisse, Freizeitaktivitäten, um die Feriengestaltung oder den Urlaub. Themen dieser Art, die zumeist in der Grundschule bearbeitet werden, erfordern von der Lehrerin Einfühlungsvermögen und Takt, wenn z.B. viele Schüler ihre Väter oder Mütter nur selten oder gar nicht sehen, die Eltern als Langzeitarbeitslose zurechtkommen müssen oder sich die Familie keinen gemeinsamen Urlaub leisten kann.

Umgekehrt lässt sich die Kenntnis familialer Voraussetzungen für die Unterrichtsplanung nutzen, um den Unterricht nach außen zu öffnen. Eine nicht berufstätige Mutter kann als Begleitperson engagiert werden. Ein Vater, von Beruf Schreiner, wird um Mithilfe geben, Regale zu bauen, in denen die Materialien für die Freiarbeit untergebracht werden können. Ist ein Vater oder eine Mutter bei der freiwilligen Feuerwehr, läßt sich ein Besuch bei der Feuerwache arrangieren. Und lebt ein Schüler auf dem Bauernhof, können mehrere Lerngänge vereinbart werden. Aber auch an weiterführenden Schulen lassen sich in Kenntnis der familialen Voraussetzungen die Beziehungen zwischen Schule und Elternhaus intensivieren, indem Mütter oder Väter als Experten in den Unterricht eingeladen werden, an Exkursionen teilnehmen oder bei der Gestaltung von Klassen- oder Schulfesten mitwirken.

Um die familialen Lernvoraussetzungen bei der Unterrichtsplanung berücksichtigen zu können, ist eine Kenntnis der Familienverhältnisse erforderlich. Zu diesem Zweck werden Elternabende und Elternsprechstunden angeboten, doch können auch – selbstverständlich nach vorheriger Absprache – Hausbesuche sinnvoll sein.

Wenn z.B. in einer Familie ein behindertes Kind lebt oder ein Familienmitglied auf den Rollstuhl angewiesen ist, sind solche Informationen für eine Lehrerin bedeutsam, um das Verhalten eines Schülers aus dieser Familie besser verstehen zu können. Solche Informationen werden nicht in Sprechstunden übermittelt, sie kommen auch nicht an einem Elternabend zur Sprache und sie finden sich auch nicht in der Schülerkartei im Computer. – Hausbesuche dienen also nicht der Befriedigung einer naiven Neugier, sondern dem Bemühen, die familialen Lernvoraussetzungen besser einschätzen zu können.

Die Einschätzung der *motivationalen Lernvoraussetzungen* im Rahmen der Unterrichtsplanung beinhaltet für die Lehrerin erhebliche Schwierigkeiten, weil sie davon ausgehen muss, dass diese zumeist stark variieren. Folgt sie der Definition von Gage und Berliner (1996), dann ist Motivation das, »was einem Menschen die Energie zu seinem Tun verleiht und die Ausrichtung seiner Tätigkeit bestimmt« (a.a.O., S. 337). Eine Lehrerin muss sich also die Frage vorlegen, ob die Schüler vermutlich die erforderliche Energie mitbringen werden, um sich einem bestimmten Thema zuzuwenden, und ob sie bereit und in der Lage sein werden, Lernziele anzustreben.

Warum sich nun einzelne Schüler ohne zu zögern einem Thema zuwenden und zielgerichtet arbeiten, andere hingegen diese Lernhaltung vermissen lassen, darüber kann eine Lehrerin nur spekulieren. So gibt es Schüler, deren Leistungsmotiv – die generelle Bereitschaft, Leistungen erbringen zu wollen – stark ausgeprägt ist. Es gibt Schüler, die sich für die Sache, also das betreffende Thema, stark interessieren und intrinsisch motiviert erscheinen. Andere Schüler wenden sich sofort dem Thema zu, weil sie an sich selbst eine hohe Erwartungshaltung richten. Einige Schüler lernen sicher auch, weil sie die üblichen Gratifikationen in Form guter Noten und der damit verbundenen Anerkennung mitnehmen möchten. Wieder andere nehmen den Lernprozess auf, weil ihnen die Lehrerin ansprechende Leistungen zutraut, weil sie diese nicht enttäuschen oder weil sie den Erwartungen der Eltern entsprechen möchten. Der Antrieb, sich einem Thema zuzuwenden und bestimmte Ziele anzustreben, kann auch mit dem Bemühen verbunden sein, in der Gruppe einen hohen Rangplatz einzunehmen, mit der Gruppe ein Ziel zu erreichen oder innerhalb der Gruppe Macht auszuüben. Diese und viele weitere Faktoren, verbunden mit den situativen Anregungsvariablen, werden die motivationalen Lernvoraussetzungen der einzelnen Schüler günstig oder ungünstig beeinflussen.

In Umkehrung dieser Ausführungen muss allerdings eine Lehrerin auch mit Schülern rechnen, die antriebsschwach sind, sich nicht für das Thema interessieren, sich misserfolgsorientiert zeigen, denen das Urteil der Eltern oder Mitschüler ziemlich gleichgültig ist und die im außerschulischen Bereich um Bestätigung ihrer Leistungsfähigkeit bemüht sind.

Für eine Lehrerin, die Unterricht plant, stellen sich einige konkrete Fragen:

– *Wie steht es vermutlich mit der generellen Bereitschaft der Lerngruppe,* sich dem spezifischen Thema zuzuwenden und mögliche Lernziele anzustreben? Verfügt dieses Thema über einen hohen oder geringen motivationalen Stellenwert? – So hat z.B. für zwölfjährige Schüler das Thema »Fußball – Üben von Standardsituationen« einen höheren Stellenwert als das Verstehen und Anwenden einer Interpunktionsregel.

- *Wie lassen sich durch geeignet erscheinende Maßnahmen der Lernmotivierung das Interesse am Thema und die Lernbereitschaft erhöhen,* und wie lässt sich das Thema in eine Anfangssituation einbringen, damit sich die Schüler ohne größeren Zeitverlust gern und intensiv mit ihm befassen? – Erfahrene und engagierte Lehrerinnen verfügen hier über ein breites Handlungsspektrum, das von einer Provokation, einer Problemstellung, einem attraktiven Medieneinsatz, einem Rätsel, einer Demonstration, einem aktuellen Bezug bis hin zur Schilderung unglaublicher Ereignisse reicht.
- *Wie lassen sich das Interesse am Thema und die gewonnene Lernbereitschaft über längere Zeit aufrechterhalten?* – So z.B. durch einen Wechsel der Lehr-Lern-Aktivitäten, der Sozialform, durch den Einsatz verschiedener Medien, die Nutzung von Differenzierungsmöglichkeiten, durch eine Wettbewerbssituation, durch in Aussicht gestellte Belohnungen u.a.m.
- *Wie können einzelne oder mehrere Schüler, bei denen eine geringe Lernbereitschaft vermutet werden muss, dennoch an das Thema herangeführt und in den Lehr-Lern-Prozess integriert werden?* – So z.B. durch Differenzierungsmaßnahmen, die Übertragung besonderer Aufgaben, durch direkte Ansprache, indem man ihnen die besondere Relevanz des Themas auch für sie am Beginn der Stunde erklärt.

Neben dem Versuch, diese vier Fragen zu beantworten, die sich oft als zentrale Planungsprobleme darstellen werden, empfiehlt sich das Studium des Kapitels »Motivation, Lernen und Unterricht« (Gage/Berliner 1996, S. 337–391), um sich neben der Planungskompetenz einen theoretischen Hintergrund zu erarbeiten.

Die *kulturellen Voraussetzungen* sind in Lerngruppen mit hohem Ausländeranteil bedeutsam, denn sie gestalten das Voraussetzungsspektrum besonders heterogen und sind bei Schülern aus verschiedenen Kulturkreisen unübersichtlich. Denn seiner ethnischen Zugehörigkeit entsprechend verfügt jeder Schüler über eine spezifische Mentalität, häufig über ein ausgeprägtes Nationalgefühl, über seine eigene Sprache – die oft noch an einen bestimmten Dialekt gekoppelt ist – über eine spezifische Familientradition und über ein besonderes Rollenverständnis, das oft mit autokratischen Sozialisationserfahrungen einhergeht. Diese Schüler unterscheiden sich zumeist auch in der Art und im Umfang des Schulbesuchs und sie haben in der Schule fast immer einen anderen Lehr- und Erziehungsstil kennen gelernt. Auch werden sie durch Normen und Werte bestimmt, die zu abweichenden Einstellungen und Haltungen führen. Die Religion und die Art der Religionsausübung haben mitunter einen größeren Stellenwert. Die innerhalb des betreffenden Kulturkreises gepflegten Sitten und Gebräuche, Feste und Feiern, Mode und Essgewohnheiten, unterscheiden sich ebenfalls bedeutsam. Und häufig wird durch die Eltern ein Politikverständnis vermittelt, das demokratischen Grundeinsichten entgegensteht.

Die theoretischen Ansätze zur schulischen Integration der Schüler mit ausländischer Herkunft – die Ausländerpädagogik, die bikulturelle Pädagogik, die multikulturelle Pädagogik, die interkulturelle Pädagogik – konnten bei Versuchen ihrer praktischen Umsetzung nicht überzeugen. Vielleicht gelingt dies mit dem Ansatz einer transkulturellen Pädagogik im Sinne einer »global education«? Zumindest ist es einer Lehrerin, die Afghanen, Kurden und Kosovaren in ihrer Lerngruppe zu betreuen hat, kaum möglich, ständig die kulturellen Lernvoraussetzungen zu berücksichtigen und sich auf echte Formen multikulturellen Lehrens und Lernens einzulassen.

Was einer Lehrerin als Orientierungshilfe zur Betreuung einer bunt zusammengewürfelten Lerngruppe bleibt, sind das Grundgesetz mit seinen Grundrechten, die jeweilige Landesverfassung mit den Schulartikeln sowie der Versuch, die Andersartigkeiten zu akzeptieren, zu respektieren und zu tolerieren, sofern dies möglich erscheint. Sie wird den Erwerb der deutschen Sprache in den Mittelpunkt ihres Bemühens stellen, weil nur so eine schulische und berufliche Integration möglich ist. Sie wird gleichzeitig dazu auffordern, die Muttersprache zu pflegen, um einer Identitätskrise oder einem Identitätsverlust vorzubeugen. Und schließlich wird diese Lehrerin versuchen, kulturelle Unterschiede nicht als Mangel zu betrachten, sondern als Bereicherung einer sonst langweiligen monokulturellen Gesellschaft.

Eine wirkliche Vermittlung zwischen den zahlreichen partikularen Bildungsansprüchen und jenen, die in der Bundesrepublik Deutschland gestellt werden müssen, wird ihr nicht gelingen, schon allein deshalb nicht, weil sie die vielen Sprachen der Migrantenkinder niemals beherrschen und in diesen zu lehren vermag. Bei der ständig wachsenden Mobilität der Menschen erscheint ohnehin ein Umdenken angebracht, welches auf den Erwerb globaler Kompetenzen abzielt.

Im Rahmen der Unterrichtsplanung sind deshalb einige Fragen konkret zu beantworten:

- *Bietet das Thema besondere Möglichkeiten, andere Sichtweisen deutlich werden zu lassen.* Kann es so einen Beitrag zur Toleranzerziehung leisten?
- *Besteht die Gefahr,* bei der Bearbeitung des in Aussicht genommenen Themas *Schüler aus anderen Kulturkreisen* in ihren Selbstwertgefühlen *zu verletzen?*
- *Sind die ausländischen Schüler sprachlich in der Lage, dem Unterricht zu folgen?* Verfügen sie über einen Zeichenvorrat, der sie dazu befähigt?
- *Erscheinen die Arbeitsaufträge so verständlich, dass auch die ausländischen Kinder sie bearbeiten können?*
- *Sind die Texte, mit denen gearbeitet werden soll, verständlich genug* oder müssen bestimmte Begriffe oder Redewendungen erläutert werden?
- *Müssen evtl. einige Textstellen umgeschrieben werden?*
- *Können ausländische Schüler aufgrund ihrer Herkunft einen besonderen Beitrag zum Unterricht leisten,* sich z.B. bei der Bearbeitung geographischer, historischer, politischer oder künstlerischer Themen aktiv-produktiv einbringen?
- *Welche Möglichkeiten der Binnendifferenzierung bieten sich an?* Lassen sich Partner oder Kleingruppen zum Zweck der Sprachförderung bilden.

Diese und weitere Fragen können für die Unterrichtsplanung relevant sein. Doch in heterogenen Lerngruppen wird es selten möglich sein, die kulturellen Lernvoraussetzungen verschiedener Ethnien angemessen zu berücksichtigen. Von der Lehrerin werden Sensibilität, Einfühlungsvermögen, Flexibilität, Variabilität und Improvisationstalent gefordert.

Die folgenden Überlegungen beziehen sich auf die Einschätzung der *kognitiven Lernvoraussetzungen,* die sicher für schulisches Lehren und Lernen von besonderer Bedeutung sind. In nahezu jedem Unterricht wird über einen Sachverhalt oder über ein Ereignis nachgedacht, an einer Aufgabe herumgedacht oder um die Lösung eines Problems gerungen. Betrachtet eine Lehrerin ihre Schüler nicht als vernunftbegabte Wesen, verzichtet sie darauf, kognitive Ansprüche zu stellen, die Schüler geistig zu fordern, dann empfindet die Mehrheit der Schüler diesen Unterricht als defizitär. Bei den Schülern bleibt das lähmende Gefühl zurück, wieder einmal wenig oder nichts dazugelernt zu haben.

Bei der Einschätzung der kognitiven Lernvoraussetzungen und zur Abschätzung des Schwierigkeitsgrades in Aussicht genommener Lernaufgaben verlassen sich die Lehrerinnen zumeist auf ihre Erfahrungen, die sie im Umgang mit Schülern einer bestimmten Altersstufe gesammelt haben. Danach treffen sie die Entscheidungen nach dem Motto »Das geht vermutlich mit diesen Schülern schon« oder »Das können diese Schüler wohl noch nicht«. Bei diesem radikalpragmatischen Vorgehen sind Irrtümer einkalkuliert.

Lehranfängerinnen, die noch nicht vom Schatz ihrer Erfahrungen zehren können, können sich an lern- und kognitionspsychologischen Einsichten orientieren, um grobe Fehleinschätzungen auszuschließen. Schon die Kenntnis der Bloomschen Taxonomie (Bloom et al. 1986) mit den sechs Ebenen – Kenntnisse, Verstehen, Anwendung und Übertragung, Analyse, Synthese, Bewertung – kann bei der Einschätzung der Lernvoraussetzungen hilfreich sein. – Soll z.B. im vierten Schuljahr eine Fabel erarbeitet werden, lässt sich die konkrete Planungsfrage stellen, ob die Schüler in der Lage sein werden, die erwartete Übertragungsleistung zu erbringen.

Die Art der von den Schülern zu erbringenden Lernleistungen lässt sich auch mithilfe der Lerntypen nach *Gagné* (1969) einschätzen – Signallernen, Reiz-Reaktions-Lernen, Kettenbildung, Lernen durch verbale Assoziation, Lernen durch multiple Diskrimination, konzeptuelles Lernen, Lernen abstrakter Regeln und Prinzipien, Problemlösen. – Schüler im zweiten Schuljahr werden zwar zur Kettenbildung fähig sein, nicht aber zum Erlernen abstrakter Regeln und Prinzipien.

Für die angehende Lehrerin erscheint das Stufenmodell von *Piaget* (1974) besonders hilfreich, weil hier das Alter der Schüler mit der geistigen Entwicklung in Beziehung gesetzt wird:

- sensomotorische Stufe (1. und 2. Lebensjahr),
- präoperationale Stufe (3. bis 7. Lebensjahr),
- konkret-operationale Stufe (8. bis 11. Lebensjahr,
- formal-operationale Stufe (ab dem 12. Lebensjahr).

Die genaue Beschreibung alterstypischer Operationen gibt der planenden Lehrerin Hinweise, welche kognitiven Leistungen erwartet bzw. noch nicht erwartet werden können. – Um in diesem Buch zur Unterrichtsplanung die Ansätze zur Theorie kognitiver Entwicklung nicht verkürzt darzustellen, sei auf das Standardwerk von Gage/Berliner (1996, S. 103ff.) aufmerksam gemacht. Hier finden sich neben einer ausführlichen Darstellung des Stufenmodells von Piaget die Theorien der kognitiven Entwicklung von Bruner sowie die Theorie von Wygotski.

Neben den kognitiven sind die *emotionalen Lernvoraussetzungen* bedeutsam, weil sie auch als eine Voraussetzung für das erfolgreiche Durchlaufen anspruchsvoller kognitiver Prozesse bezeichnet werden können. Die emotionalen Voraussetzungen werden u.a. durch das familiale Klima, die Sozialverhältnisse, das Lern- und Gruppenklima und durch die Beziehungen zwischen der Lehrerin und den Schülern beeinflusst. Fühlt sich ein Schüler zu Hause wohl, fühlt er sich in seinen sozialen Kontext eingebettet, hat er nette Freunde, ist er in der Lerngruppe anerkannt, lernt er gerne, weil er das Gefühl hat, dass ihn auch die Lehrerin mag, dann verfügt dieser Schüler über optimale emotionale Lernvoraussetzungen – was selten der Fall sein dürfte. Vermag eine Lehrerin ihren Schülern emotional ausgeglichen zu begegnen, kommt es zu positiven Übertragungseffekten. Die Schüler fühlen sich angenommen, aufgehoben, werden emotional stabilisiert und können sich besser auf die Lernaufgaben konzentrieren. Wenn umgekehrt eine emotional unausgeglichene Lehrerin auf ebenfalls unausgeglichene Schüler trifft, sind Auseinandersetzungen, Belastungen und Schwierigkeiten unausweichlich. Im Rahmen der Planungsüberlegungen stellt sich die Frage nach der emotionalen Entwicklung der Schüler, ob sie Emotionen zulassen, ob die emotionale Entwicklung gefördert werden sollte, sie ihre Emotionen steuern und die Emotionen anderer berücksichtigen können, oder ob sie sogar schon in der Lage sind, Emotionen bewusst zur Beziehungspflege einzusetzen. Werden z.B. die Erarbeitung eines aufregenden Textes, die Aktualisierung eines Konfliktes im Rollenspiel oder die Aufführung einer Tragödie in der Theater-Arbeitsgemeinschaft geplant, ist die Frage nach der emotionalen Entwicklung relevant.

Eine weitere Frage bezieht sich auf die emotionale Zumutbarkeit und Verarbeitungsfähigkeit. Einerseits ist es sicher unangebracht, eine naive Schonraumpädagogik zu befürworten. Andererseits stellt sich die Frage, ob man schon Grundschüler im Unterricht mit den Fragwürdigkeiten menschlicher Existenz konfrontieren soll, mit Begierde, Hass, Mord und Totschlag, Folter, Krieg und Umweltzerstörung, mit dem »Ungeheuer Mensch« und den epochaltypischen Schlüsselproblemen (Klafki 1991). Zumindest sollten die Schüler in der Grundschulzeit Gelegenheit erhalten, einen gesunden Optimismus zu entwickeln, welcher mit die Voraussetzung für eine proaktive Lernhaltung ist. – Über die Medien lernen Schüler ohnehin die Fragwürdigkeiten menschlicher Existenz kennen – man denke nur an die zahlreichen Morde, die achtjährige Kinder schon am Fernsehschirm miterlebt haben. Wenn Schüler von sich aus ein solches Thema ansprechen, muss die Lehrerin natürlich gesprächsbereit sein und Hilfen zur Verarbeitung bieten.

Zur Einschätzung der emotionalen Voraussetzungen bedarf es eines Perspektivenwechsels, des Versuchs, die Gefühle der Schüler vorausschauend einzuschätzen. Auch bei vorhandener Sensibilität müssen Fehleinschätzungen einkalkuliert werden.

Kopfzerbrechen bereiten einer planenden Lehrerin jene Schüler, denen es nur mit Mühe gelingt, eigene Emotionen zu beherrschen oder Emotionen der Mitschüler zu tolerieren. Solche Schüler lassen sich nur mit Mühe in die Lerngruppe integrieren.

Die *psychomotorischen Lernvoraussetzungen* sind für Lernaufgaben bedeutsam, die von den Schülern eine Imitation, eine Manipulation oder deren Naturalisierung verlangen (Dave 1968). So muss sich die planende Lehrerin überlegen, ob die Schüler z.B. im ersten Schuljahr beim Schreiben eines bestimmten Buchstabens schon über die feinmotorischen Fähigkeiten verfügen oder ob diese zuvor geübt werden müssen. Eine Lehrerin, die im Geometrieunterricht bestimmte Figuren möglichst genau zeichnen lassen will, muss sich ebenfalls die Frage nach den motorischen Fähigkeiten stellen. Und vor der gleichen Frage stehen Lehrerinnen, die im Sportunterricht eine Technik einüben lassen oder ein Mannschaftsspiel einführen wollen.

Die psychomotorischen Lernvoraussetzungen sind in enger Beziehung zu den kognitiven und emotionalen Voraussetzungen zu sehen. Wenn Schüler große Schwierigkeiten haben, ihre Bewegungsabläufe zu koordinieren, haben sie meist auch Schwierigkeiten beim Erwerb der Kulturtechniken.

Bleiben die psychomotorischen Bedürfnisse unbefriedigt, kommt es zu Schwierigkeiten im emotionalen Bereich. Sensible Lehrerinnen wissen um die Qualen ihrer Schüler, wenn diese stundenlang, von kleineren Unterbrechungen einmal abgesehen, stillsitzen müssen. Und sie planen deshalb Bewegungsspiele, gymnastische Übungen oder Stilleübungen ein, damit die Schüler ihrem Bewegungsdrang nachkommen oder sich vorübergehend entspannen können.

Für die planende Lehrerin stellen sich im Hinblick auf den Unterricht u.a. folgende Fragen:

- *Zu welchen psychomotorischen Leistungen sind meine Schüler schon fähig?* Beispiel: Linolschnitt – Kunsterziehung.
- *Welche psychomotorischen Fähigkeiten können von ihnen erworben werden?* Beispiel: Basketball – Leibeserziehung.
- *Wie steht es um die generelle psychomotorische Leistungsfähigkeit der Lerngruppe?* Beispiel: Tageswanderung.

Über den Zusammenhang zwischen einer psychomotorischen Entwicklungsförderung und der Leistungsentwicklung in anderen Bereichen hat Kiphard (1979) gearbeitet. Dieses ganzheitliche Anliegen wird zwar an vielen Sonderschulen, seltener an Regelschulen gesehen und verfolgt.

Zumeist muss von heterogenen *sprachlichen Lernvoraussetzungen* ausgegangen werden. Die unterschiedlichen Begabungen, die differierende Sprachentwicklung und Sprachförderung schaffen ein breites Voraussetzungsspektrum, das immer nur eingeschätzt, nie aber exakt vorausgesehen werden kann. Auch hier ist die Lehrerin wieder in ihrer Sensibilität, Flexibilität und Variabilität gefragt, wenn sich im Prozess herausstellt, dass ein Begriff oder eine Redewendung den Schülern wider Erwarten unbekannt ist. Dann gilt es zu improvisieren und eine Klärung herbeizuführen, die erst ein sinnvolles Weiterarbeiten ermöglicht.

Die sprachlichen Lernvoraussetzungen korrelieren stark mit den familialen, kulturellen, sozialen und gruppalen Voraussetzungen, also mit dem Code, der in der Familie vorherrscht, den Sprach- und Sprechgewohnheiten der jeweiligen Ethnie, dem Dialekt, der im schulischen Einzugsgebiet gesprochen wird, und dem Jargon, den die Peergroup bevorzugt. Auch besteht eine enge Beziehung zwischen dem Sprach- und Sprechvermögen einzelner Schüler und der messbaren Intelligenz sowie den schulischen Leistungen allgemein.

Die sprachlichen Lernvoraussetzungen sind in jedem Fall in die Planungsüberlegungen einzubeziehen, denn eine Fehleinschätzung kann alle Lehr-Lern-Bemühungen infrage stellen. Arbeitet eine Lehrerin unreflektiert mit einem zentralen Begriff, der zum Verständnis eines Sachverhaltes unbedingt erforderlich ist, über den einige Schüler aber nicht verfügen, können diese Schüler dem Unterricht nicht mehr folgen (Ausubel 1968; Kiewra 1997; Weinert/Zielinski 1977).

Eine Betrachtung der sprachlichen Lernvoraussetzungen aus linguistischer Sicht hat
- die phonologische Ebene – das Lesen, Sprechen, den Dialekt –,
- die morphosyntaktische Ebene – Satzkonstruktion, Deklination, Konjugation –,
- die lexikalisch-semantische Ebene – Wortschatz, Wortbedeutung – und
- die stilistische Ebene

zu berücksichtigen. – Im Anschluss an diese Einteilung ergeben sich für die planende Lehrerin u.a. folgende Fragen:

- *Welche Schüler können (noch nicht) flüssig lesen?*
- *Welche Schüler können (noch nicht) frei sprechen?*
- *Welche Schüler sprechen hochdeutsch, welche dialektgebunden?*
- *Erkennen die Schüler spezifische Satzteile?*
- *Erkennen sie bestimmte grammatikalische Strukturen?*
- *Über welchen Wortschatz verfügen die Schüler?*
- *Wissen sie um die Bedeutung bestimmter Wörter?*
- *Wie weit ist ihr Sprachgefühl entwickelt?*

Die Planungsrelevanz dieser Fragen wird sofort ersichtlich, wenn sich die Lehrerin überlegt, welcher Schüler einen neuen Text lesen, wer das Gedicht vortragen oder die Hauptrolle im Theaterspiel übernehmen soll.

Für die *sozialen Lernvoraussetzungen* sind u.a. das Einzugsgebiet, der soziale Kontext sowie die Quantität und Qualität der Sozialkontakte entscheidend. Sie alle bilden den Hintergrund, auf dem Sozialerfahrungen gesammelt werden. Dass es hier Unterschiede zwischen ländlichen Gemeinden einerseits und dem Einzugsgebiet einer Großstadt andererseits gibt, ist selbstverständlich. Auf der einen Seite überwiegt die Vertrautheit, auf der anderen die Anonymität.

Eine Grundschullehrerin, welche die sozialen Lernvoraussetzungen einbeziehen möchte, muss das Einzugsgebiet und den sozialen Kontext – außerhalb der Familien und der Schule – kennen lernen, d.h. wissen, wie die Schüler zur Schule kommen, welchen Gefahren sie im Straßenverkehr ausgesetzt sind, in welchen Geschäften sie einkaufen, wo sie ihre Freizeit verbringen. Interessant ist auch für sie, welche Angebote die örtlichen Vereine und die Kirchengemeinden unterbreiten, welche kommunalen Einrichtungen es gibt, z. B. ein Seniorenheim, ein Heim für Behinderte oder ein Auffanglager für Flüchtlinge. Ein moderner Heimat- und Sachkundeunterricht, ein Verkehrsunterricht oder Lerngänge in verschiedenen Lernbereichen lassen sich ohne Kenntnis der örtlichen Gegebenheiten nicht realisieren.

Ältere Schüler machen andere Sozialerfahrungen und so verlagert sich der Akzent auf den örtlichen Jugendclub, die Disko, das Kino, das Theater, Museum, das Rockkonzert, auf Jugendgruppen, Parteien oder Vereine. Die Sozialkontakte älterer Schüler untereinander bleiben der Lehrerin zumeist verborgen.

Aus dem an sich gerechtfertigten Anspruch, das soziale Umfeld der Schüler zu kennen, um so die Sozialerfahrungen einbeziehen zu können, eine Residenzpflicht für Lehrerinnen ableiten zu wollen, erscheint in der heutigen Zeit überzogen. Die Mobilität der Lehrerinnen und Schüler nimmt ständig zu, ebenso die globale Vernetzung, die globale Produktion und Vermarktung. Und Erziehungswissenschaftler denken über die »global education« nach, über Lehr- und Erziehungsziele, die für alle jungen Erdenbürger verbindlich sein könnten. So muss wohl neben der Heimatverbundenheit und Verwurzelung das Bemühen um Weltoffenheit und Toleranz treten. Doch gilt es im Rahmen der Unterrichtsplanung einige Fragen zu beantworten:

- *Über welche Art von Sozialerfahrungen verfügen die Schüler vermutlich?*
- *Welche Schüler verfügen über besondere Sozialerfahrungen?*
- *Wie lassen sich für die Schüler neue Sozialerfahrungen gewinnen?*
- *Gibt es im Einzugsbereich soziale Brennpunkte mit besonderen Problemen?*

Die *gruppalen Voraussetzungen* müssen bei vielen Planungsentscheidungen mit bedacht werden, und zwar sowohl im Hinblick auf die Lerngruppe als auch auf die Partner- und Kleingruppenarbeit. Lerngruppen oder Schulklassen kommen aufgrund einer gesetzlichen Bestimmung – der allgemeinen Schulpflicht – und administrativer Entscheidungen – Einteilung durch die Rektorin – zustande. Ziel einer Lerngruppe ist die Erfüllung der Lehrplananforderungen unter der Leitung einer bzw. mehrerer Lehrerinnen. Kein Schüler wurde gefragt, ob er in die Schule gehen und dort in einer Lerngruppe mitarbeiten möchte. Und auch die Lehrerinnen bekommen häufig eine bzw. mehrere Lerngruppen zugewiesen, ohne gefragt zu werden. Die Schüler können sich selten die Lehrerin auswählen und die Lehrerin muss mit den ihr anvertrauten Kindern auskommen. Ulich (1971) spricht in diesem Zusammenhang von der Schulklasse als einem »Zwangsaggregat«, da sich mehrere Individuen aufgrund staatlicher Vorgaben ungefragt in der Schulklasse wieder finden.

Nun unterliegt diese bunt zusammengewürfelte Lerngruppe wie jede andere Gruppe dem Prozess der *Gruppendynamik.* Eine Lerngruppe ist stets in Bewegung, sie verändert sich laufend. Die Art des gruppendynamischen Prozesses ist u.a. abhängig von den Sozialisationserfahrungen der einzelnen Schüler, ihren kulturellen, emotionalen, sprachlichen und sozialen Voraussetzungen. Der gruppendynamische Prozess lässt sich in Phasen oder Stadien untergliedern, so z.B. in das Dominanz-, das Beruhigungs- und Regelstadium (Ascherleben/Hohmann 1979) oder die Phasen der informellen Kontaktaufnahme, des ersten Kennenlernens, der Selbstdarstellung, der Machtkämpfe, der Rollendifferenzierung, der Konflikte, der Regelvereinbarung, der Beruhigung und der konstruktiven Kooperation. Wünschenswert erscheint natürlich das letztgenannte Stadium der konstruktiven Kooperation, in welchem die Gruppe in der Lage ist, sich Ziele zu setzen und diese zu verfolgen. In diesem Stadium besteht ein Zusammenhalt zwischen den Schülern und ein Wirgefühl. Die einzelnen Schüler sind bereit und in der Lage, ihre Kenntnisse, Fähigkeiten und Fertigkeiten in den Dienst der Gruppe zu stellen. Sie sind kooperationsbereit und -fähig, tolerant den Mitschülern gegenüber und hilfsbereit. Leider lässt sich dieses Stadium nur selten erreichen. Es kommt zu regressiven Tendenzen und die Gruppe wird häufig in schon längst überwunden geglaubte Stadien zurückgeworfen, weil z.B. erneut Machtkämpfe ausgetragen werden, eine Rollenzuschreibung abgelehnt wird, sich einige Schüler dominant oder passiv verhalten oder sich in einer Außenseiterposition fühlen. Für die planende Lehrerin stellen sich zahlreiche und bedeutsame Fragen, vor allem dann, wenn sie Kleingruppenarbeit durchführen möchte:

- *Verfügen die Schüler über basale kommunikative Kompetenzen?*
- *Was kann unternommen werden, um die Gruppenfähigkeit zu verbessern?*
- *Sind die Schüler kleingruppenfähig?*
- *Was kann getan werden, um die Kleingruppenfähigkeit* – z.B. durch Metaunterricht und Metakommunikation – *zu verbessern?*
- *Gibt es in der Lerngruppe einen oder mehrere Außenseiter?*
- *Und was kann unternommen werden, um diese zu integrieren?*

Lehrerinnen, welche die Schüler nur oberflächlich kennen, sind gut beraten, vorerst auf Kleingruppenarbeit zu verzichten. In Unkenntnis der gruppendynamischen Stadien, der vorhandenen bzw. nicht vorhandenen Gruppen- und Kleingruppenfähigkeit sowie der Außenseiterproblematik ist es kaum möglich, angemessen sozial steuernd zu intervenieren.

Die gruppalen Voraussetzungen spielen auch im Hinblick auf die Aktivitäten des Schullebens (Keck/Sandfuchs 1979) eine große Rolle. Soll z.B. ein Landschulheimaufenthalt zufrieden stellend verlaufen, bedingt dies Gruppenfähigkeit. Befindet sich aber die Lerngruppe wieder einmal in einem Konfliktstadium, sind zahlreiche Auseinandersetzungen, Belastungen und Schwierigkeiten vorhersehbar. Aufgrund dieser

Tatsache eine geplante Unternehmung, ein Projekt oder ein Vorhaben nicht durchzuführen wäre allerdings der falsche Weg, weil durch gemeinsame Aktivitäten, Erlebnisse und Erfahrungen die gruppendynamischen Prozesse beschleunigt und das Gruppen- und Lernklima verbessert werden können. Hier ist die planende Lehrerin in ihrer Risikobereitschaft und Konfliktfähigkeit gefordert.

In die Planungsüberlegungen einzubeziehen sind auch die *schulischen Lernvoraussetzungen* der Lerngruppe und der einzelnen Schüler. Diese sind natürlich heterogen, denn es gibt gut geführte und schlecht geführte Schulen, ein konstruktives und überwiegend destruktives Schulklima. Sodann gibt es hoch qualifizierte Lehrerinnen und weniger qualifizierte. Und bezogen auf einzelne Fächer oder Lernbereiche gibt es hervorragenden Unterricht und solchen, der diesen Namen nicht verdient.

Einige Schulen haben einen guten Ruf, sind glänzend ausgestattet, die Schulorganisation erscheint gelungen, die Rektorin oder Direktorin leitet die Schule eher indirekt, doch wirksam, unterstützt die Lehrerinnen bei ihrer Arbeit und ermutigt sie, auch neue Wege zu gehen. Diese Schulleiterin wird allgemein anerkannt, die Lehrerinnen arbeiten gerne an ihrer Schule, fühlen sich für die Schule mitverantwortlich. Die Konflikthäufigkeit ist gering, die Lehr-Lern-Aktivität hoch und die Ergebnisse sind vorzeigbar.

In anderen Schulen zeigen sich Mängel in der Ausstattung und der Organisation. Die Rektorin oder Direktorin leitet die Schule, indem sie sich häufig auf ihre Amtsautorität beruft, in erster Linie darauf bedacht ist, die eigene Person rechtlich abzusichern, überängstlich viele Initiativen der Lehrerinnen im Keim erstickt und so für ein destruktives Schulklima verantwortlich ist. Die Lehr-Lern-Ergebnisse bleiben hinter den Erwartungen zurück. Soziale Konflikte treten gehäuft auf und die Kriminalitätsrate ist relativ hoch (Rutter 1980).

Und dann gibt es vorbildliche Lehrerinnen, die auf ihre Schüler einen positiven Einfluss ausüben, weil sie fach-, methoden- und sozialkompetent unterrichten, über wünschenswerte Persönlichkeitsmerkmale, förderliche Eigenschaften, Einstellungen und Haltungen verfügen. Diese Lehrerinnen üben ihren Beruf gerne aus und sie befinden sich in einem realistischen Stadium. Überwiegt einmal die Stagnation oder Frustration, verfügen sie über die Kraft, sich aus einem Tief herauszuholen und zu einer realistischen Einstellung und Haltung zurückzufinden.

Und leider gibt es auch Lehrerinnen, die fachlich wenig kompetent sind, über ein stark eingeschränktes Methodenrepertoire verfügen, Methodenmonotonie praktizieren und einen fragwürdigen Umgang mit den Schülern pflegen, diesen wenig zutrauen und sie häufig abwerten. Ordnet man diese Lehrerinnen in die möglichen Burnout-Stadien ein, so bewegen sie sich zumeist in den Stadien der Stagnation, Frustration oder Apathie, ohne aus diesen herauszufinden. Frustrierte Lehrerinnen frustrieren auch ihre Schüler (Becker/Gonschorek 1989, 1990).

Bezogen auf einzelne Fächer oder Lernbereiche lässt sich diese Schwarzweißmalerei fortsetzen. So ist ein Mathematikunterricht denkbar, der konkret, anschaulich und problemorientiert erteilt wird, in dem sich die Schüler mit den Aufgaben identifizieren, weil sie an die eigenen Erfahrungen anknüpfen. Die Schüler lernen in diesem Unterricht nicht nur rechnen, sondern auch denken. Für viele Schüler der Lerngruppe ist Mathematik das Lieblingsfach. – Und dann lässt sich ein Mathematikunterricht beobachten, in dem selten Materialien eingesetzt werden, der wenig anschaulich fast ausschließlich als Buchunterricht erteilt wird und der sich überwiegend auf der symbolischen Ebene bewegt. Das Kopfrechnen und die Bearbeitung von »Kästchen« stehen im Mittelpunkt, Methoden- und Übungsmonotonie sind die Regel. Fragwürdige Formen des Wettbewerbs führen zu einem abträglichen Lernklima. Und auf diese Weise wird bei vielen Schülern eine Mathematikphobie aufgebaut, die sie in ihrer Schulzeit – manchmal aber auch lebenslang – belastet.

Nun kann ein Schüler Glück haben, er besucht zufallsbedingt eine gute Schule, wird von einer qualifizierten und engagierten Lehrerin unterrichtet, die ihm einen vorzüglichen Mathematikunterricht bietet. Also verfügt dieser Schüler über positive schulische Lernvoraussetzungen. Hat ein Schüler Pech, besucht er eine schlecht geführte Schule, trifft auf eine oder mehrere ausgebrannte Lehrerinnen, die bei ihm eine Mathematikphobie aufbauen, ihn schädigen. – Leider gibt es viele schulgeschädigte Schüler. – Nun wird zwar versucht, durch einen Wechsel der Lehrerinnen dafür zu sorgen, dass sich die möglichen Defizite schulischer Sozialisation nicht kumulieren, aber die Problematik bleibt bestehen. Positive Schul- und Unterrichtserfahrungen führen zu guten schulischen Lernvoraussetzungen, negative zu schlechten, zu Versagensangst, Schulangst und Schulunlust.

Die *ergonomischen Lernvoraussetzungen* beziehen sich auf das Lern- und Arbeitsverhalten. Letzteres hat Keller (1993) untersucht. Er verglich leistungsstarke und leistungsschwache Schüler der Sekundarstufe I mit dem Arbeitsverhaltensinventar (AVI) und konnte hochsignifikante Unterschiede feststellen. Die einzelnen Variablen weisen prägnant auf jene Merkmale hin, über die leistungsstarke Schüler verfügen.

	Leistungsstärke		**Leistungsschwäche**			
AVI (S-I-Skala)	M	SD	M	SD	t	Sig.
Bedürfnisaufschub (unfähig – fähig)	56,4	7,6	40,4	9,0	5,5	sss
Misserfolgsmotivation (niedrig – hoch)	45,1	8,5	58,4	9,0	4,4	sss
Gedächtnis (schlecht – gut)	54,3	10,2	38,9	7,8	4,8	sss
Konzentration (schlecht – gut)	58,3	9,9	42,5	10,4	4,2	sss
Organisation (schlecht – gut)	59,8	8,8	40,4	11,4	5,4	sss
Durchschnittsnote	1,7	0,2	3,8	0,2	30	sss
(Keller, a.a.O., S. 127)						

Leistungsstarken Schülern gelingt es besser, individuelle Bedürfnisse einzuschränken oder zurückzustellen, also Selbstdisziplin zu üben. Sie sind weniger misserfolgsorientiert, was zu einer aktiv-produktiven Lernhaltung führt. Sie erbringen bessere Gedächtnisleistungen, sodass vorhandene Kenntnisse die Arbeit beflügeln. Leistungsstarke Schüler können sich besser konzentrieren, sich intensiv mit einer Aufgabe, Frage- oder Problemstellung befassen, bis sich ein Lernergebnis abzeichnet. Und sie sind besser organisiert, d.h., sie verfügen über Fähigkeiten, den Arbeitsplatz zu gestalten, die Arbeitszeit zweckrational zu nutzen, Lerntechniken anzuwenden und Lernstrategien zu verfolgen.

Ergonomische Lernvoraussetzungen lassen sich durch pädagogische Einwirkungen langfristig verändern und verbessern. Am besten geschieht dies durch alle Lehrerinnen, die in einer Lerngruppe unterrichten, durch die Klassenlehrerin und durch Personen, welche die Hausaufgaben betreuen. Schüler können lernen, individuelle Bedürfnisse einzuschränken oder zurückzustellen. Leistungsschwachen Schülern kann man im Rahmen ihrer Lernmöglichkeiten Erfolgserlebnisse verschaffen, sodass ihre Misserfolgsorientierung abnimmt. Gedächtnisleistungen und Konzentrationsfähigkeit lassen sich durch wiederholte Übungen steigern. Und dann können Lehrerinnen immer wieder mit den Schülern darüber nachdenken und reden, wie man sich zum Lernen organisiert, den Arbeitsplatz optimiert, Lerntechniken anwendet und Strategien verfolgt.

Das Lern- und Arbeitsverhalten variiert nicht nur zwischen leistungsstarken und leistungsschwachen Schülern, sondern es variiert auch von Lerngruppe zu Lerngruppe. Lehrerinnen, welche dasselbe Fach in Parallelklassen unterrichten, wissen aus Erfahrung, dass sie z.B. in der Klasse 8a viel schneller vorgehen können als in der 8b. Und dies hat Auswirkungen auf die Unterrichtsplanung, indem für die leistungsstarke Lerngruppe mehr und auch anspruchsvollere Lernaufgaben eingeplant werden können.

Abschließend muss sich eine Lehrerin, die Unterricht plant, die Frage nach den *sachstrukturellen Lernvoraussetzungen* beantworten (Heckhausen 1969). In diese fließen alle vorgenannten Voraussetzungsfaktoren mit ein. In Verbindung mit einem konkreten Unterrichtsvorhaben kann ein Faktor oder können mehrer Faktoren besondere Bedeutung erlangen. In Kenntnis der Lerninhaltsstruktur und möglicher anzustrebender Ziele ist die Frage zu beantworten, welche Voraussetzungen und Bedingungen erfüllt sein müssen, damit möglichst alle Schüler im Unterricht mitarbeiten können. Zeichnet sich eine Voraussetzungsstruktur ab, kann diese in die Planung einbezogen werden. Dann entscheidet sich die Lehrerin vielleicht für einen »advanced organizer«, indem sie plant, bedeutsame Elemente der Struktur an den Anfang des Unterrichts zu stellen (Ausubel 1974; Kiewra 1997).

Wird die Kontinuität des Lehrens und Lernens gewahrt, erübrigt sich ein Nachdenken über die sachstrukturellen Lernvoraussetzungen. Wenn am nächsten Tag der Unterricht weitergeführt werden kann, wie dies in der Grundschule oder im Epochenunterricht möglich ist, wissen Lehrerin und Schüler zumeist noch, wo sie innerhalb der Sinn- oder Unterrichtseinheit stehen. Die sachstrukturellen Voraussetzungen sind weitgehend bekannt und man kann im Lehr-Lern-Prozess fortfahren.

Ebenso erübrigt sich ein Nachdenken über die Voraussetzungen hinsichtlich einer Sachstruktur, wenn ein Thema erarbeitet werden soll, mit dem sich noch kein Schüler befasst hat. Dann müssen die Elemente dieser Struktur im Unterricht selbst erarbeitet werden und Schüler bringen sich mit ihren Voraussetzungen in den Prozess ein.

Spektrum der Lernvoraussetzungen

- individuelle Begabungen
- familiale Voraussetzungen
- motivationale
- kulturelle
- kognitive
- emotionale
- psychomotorische
- sprachliche
- soziale
- gruppale
- schulische
- ergonomische
- sachstrukturelle Voraussetzungen
  im Hinblick auf ein konkretes Unterrichtsvorhaben

3 Am Lehrplan orientieren und sich auf die Schüler konzentrieren

In diesem Kapitel wird der Frage nachgegangen, welche Funktionen Lehrpläne – Bildungspläne, Richtlinien, Curricula – übernehmen sollten und welche Rolle sie bei der Unterrichtsplanung spielen. Der Begriff »Lehrplan« beinhaltet die »Planung der Lehre«, und wenn sich alle Lehrerinnen an die Lehrpläne halten würden, brauchte man diese beiden Fragen nicht zu stellen. Doch werden Lehrpläne recht unterschiedlich rezipiert und deshalb erscheinen diese Fragen berechtigt.

Alle Lehrpläne haben zunächst einmal eine gesellschaftspolitische Funktion und sind Ausdruck ihrer Zeit. In den Präambeln werden übergeordnete Lehr- und Erziehungsziele umschrieben. Und so unterscheiden sich die Pläne aus der Kaiserzeit, der Weimarer Republik, der Zeit des Nationalsozialismus, des real existierenden Sozialismus und der Bundesrepublik Deutschland erheblich voneinander. Doch immer wurde und wird versucht, über die Lehrpläne das jeweilige Herrschafts- und Gesellschaftssystem zu legitimieren und zu stabilisieren. In die Lehrpläne, die in der Bundesrepublik veröffentlicht werden, dürfen keine Formulierungen und Ziele aufgenommen werden, die dem Grundgesetz, den Verfassungen der Länder oder dem Schulrecht widersprechen.

In einem demokratischen Gesellschaftssystem bestimmen die Bürgerinnen und Bürger – insbesondere interessierte Eltern – indirekt über die Lehrpläne mit, sofern sie die Entscheidungskette durchschauen: Landtagswahl, Mehrheitspartei, Ministerpräsidentin, Kultusministerin, Lehrplankommissionen, Lehrplanentwürfe, Anhörungen der interessierten Gruppen – Arbeitgeber, Arbeitnehmer, Kirchen, Berufsverbände, Elternvertreterinnen –, Überarbeitung der Entwürfe und schließlich in Kraft setzen durch die Ministerin. Über das Wahlverhalten werden Lehrplanentscheidungen beeinflusst. Somit wird deutlich, warum sich die Lehrpläne in den einzelnen Bundesländern unterscheiden.

Mithilfe der Lehrpläne wird ansatzweise transparent, was gelehrt und gelernt werden soll, welche Ziele angestrebt werden und welche Abschlüsse beabsichtigt sind. Ältere Schüler können sich eigenständig informieren, was man mit ihnen für sie vorhat. Über die Pläne und die mit ihnen intendierten Abschlüsse werden Zugangsberechtigungen definiert. Pläne üben somit auch eine Selektionsfunktion aus. Und die Abnehmer – Arbeitgeber, Berufsschulen, Hochschulen und Universitäten – können mittels der Pläne einschätzen, was sie von den Absolventen verschiedener Schularten zu erwarten haben.

Mithilfe der Lehrpläne wird versucht, das föderale Schulwesen länderübergreifend zu vereinheitlichen. Dieses Ziel erscheint erstrebenswert, um Schülern den Umzug in ein anderes Bundesland ohne Schulzeitverlust zu ermöglichen und um die Schulabschlüsse länderübergreifend anzuerkennen. Das Bemühen um eine Vereinheitlichung steht in einem gewissen Gegensatz zur Kulturhoheit der Länder, dem Recht eines jeden Bundeslandes, die Lehrpläne eigenständig zu erstellen und auch eigene Schwerpunkte zu setzen.

Über die Lehrpläne wird versucht, länderübergreifend einen wünschenswerten Bildungsstandard zu wahren. Dass dies nicht ohne weiteres gelingt, liegt an der politischen Konkurrenzsituation, an der großen Zahl der Institutionen, die sich zeitlich versetzt mit der Neuentwicklung oder Überarbeitung der Pläne befassen, und an der fehlenden Bereitschaft, diese Arbeiten bundesweit zu koordinieren. Und so wird der Streit weitergehen, ob bayrische Gymnasiasten klüger sind als andere, bis man die Schüler bundesweit testet. Doch auch dann werden sich unterschiedliche Testergebnisse nicht nur mit unterschiedlichen Lehrplanvorgaben begründen lassen.

Für Vertreterinnen der Schulaufsicht, für Schulleiterinnen und Lehrerinnen haben Lehrpläne eine Legitimationsfunktion. Da im Lehrplan für jedes Schuljahr und für die Fächer oder Lernbereiche die Leistungsanforderungen umschrieben sind, dient er zur Rechtfertigung einer Versetzung bzw. Nichtversetzung. In den Lehrplänen sind also indirekt die Versetzungsordnungen enthalten. Wenn ein Schüler die Lehrplananforderungen einer bestimmten Schulart nicht erfüllt, kann die Abstufung in eine andere Schulart begründet werden. Gleiches gilt für hochbegabte Schüler, die den Lehrplananforderungen mühelos gerecht werden und deshalb eine oder mehrere Klassen überspringen können.

Vertreterinnen der Schulaufsicht und Schulleiterinnen können über die amtlichen Lehrpläne die Lehrerinnen hinsichtlich ihrer Lehrtätigkeit kontrollieren. Schließlich werden die Lehrerinnen an staatlichen Schulen verpflichtet, den Lehrplänen entsprechend zu verfahren. Im Rahmen eines Schulbesuchs kann sich eine Schulrätin davon überzeugen, ob der Stoffverteilungsplan und die Eintragungen in das Klassenbuch mit den Lehrplanvorgaben übereinstimmen. – Negative Kontrollverfahren sind Lehrerinnen aus der ehemaligen Deutschen Demokratischen Republik bekannt, die den Unterricht nach differenziert ausgearbeiteten Vorlagen, den Stundenbildern, durchzuführen hatten. Auf diese Weise bestand die Möglichkeit, die Schüler direkt zu befragen, ob sie mit den im Plan vorgegebenen Themen vertraut waren und über das erwünschte sozialistische Bewusstsein verfügten. – Je geschlossener die Lehrpläne ausgewiesen werden, desto größer ist die Möglichkeit staatlicher Einflussnahme und Kontrolle.

Mittels der Lehrpläne wird versucht, die Kontinuität des Lehrens und Lernens zu sichern. Eine Vertretungslehrerin kann sich nach Einsicht in das Wochenbuch, den Stoffverteilungsplan und den Lehrplan einen Überblick verschaffen, was gelehrt und gelernt worden ist und wie nun der Unterricht weitergeführt werden kann. Dass die Eintragungen in das Wochenbuch nicht immer mit den Lernergebnissen gleichzusetzen sind, ist jeder Praktikerin bekannt.

Mithilfe der Lehrpläne wird weiterhin versucht, innovative Akzente zu setzen. So werden z.B. Unterrichtkonzeptionen wie offener Unterricht, Freiarbeit, Wochenplanarbeit oder fächerübergreifender Unterricht empfohlen, weil sie als fortschrittlich und effizient erachtet werden. Doch der Umsetzung solcher Empfehlungen stellen sich zahlreiche Hindernisse in den Weg, wie z.B. ungünstige Rahmenbedingungen, unzureichende Rezeption neuer Pläne durch die Lehrerinnen, mangelnde Qualifikation und Handlungskompetenzen im Hinblick auf solche Konzeptionen oder fehlende Innovationsbereitschaft. Und so bleibt die Innovationsrate in der Schule und im Unterricht im Vergleich zu anderen Institutionen gering.

Lehrpläne erfüllen für die Lehranfängerinnen eine Orientierungsfunktion. Wer den Unterricht in einer bestimmten Klasse in einem Fach oder Lernbereich aufnehmen will, orientiert sich im Lehrplan darüber, was gelehrt und gelernt worden ist und was gelehrt und gelernt werden soll. Sodann wird der Stoffverteilungsplan erstellt, werden die Themen für die Unterrichtseinheiten dem Lehrplan entnommen, weitere Themen hinzugefügt und die Einheiten in eine sinnvoll erscheinende Abfolge gebracht. Nun können auch die voraussichtlich benötigten Unterrichtszeiten kalkuliert und Verfügungszeiten eingeplant werden. So betrachtet dient also der Lehrplan der Planung der Lehre und stellt eine Leitlinie für die Unterrichtstätigkeit dar.

Lehrpläne unterliegen allerdings auch häufig der *Kritik,* denn erfahrungsgemäß sind sie in einigen Fächern und Lernbereichen zum Zeitpunkt des Erscheinens teilweise schon wieder *veraltet.* Das gilt insbesondere für gesellschaftswissenschaftliche Lerninhalte und Lernziele. Kriege, Flüchtlingsströme, Hungersnöte, Naturkatastrophen, technologische Entwicklungen oder neue Forschungsergebnisse lassen sich nun einmal nicht voraussehen. Lehrpläne können niemals mit der gesellschaftlichen Dynamik und dem gesellschaftlichen Wandel Schritt halten. Und deshalb sind Lehrerinnen genötigt, die Lehrplanvorgaben so zu modifizieren, dass aktuelle Ereignisse im Unterricht Berücksichtigung finden.

Aus der Sicht vieler Lehrerinnen bieten Lehrpläne kaum Hilfen für den Unterrichtsalltag. So unterliegen häufig die Präambeln der Kritik, weil sie *allgemeine Aussagen* von einem hohen Allgemeinheitsgrad mit *geringem Aussagegehalt* liefern, Aussagen, die aus dem Sozialkundeunterricht, dem Ethik- oder Religionsunterricht hinreichend bekannt und deshalb überflüssig erscheinen. Auch fehlen konkrete Hinweise, wie sich solche hehren Ziele erreichen lassen. Und so ist der Leseanreiz im Hinblick auf die praktische Schularbeit gering.

Nach Auffassung vieler Lehrerinnen *berücksichtigen Lehrpläne zu wenig die besonderen Schulverhältnisse,* das Einzugsgebiet, die Zusammensetzung der Schüler, die große Zahl von Problemschülern, die ein stark abweichendes Verhalten zeigen und zahlreiche Konflikte verursachen. Wenn Lehrerinnen an einem sozialen Brennpunkt tätig sind, können sie viele Lehrplanvorgaben einfach nicht erfüllen. Beim Lehrplanstudium gelangen sie zu der deprimierenden Einsicht: Das geht an meiner Schule nicht, dazu fehlen die Voraussetzungen und Bedingungen, das können meine Schüler nicht und – da habe ich ganz andere Probleme.

Die vorstehenden Ausführungen machen deutlich, dass es für eine Lehrerin viele Gründe gibt, dem Lehrplan mit einer kritischen Einstellung zu begegnen. Doch werden keineswegs Lehrpläne generell abgelehnt, sondern Lehrerinnen wünschen sich mehrheitlich einen Minimalkatalog von Inhalten, fachbezogenen Grundanforderungen, Zielen für die einzelnen Schuljahre, Inhalten und Themen des Faches sowie Angaben über die langfristigen Aufgaben und Ziele des Faches. Diese Wünsche lassen sich der Studie von Vollstädt u. a. (1999) entnehmen:

Wunsch nach verbindlicher Vorgabe von Lehrplanbestandteilen (1994)
Anteil der Befragten, die dies wünschen N = 1052

	Item	Ch	De	Ge	Ma	alle	n
153	Minimalkatalog von Inhalten	84%	68%	66%	86%	78%	821
151	Fachbezogene Grundanforderungen	69%	67%	49%	73%	67%	698
146	Ziele der Schuljahre	67%	51%	42%	68%	60%	623
147	Inhalte und Themen des Faches	62%	40%	37%	72%	57%	590
145	Langfristige Aufgaben und Ziele des Faches	50%	59%	48%	51%	52%	545
	…						
148	Lernziele für einzelne Unterrichtseinheiten	26%	15%	11%	28%	22%	231
144	Bildungspolitische Zielsetzungen	15%	28%	30%	16%	20%	210
156	Hinweise zu Leistungsbeurteilungen	9%	14%	5%	8%	9%	97
157	Medien, Methoden, Verfahren	8%	8%	6%	4%	6%	65
159	Pläne für Unterrichtseinheiten	9%	7%	5%	4%	6%	66
149	Reihenfolge der zu behandelnden Themen	7%	1%	8%	4%	5%	50
155	Formen und Zeitpunkte von Leistungsmessungen	6%	8%	3%	3%	5%	54
150	Zeitvorgaben für zu behandelnde Themen	3%	2%	5%	5%	4%	39

entnommen: Vollstädt u.a. 1999. S. 92

Nicht erwünscht ist ein ausdifferenzierter Anforderungskatalog, der für die Lehrerinnen verpflichtend gemacht wird, mit dessen Hilfe sie einer starken Kontrolle ausgesetzt werden könnten und der sie in ihrer Methodenfreiheit einengen würde. Die Formel aus der Sicht der Lehrerinnen heißt also: wenige bedeutsame Vorgaben bei Wahrung der pädagogischen Freiheit.

Wie aus der empirischen Studie von Vollstädt u. a. (1999) ersichtlich, erscheint die direkte Rezeption von Rahmenrichtlinien oder Lehrplänen stark eingeschränkt.

Direkte Rezeption der Rahmenrichtlinien

»Wann haben Sie das letzte Mal etwas in den Rahmenrichtlinien nachgeschaut?«

	Ch	De	Ge	Ma	alle	n
a) Vor mehr als zwei Jahren	23%	26%	41%	29%	28%	292
b) vor etwa zwei Jahren	6%	7%	11%	9%	8%	80
c) vor etwa einem Jahr	15%	19%	13%	13%	15%	156
d) etwa vor sechs Monaten	15%	13%	14%	18%	16%	161
e) etwa vor drei Monaten	12%	13%	7%	7%	10%	102
f) etwa vor einem Monat	15%	15%	7%	14%	14%	140
g) in der letzten Woche	14%	7%	7%	10%	9%	106
gesamt	100%	100%	100%	100%	100%	1037

entnommen: Vollstädt u.a. (1999, S. 81)

Wenn 36% aller befragten Lehrerinnen vorgeben, vor mehr als zwei Jahren oder etwa vor zwei Jahren in den Rahmenrichtlinien nachgelesen zu haben, stimmt dies schon nachdenklich. Zwar fehlen Vergleichsuntersuchungen bei Lehrerinnen in anderen Bundesländern, doch die *Unkenntnis der Pläne* wird allgemein durch Vertreterinnen der Schulaufsichtsbehörden beklagt.

Der Anteil der Geschichtslehrerinnen, der vorgibt, sich in den letzten zwei Jahren nicht an den Richtlinien orientiert zu haben, ist mit 52% besonders hoch. Dies mag fachspezifisch begründet sein, denn eine Lehrerin, die in diesem Fach erfahren ist, weiß sehr bald, wo sie z.B. in Klasse 9 mit dem Unterricht einzusetzen hat. Sie hat vor Jahren einen Stoffverteilungsplan für diese Klasse erstellt und kann ihn, leicht modifiziert, immer wieder einsetzen. Warum soll sie in die Rahmenrichtlinien schauen, wenn diese ohnehin kaum neue Informationen enthalten werden?

Lehrpläne spielen also für die Unterrichtsplanung eine nachgeordnete Rolle, wenn wir davon ausgehen, dass viele Lehrerinnen sie kaum zur Kenntnis nehmen. Doch werden sie vermutlich in verschiedenen Stadien der beruflichen Sozialisation unterschiedlich genutzt.

Referendarinnen müssen sich im Rahmen ihrer Ausbildung intensiv mit dem für sie gültigen amtlichen Lehrplan befassen. In den ausführlichen Unterrichtsentwürfen sollte der Hinweis auf den Plan nicht fehlen. Und auch in den Gesprächen über den Unterricht sollte ein Bezug zum Lehrplan hergestellt werden können.

Wer als Junglehrerin eine Lehrtätigkeit aufnimmt, muss sich am Lehrplan orientieren. Gleiches gilt, wenn man in einem Schuljahr ein bestimmtes Fach oder Lerngebiet zum ersten Mal unterrichtet. Verläuft der anschließende Unterricht aus der Sicht aller Beteiligten erfolgreich, wird der einmal aufgestellte Stoffverteilungsplan im nächsten Schuljahr beibehalten.

Erfolgt zwischenzeitlich keine Lehrplannovellierung, gibt es für eine erfahrene Lehrerin keinen Anlass, wiederholt in den Lehrplan zu schauen, warum auch, wenn der Neuigkeitsgehalt gering ist und sich dem Plan keine handlungsrelevanten Informationen entnehmen lassen.

Überflüssig erscheint ein wiederholtes Lehrplanstudium auch jenen Lehrerinnen, die auf ein Lehrbuchwerk – Schülerbücher, Lehrerhandbücher, Begleittexte – angewiesen sind. Das gilt insbesondere für Fremdsprachenlehrerinnen, die auf das Lehrbuch nicht verzichten können, aber auch für Lehrerinnen, die auf ein Schulbuch nicht verzichten wollen. Da sich die Schulbuchwerke an den Lehrplänen zu orientieren haben und die Ministerien über die Zulassung eines Schulbuchs entscheiden, erfolgt so indirekt eine Orientierung der Lehrerin am Lehrplan über das gewählte Lehrbuchwerk.

Auf die gesellschaftspolitische Relevanz der Lehrpläne und ihren möglichen Missbrauch in totalitären Gesellschaftssystemen wurde eingangs schon hingewiesen. Eine ideologiekritische Betrachtung aller Lehrplanvorgaben erscheint deshalb geboten.

Ob sich die Lehr-Lern-Effektivität mittels spezifischer Pläne steigern lässt, muss in Zweifel gezogen werden. Selbst wenn man versuchen würde, die Pläne im Sinne von Robinsohn (1973) einer permanenten Revision zu unterziehen, wenn man sich laufend über bedeutsame Ziele verständigen, die Lerninhalte aktualisieren, neuartige Methoden und Medien empfehlen und wenn Lehrerinnen die revidierten Pläne auch rezipieren würden, wäre eine Effektivitätssteigerung kaum zu erwarten. Denn Lehrplanvorgaben allein garantieren nicht ihre Umsetzung und einen anspruchsvollen Unterricht.

Dieses Kapitel wird mit einer These abgeschlossen, die provozieren und nachdenklich stimmen möchte. – Anspruchsvolle Lehrerinnen, die fach-, methoden- und sozialkompetent sind, benötigen fast keinen Lehrplan, denn sie lehren nicht nach Plan, sondern sie unterrichten Schüler (Carle 1996). Für sie genügt ein Blick in den Plan zur Groborientierung – 1. Schuljahr Anfangsunterricht, 3. Schuljahr Sachunterricht, 8. Schuljahr Englischunterricht – und dann beginnen sie mit der Arbeit. Sie suchen zunächst einmal den Kontakt zu den Schülern und zur Lerngruppe, eruieren die Lernvoraussetzungen, stoßen natürlich auf Lernlücken, verfahren lückenschließend, planen gemeinsam anspruchsvolle Fragen und provozieren Fragen, lassen nach Antworten suchen, greifen Beiträge auf, denken mit den Schülern mit und weiter, gestalten so einen lebendigen Lehr-Lern-Prozess. Dies alles steht in keinem Plan. Und so werden sich anspruchsvolle Lehrerinnen kurz am Lehrplan orientieren, um sich dann voll auf die Schüler zu konzentrieren.

Lehrpläne und ihre Funktionen

- systemstabilisierende Funktion
- Funktion der Transparenz
- vereinheitlichende Funktion
- Funktion, einen Standard zu wahren
- Legitimationsfunktion
- Kontrollfunktion
- Wahrung der Kontinuität
- innovative Funktion
- Orientierungsfunktion

Planungsrelevante Fragestellungen

- Was sollten die Schüler planmäßig gelernt haben?
- Über welche Lernvoraussetzungen verfügen die Schüler tatsächlich?
- Welcher Lehrplanbezug lässt sich zum zu planenden Unterricht herstellen?
- Wie soll der Unterricht planmäßig weitergeführt werden?
- Welche Unterrichtseinheiten schließen sich an?

4 Lerninhalte auswählen und die Auswahl begründen

Was gelehrt und gelernt werden soll, ist wohl eine der wichtigsten schulpädagogischen Fragestellungen. Beantwortet eine Lehrerin bei der Unterrichtsplanung diese Frage, handelt es sich zunächst einmal um einen *Lehrinhalt,* in der Hoffnung, dass dieser von den Schülern akzeptiert und zu einem *Lerninhalt* werden wird.

Ist der *Lehr-Lern-Inhalt* gefunden, beginnt sogleich die Suche nach geeignet erscheinenden Zielsetzungen, Methoden und Medien, d.h. die Frage nach den Lerninhalten wird von einer Lehrerin nicht isoliert gestellt, sondern interdependent, weil die bedeutsamen Planungsfragen in einer wechselseitigen Abhängigkeit zu sehen sind (Heimann/Otto/Schulz 1972).

Eine Auswahlentscheidung bedarf einer möglichst überzeugenden Begründung. Nun können zwar einfallsreiche und redegewandte Menschen alles begründen. Doch hier stellt sich ein Legitimationsproblem in mehrfacher Art, im Hinblick auf die Schüler, welche der Lehrerin anvertraut sind, auf die Eltern, die sich dafür interessieren, was mit ihren Kindern in der Schule geschieht sowie im Hinblick auf die Vertreterinnen der Schulaufsicht, welche die gesellschaftlichen Interessen zu wahren haben. Mit einer differenzierten Begründung wird die Auswahlentscheidung transparent gemacht und einer möglichen Diskussion ausgesetzt. Und auf eine solche Diskussion sollte jede Lehrerin vorbereitet sein. So betrachtet möchte dieses Kapitel Argumentationshilfen bieten.

In einem demokratischen Gesellschaftssystem muss es also jedem *Schüler* gestattet sein, die Frage an die Lehrerin zu richten: »*Warum müssen wir das denn lernen?*« Und die Lehrerin gewinnt bei den Schülern an Autorität, wenn sie ihre Auswahlentscheidung differenziert und überzeugend begründen kann.

Ähnlich stellt sich die Situation dar, wenn die Lehrerin von der Mutter eines Schülers – die früher einmal selbst Lehrerin gewesen ist – angerufen wird und die gleiche Frage stellt. In diesem Fall bedarf es einer sachdienlichen Information sowie überzeugender Argumente.

Die Auswahl der Lerninhalte und die Begründung der Auswahlentscheidungen variiert von Schulart zu Schulart. Sie ist u. a. abhängig von dem jeweiligen Ziel der Schule, den Lernvoraussetzungen der Schüler, den Lehrplanvorgaben sowie dem persönlichen Standpunkt der Lehrerin. Doch lassen sich die Kriterien für die Auswahl auch im Anschluss an theoretische Vorstellungen benennen, die Pädagogen und Erziehungswissenschaftler zu diesem Thema entwickelt haben.

So lässt sich die Auswahl der Lerninhalte begründen, weil sie

– **besondere Lern- oder Lehrbedürfnisse berücksichtigen.**
Der erste Punkt bezieht sich auf die affektive und emotionale Komponente des Lernens und Lehrens. Möchten Schüler etwas Bestimmtes lernen, dann ist diesem Wunsch nicht nur in der Grundschule nach Möglichkeit zu entsprechen. Ein von den Schülern kommendes sachgerichtetes Interesse, verbunden mit einer intrinsischen Motivation und einer starken Volition, ist fast immer den mühsamen Techniken der Lernmotivierung vorzuziehen. Allerdings erscheint die Auffassung von Vertretern humanistischen Lehrens und Lernens – Schüler lernen ohnehin nur das, was sie wollen und nicht das, was sie sollen! – stark überzogen. An weiterführenden Schulen muss sich der Schülerwunsch – von außerordentlichen Ereignissen einmal abgesehen – wohl auf das betreffende Lerngebiet beziehen. So erscheint es fragwürdig, während einer Olympiade im Fach Französisch nur über die Wettkämpfe zu diskutieren. Tun dies Schüler und Lehrerin allerdings auf Französisch, ist kaum etwas dagegen einzuwenden.

Besteht bei einer Lehrerin eine ausgeprägte Vorliebe für einen bestimmten Lehrinhalt, erscheint es gerechtfertigt, diesem Thema etwas mehr Unterrichtszeit zu widmen, weil die Schüler so von den besonderen Fähigkeiten und Fertigkeiten ihrer Lehrerin profitieren. Eine Kunsterzieherin, die eine spezifische Maltechnik brillant beherrscht, vermag einen Teil ihrer künstlerischen Fähigkeiten auf die Schüler zu übertragen. Doch auch hier gibt es die Einschränkung, sich nicht ausschließlich in einem Schuljahr auf diese Technik zu konzentrieren (Duck 1981).

– **die Persönlichkeitsentwicklung der Schüler fördern.**
In diesem Zusammenhang sind Lerninhalte gefragt, die bei den Schülern zunächst einmal zu einer Stärkung der Ich-Identität führen und zu einer wünschenswerten emotionalen Ausgeglichenheit. Identität und Ausgeglichenheit stärken das Selbstwertgefühl und fördern den Abbau von Lern-, Versagens- und Zukunftsängsten. Es bedarf vor allem im Grundschulalter solcher Lerninhalte, die eine offene Lernhaltung fördern, welche die Schüler in eine aktiv-produktive Lernhaltung hineinführen und sie optimistisch in die Zukunft blicken lassen.

In der konkret-operationalen Phase, also etwa zwischen dem achten und dem elften Lebensjahr, sollte sich die Auswahl der Lerninhalte auf Frage- und Problemstellungen konzentrieren, welche die Möglichkeit zur Selbstkontrolle beinhalten. Auf diese Weise lässt sich die Bereitschaft erhöhen, sich an schwierige Aufgaben heranzuwagen, aber auch das Gefühl vermitteln, auch schwierige Aufgaben meistern zu können. Die Angelsachsen haben für diese positive Lernhaltung die Umschreibung »to cope with«, während die psychologische Forschung von einer »Erhöhung der Selbstwirksamkeit« spricht (Kohler 2000).

Schließlich sind in der formal-operationalen Phase Lerninhalte auszuwählen, die den Schülern Gelegenheit bieten, die eigene Meinung darzulegen, einen Standpunkt zu beziehen und diesen im Gespräch zu vertreten. Doch junge Menschen möchten nicht nur über etwas reden, sondern auch handeln. Und deshalb sind ihnen Lerninhalte und Lernchancen zu bieten, die solidarisches Handeln ermöglichen, wie z.B.

die Hilfe für sozial Schwache, die Unterstützung politisch Verfolgter u.a. Lerninhalte, die der Persönlichkeitsentwicklung dienen, sollten auch die Möglichkeit eröffnen, sich zu verweigern, sich z.B. einer Mehrheitsmeinung nicht anzuschließen, einem Trend zu widerstehen und den eigenen Standpunkt selbstkritisch zu hinterfragen.

– **soziales Lernen fördern.**

Zunächst einmal sind Lerninhalte auszuwählen, die den Schülern zahlreiche Chancen bieten, verständnisvoll miteinander umzugehen. Dazu gehören die Bereitschaft und die Fähigkeit, der Lehrerin und den Mitschülern aufmerksam zuzuhören, sie aussprechen zu lassen, deren Gedanken aufzugreifen, weiterzuführen, nachzufragen u.a.m. Dazu gehören auch die Vereinbarung und Einhaltung bestimmter Gesprächsregeln, förderlicher Konventionen sowie Grundregeln der Höflichkeit im Umgang miteinander (v.d. Groeben 2000; Brendel 2000; Steffens 2000). – Grundschullehrerinnen bemühen sich in ihren Lerngruppen immer wieder um die Einübung dieser basalen kommunikativen Fähigkeiten. Das erfolgreiche Bemühen ist die Voraussetzung für die Einhaltung jener sozialen Ordnung, die für das Lehren und Lernen in Gruppen nun einmal erforderlich ist. Und zu diesem Bemühen gibt es keine Alternative.

Sodann sind Lerninhalte auszuwählen, die den Schülern die Chance eröffnen, sich in Partner- oder Kleingruppen einzubringen, sich dort zu erproben und zu erfahren, wie sie selbst auf die Mitschüler wirken. Die Bereitschaft zur Rollenübernahme, die Akzeptanz einer Rollenzuschreibung sowie die Bereitschaft und Fähigkeit, die eigenen Kräfte in den Dienst der Kleingruppe zu stellen, sind u.a. bedeutsame Teillernziele auf dem Weg zur Gruppen- und Teamfähigkeit.

Außerdem haben Lerninhalte die Chance zu bieten, demokratische Umgangformen einzuüben, z.B. kontrovers zu diskutieren, Mehrheitsbeschlüsse herbeizuführen, diese zu akzeptieren, aber auch das Votum einer Minderheit zu respektieren. Und dann sind Lerninhalte auszuwählen, die eine tolerante Einstellung und Haltung anbahnen, und zwar gegenüber allen Personengruppen, Ereignissen und Sachverhalten, die anders, fremd und ungewöhnlich erscheinen.

Schließlich sind Lerninhalte zur Entwicklung der Konfliktfähigkeit vonnöten, zur Bereitschaft, in und mit Konflikten zu leben. In diesem Zusammenhang ist in erster Linie die Konfliktbeilegungsfähigkeit der Schüler zu fördern (Faller/Kerntke/Wackmann 1996; Jefferys-Duden 1999).

Doch darf die Entwicklung der Konfliktfähigkeit nicht zu einem naiven »Miteinander–Füreinander« führen, zur Scheu, sich notwendigen Auseinandersetzungen zu stellen und Konflikte auszutragen. In einer demokratischen Gesellschaft wird auch der Mut des Bürgers gefordert, in begründeten Fällen Konflikte zu erzeugen, die Auseinandersetzung zu suchen, Belastungen zu ertragen und die sich ergebenden Schwierigkeiten erfolgreich zu bewältigen.

– **kognitive Fähigkeiten fördern.**

Kognitiv akzentuierte Lerninhalte und Lernangebote dominieren das schulische Lehren und Lernen, und das ist wohl auch richtig so. Denn vernunftbegabte Schüler fordern von ihren Lehrerinnen auch Angebote, die zu ihrer geistigen Entwicklung beitragen. Man wird wohl kaum einen Schüler finden, der sich darüber beklagt, bei einer Lehrerin zu viel gelernt zu haben. Wenn die Lernaufgaben altersgemäß gestellt und die Lernvoraussetzungen berücksichtigt werden, macht das Nachdenken im Unterricht ja auch Spaß – und die Schüler haben das beglückende Gefühl, kostbare Lebenszeit sinnvoll genutzt zu haben. – Das vordergründige Lamentieren über die »Verkopfung« oder »Kopflastigkeit« des Unterrichts sollte der Vergangenheit angehören!

Bei Grundschülern stehen Lerninhalte im Mittelpunkt, die als elementar oder fundamental bezeichnet werden können. Ohne grundlegende Kenntnisse und Einsichten sind nun einmal anspruchsvollere kognitive Leistungen nicht möglich. Auf allen Altersstufen erscheinen Lerninhalte unentbehrlich, die das divergente Denken fördern, die Produktion von Einfällen, ein Denken, das in verschiedene Richtungen läuft, zunächst spekulativen Charakter hat und das durch Originalität, Spontaneität und Flexibilität gekennzeichnet ist (Guilford 1964). Diese divergente Produktion ist mit eine Voraussetzung für die Fähigkeit, Probleme lösen zu können, aber auch eine Voraussetzung für kreatives Handeln.

In der konkret-operationalen Phase treten Lerninhalte in den Vordergrund, die auch anspruchsvolle kognitive Leistungen implizieren. Die Schüler können nun schon von ihrem eigenen Lernverhalten abstrahieren und sind in der Lage, gewonnene Einsichten auf andere Ereignisse zu übertragen oder anspruchsvolle Bewertungs- und Beurteilungsprozesse zu vollziehen (Bloom et al. 1986).

Lerninhalte, die das Lösen von Problemen erfordern, sind in unserer schnelllebigen Zeit von besonderer Bedeutung. Treten die Schüler in das Berufsleben ein, werden sich viele von ihnen immer wieder neuen Herausforderungen stellen müssen. Vom Arbeitgeber und Arbeitnehmer wird künftig ein hohes Maß an Flexibilität und Mobilität gefordert, so die Bereitschaft und Fähigkeit, sich Neues einfallen zu lassen oder eine neue berufliche Position einzunehmen.

Lerninhalte sind schließlich immer wieder aufzugreifen und aufeinander zu beziehen. So ist es eine der zentralen Aufgaben einer Lehrerin, immer wieder darüber nachzudenken, was gelehrt und gelernt worden ist. Sie hat die Vorkenntnisse zu aktualisieren, Voraussetzungsstrukturen zu erhellen, manchmal auch mit Exkursen zu arbeiten, die Lerninhalte und -ergebnisse vernetzen zu lassen.

– **exemplarische Einsichten ermöglichen.**

Bei der Auswahl der Lerninhalte exemplarisch zu verfahren ist unter Fachleuten unstrittig, allein schon deshalb, weil es einen Zwang zum Exemplarischen gibt (Wagenschein 1959; Klafki 1991). Die zur Verfügung stehende Unterrichtszeit ist begrenzt und kostbar. Es ist nicht möglich, alle Haustiere, Greifvögel, Vulkane, Säuren oder Kurzgeschichten von Heinrich Böll durchzunehmen. Stattdessen sind Lehrerinnen genötigt, den Schülern einen Überblick zu geben, um sich dann mit dem Hund, dem Bussard, dem Fudschijama, der Salzsäure oder mit »Die Waage der Baleks« möglichst intensiv zu befassen in der Hoffnung, dass die Schüler in der Lage sein werden, gewonnene Kenntnisse und Einsichten auf andere Haustiere, Greifvögel, Vulkane und Säuren zu übertragen oder angeregt werden, weitere Erzählungen von Böll zu lesen. Hinter diesem exemplarischen Anliegen, die Vielzahl möglicher Lerninhalte sinnvoll zu begrenzen, stehen die lernpsychologischen Anliegen des horizontalen und vertikalen Transfers (Gagné 1969).

Ein horizontaler Transfer erfordert vom Schüler die Übertragung einer Einsicht oder einer Methode auf einen vergleichbaren Sachverhalt. Wenn die Entstehung von Schwemmland im Nildelta besprochen worden ist, können sich die Schüler vorstellen, wie das Schwemmland am Amazonas entsteht. Der vertikale Transfer fordert hingegen ein Mehr an kognitiver Leistungen. Wenn z.B. Schüler eines fünften Schuljahres vom Vulkanismus auf die Temperatur in einem Bergwerk auf der zehnten Sohle schließen und eine entsprechende Erklärung formulieren sollen, ist das für diese Schüler schon schwieriger.

Bei der Auswahl der Lerninhalte exemplarisch vorzugehen stößt allerdings dort auf Grenzen, wo bestimmte Lernbereiche repräsentativ abgedeckt werden müssen und wo den schwächeren Schülern die Übertragungsleistung nicht ohne weiteres gelingt. Im Fach Englisch werden im Anfangsunterricht Alltagssituationen erarbeitet, z.B. »On Holidays«, »In the Underground«, »At Breakfast« etc. Es geht um die Erarbeitung des Wortschatzes, grammatikalischer Strukturen, der situationstypischen Ideome sowie einer möglichst lebendigen sprachlichen Gestaltung dieser Situationen. Nun kann sich eine Lehrerin nicht für eine dieser Situationen entscheiden in der Hoffnung, dass sich die Schüler die Sprachkenntnisse für die anderen Situationen schon aneignen werden.

Das exemplarische Vorgehen bei der Auswahl der Lerninhalte beschränkt sich nicht auf den materialen Bereich, sondern es hat auch eine formale Komponente, die oft vernachlässigt wird, die aber sicher ebenso wichtig ist. Diese formale Komponente betont Wagenschein (1959) mit seiner sokratisch-genetischen Lehre. Es war sein Anliegen, die Schüler in naturwissenschaftliches Denken und Arbeiten einzuführen in der Hoffnung auf Übertragungsleistungen in diesem Bereich. Wagenschein versetzte seine Schüler zunächst einmal in Erstaunen, z.B. mit der Frage: »Wo bleibt der Wind, wenn er nicht mehr weht?« – Und dann forderte er die Schüler auf, selbstständig über dieses Phänomen nachzudenken, Hypothesen zur Problemlösung zu bilden, Vorschläge zu unterbreiten, diese zu überprüfen, um sich schrittweise einer Antwort zu nähern. Wie Sokrates gab er Antworten und Lösungen nicht naiv vor, sondern stellte sich unwissend, ließ die Schüler an dem Problem arbeiten, bis diese glaubten, die Lösung selbst gefunden zu haben. Und er verfuhr genetisch, schrittweise entwickelnd, bis sich ein Ergebnis abzeichnete.

Die Übertragung erlernter Methoden bereitet allerdings vielen Schülern beträchtliche Schwierigkeiten. Erlernen z.B. Schüler das Experimentieren an einem spezifischen Sachverhalt, sind sie nicht in der Lage, alle erdenklichen Experimente eigenständig durchzuführen. Hierzu bedarf es zahlreicher Gelegenheiten zur Anwendung und Übung.

– **Lerntechniken und Lernstrategien vermitteln.**
Dieser Aspekt für die Auswahl der Lerninhalte schließt sich an die Überlegungen zum exemplarischen Lernen an.

Schüler, die selbst gesteuert lernen können, verfügen über eine Vielzahl von Lerntechniken und Lernstrategien, die es im Unterricht zu erwerben gilt. Also erscheint es gerechtfertigt, Techniken und Strategien zum Lerninhalt zu machen.

- *Lerntechniken* sind einfache Fertigkeiten oder Skills, wie z.B. die Technik des Nachschlagens, der Informationsgewinnung aus dem Internet, die Technik des Auswendiglernens, die Technik, sich eine Lernkartei anzulegen und mit ihr umzugehen oder die Technik, Informationen aus einem Text zu entnehmen.
- *Lernstrategien* haben umfassendere Zielsetzungen, ihre Verfolgung sollte flexibel und wirksam sein. Wer eine Strategie verfolgt, möchte mit einem geringen Aufwand an Zeit und Kraft zu einem befriedigenden Ergebnis gelangen.

Es lassen sich Sekundär- oder Stützstrategien und Primärstrategien unterscheiden sowie Strategien verschiedener Reichweiten.

- *Stützstrategien* beziehen sich auf die Rahmenbedingungen des Lernens, den Lernplatz – Tisch, Stuhl, Arbeitsmittel und -material – und den Lernort – mit den optischen, akustischen und klimatischen Verhältnissen. Zur Verfolgung einer optimalen Strategie gehört auch eine sinnvolle Zeiteinteilung – Biorhythmus, Schlaf, Arbeitsphasen, Pausen, Phasen der Entspannung –, eine gesunde Ernährung sowie die Suche nach Möglichkeiten der Selbstbelohnung.
- *Primärstrategien* beziehen sich auf unterschiedliche Lerninhalte und Zielorientierungen. Mögliche Lerninhalte zum Erwerb vorrangiger Strategien können z.B. Antworten auf folgende Fragen sein:
  Wie übe ich ein Diktat? Wie schreibe ich einen Aufsatz? Wie gehe ich an eine Textaufgabe heran? Wie fertige ich eine Skizze? Wie erschließe ich mir den Sinn eines Textes? (Vgl. Kohler 1998; Mandl/Friedrich 1992; Metzig/Schuster 1995; Schraeder-Naef 1996)

Kurz-, mittel- und langfristige Strategien können sich z.B. darauf beziehen, wie man sich auf den nächsten Schultag, die nächste Klassenarbeit oder auf eine Abschlussprüfung optimal vorbereitet.

– **den Qualifikationserwerb fördern.**
Die Auswahl der Lerninhalte erscheint begründet, wenn diese die Schüler auf derzeitige und/oder künftige Lebenssituationen vorbereiten, wenn Qualifikationen vermittelt werden, um in diesen Situationen kompetent handeln zu können. Gleiches gilt

für den Qualifikationserwerb im Hinblick auf die Berufsausübung (Robinsohn 1973; Elmore 1993; Kliebard 1993; Wang et al. 1993). Diese Feststellung ist auf den ersten Blick einfach und überzeugend, doch bei näherer Betrachtung ergeben sich einige Schwierigkeiten.

Über einige zu erwerbende *Basisqualifikationen* lässt sich nicht streiten. So müssen *Grundschüler* lesen, schreiben und rechnen lernen, die Aktivitäten des täglichen Lebens beherrschen, wie z.B. den Körper pflegen, sich anziehen, einkaufen, Mahlzeiten zubereiten, das Zimmer aufräumen u.a., sich im Straßenverkehr bewegen können, z.B. den Schulweg selbstständig zurücklegen, wichtige Verkehrsregeln kennen und achten, sich der üblichen Kommunikationsmittel bedienen, wie z.B. telefonieren, einen Brief schreiben, eine E-Mail verschicken …

Für *Sekundarschüler* lassen sich auch Basisqualifikationen ausweisen, die zum Teil schon auf das Leben als Erwachsener abzielen und die vorhersehbar sind, so z.B. sich eine Wohnung suchen, einen Miet- oder Kaufvertrag abschließen, eine Wohnung einrichten, die Grund- und Bürgerrechte kennen u.a.m.

Basisqualifikationen, die in einem unmittelbaren Zusammenhang zu einer *beruflichen Tätigkeit* stehen, sind z.B. den Lebenslauf schreiben, ein Bewerbungsschreiben abfassen, einen Ausbildungsvertrag abschließen, ein Vorstellungsgespräch führen, einen Arbeitsvertrag aushandeln, am Arbeitsplatz kooperieren u.a.m.

Doch neben diesen Basisqualifikationen gibt es eine gegen unendlich strebende Anzahl von *Zusatzqualifikationen,* die alle wichtig sein können, von denen man aber nicht weiß, ob sie einmal benötigt werden. So kann es durchaus sinnvoll sein, die Schüler in der Brandbekämpfung, im Seenotrettungsdienst, im Bergrettungsdienst oder für den Rettungseinsatz im Straßenverkehr auszubilden. Doch niemand weiß, ob sie jemals die erworbenen Qualifikationen benötigen werden. Eine allgemeine Qualifikation scheitert an der Vielzahl denkbarer Situationen und Aufgaben und deshalb können Zusatzqualifikationen nur begrenzt erworben werden. – Und Gleiches gilt für die zu erwerbenden beruflichen Qualifikationen. Da die Schüler zumeist noch nicht wissen, was sie werden wollen, muss man sich auf den Erwerb allgemeiner Basisqualifikationen beschränken.

Anders sieht es an den Fachschulen und Fachhochschulen aus. Für die einzelnen Ausbildungszweige und Tätigkeitsbereiche lässt sich recht gut beschreiben, in welche Berufssituationen die Absolventen hineingestellt werden. Man kann für solche Situationen Qualifikationen bestimmen und erwerben lassen, so z.B. den Erwerb einer bestimmten Messmethode oder den Erwerb einer spezifischen Behandlungstechnik. Aber auch hier ist der gesellschaftlichen und wirtschaftlichen Entwicklung Rechnung zu tragen, d.h. der Qualifikationserwerb darf nie als endgültig betrachtet werden. Mögliche Innovationen sind zu berücksichtigen. Und dies erfordert auch in beruflichen Situationen häufig eine Um- oder Neuorientierung sowie eine flexible Lernhaltung in Verbindung mit den angestrebten Qualifikationen.

– **gesellschaftspolitische Frage- oder Problemstellungen ansprechen.** Jedes demokratische Gesellschaftssystem lebt von der aktiven Teilnahme der Bürgerinnen und Bürger an gesellschaftlichen Prozessen. Diese Teilnahme setzt das Interesse an gesellschaftspolitischen Frage- und Problemstellungen voraus. Und deshalb erscheint es notwendig, sich mit Themen zu befassen, die unbeantwortete Fragen betreffen oder ungelöste gesellschaftliche Probleme implizieren. Dies sollte rechtzeitig geschehen und zwar möglichst vor dem Eintritt einer Katastrophe. Auf Lerninhalte dieser Art weisen u.a. Henderson und Lanier (1973), v. Hentig (1971) und Klafki (1991) hin.

Henderson und Lanier (1973) haben in diesem Zusammenhang eine zentrale Frage gestellt: *What teachers need to know and teach – for survival on the planet?* Und die Antwort auf diese Frage lautet: Ehrfurcht vor der Schöpfung, den Menschen, den Tieren, den Pflanzen und den Ressourcen. Nur wenn es gelingt, den Schülern und den künftigen Generationen diese Ehrfurcht zu vermitteln und die Menschen ihrer Einsicht entsprechend handeln, wird es möglich sein, kriegerische Auseinandersetzungen einzudämmen, das Artensterben aufzuhalten, Regenwälder zu bewahren und Bodenschätze für längere Zeit vorzuhalten. Nur dann wird ein lebenswertes Überleben der Menschheit möglich sein.

In ähnlicher Weise sieht Klafki (1991) im Zentrum eines neuen Allgemeinbildungskonzepts *epochaltypische Schlüsselprobleme* und er nennt als erstes Schlüsselproblem die *Friedensfrage*, verbunden mit dem Bemühen um Friedenserziehung. Als zweites Schlüsselproblem wird die *Umweltfrage* genannt, die Frage nach der Zerstörung oder Erhaltung der menschlichen Existenz, die sich auch als Frage nach einer zu verantwortenden wissenschaftlich-technologischen Entwicklung darstellt. Als drittes Schlüsselproblem bezeichnet Klafki die *gesellschaftlich produzierte Ungleichheit*, so z.B. zwischen Klassen und Schichten, Männern und Frauen, Behinderten und Nichtbehinderten, jenen, die einen Arbeitsplatz besitzen und die ihn nicht besitzen. Als viertes Schlüsselproblem werden die Möglichkeiten und *Gefahren der neuen technischen Steuerungs-, Informations- und Kommunikationsmedien* genannt, die Veränderungen in der Produktion und am Arbeitsplatz, deren mögliche Folgen noch nicht absehbar sind und deshalb einer permanent kritischen Betrachtung unterzogen werden müssen. Für Klafki gibt es schließlich ein fünftes Schlüsselproblem, das sich auf das Individuum sowie die Ich-Du-Beziehung bezieht: »Die Erfahrung der *Liebe*, der menschlichen Sexualität, des Verhältnisses zwischen den Geschlechtern oder aber gleichgeschlechtlicher Beziehungen – jeweils in der Spannung zwischen individuellem Glücksanspruch, zwischenmenschlicher Verantwortung und der Anerkennung des bzw. der jeweils Anderen« (Klafki 1991, S. 60). – Die Leserin mag sich selbst ein Urteil bilden, ob nun das letztgenannte Schlüsselproblem ein epochaltypisches oder nicht doch ein Menschheitsproblem ist, das es schon immer gab und immer wieder geben wird. – In die gleiche Richtung weisen die Vorschläge v. Hentigs zur Auswahl bedeutsamer Inhalte (v. Hentig 1971). Er fordert die Lehrerinnen dazu auf, gesellschaftliche Fehlentwicklungen nicht einfach hinzunehmen, sondern sie zu analysieren und möglichst vorausschauend im Unterricht fächerübergreifend zu behandeln. Sein Themenkatalog ist ständig zu überarbeiten – was hiermit geschieht – und die Leserin wird aufgefordert, diesen Katalog zu ergänzen.

Gesellschaftspolitische Frage- und Problemstellungen am Beginn des Jahrtausends

Unser Leben mit
- den veränderten Gesellschaftsstrukturen, z.B. den Familienstrukturen,
- den veränderten Sozialisationsbedingungen,
- den neuen Anforderungen im Schul- und Ausbildungswesen,
- den vielen alleine lebenden Menschen,
- den vielen älter werdenden Menschen, dem Rentenproblem,
- den steigenden Kosten im Gesundheitswesen,
- den neuartigen Krankheiten, z.B. den Allergien,
- den Errungenschaften der Gentechnik,
- den Problemen der Bioethik,
- der zunehmenden Mobilität und Verkehrsdichte,
- der großen Zahl an Verkehrstoten, den Kreuzen am Straßenrand,
- den neuen Möglichkeiten der Freizeitgestaltung, z.B. Erlebnissportarten,
- der großen Zahl an Behinderten,
- den Umweltkatastrophen mit atomarer Verseuchung, Ölpest,
- der Klimaveränderung, z.B. dem Ozonloch,
- dem Artensterben,
- der Vernichtung tropischer Regenwälder,
- den Entführungen und Geiselnahmen,
- den radikalen Gruppierungen innerhalb der Gesellschaft,
- dem organisierten Verbrechen,
- der Wirtschaftskriminalität,
- der Korruption, z.B. auch bei Politikern,
- den Massenmedien, z.B. drohender Manipulation,
- den Möglichkeiten der elektronischen Datenverarbeitung,
- den neuen Produktionsmöglichkeiten, z.B. dem Einsatz von Robotern,
- den sich verselbstständigenden Systemen,
- den von Systemen überwucherten Einrichtungen,
- den Zumutungen der Ökonomie,
- dem Nord-Süd- und dem West-Ost-Gefälle,
- der Armut und dem Hunger in der Welt,
- den kriegerischen Auseinandersetzungen,
- den ethnischen Säuberungen und weiteren Problemen.

Nach v. Hentig sollten also Themen dieser Art fächerübergreifend unterrichtet werden. Für einige Themen werden sich Fachlehrerinnen für zuständig erklären, für viele Themen werden sich jedoch kaum kompetente Lehrerinnen finden. Werden sie ohne eine gründliche Sachanalyse gelehrt, besteht die Gefahr einer oberflächlichen Abhandlung oder des Moralisierens. Was dann zurückbleibt, ist lediglich Betroffenheit und die allein kann nicht genügen.

Zwar lassen sich auch Grundschüler nicht vor allen diesen Ungeheuerlichkeiten bewahren – dafür sorgen schon die Medien sowie der schlecht funktionierende Kinder- und Jugendschutz –, aber vielleicht ist es doch sinnvoll, Schüler im Grundschulalter nur dann mit solchen Lerninhalten zu konfrontieren, wenn es aufgrund aktueller Ereignisse unumgänglich ist. Ansonsten besteht die Gefahr, dass bei den Schülern Zukunftsängste aufgebaut werden, die der Entwicklung eines gesunden Optimismus entgegenstehen. – Nichts ist dagegen einzuwenden, die Grundschüler dazu anzuhalten, den Abfall zu sortieren. Die angebrachten Zweifel, ob sie lebenswert überleben können, sollten zu einem späteren Zeitpunkt vermittelt werden.

– **den Umgang mit Emotionen betreffen.**
»Das Lernen vollzieht sich nicht isoliert von den Gefühlen der Kinder. Emotionale Bildung ist für das Lernen genauso wichtig wie der Unterricht in Rechnen und Lesen«, so Karen Stone McCown in einem Interview in der New York Times am 7.11.1993 (Goleman 1996, S. 329). Würde man dieser Aussage folgen, müsste wohl ein Schulfach »Umgang mit Emotionen« eingeführt werden. Aussagen dieser Art provozieren und regen zum Nachdenken an. Und die Tatsache, dass Emotionen beim Lernen stets eine Rolle spielen, lässt sich nicht leugnen.

Sensible Grundschullehrerinnen wissen um die Bedeutung der Emotionen für das Lern- und Gruppenklima. Und deshalb lassen sie häufig zu Beginn des Unterrichts, z.B. am Montagmorgen, einen Kreis bilden und geben jedem Schüler Gelegenheit, über die eigenen Gefühle zu reden – die emotionalen Erlebnisinhalte zu verbalisieren. Gespräche dieser Art entlasten ungemein und lassen die Schüler frei werden für neue Lernaufgaben. In dieser Situation werden die *Emotionen zum Lerninhalt.* Vor einer entscheidenden Klassenarbeit kann eine Lehrerin in ähnlicher Weise verfahren und die älteren Schüler fragen, wie sie sich im Hinblick auf das anstehende Ereignis fühlen. Werden die Versagensängste offen angesprochen, wirkt dies meist entlastend und kann günstigenfalls zu einer aktiven Lernhaltung führen. Ein solches Gespräch ist allerdings mit konkreten Lernhilfen zu verbinden, andernfalls besteht die Gefahr, dass sich die Schüler emotional aufladen und so das Gegenteil erreicht wird. Bei einem Landschulheimaufenthalt empfiehlt es sich, in ähnlicher Weise zu verfahren und am Abend in der Gruppe die Emotionen zu erforschen nach dem Motto: »Jeder sagt jetzt bitte mal, wie er sich fühlt!« – Und die Schülerbeiträge signalisieren der gruppendynamisch geschulten Lehrerin, ob und wie sie sozial steuernd eingreifen muss. Auch in dieser Situation stehen die Emotionen im Vordergrund.

Hat eine sensible Lehrerin das Gefühl, dass ihre Schüler unkonzentriert sind oder eine Atmosphäre spannungsgeladen ist, kann sie mit einer Entspannungsübung oder mit einer fernöstlich-meditativen Technik antworten, um die Schüler zu jener emotionalen Ausgeglichenheit zu führen, die für kognitiv anspruchsvolle Lernprozesse unerlässlich sind. Fühlen sich die Schüler und die Lehrerin wieder wohl, kann weiter unterrichtet werden (Miller 2000; Granzer 2000).

Emotionen stehen häufig auch im Mittelpunkt der Aktivitäten des Schullebens (Keck/Sandfuchs 1979). Bei Lerngängen, auf Wandertagen, Klassenfahrten, beim Landschulheimaufenthalt, bei Festen und Feiern wird das Wirgefühl in der Gruppe gestärkt und es werden Emotionen wach, die lebenslang nachwirken. Diese gemeinsamen Erlebnisse, die mit starken Gefühlen einhergehen, werden von den Schülern oft noch nach Jahrzehnten als Bereicherung empfunden. Offensichtlich dienen diese Aktivitäten doch als eine Art Ausgleich für den sonst kognitiv akzentuierten Unterricht und für nicht befriedigte psychomotorische Bedürfnisse.

Da jeder Lehr-Lern-Prozess mit Emotionen verbunden ist – und »nichts auf der Welt ohne Leidenschaft geschieht« (Theodor Litt, 1880–1962) –, ist es die Aufgabe einer jeden Lehrerin darüber nachzudenken, welche Emotionen bei den Schülern in Verbindung mit bestimmten Lerninhalten ausgelöst werden. Da Gefühl bekanntlich alles, Name nur Schall und Rauch ist, wird auf eine spekulative Darlegung möglicher Schüleräußerungen verzichtet.

- Lerninhalt: »*Hase und Igel*«
  »Was für Gefühle hatte wohl der Hase, als der Igel immer schon da war?«
- Lerninhalt: »*Reformationszeit, Reichstag zu Worms*«
  »Was für Gefühle hatte vermutlich Martin Luther, bevor er seine Verteidigungsrede hielt – und danach?«
- Lerninhalt: »*20. Juli 1944*«
  »Welche Gefühle hatte vermutlich Graf Schenk von Stauffenberg, als er vom Scheitern des Attentats erfuhr?«
- Lerninhalt: »*Nachkriegszeit*«
  »Was für Gefühle hatten vermutlich die Soldaten, als sie aus der Gefangenschaft in das zerstörte Deutschland zurückkamen?«
- Lerninhalt: »*Paul Celan, Leben und Werk*«
  »Was fühlte vermutlich Paul Celan, nachdem er Martin Heidegger einen Besuch abgestattet hatte?«

Der Umgang mit Emotionen lässt sich insbesondere beim Rollen- oder Theaterspiel erlernen. Hier werden die Schüler aufgefordert, ihre Gefühle zu zeigen, sich emotional einzubringen, sich zu beherrschen oder sich zu verausgaben. Doch besteht auch die Notwendigkeit, die Emotionen zu kontrollieren, um sie gezielt in das Spiel einbringen zu können. Da sich alle Schüler, die in einer Theater-Arbeitsgemeinschaft mitwirken, noch nach Jahren an ihre Rollen erinnern, kann man auf eine hohe Wirksamkeit dieser emotional akzentuierten Lernprozesse schließen.

Emotionale Lerninhalte bestimmen auch weitgehend die Prozesse des sozialen Lernens, des Aufbaus und der Pflege von Freundschaften und Beziehungen. Wer sich emotional engagiert, hat einen persönlichen Gewinn aufgrund der Tiefe des Erlebens und geht gleichzeitig ein hohes Risiko ein. Und so stellt sich bei dem Versuch der Konfliktbewältigung stets die Frage nach dem Grad der emotionalen Betroffenheit sowie die weiterführende Frage – wie fühlt sich vermutlich der andere? (Becker 2000).

Dem schon zitierten Werk von Goleman (1996, S. 65ff.) folgend kommt es darauf an, die eigenen Emotionen kennen zu lernen, mit den eigenen Emotionen umgehen zu lernen, Emotionen gezielt einzusetzen, die Emotionen anderer Menschen wahrzunehmen, Empathie zu entwickeln und die Emotionen zur Beziehungspflege zu nutzen.

Der Umgang mit Emotionen jeglicher Art stellt für die Lehrerin und für die Schüler eine permanente Herausforderung dar. Einerseits kommt es darauf an, Emotionen spontan und frei zu äußern, Gefühle zuzulassen und die Gefühlsinhalte zu versprachlichen. Andererseits ist schulisches Lehren und Lernen in Gruppen nur denkbar, wenn jeder Schüler Zurückhaltung übt, Gefühle einschränkt, zurückstellt, beherrscht und kontrolliert. Und deshalb muss immer wieder nach Lerninhalten gesucht werden, die sich bewusst auf beide Seiten der Medaille beziehen.

– **psychomotorische Lernerfahrungen ermöglichen.**

Unter Psychomotorik wird die Gesamtheit der bewusst gesteuerten und erlebten Bewegungsabläufe verstanden. Lerninhalte, die psychomotorisch akzentuiert sind, dürfen nicht isoliert betrachtet werden, da sie stets auch eine kognitive, emotionale und oft auch eine soziale Komponente beinhalten. Auf den Zusammenhang zwischen der psychomotorischen Entwicklung und der kognitiven Leistungsfähigkeit hat u.a. Kiphard (1979) hingewiesen.

Welche Bewegungsabläufe die Schüler später einmal erwerben oder im Beruf benötigen, wissen wir natürlich nicht. Ein Schüler spielt vielleicht Tennis, ein anderer reitet und ein dritter spielt Fußball. Und bei der Berufsausübung wird von einem Schüler handwerkliches Geschick als Goldschmied gefordert, vom nächsten die Bedienung einer Steuerungsanlage und vom dritten Schüler Bewegungsabläufe, die viel Kraft erfordern, weil er in der Landwirtschaft tätig ist. – Nur wenige Bewegungsabläufe, Fähigkeiten und Fertigkeiten werden vermutlich von fast allen Schülern gefordert, wie Fahrrad fahren, schwimmen, Auto fahren u.a.m.

Deshalb steht die Schule vor der Aufgabe, die psychomotorischen Lerninhalte möglichst breit zu streuen und auch auf diesem Gebiet Basisqualifikationen anzustreben. Der Erwerb der Zusatzqualifikationen muss dann den einzelnen Schülern überlassen bleiben. Zumeist sind Schüler von den Lerninhalten im psychomotorischen Bereich sehr angetan. Es gibt psychomotorische Bedürfnisse, die befriedigt werden wollen, und diesem Spiel- und Bewegungsdrang ist nachzukommen. Wenn die Lehrerin zu einer Schneeballschlacht oder zum Fußball spielen auffordert, bedarf es keiner zusätzlichen Maßnahmen der Lernmotivierung. Das häufig zu verzeichnende Bewegungsdefizit lässt sich über eine ausgedehnte Spielpause oder über eine tägliche Sportstunde verringern.

Lerninhalte aus dem psychomotorischen Bereich lassen sich also überzeugend begründen, wenn sie

- dem Wunsch der Schüler nach Bewegung entgegenkommen – manche Grundschullehrerinnen verfahren nach dem Motto: »Keine Stunde ohne Bewegung«,
- zur Nachahmung eines Bewegungsablaufs auffordern,

- zur Manipulation und Variation eines Bewegungsablaufs ermutigen,
- zum Erwerb einer psychomotorischen Fertigkeit führen, z.B. die Finger- oder Handgeschicklichkeit schulen,
- allgemeine und besondere Sinneserfahrungen bieten,
- eine Handlungskette aufbauen helfen,
- zur Naturalisierung eines Handlungsablaufs führen (vgl. Dave 1968),
- als Bewegungsspiel eingebracht, den Unterricht abwechslungsreicher gestalten,
- als Geschicklichkeitsspiel die Konzentrationsfähigkeit schulen,
- Gelegenheiten bieten, die Ausdrucksmotorik (Sprache, Mimik, Gestik, Kopf- und Körperbewegung, insbesondere Gangschulung) zu fördern,
- beim Tanz zur Erprobung der psychomotorischen Ausdrucksformen anregen,
- in ein Rollenspiel eingebracht psychomotorische Ausdrucksformen proben lassen,
- der szenischen Darstellung beim Schultheater dienen,
- verschiedene Bewegungsabläufe in unterschiedlichen Sportarten vermitteln,
- Körpererfahrungen bei verschiedenen Wettkämpfen ermöglichen,
- Grenzerfahrungen vermitteln, wie dies z.B. beim Bergsteigen oder beim Riverrafting der Fall ist, Erfahrungen, die sich später auf andere Leistungsbereiche übertragen lassen.

Betrachten wir einzelne Lernbereiche, so liegen für Grundschüler die psychomotorischen Lernchancen zunächst einmal im Heimat- und Sachkundeunterricht, im Fach Mathematik und im Umgang mit verschiedenen Gegenständen und Materialien. An weiterführenden Schulen stehen die Lernbereiche Leibeserziehung und Kunsterziehung, Werkerziehung und Technik, Hauswirtschaft und Musikerziehung im Vordergrund, aber auch die naturwissenschaftlichen Fächer, wenn die Schüler etwas demonstrieren oder wenn sie experimentieren. Generell erscheinen psychomotorische Lerninhalte an deutschen Schulen vernachlässigt. Oder sind sie tatsächlich weniger bedeutsam als die Lerninhalte in anderen Bereichen?

- **kulturell wertvolle Erfahrungen vermitteln.**

Seit Schwanitz (1999) seinen Bestseller »Bildung. Alles was man wissen muss« geschrieben hat, kennen die Bildungsbürgerinnen und Bürger im deutschen Sprachraum auch jene Lerninhalte, welche die Schulen zu tradieren haben, weil sie kulturell wertvoll sind. (Man möge dem Autor die Ironie verzeihen.) Da wären z.B. der Dom zu Speyer, das Kloster Maulbronn und das Straßburger Münster; Rembrand und Rubens; Renoir, Manet, Monet, Degas und Cézanne; Bach und Händel; Mozart und Beethoven; Goethe und Schiller; Benn, Brecht, Böll und Grass. Die kritische Leserin merkt sofort, dass selbst unter den Nobelpreisträgern und Weltkulturdenkmälern eine Auswahl getroffen werden muss. Die Frage kann hier nicht heißen, ob dieses Bauwerk, dieser Maler, Komponist oder Dichter zum Lerninhalt erwählt werden soll, sondern die Frage stellt sich nur, zu welchem Zeitpunkt und wie intensiv kann man sich mit ihm befassen? Ein Überblick ist in jedem Fall zu vermitteln, um sich dann exemplarisch einem Lerninhalt zuzuwenden und die Schüler zum eigenständigen Weiterlernen anzuregen. – Zu den wertvollen Kulturgütern gehören sicher auch einige Volks-, Kirchen- und Weihnachtslieder, Frühlings- und Herbstgedichte sowie Balladen, die von den Schülern auswendig zu lernen sind.

– **besondere Lernerfahrungen bieten.**
Verfügen Schulen über besondere Voraussetzungen, ist es möglich, den Schülern auch besondere Lerninhalte anzubieten. Besonderheiten können *geographischer, regionaler* oder auch *personaler* Art sein. Die Gesamtheit solcher besonderen Lerninhalte kennzeichnet dann ein schulnahes Curriculum. Liegt z.B. eine Schule in Küstennähe oder an einem größeren Binnengewässer, können den Schülern verschiedene Wassersportarten angeboten werden. Liegt sie in einer Mittelgebirgs- oder Hochgebirgsregion, ist Wintersport angesagt, vielleicht auch ein Kletterkurs.

Sind Schulen in der Nachbarschaft eines größeren *Wirtschafts-* oder *Industriebetriebes* angesiedelt, bietet sich die Zusammenarbeit an. Denn einige Absolventen werden später dort ihr Ausbildung durchlaufen, vielleicht sogar einen Arbeitsplatz finden. Und so kann es für alle Beteiligten nur sinnvoll sein, Informationen auszutauschen, sich zu unterstützen und zu kooperieren. Gelingt eine solche Zusammenarbeit, wird in der Region bald über die besonderen Lerninhalte gesprochen. Die Schule kann so eine Anziehungskraft ausüben, also zur *Magnetschule* werden.

Im Bereich der beruflichen Erwachsenenbildung sind viele Fachschulen *besonderen Einrichtungen* zugeordnet, so z.B. eine Schule für Diätassistenten einer Spezialklinik für Diabetes-Kranke, eine Schule für Physiotherapie einer Rehabilitationseinrichtung oder eine Schule für Medizinisch-technische Assistenten einem Pharmakonzern. Die Besonderheiten der jeweiligen Einrichtung spiegeln sich dann auch in den Lerninhalten der Schule wider. Gegen die Berücksichtigung der Besonderheiten ist sicher nichts einzuwenden, solange Einseitigkeiten vermieden werden.

Personale Besonderheiten können ebenfalls zu schulspezifischen Lerninhalten führen. Zwar ist jede Lehrerin etwas Besonderes oder Einzigartiges – was alle Schüler sofort bestätigen werden –, doch verfügen einige Kolleginnen über außerordentliche Begabungen und Fähigkeiten, die sie gerne in den Unterricht einbringen. Wenn z.B. eine Olympiasiegerin an einer Schule unterrichtet, ist kaum etwas dagegen einzuwenden, wenn die betreffende Sportart als Lerninhalt Vorrang genießt.

– **einfach Spaß machen.**
Mit diesen Ausführungen wird nicht dafür plädiert, die Schule als eine »Verwöhn- und Spaßschule« einzuführen, was übrigens weder wünschenswert ist noch jemals möglich sein wird. Wenn eine Schule die Aufgabe hat, die Kräfte der Schüler zu wecken und weiterzuentwickeln, müssen den Schülern ihrem Lernvermögen entsprechend immer wieder anspruchsvollere Aufgaben gestellt werden. Und Versuche, diese Aufgaben zu lösen, beinhalten auch ein vorübergehendes Scheitern.

Welche Lerninhalte Spaß machen, ist von der jeweiligen Altersstufe und den Akteuren abhängig. Grundschüler freuen sich z.B., wenn man ihnen Rätsel stellt, Märchen erzählt oder mit ihnen lustige Lieder singt. Ältere Schüler freuen sich z.B., wenn ihnen die Lehrerin einen Witz erzählt – sofern sie dies gut kann –, sie ein Lied auf der Gitarre spielt, zu Interaktionsspielen oder zu kleinen Wettbewerben anregt.

Lerninhalte dieser Art haben eine mehrfache Funktion. Sie erhöhen und verbessern die emotionale Befindlichkeit der Schüler, sie lockern den Unterricht auf, gestalten ihn abwechslungsreicher, fördern das Gruppenklima sowie die Beziehungen zwischen der Lehrerin und ihren Schülern. Diese Lerninhalte können gezielt als Belohnung ausgewählt und in den Prozess eingebracht werden. Sie können auch mal als Lückenfüller fungieren oder am Ende eines Schultages, einer Schulwoche oder einer längeren Unterrichtseinheit stehen.

– **der Bildungs- oder Lehrplan vorschreibt.**

An dieser Stelle wird auf das Kapitel »Am Lehrplan orientieren und sich auf die Schüler konzentrieren« verwiesen. Denn als Begründung für die Auswahl der Lerninhalte genügt den Schülern der Hinweis für den Lehrplan nicht. Natürlich haben sich Lehrerinnen am Lehrplan zu orientieren. Doch für die Unterrichtsplanung spielt er eher eine marginale Rolle. Der Plan bietet Anregungen und gibt einen Rahmen vor, nicht mehr und nicht weniger.

Argumente für die Auswahl der Lerninhalte

Die Auswahl erscheint gerechtfertigt, weil die Inhalte

- besondere Lern- oder Lehrbedürfnisse erfüllen,
- die Persönlichkeitsentwicklung fördern,
- soziales Lernen fördern,
- kognitive Fähigkeiten fördern,
- exemplarische Einsichten ermöglichen,
- Lerntechniken und Lernstrategien vermitteln,
- den Erwerb von Basisqualifikationen fördern,
- gesellschaftspolitische Frage- oder Problemstellungen betreffen,
- den Umgang mit Emotionen schulen,
- psychomotorische Lernerfahrungen ermöglichen,
- kulturell wertvolle Einsichten gestatten,
- besondere Lernerfahrungen bieten,
- einfach Spaß bereiten oder sie
- im Lehr- oder Bildungsplan vorgeschrieben sind.

Die eindeutige Gewichtung der Argumente ist nicht möglich, versucht man sie doch, wird die subjektive Theorie über schulisches Lehren und Lernen transparent. Die Leserin wird deshalb aufgefordert, die Argumente in eine Rangfolge zu bringen, um dann die eigene Entscheidung zu hinterfragen.

5 Ziele sehen und sequenzieren

Wer Unterricht plant, wird stets über Zielsetzungen nachdenken und zwar sowohl über Lernziele als auch über Erziehungsziele. Diese beiden Zielbereiche lassen sich nicht voneinander trennen, denn Lernprozesse können erzieherisch wirken und pädagogische Maßnahmen können Lernprozessen förderlich sein.

Die Zielsetzungen variieren von Unterrichtskonzeption zu Unterrichtskonzeption, doch immer geht es darum, Ziele zu sehen, zu beschreiben, zu begründen, zu ordnen, zu sequenzieren, Ergebnisse zu sichten und zu beurteilen. In einem lernzielorientierten Unterricht werden die Zielvorstellungen präzisiert, Teillernziele formuliert, Teilergebnisse evaluiert und verknüpft, bis sich ein Endergebnis abzeichnet. Wird mit den Schülern im ersten Schuljahr ganzheitlich gearbeitet, werden die Ziele erst im Prozess sichtbar. Bietet eine Lehrerin Materialien zur Freiarbeit an, wird sie sich zuvor überlegen, welche Lernchancen die Materialien eröffnen und welche Ziele im Umgang mit den Materialien angestrebt werden können. Im Projektunterricht kommt es nach der Diskussion der Projektidee zu ersten Zielvereinbarungen zwischen den Beteiligten. Durch die Zielsetzungen wird der Unterricht als ein absichtsvolles Geschehen erst konstituiert.

Ziele lassen sich für einzelne Schüler formulieren und so auf das individuelle Lernvermögen abstimmen. Diese Vorgehensweise ist im Schulalltag kaum möglich, da der Unterricht für eine Lerngruppe zu planen ist. Hier sind die Lernvoraussetzungen aller Schüler der Lerngruppe einzuschätzen und die Zielsetzungen auf ein fiktives Lernvermögen abzustimmen. Fehleinschätzungen lassen sich da nicht ausschließen. Und durch Maßnahmen der inneren Differenzierung lässt sich dieses Dilemma nur abschwächen, nie aber ganz beseitigen.

Weil sich jeder Schüler seine eigene Lernwelt aufbaut und in dieser lebt und lernt, werden Ziele unterschiedlich aufgefasst und unterschiedlich verfolgt. Erteilt man 23 Schülern den Arbeitsauftrag, eine romantische Burg zu malen, erhält man 23 verschiedene Burgen – sofern die Schüler nicht voneinander abmalen (Kohler 2000). – Doch diese *konstruktivistische Sicht* der Lernprozesse darf nicht zu einer vorherrschenden Ideologie für schulisches Lernen schlechthin werden, etwa nach dem Motto: Jeder Schüler lernt was ihm gefällt und wie es ihm gefällt, und – jede Lehrerin lehrt was ihr gefällt und wie es ihr gefällt. Zwar wird sich das Lernen stets in jedem Schüler unterschiedlich vollziehen. Doch solange Lerngruppen unterrichtet werden und sich die Schüler nicht im Stadium der Selbstbildung befinden, sind kompetent handelnde Lehrerinnen, die den Schülern Lernangebote machen und Lernchancen eröffnen, unverzichtbar.

Zielformulierungen beginnen stets mit den Worten: *Die Schüler sollen …* Aus der Sicht der planenden Lehrerin handelt es sich um *Lehrziele*, von denen sie hofft, dass diese bei den Schülern ankommen, also zu Lernzielen werden. Berücksichtigt man diese Unwägbarkeit, muss wohl formuliert werden: Die Schüler sollten … Dass sie nicht immer den Vorstellungen der Lehrerin und jenen der Kultusbürokratie folgen, zeigen die Forschungsarbeiten zum *heimlichen Lehrplan* und zum Konstruktivismus (Jackson 1966; Löffler 2000; Zinnecker 1994). Im Verlauf schulischer Sozialisation lernen Schüler Fähigkeiten, Fertigkeiten, Einstellungen und Haltungen, die recht fragwürdig sind. So lernen sie Ausreden erfinden, vorsagen und abschreiben, sich selbst positiv darstellen und Mitschüler abwerten. Sie lernen, die Lehrerin vom Thema abbringen, damit einige Minuten des Unterrichts folgenlos verstreichen. Und sie lernen Unruhe stiften, sich über die allgemeine Disziplinlosigkeit und Hilflosigkeit der Lehrerin freuen. Innerhalb der Lerngruppe tragen sie Machtkämpfe aus und lernen, sich zu behaupten. Und sie lernen solidarisch zu handeln, wenn es z.B. darum geht, die Lehrerin zu provozieren.

Aus der Perspektive der Schüler sind Ziele also *Lernziele*, die entweder von der Lehrerin eingebracht, mit der Lehrerin vereinbart oder von den Schülern selbst ins Spiel gebracht werden. Sind Lehrerin und Schüler an der Zielformulierung beteiligt, erscheint die Bezeichnung *Lehr-Lern-Ziele* angebracht. Solche Zielvereinbarungen steigern die Verantwortlichkeit für den gemeinsamen Lehr-Lern-Prozess.

Ziele lassen sich auf *verschiedenen Ebenen* formulieren, allgemein und abstrakt oder spezifisch und konkret. Die allgemeinen Ziele werden stets im politischen Raum umschrieben und die konkreten Ziele werden im Unterricht als Handlungsziele sichtbar.

Zielebenen

abstrakt	Ebene der Bildungspolitik
↓	Ebene der Schularten
	Ebene der Lerngebiete oder Fächer
	Ebene der Unterrichtseinheiten oder Module
	Ebene der Unterrichtsstunden
konkret	Ebene der Lehr-Lern-Situationen

Betrachtet man die Ebene der Bildungspolitik, so soll die Feststellung genügen, dass alle Machthaber und Regierenden bemüht sind, Lehrerinnen und Schüler in ihrem Sinn zum Zweck des Machterhaltes zu beeinflussen.

In der Zeit des *Nationalsozialismus* glückte diese Einflussnahme durch einprägsame Formulierungen wie: »Du bist nichts, dein Volk ist alles!« – oder: »Gemeinnutz geht vor Eigennutz!« – Und der Diktator wünschte seine »deutsche Jugend flink wie die Windhunde, zäh wie Leder und hart wie Kruppstahl«, eine Jugend, die »das Schwache weghämmern« sollte. Diese Vorstellungen fanden ihren Niederschlag in den Erziehungs- und Bildungsprogrammen der nationalpolitischen Erziehungsanstalten und Ordensburgen, den Jugendorganisationen und Kampfverbänden. Mit viel Erfolg arbeiteten Lehrerinnen und Erzieherinnen an der Umsetzung der Vorgaben in Handlungsziele, ohne sich dabei auf übergeordnete Werte, wie sie uns heute selbstverständlich erscheinen, zu besinnen. Die nationalsozialistische Führung wünschte sich begeisterte Anhänger, und die erdrückende Mehrheit der Lehrerinnen entsprach diesem Wunsch.

In der Zeit des *real existierenden Sozialismus* forderten die Politiker die Erziehung zum Klassenkämpfer. Und die sozialistische Einheitspartei in der Deutschen Demokratischen Republik formulierte ihren Bildungsanspruch:

> *»Hohes fachliches Wissen und Können, tiefe Überzeugung von der Wahrheit der marxistisch-leninistischen Weltanschauung, Verhaltensweisen, die von der kommunistischen Moral geprägt sind, und schöpferische Eigenschaften bilden als Einheit das Kernstück unseres Erziehungszieles.«* (Weck 1982, S. 34)

Und auch in dieser Zeit war die Indoktrination der Lehrerinnen und Schüler erfolgreich.

In der *Bundesrepublik Deutschland* sind die allgemeinen Bildungs- und Erziehungsziele in den Grundrechten des Grundgesetzes sowie den Länderverfassungen, dem Schulrecht der Länder sowie in den Präambeln der Bildungs- und Lehrpläne niedergelegt. So heißt es z.B. in Art. 12 der Verfassung des Landes Baden-Württemberg:

> *»Die Jugend ist in Ehrfurcht vor Gott, im Geiste der christlichen Nächstenliebe, zur Brüderlichkeit aller Menschen und zur Friedensliebe, in der Liebe zu Volk und Heimat, zu sittlicher und politischer Verantwortlichkeit, zu beruflicher und sozialer Bewährung und zu freiheitlich demokratischer Gesinnung zu erziehen.«*

In Verbindung mit dem Art. 12 drängen sich die Fragen auf, ob dieser Text dem Gebot der religiösen Toleranz entspricht, ob er in einem um weltanschauliche Neutralität bemühten Rechtsstaat haltbar ist, und ob er jenen Schülern entgegenkommt, die einer anderen Religion angehören.

Über die verfassungs- und schulrechtlich verankerten Zielvorstellungen hinaus bemühen sich die *Repräsentanten des demokratischen Gesellschaftssystems* – der Bundespräsident und der Bundeskanzler, die Ministerpräsidenten und die Minister – in unterschiedlichen Zusammenhängen ihren Bürgerinnen und Bürgern die eigenen

Vorstellungen von Erziehung und Unterricht nahe zu bringen. Und sie fühlen sich dazu berechtigt und aufgefordert, weil sie selbst Erziehung und Unterricht genossen haben, alle Menschen mit Erziehung und Unterricht zu tun haben und weil sie wohl der Auffassung sind, wahlwirksam auf die Bürger Einfluss nehmen zu können. Als Beispiel für diese Art der Einflussnahme seien die Zielvorstellungen des Ministerpräsidenten des Landes Baden-Württemberg, Erwin Teufel, genannt:

> *»Pioniere, die sich durchsetzten, fanden in der Bevölkerung die rechten Tugenden für den durchschlagenden Erfolg: Nüchternheit, wirtschaftliches Verhalten, Fleiß, Ausdauer, Hingabe an eine Sache, Sparsamkeit. Sekundärtugenden werden sie inzwischen genannt; für die Menschen in Baden-Württemberg sind es Primärtugenden. Wir sind bis heute nicht schlecht damit gefahren und wir werden sie in Zukunft brauchen, wenn wir unseren Kindern und Kindeskindern eine bewohnbare Welt hinterlassen wollen.«* (Am 25.4.1992 beim Festakt zum 40-jährigen Landesjubiläum)

Versucht man nun, von den verfassungsrechtlichen Vorgaben und den Vorstellungen einzelner Personen und Personengruppen zu abstrahieren und *übergeordnete Lehr- und Erziehungsziele* zusammenzustellen, ergibt sich ein Katalog von Idealvorstellungen. Dieser sollte nicht als penetranter Tugendkatalog missverstanden werden, doch er ist notwendig, um allen an der Erziehung und am Unterricht Beteiligten Orientierungshilfen bieten zu können. Die zwölf nachstehenden Eigenschaften oder »Charaktertugenden« finden sich in zahlreichen Publikationen wieder (Henderson/Lanier 1973; Klafki 1991; Mickel 2000; v. Hentig 1971, 1987, 1999) – und sie beinhalten einen anzustrebenden Minimalkonsens aller Demokraten.

Lehrerinnen und alle an Erziehung und Unterricht beteiligten Personen sollten bestrebt sein, *mündige, selbstständige, verantwortungsbewusste, ehrfürchtige, tolerante, solidarische, engagierte, gebildete, gesunde, leistungsfähige, konfliktfähige und zivilcouragierte* Kinder und Schüler in das Leben und in den Beruf zu entlassen.

- Ein *mündiger Schüler* sieht sich selbst als spontan und aufgeschlossen, selbstreflexiv und vernunftbegabt. Er verteidigt seine individuellen Freiheiten und Rechte und übernimmt gleichzeitig Verantwortung. Er wehrt sich gegenüber ungerechtfertigter Herrschafts- und Machtausübung, aber er erkennt auch die Notwendigkeit gerechtfertigter Machtausübung an, so wie sie durch das Machtmonopol des Staates gegeben ist.
- Der *selbstständige Schüler* ist sein eigener »chairman« (Cohn 1975). Er zeigt sich ichstark, gestaltet sein Leben und beruft sich nicht auf andere. Er gibt sich echt und offen, sucht und findet seine Identität und ist darum bemüht, die eigenen Erwartungen mit denen seiner Mitmenschen in Übereinstimmung zu bringen, d.h. seine Identitätsbalance zu finden.
- Ein *verantwortungsbewusster Schüler* zeigt sich in dreifacher Hinsicht verantwortlich. Zunächst übernimmt er für sein eigenes Handeln Verantwortung, dann zeigt

er sich mitverantwortlich für das Handeln seiner Bezugsgruppe, z.B. mitverantwortlich für unverantwortliche Handlungen seines Volkes – so z.B. der Australier für die Behandlung der Aborigines, ein Türke für den Mord an Armeniern, ein Deutscher für den Mord an den Juden, ein US-Amerikaner für den Mord an den Indianern und die Sklaverei. – Zwar fühlt er sich persönlich nicht schuldig, doch fühlt er sich mitverantwortlich, dass sich solche Ungeheuerlichkeiten nicht wiederholen. Drittens übernimmt er im Zeitalter der Globalisierung Weltverantwortung, d.h., er fühlt sich auch verantwortlich dafür, was in der Welt geschieht.

- Der *ehrfürchtige Schüler* kann staunen und – sofern er religiös gebunden ist – den Schöpfer verehren. Er hat Achtung vor den Menschen, den Tieren, den Pflanzen und den Ressourcen. Er verhält sich konsequent umweltbewusst, damit auch nachkommende Generationen lebenswert Überleben können (Henderson/ Lanier 1973; v. Weizsäcker 1986).
- Ein *toleranter Schüler* respektiert andere Völker, Ethnien, Kulturen und Religionen. Er akzeptiert Andersdenkende und Andersmeinende, empfindet diese Menschen als Bereicherung des eigenen Weltbildes, des eigenen Standpunktes. Nationalistischen und rassistischen Tendenzen erteilt er eine Absage.
- Der *solidarische Schüler* stellt sich zunächst einmal schützend vor seine Klassenkameraden, wenn diese angegriffen werden. Oder er verteidigt seine Lehrerin, wenn diese gemobbt wird (Kasper 1998). Er unterstützt bedrohte, unterdrückte oder Not leidende Menschen und Völker. Und er hilft benachteiligten und sozial schwachen Personen und Personengruppen.
- Der *engagierte Schüler* tritt mit Vehemenz für die Menschen- und Grundrechte und für die verfassungsrechtlich garantierten Freiheiten ein, so z.B. für das Recht auf Leben, auf menschenwürdige Behandlung und körperliche Unversehrtheit, das Recht auf Gleichheit vor dem Gesetz und Gleichbehandlung unabhängig von Geschlecht, Rasse, Sprache, Herkunft, Glauben, der religiösen oder politischen Anschauung. Er verteidigt das Recht auf Bildung, auf freie Berufswahl, auf die freie Wahl des Arbeitsplatzes, auf Freizügigkeit, das Recht, die eigenen Kinder erziehen zu dürfen, das Recht auf die Unverletzlichkeit der Wohnung, auf Eigentum, auf die deutsche Staatsangehörigkeit sowie das Recht, sich an den Petitionsausschuss zu wenden. Ein engagierter Schüler wird sich für Glaubens- und Gewissensfreiheit einsetzen, für Meinungsfreiheit, für die freie Berichterstattung der Medien, für Versammlungsfreiheit, Demonstrationsfreiheit und Vereinsfreiheit, für die Freiheit der Kunst, der Wissenschaft, Forschung und Lehre. Er wird das rechtsstaatliche Prinzip der Gewaltenteilung achten und für allgemeine, freie, gleiche und geheime Wahlen eintreten.
- Der *gebildete Schüler* weiß zunächst einmal im sokratischen Sinn, dass er nichts weiß. Doch ist er allem Neuen gegenüber aufgeschlossen, lernbereit und lernfähig, kenntnisreich und belesen, verfügt über lernförderliche Lerntechniken und Lernstrategien, erweist sich als kognitiv geschult, findig bei der Lösung von Problemen und als kreativ bei der Bewältigung außergewöhnlicher Situationen. Er ist selbstkritisch und zu Kritik befähigt, sprachgewandt und humorvoll.

- Ein *gesunder Schüler* ist physisch und psychisch belastbar. Er sorgt für eine ausgewogene Ernährung, für einen zumeist geregelten Tagesablauf und er vermeidet Drogen. Er bemüht sich um Ausgleich im Sinn einer ganzheitlichen Lebensführung, geht verschiedenen Freizeitaktivitäten nach, treibt Sport oder trainiert sogar hart, um die Leistungsgrenzen zu erfahren. Seine körperliche Leistungsfähigkeit hat positive Auswirkungen auf seine seelische Gesundheit.
- Ein *leistungsfähiger Schüler* ist zunächst einmal bereit, Leistungen erbringen zu wollen, d.h. er ist ausgeprägt leistungsmotiviert. Er wird aktiv und ist willensstark genug, eine aufgenommene Arbeit auch zu vollenden. Er sieht mögliche Ziele, setzt sich Ziele, verfolgt dieselben und organisiert die Arbeit effizient. Hierzu benötigt er Fleiß, Sauberkeit, Ordnungsvorstellungen, Pünktlichkeit und die Fähigkeit, mit anderen Personen verlässlich zu kooperieren. Die Art der erbrachten Leistung wird von ihm kritisch hinterfragt, indem er prüft, ob diese mit übergeordneten Normen und Wertvorstellungen in Einklang zu bringen ist.
- Der *konfliktfähige Schüler* ist bereit, in und mit Konflikten zu leben und bei der Konfliktaustragung möglichst auf Gewaltanwendung zu verzichten. Im Zentrum seines Bemühens steht die Konfliktbeilegung. Bei Auseinandersetzungen sucht er nach einem Ausgleich zwischen den Konfliktparteien. Bei Belastungen sucht er nach Entlastungsmöglichkeiten. Bei auftretenden Schwierigkeiten ist er bemüht, diese zu bewältigen. In Ausnahmesituationen ist er jedoch auch bereit, einen Konflikt zu erzeugen, ihn auszutragen und durchzustehen, wenn es z.B. um kriminelle Handlungen oder um Grundrechtsverletzungen geht (Hartmann-Kurz 1998). Ein konfliktfähiger Schüler hat gelernt, im Spannungsfeld zwischen Dissens und Konsens zu leben.
- Ein *zivilcouragierter Schüler* tritt für seine Überzeugung ein, auch wenn er weiß, dass er mit dieser ziemlich alleine dasteht, er Nachteile befürchten oder in Kauf zu nehmen hat. Ein zivilcouragierter Schüler verfügt über ein stark ausgeprägtes Rechtsempfinden. Wird ihm selbst, einem Mitschüler, einer dritten Person oder Personengruppe Unrecht getan, sammelt er Informationen, analysiert die Ereignisse, plant allein oder mit Gleichgesinnten ein mögliches Vorgehen. Zivilcourage ist in zweifacher Hinsicht gefordert, zum einen, um die freiheitliche demokratische und rechtsstaatliche Ordnung zu verteidigen, und zum anderen, um Machtmissbrauch der Funktionsträger zu verhindern oder anzuprangern (Leber 1984).

Über die vorstehenden zwölf Zielsetzungen einer Erziehung und Bildung zu Mündigkeit, Selbstständigkeit, Verantwortungsbewusstsein, Ehrfurcht, Toleranz und Solidarität, zu Engagement, Streben nach Gesundheit, Bildung und Leistungsfähigkeit, Konfliktfähigkeit und Zivilcourage wird sich nie ein Konsens im Sinne einer völligen Übereinstimmung erzielen lassen, vielleicht aber doch eine *Verständigung* zwischen allen an der Bildung und Erziehung Beteiligten *im Sinne einer permanenten Diskussion.* Diese erscheint in einer säkularen, durch radikalen Pluralismus gekennzeichneten Gesellschaft vonnöten, um den Minimalkonsens in einer weltanschaulich neutralen, verfassungsrechtlich begründeten und wertgebundenen Demokratie zu wahren (Sutor 1999).

Die zwölf Zielsetzungen beinhalten auch einige Charaktertugenden. Und seit der Antike ist bekannt: Tugend lässt sich nicht lehren! Doch diese vorherrschende Auffassung muss nach der erfolgreichen Umsetzung kommunistischer und faschistischer Erziehungsideologien im 20. Jahrhundert in Zweifel gezogen werden. Denn wer wollte bestreiten, dass es möglich sei, Schüler zu »unbedingtem Gehorsam«, zu »Opferbereitschaft« oder zu überzeugten »Klassenkämpfern« zu erziehen?

Lehrerinnen können die Schüler durch ihr Beispiel beeinflussen, durch didaktische und pädagogische Maßnahmen wünschenswerte Eigenschaften, Einstellungen und Haltungen verstärken, Fähigkeiten entwickeln, Charaktertugenden bewusst machen und fördern.

Die *zweite Ebene,* die es zu betrachten gilt, ist die *der einzelnen Schularten.* So entwickelt jede Schule ihr eigenes Selbstverständnis und verfolgt spezifische Zielsetzungen. Die Grundschule versteht sich als Schule aller Kinder, in der Basisqualifikationen vermittelt, Gemeinschafts- und Sozialerfahrungen gesammelt werden. Die Haupt- und Realschulen möchten ihre Schüler vorrangig auf eine Berufsausbildung in verschiedenen Bereichen vorbereiten. Das Gymnasium zielt die Studierfähigkeit der Absolventen an, auch wenn dieses Ziel von vielen Schülern nicht erreicht wird. Die Sonderschulen bemühen sich um die Integration ihrer Schüler in das Ausbildungswesen und möchten vorhandene Lern- und Leistungsdefizite möglichst ausgleichen. Und die Gesamtschulen betonen Ziele wie Chancengerechtigkeit, soziale Integration, differenziertes Bildungsangebot sowie das Bestreben, möglichst viele Schüler ihren individuellen Begabungen und Fähigkeiten entsprechend zu einem mittleren oder höheren Bildungsabschluss zu führen.

Die *dritte Ebene* umschreibt Ziele, die in einzelnen *Fächern* oder *Lerngebieten* anzustreben sind. Interessant sind in diesem Zusammenhang die Bestrebungen, neben den Zielen, die in klassischen Fächern wie z.B. Deutsch, Mathematik oder in den Fremdsprachen verfolgt werden müssen, interdisziplinär oder fächerübergreifend zu denken und zu planen. Und das führt zur Ausweisung von Lernbereichen wie »Natur und Technik« oder »Mensch und Umwelt«, Bereiche, in denen z.B. versucht wird, die ökonomischen mit den ökologischen Anliegen zu verbinden.

Die *vierte Zielebene* ist die der *Unterrichtseinheiten* oder Module. Eine Unterrichtseinheit besteht aus mehreren Unterrichtsstunden, die sich unter einer Zielsetzung und in einer thematischen Sinneinheit zusammenfassen lassen. Routinierte Lehrerinnen planen selten Einzelstunden, sondern sie durchdenken Einheiten und präzisieren im Rahmen der Planung mögliche Ziele. Der so gewonnene Überblick führt auch zu größerer Handlungssicherheit im Lehr-Lern-Prozess, d.h. es ist ihnen eher möglich, flexibel und variabel zu verfahren. Die notwendigen Vorbereitungen müssen dann für die Einzel- oder Doppelstunden von Tag zu Tag getroffen werden.

Auf der *fünften Ebene* wird das jeweilige *Ziel der Einzel- oder Doppelstunde* geplant, wobei dieses in Verbindung mit dem jeweiligen Schwerpunkt der Stunde und dem angestrebten Lernergebnis zu sehen ist. Innerhalb einer Unterrichtseinheit sind die Stundenziele unter zumeist sachlogischem Aspekt in eine sinnvoll erscheinende Abfolge zu bringen.

Die *sechste* und letzte *Ebene* beschreibt die Teilziele, die in den einzelnen Lehr-Lern-Situationen angesteuert werden sollen. Als *Handlungsziele* werden sie bewusst angestrebt und lassen sich auch begründen und verantworten. Einige dieser Handlungsziele können operationalisiert werden, andere entziehen sich dem Versuch einer Operationalisierung.

Als Befürworter einer *Operationalisierung* von Zielen ist Mager (1972) zu nennen. Er kritisiert die in vielen Lehr- und Bildungsplänen zu lesenden vagen Formulierungen. Wenn z.B. in einem Plan steht, dass die Schüler »Musikverständnis entwickeln« sollen, kann ein solches Ziel beliebig interpretiert werden. Dazu Mager:

»*a) Der Lernende seufzt ekstatisch, wenn er Bach hört.*
b) Der Lernende kauft eine Hifi-Einrichtung und Schallplatten im Werte von 500 Dollar.
c) Der Lernende beantwortet 95 Auswahl-Antwort-Fragen zur Musikgeschichte richtig.
d) Der Lernende schreibt einen flüssigen Aufsatz über die Bedeutung von 37 Opern.
e) Der Lernende sagt, ›Mann, glaub mir, ich bin Fachmann. Es ist einfach großartig.‹« (a.a.O., S. 15)

Und Mager führt dazu weiter aus:

> »*Wir möchten damit natürlich nicht sagen, dass es nicht ein erstrebenswertes Ziel sei, ›Musikverständnis zu entwickeln‹. Nur hat bei einer so vagen Formulierung niemand die geringste Ahnung, was derjenige, der dieses Ziel ausgewählt hat, sich darunter vorgestellt haben mag. Es kann durchaus ein wichtiges Ziel sein, doch ist aus der angeführten Beschreibung nicht zu entnehmen, was gemeint ist.*« (a.a.O., S. 15)

Solchen vagen Lehrplanvorgaben setzt Mager sein *Operationalisierungskonzept* entgegen, indem er die Lehrerinnen auffordert, möglichst exakt zu beschreiben, welche Schüler was in welcher Zeit unter was für Bedingungen in welcher Qualität leisten sollen. Einer solchen Aufforderung nachzukommen ist nicht ganz einfach. Zwar kann eine Mathematiklehrerin im Hinblick auf eine Klassenarbeit formulieren:

Operationalisierungskonzept

Wer?	Die Schüler des 7. Schuljahres sollen
Was (Lerninhalt)?	acht quadratische Gleichungen
Lernzeit?	in 40 Minuten
Lernbedingungen?	selbstständig im Arbeitheft
Gütemaßstab?	richtig
Ziel?	lösen

Enthält die Zielformulierung ein eindeutiges Verb, wie z.B. schreiben, aufsagen, ankreuzen, lösen oder konstruieren, lässt sich genau beschreiben, wie das Lernprodukt aussehen soll. Der Erwerb von Kenntnissen, die Bearbeitung einfacher Aufgaben im kognitiven Bereich oder der Erwerb von Techniken lassen eine Operationalisierung zu. Doch Lehrerinnen in anderen Fächern oder Lernbereichen ist eine Operationalisierung nicht möglich.

Nicht operationalisierbar sind Ziele in affektiven, emotionalen, sozialen, kommunikativen oder politischen Lernbereichen und dies dürfte die Mehrzahl der Ziele sein. Dazu einige Beispiele:

- Die Schüler des ersten Schuljahres sollen gemeinsam innerhalb von vier Minuten das Lied »Auf einem Baum ein Kuckuck« textgetreu und nach der im Liederbuch vorgegebenen Melodie ohne Hilfe und ohne Instrumentalbegleitung laut (Angabe der Phonstärke) und freudig singen. – Das Lied soll den Schülern Spaß machen, nicht viel mehr, doch »Spaß machen« lässt sich nicht operationalisieren. Und ob nun die Schüler ein bisschen vom Text abweichen oder einen Ton verfehlen, ist wohl unerheblich.
- Die Schüler sollen ihre Gesprächsfähigkeit ausbilden, indem sie sich in Kleingruppen über ein bestimmtes Thema unterhalten, den Mitschülern zuhören, auf deren Beiträge eingehen, die Beiträge aufgreifen und weiterverwenden, darauf achten, dass jeder etwas sagen kann ... – Da die Gesprächsfähigkeit bei vielen Erwachsenen sehr unzureichend ausgebildet ist und sich jeder Mensch lebenslang in der Fähigkeit des Zuhörens schulen muss, kann es sich hier nur um ein Ziel handeln, dem sich die Schüler graduell annähern. Ein Gütemaßstab lässt sich nicht festlegen.
- Die Schüler sollen den Mut haben, Befehle, die gegen die Menschenwürde oder gegen die Menschenrechte verstoßen, nicht auszuführen. Oder – die Schüler sollen sich einer Regierung verweigern, die die Verfassung missachtet. – Solche Lernziele, die hochbedeutsam sind, lassen sich – wenn überhaupt – dann erst nach Jahren überprüfen. Im Unterricht können allenfalls dürre Kenntnisse oder fragwürdige Bekenntnisse abgeprüft oder entlockt werden.

Wozu dient nun die Beschäftigung mit dem Operationalisierungskonzept? Handelt es sich hier nicht um ein überflüssiges Konstrukt der behavioristischen Lernpsychologie, das längst überwunden sein sollte? So ist es sicher nicht. Lehrerinnen, die das Operationalisierungskonzept verinnerlicht haben, sind eher in der Lage, Anforderungen zu überschauen und realistisch einzuschätzen. Sie können mit einzelnen Schülern oder mit der Lerngruppe auf bestimmte Ziele hinarbeiten und entscheiden, ob diese nun erreicht oder nicht erreicht worden sind. Sie können aber auch problembewusst von einer naiven Beurteilung Abstand nehmen, wenn sie beobachten, wie sich Schüler ihre eigenen Lernwelten aufbauen und in ihnen voranschreiten. In Kenntnis des Operationalisierungskonzepts erkennen sie, dass hier eindeutige Parameter fehlen.

Ziele lassen sich *in verschiedenen Bereichen* formulieren, so z.B. im kognitiven, affektiven oder psychomotorischen Bereich. Diese Gliederung entspricht abendländischer Tradition. Schließlich hat schon Aristoteles dem Menschen Geist, Leib und Seele zuerkannt, ihn in Bereiche zerlegt, die natürlich zusammengehören. Aus der Sicht der Ganzheits- und Gestaltpsychologie fing also das Unglück mit Aristoteles an. Doch wurde diese Sichtweise von Johann Heinrich Pestalozzi aufgegriffen, welcher die Forderung erhob, die Schüler allseitig mit Herz, Kopf und Hand zu fördern. Einerseits kann niemand ernsthaft eine ganzheitliche Sichtweise leugnen, denn jede Lernleistung wird ganzheitlich erbracht. Das zeigen z.B. die Anforderungen, die an einen Schüler im Verlauf einer Mathematikarbeit gestellt werden. In diesem Fall ist der Schüler primär kognitiv gefordert, doch ist er anfangs vielleicht stark nervös, d.h. der affektive Bereich macht sich bemerkbar, und wenn die Handflächen feucht werden, sendet der Körper seine Signale aus. – Andererseits kommt es wohl darauf an, sich als Lehrerin zu überlegen, in welchem Bereich die Schüler schwerpunktmäßig lernen sollen, ob die Ziele kognitiv, affektiv oder psychomotorisch akzentuiert sind.

Wenn in diesem Buch auf die *Taxonomie von Lernzielen im kognitiven Bereich* abgehoben wird, so hat dies mehrer Gründe. Einmal ist die Schule jener Ort, an dem Schüler und Lehrerinnen geistig tätig werden, und deshalb sollten sie die zu erbringenden kognitiven Leistungen wenigstens ansatzweise durchschauen. Sodann handelt es sich bei der *T*axonomy of *E*ducational *O*bjectives (TEO) um eines der weltweit meistverkauften erziehungswissenschaftlichen Fachbücher. Und schließlich versichern Lehrerinnen, die im Praxisfeld stehen, dass ihnen diese Taxonomie ungemein hilfreich sei.

Benjamin Bloom et al. (1986) haben den Versuch unternommen, die geistigen Leistungen, die von Schülern gefordert werden, zu kategorisieren und zu klassifizieren. Ob ihnen dies gelungen ist, mag die Leserin selbst entscheiden, wenn sie mit der Taxonomie arbeitet. Zunächst soll diese vorgestellt werden, dann folgen Anwendungsbeispiele, als Nächstes werden die Vorteile genannt und zuletzt die Grenzen abgesteckt.

Eine Taxonomie ist eine Systematik, die bestimmten Regeln folgt. Taxonomische Ansätze gibt es z.B. in der Botanik, der Zoologie, aber auch in der Sprachwissenschaft. Die Bloomsche Taxonomie enthält sechs Ebenen. Die erste Ebene umfasst die Kenntnisse, das reproduktive, abrufbare Wissen. Betrachtet man Unterricht über verschiedene Schularten, Lernbereiche und Fächer hinweg, so bewegen sich etwa zwei Drittel aller Fragen und Beiträge auf dieser Ebene. Kenntnisse sind ungemein wichtig, um auf den Ebenen zwei bis sechs anspruchsvollere kognitive Leistungen erbringen zu können. – Wer mehr weiß, kann anspruchsvoller denken!

Ebene 1: Wissen

Diese Ebene beinhaltet rein reproduktive Kenntnisse. Diese können sich auf Einzelfakten, Methoden oder auch Theorien und Strukturen beziehen. Es handelt sich dabei aber ausschließlich um Kenntnisse, also nicht z.B. um ein Verstehen, warum etwas so ist, wie es ist.

- *Typische Verben* für die Beschreibung des erwünschten Verhaltens auf dieser Lernzielstufe sind z.B.: nennen, aufsagen (-schreiben, -zählen), angeben, bezeichnen.

Taxonomie von Lernzielen im kognitiven Bereich (Bloom et al. 1986)

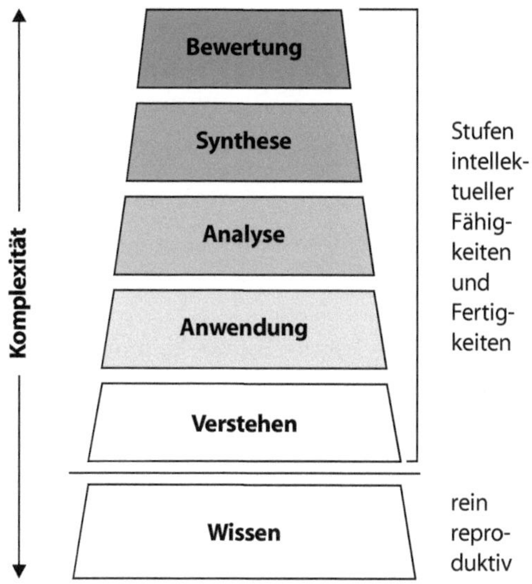

Entnommen: Schewior-Popp 1998

Ebene 2: Verstehen

Auf dieser Ebene geht es um das Erfassen und Verwerten von Informationen. Dabei kann es sich sowohl um das Nachvollziehen von Erklärungen handeln als auch um Definitionen, Begründungen oder das Wiedergeben von Bekanntem in anderer Form.

- *Typische Verben:* erklären, erläutern, definieren, begründen, ableiten, übertragen.

Ebene 3: Anwendung

Diese Ebene bezieht sich auf die Anwendung von Informationen, Kenntnissen, theoretischen Zusammenhängen und Einsichten in bzw. auf konkrete Situationen und Aufgaben.

- *Typische Verben:* anwenden, ermitteln, berechnen, verwenden, erarbeiten, herausfinden.

Ebene 4: Analyse
Auf dieser Ebene geht es um die Fähigkeit, Strukturen im Hinblick auf die in ihnen enthaltenen Einzelelemente, die Beziehungen der Elemente zueinander sowie die Ordnungsgesichtspunkte innerhalb der Strukturen zu durchschauen, eben zu analysieren.

- *Typische Verben:* herausstellen, vergleichen, analysieren, gegenüberstellen, unterscheiden, einordnen, entnehmen.

Ebene 5: Synthese
Die fünfte Ebene bezieht sich auf die umfassende Zusammenschau verschiedenster Elemente, Kenntnisse und Einsichten im Hinblick auf etwas »Neues«, also etwa das Erstellen eines Planes, einer Strategie, eines Konzepts oder gar eines theoretischen Modells.

- *Typische Verben:* entwerfen, entwickeln, konzipieren, zuordnen, koordinieren, erstellen.

Ebene 6: Bewertung
Die höchste Ebene der Taxonomie beschreibt Verhaltensweisen, die auf sehr differenzierte intellektuelle Fähigkeiten schließen lassen. Es geht hier um das begründete, kriterienorientierte Beurteilen bestimmter Situationen oder Sachverhalte.

- *Typische Verben:* beurteilen, urteilen, bestimmen, (über)prüfen, entscheiden, Stellung nehmen.

Dieser Vorstellung der Taxonomie auf der Kenntnisebene folgen nun drei Beispiele zum besseren Verständnis.

Beispiel: »*Lebenslauf*« (8. Schuljahr)
Die Schüler sollen
- jene Punkte nennen, die in einem Lebenslauf enthalten sein müssen (Ebene 1),
- erklären, warum auf einen lückenlosen Lebenslauf Wert gelegt wird (Ebene 2),
- ihren eigenen Lebenslauf tabellarisch zusammenstellen (Ebene 3),
- einen vorliegenden Lebenslauf dahingehend analysieren, ob er überflüssige oder fehlende Angaben enthält (Ebene 4),
- zwei Lebensläufe miteinander vergleichen (Ebene 5),
- entscheiden, ob der eigene handschriftlich verfasste Lebenslauf so abgeschickt werden kann (Ebene 6).

Beispiel: »*Menügestaltung*« (9. Schuljahr)
Die Schüler sollen
- jene Punkte nennen, die bei der Menügestaltung zu berücksichtigen sind, z.B. Anlass, Preis, Jahreszeit, Essgewohnheiten u.a. (Ebene 1),

- erklären, warum die Jahreszeit eine Rolle spielt (Ebene 2),
- ein Menü planen und zusammenstellen (Ebene 3),
- eine Speisekarte am Hof Ludwig XIV. analysieren (Ebene 4),
- ein Menü aus der Zeit Ludwig XIV. mit einem Menü in einem 5-Sterne-Restaurant vergleichen (Ebene 5),
- einen differenziert ausgearbeiteten Menüvorschlag hinsichtlich seiner Realisierbarkeit und Stimmigkeit beurteilen (Ebene 6).

Beispiel: »*Die Zeit Karls des Großen*« (7. Schuljahr)
Die Schüler sollen
- das Reich Karls des Großen in seiner Ausdehnung beschreiben (Ebene 1),
- erklären, warum Karl der Große ständig unterwegs war (Ebene 2),
- andere Herrscher nennen, die ebenfalls ständig im Sattel saßen (Ebene 3),
- mögliche Ursachen nennen, die zur Ermordung der sächsischen Edelinge, zum Blutbad an der Aller, führten (Ebene 4),
- eine Beziehung zu einem anderen ähnlichen Ereignis herstellen – zur Ermordung einer missliebigen Personengruppe (Ebene 5),
- eine Stellungnahme abgeben, ob Kaiser Karl den Beinamen »der Große« verdient (Ebene 6).

Nun zu den *Vorteilen,* die sich aus der Arbeit mit der Bloomschen Taxonomie ergeben können. Mit ihrer Hilfe ist es möglich
- die rein reproduktiven von anspruchsvolleren kognitiven Leistungen zu unterscheiden,
- Unterrichtseinheiten und -stunden in Anlehnung an die TEO mit zunehmendem Schwierigkeitsgrad bewusst zu planen,
- zu überprüfen, ob bestimmte Vorkenntnisse für anspruchsvollere Ziele abrufbar sind,
- die Schüler zu beobachten, ob sie zu bestimmten intellektuellen Leistungen fähig sind,
- bestimmte intellektuelle Fähigkeiten bewusst zu üben,
- darauf zu achten, dass sich der Unterricht nicht nur auf der Kenntnisebene bewegt,
- Arbeitsaufträge und Prüfungsaufgaben so zu formulieren, dass sie sich einer Ebene zuordnen lassen,
- Lernergebnisse gerechter zu beurteilen,
- sich mit Kolleginnen über das kognitive Niveau auszutauschen,
- Bildungs- und Lehrpläne dahingehend zu analysieren, was von den Schülern intellektuell erwartet wird,
- Ausbildungs- und Studienordnungen zu analysieren, um Aufschluss über das intellektuelle Niveau zu erhalten,
- didaktische Dokumente zu vergleichen,
- Tätigkeitsmerkmale zu beschreiben u.a.m.

Die *Grenzen der Anwendung* ergeben sich aus der schon genannten Tatsache, dass jede Lernleistung ganzheitlich erbracht wird. Die Fixierung auf die Bloomsche Taxonomie kann tatsächlich zu einer Vernachlässigung anderer Dimensionen führen. Auch muss angezweifelt werden, ob sich alle Ziele und Lernleistungen, wie z.B. eine vom Schüler verfasste Kurzgeschichte oder ein originelles Gedicht, der Taxonomie zuordnen lassen. Zwischen den einzelnen Ebenen kommt es zu Überschneidungen. Und schließlich sind die einzelnen Ebenen mit den jeweiligen Lernvoraussetzungen in Beziehung zu setzen. Ein Ziel, das sich z.B. für einen leistungsschwachen Schüler auf der Ebene 4 bewegt, kann für einen leistungsstarken auf der Ebene 2 liegen. Die Zuordnungen lassen sich also nicht immer korrekt vornehmen.

Trotz dieser Einwände und Einschränkungen bleibt die Bloomsche Taxonomie ein nützliches Instrument, sowohl für die Lehrerinnen zur Planung, Durchführung und Auswertung von Unterricht als auch für die Forschung, sofern man sich im Rahmen empirischer Studien um eine Operationalisierung bestimmter Items bemüht. Dieses Instrument hat sich jahrzehntelang bewährt und deshalb kann es auch künftig der Unterrichtsplanung und der Verständigung unter Fachleuten dienen.

Wenn ein Vorteil der Bloomschen Taxonomie darin besteht, Unterricht bewusster planen zu können, bedeutet dies nicht, dass in jeder Kurzstunde alle Ebenen durchlaufen werden sollten. Viele Unterrichtsstunden werden sich auf die ersten beiden oder die ersten drei Ebenen beschränken. Auch sind Grundschüler zumeist überfordert, wenn man ihnen anspruchsvolle Aufgaben auf den Ebenen vier bis sechs stellt. Dennoch ist darauf zu achten, dass sich der Unterricht nicht ausschließlich auf der ersten Ebene abspielt. Ein Unterricht, in dessen Verlauf nur Vorkenntnisse abgefragt oder Kenntnisse vermittelt werden, langweilt alle Schüler, auch die leistungsschwachen. Am Ende einer Unterrichtseinheit, wenn also Grundkenntnisse und Einsichten vermittelt worden sind, empfiehlt es sich, bei älteren Schülern die Ebenen vier bis sechs zu betreten, also analytisches, verknüpfendes und bewertendes Denken zu fordern und zu fördern.

Wenden wir uns nun der *Taxonomie von Lernzielen im affektiven Bereich* zu, welche nach Aristoteles die »Seele«, nach Pestalozzi das »Herz« und nach Krathwohl et al. (1975) die Gefühle und Emotionen zum Inhalt haben. Zunächst soll wieder die Taxonomie vorgestellt werden, dann folgen einige Beispiele, um zuletzt die Möglichkeiten und Grenzen zu beschreiben.

Diese Taxonomie umfasst fünf Ebenen, wobei sich die von den Schülern erwarteten Lernleistungen nicht so exakt fassen lassen wie im kognitiven Bereich.

Ebene 1: Aufmerksam werden/Beachten

Auf dieser ersten Ebene werden die Schüler z.B. auf eine Person, einen Sachverhalt oder ein Ereignis aufmerksam gemacht, hingewiesen oder mit demselben konfrontiert. Gefühle oder Emotionen werden angeregt oder erzeugt.

Ebene 2: Reagieren
Die Schüler äußern sich häufig spontan, teilen ihre Gefühle mit oder sprechen über ihre emotionale Befindlichkeit. Mitunter regen sie sich auch auf, haben Mühe, ihre Gefühle und Emotionen zu kontrollieren.

Ebene 3: Werten
Auf der dritten Ebene wird gefühlsmäßig und oft auch spontan gewertet. Die Schüler äußern z.B. ihre Zustimmung oder Ablehnung zu dem Sachverhalt oder zum Ereignis, ohne allerdings eine differenzierte Begründung geben zu können, da sie sich noch in einem hohen Erregungszustand befinden.

Taxonomie von Lernzielen im affektiven Bereich (Krathwohl et al. 1975)

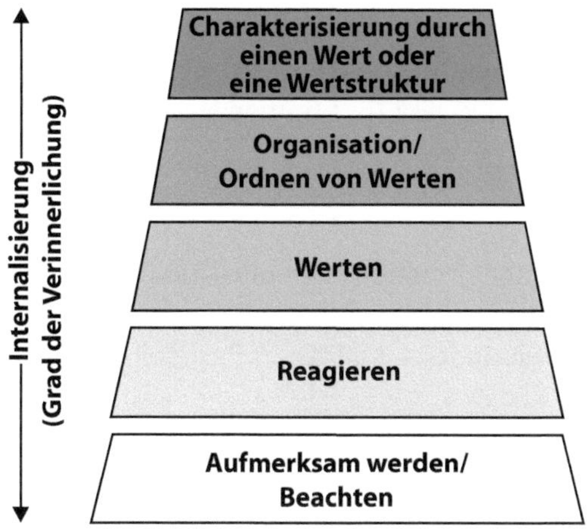

entnommen: Schewior-Popp 1998

Ebene 4: Organisation/Ordnen von Werten
Auf der vierten Ebene, nachdem die Gefühle etwas abgeebbt und die Emotionen abgeklungen sind, wird die erste spontane und zumeist noch recht oberflächliche Bewertung auch rational kontrolliert. Die Schüler suchen nach Bewertungskriterien, beziehen diese auf den Sachverhalt oder das Ereignis und stellen Vergleiche an. Auf der Ebene vier kommen also vermehrt Kognitionen ins Spiel.

Ebene 5: Charakterisierung durch einen Wert oder eine Wertstruktur
Auf der fünften und letzten Ebene sind die Schüler vom Wert bzw. ihrer Wertung überzeugt. Sie richten ihr Handeln danach aus und verteidigen auch ihre Einstellung und Haltung, treten aktiv für etwas ein, wenn es gefordert wird, auch mit Leidenschaft.

Beispiel: »*Ein lyrisches Gedicht*«
Die Schüler sollen
- auf das Gedicht aufmerksam werden, indem es die Lehrerin rezitiert, alle Schüler es lesen oder ein Schüler das Gedicht vorträgt (Ebene 1),
- sich zu dem Gedicht äußern, z.B. in Partner- oder Kleingruppenarbeit die Gefühle verbalisieren, den ersten Eindruck mitteilen (Ebene 2),
- begründen, warum gerade dieses Gedicht einen starken Eindruck hinterlässt (Ebene 3),
- das Gedicht mit anderen Gedichten in Beziehung setzen, Vergleiche anstellen, unterschiedliche Wertungen vollziehen (Ebene 4),
- den Text kunstvoll kalligraphisch gestalten und auswendig lernen. (Sofern sie dies freiwillig tun, bewegen sie sich auf der Ebene 5).
-

Beispiel: »*Bildbetrachtung*«
Die Schüler sollen
- sich in ein Bild einsehen, indem z.B. die Lehrerin ein mitgebrachtes Bild enthüllt und dazu auffordert, es fünf Minuten lang eingehend zu betrachten (Ebene 1),
- über das Bild sprechen, die Beobachtungen und Gefühle verbalisieren (Ebene 2),
- erklären, warum ihnen das Bild gefällt oder missfällt, es z.B. starke oder geringe Gefühle auslöst (Ebene 3),
- das Bild mit Werken anderer Meister in Beziehung setzen, abwägen und Vergleiche anstellen (Ebene 4),
- sich lebenslang an dieses Bild erinnern, Reproduktionen erwerben und das Museum besuchen, in dem das Original zu bewundern ist (Ebene 5).

Beispiel: »*Streit zwischen zwei Schülern*«
Die Schüler sollen
- auf eine Auseinandersetzung aufmerksam werden, indem z.B. zwei Schüler einen Streit im Rollenspiel aktualisieren und sich gegenseitig »sanft« verprügeln (Ebene 1),
- sich zu diesem Streit äußern (Ebene 2),
- zur Art der Konfliktaustragung eine erste Stellungnahme abgeben (Ebene 3),
- andere Möglichkeiten der Konfliktaustragung erwägen, durchdenken, miteinander vergleichen (Ebene 4)
- sich lebenslang für eine gewaltfreie Konfliktaustragung entscheiden (Ebene 5).

Die *Vorteile* lassen sich in folgenden Punkten zusammenfassen. Mit ihrer Hilfe ist es möglich
- Gefühle und Emotionen besser einzuordnen,
- den Unterricht – im affektiven Bereich, im Bereich des sozialen Lernens und beim Umgang mit Emotionen – bewusster zu planen, indem zumindest die ersten drei

Ebenen berücksichtigt werden: aufmerksam machen, reagieren lassen, bewerten lassen,
- meinungsbildend zu wirken, indem man die Schüler Wertungen vollziehen lässt,
- die Fragwürdigkeit oberflächlich vollzogener Wertungen herauszustellen,
- auf die gebotene Toleranz aufmerksam zu machen, andere Meinungen, Standpunkte gelten zu lassen,
- nicht mehr zu tolerierende Einstellungen und Haltungen zu hinterfragen,
- eine Einstellungs- und Meinungsänderung bewusst herbeizuführen.

Der *Nachteil* der Taxonomie für den affektiven Bereich liegt in der Tatsache begründet, dass man Gefühle ja gerade nicht kognitiv erfassen kann. Eine Taxonomie für den affektiven Bereich ist eigentlich ein Paradoxon. Dass Gefühle auch mit Gedanken verbunden sind, sich also der affektive nicht vom kognitiven Bereich abkoppeln lässt, zeigt die vierte Ebene deutlich. Spätestens wenn diese Ebene betreten wird, bemerkt man eine starke Affinität zur fünften Ebene der Bloomschen Taxonomie, zur Synthese. Die Mehrzahl der Unterrichtsstunden, die affektiv akzentuiert sind, wird auf der dritten Ebene enden. Die vierte Ebene bleibt älteren Schülern vorbehalten, welche in der Lage sind, die erforderlichen Abstraktionsleistungen zu erbringen. Und auf der fünften Ebene wird wohl sehr selten unterrichtet, weil hier persönliches Engagement und leidenschaftliches Bemühen erforderlich sind.

Die *Taxonomie von Lernzielen im psychomotorischen Bereich* wurde von Dave (1968) entwickelt. Sie befasst sich mit dem Erlernen von Bewegungsabläufen sowie den psychologischen Implikationen.

Taxonomie von Lernzielen im psychomotorischen Bereich (Dave 1968)

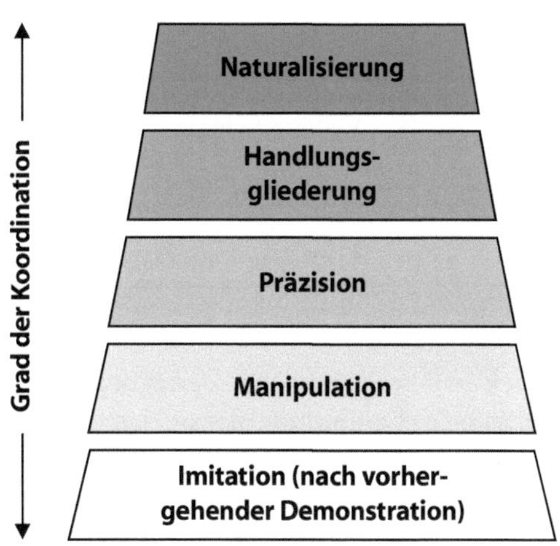

entnommen: Schewior-Popp 1998

Wie die Abbildung zeigt, ist auch diese Taxonomie in fünf Ebenen untergliedert.

Ebene 1: Imitation – nach vorhergehender Demonstration
Auf dieser Ebene ahmt der Schüler nach, was ihm demonstriert worden ist. Häufig gelingt ihm der Bewegungsablauf noch nicht, weil z.B. die Demonstration nicht besonders anschaulich war oder er sich nicht auf diese konzentrieren konnte oder er noch nicht über das erforderliche Geschick verfügt.

Ebene 2: Manipulation
Auf der zweiten Ebene wird der Bewegungsablauf geübt. Der Schüler vergegenwärtigt sich Teile der Demonstration, verschafft sich Informationen über den anzustrebenden Bewegungsablauf, probiert, vergleicht Lösungsansätze, lässt sich evtl. von einem Mitschüler oder von der Lehrerin helfen.

Ebene 3: Präzision
Auf dieser Ebene wird der Bewegungsablauf so lange mehrmals geübt, bis eine Fertigkeit erlangt ist, die weitgehend der demonstrierten Fertigkeit entspricht. Nun beherrscht also der Schüler den Bewegungsablauf.

Ebene 4: Handlungsgliederung
Der Bewegungsablauf wird mit seinen Teilfertigkeiten so beherrscht, dass er vom Schüler auch unter veränderten Bedingungen korrekt ausgeführt werden kann. Die Variation der Ausführung in anderen Situationen ist jetzt möglich.

Ebene 5: Naturalisierung
Auf dieser Ebene spielt der Schüler mit dem erlernten und internalisierten Bewegungsablauf. Die erworbene Fertigkeit ist jederzeit abrufbar und flexibel einsetzbar. Der Schüler verfügt nun schon über ein besonderes Geschick.

Beispiele für das Erlernen psychomotorischer Fähigkeiten und Fertigkeiten finden sich in verschiedenen Fächern und Lernbereichen, so z.B. im Fach Deutsch, wenn es im Anfangsunterricht darum geht, das Schreiben zu erlernen, im Fach Mathematik, wenn die Schüler Dreiecke konstruieren oder eine Parallelverschiebung vornehmen sollen, oder im Fach Sport beim Erlernen gymnastischer Übungen, beim Geräteturnen oder in der Leichtathletik, wenn Schüler versuchen, ihre Weitsprungtechnik zu verbessern.

Wie sich das Erlernen psychomotorischer Bewegungsabläufe vollzieht, lässt sich mithilfe der hier dargestellten Taxonomie plausibel erklären. Dabei wird deutlich, dass sich die im Unterricht angestrebten Ziele oft nur auf den ersten Ebenen bewegen, selten auf den Ebenen der bewussten Handlungsgliederung und der Naturalisierung. Bis ein Schüler z.B. eine Weitsprungtechnik perfekt beherrscht, bedarf es monate- oder jahrelanger Übung, eines intensiven Bemühens und viel Zeit, die im Unterricht selten zur Verfügung steht. Außerdem wird sichtbar, wie psychomotorische

Prozesse und Bewegungsabläufe doch stark mit den anderen Bereichen vernetzt sind. – Wenn z.B. ein Hechtsprung über das Pferd verlangt wird, werden Ängste wach und einige Schüler überlegen sich, ob sie der Aufforderung nachkommen.

Vorstehend wurden die klassischen taxonomischen Ansätze, also die kognitive, affektive und psychomotorische Dimension, dargestellt. Doch lassen sich Lernziele auch in ganz anderen Bereichen klassifizieren und taxonomieren, so z.B. im sozioemotionalen oder im kommunikativen Bereich:

Taxonomie von Lernzielen im sozioemotionalen Bereich
(Becker, nach Goleman 1996)

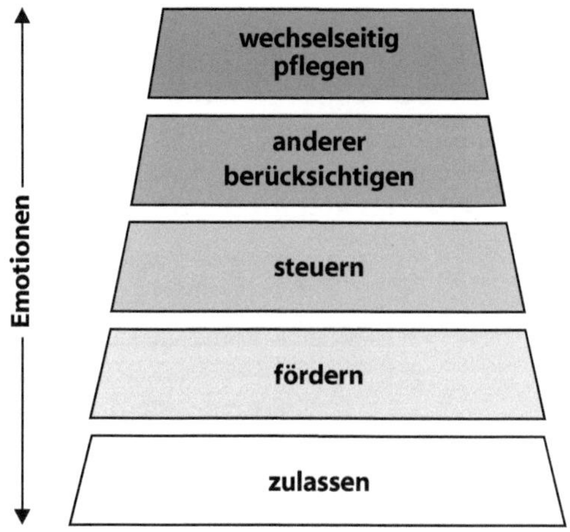

Ebene 1: Zulassen
Auf dieser ersten Ebene sollen die Schüler erfahren, dass Emotionen etwas Natürliches sind und zum Leben dazugehören, ohne Emotionen das Leben farblos und langweilig wird, Menschen also das Recht haben, emotional zu reagieren.

Ebene 2: Fördern
Auf der zweiten Ebene sollen die Schüler mit verschiedenen emotionalen Erlebnisinhalten bekannt gemacht werden, wie sie z.B. ein schweres Schicksal, eine Untat oder ein Verbrechen, aber auch freudige Ereignisse bewirken. Auf diese Stufe gehören die Aktivitäten des Schullebens und die mit ihnen verbundenen Gruppenerlebnisse.

Ebene 3: Steuern
Auf der dritten Ebene sollen die Schüler erfahren, dass sich Emotionen steuern lassen, indem man sie z.B. bewusst auslebt, einschränkt oder vorübergehend ausblendet, um beispielsweise eine gefährliche Situation zu meistern. Um diesen Umgang mit Emotionen zu erlernen, eignen sich z.B. Rollen- und Theaterspiele.

Ebene 4: Berücksichtigen
Wenn Menschen verständnisvoll miteinander umgehen, berücksichtigen sie die emotionale Befindlichkeit ihrer Mitmenschen. Die Schüler sollen also auf dieser Ebene lernen, sich in die Lage anderer Personen zu versetzen, deren Gedanken nachzuvollziehen und deren Gefühle nachzuempfinden.

Ebene 5: Wechselseitig pflegen
Auf der fünften Ebene sollen die Schüler lernen, Emotionen wechselseitig zur Pflege und Vertiefung einer Beziehung einzusetzen, so wie dies z.B. in einem eingespielten Team oder in einer gelungenen Partnerschaft der Fall ist. Auf der fünften Ebene sind die Menschen bestrebt, die emotionale Befindlichkeit der anderen in das eigene Handeln einzubeziehen.

Und ein weiteres Beispiel erscheint besonders handlungsrelevant, um die Kommunikations- und Diskursfähigkeit der Schüler zu fördern:

Taxonomie von Lernzielen im kommunikativen Bereich

Ebene 1: Zuhören
Auf dieser Ebene sollen die Schüler lernen, einander zuzuhören. Dieses Ziel beinhaltet die Bereitschaft, Gesprächsregeln zu achten, den anderen ausreden zu lassen, sich zu melden, nacheinander zu sprechen.

Ebene 2: Beiträge aufgreifen
Auf dieser Ebene lernen die Schüler, die Beiträge ihrer Mitschüler aufzugreifen. Sie fragen nach, wenn sie etwas nicht verstanden haben. Sie bitten um eine Erklärung, Präzisierung oder Weiterführung des Beitrags und geben so zu verstehen, dass sie zuhören, mitdenken und sich für das Gesagte interessieren.

Ebene 3: Sich einbringen
Auf dieser Ebene sollen die Schüler lernen, durch eigene Beiträge das Gespräch oder die Diskussion zu bereichern. Sie selbst liefern Erklärungen, greifen Beiträge der Mitschüler auf und führen sie weiter.

Ebene 4: Stellung nehmen
Auf der vierten Ebene sind Schüler bereit und in der Lage, eine Meinung differenziert zu äußern, eine Stellungnahme abzugeben, einen Standpunkt zu beziehen und diesen auch zu vertreten.

Ebene 5: Sich im Diskurs treffen
Auf der fünften Ebene soll die Fähigkeit erworben werden, Stellungnahmen und Standpunkte anderer Personen zunächst einmal zu akzeptieren, zu respektieren und zu tolerieren, sie als Bereicherung zu empfinden und die im Grundgesetz verankerte Meinungsfreiheit zu achten. – Man denke hier an Speaker's Corner im Hyde Park. – Es geht hier aber auch um den Mut, die eigene Position mit Nachdruck zu vertreten und sich von unvereinbaren Positionen abzugrenzen. Insgesamt betrachtet soll die Diskursfähigkeit entwickelt werden, die Fähigkeit, sich im Gespräch, in der Diskussion oder in der Debatte zu treffen.

Mit dieser hochgesteckten Zielsetzung wird zu einem weiterführenden Gedanken übergeleitet, nämlich zu der Entwicklung eines *taxonomischen Ansatzes für den Lernbereich der Zivilcourage.* In politisch unruhigen Zeiten, wenn z.B. fremdenfeindliche oder rassistische Gewalttaten gehäuft auftreten und Politiker dem Treiben radikaler Kräfte etwas hilflos gegenüberstehen, wird der Ruf nach mehr Zivilcourage laut. Vordergründig wird beklagt, dass die Schüler in der Schule keine Zivilcourage lernen würden. Lehrerinnen stellen sich die Frage, ob so eine Charaktertugend überhaupt erlernbar sei und was man unter Zivilcourage zu verstehen habe – Mut, für eine Überzeugung einzutreten und ihr entsprechend zu handeln, auch dann, wenn sie nicht dem vorherrschenden Trend entspricht, wenn Widerstand zu erwarten ist und persönliche Nachteile einzukalkulieren oder in Kauf zu nehmen sind.

Folgt man dieser Definition und sucht man nach zivilcouragierten Bürgerinnen und Bürgern, so waren es jene Personen und Personengruppen, die in der Zeit des Nationalsozialismus Widerstand leisteten, sich den Anordnungen der Machthaber offen oder heimlich widersetzten. Zivilcourage war auch in den ehemals sozialistischen Ländern erforderlich, um sich gegen die kommunistischen Machthaber aufzulehnen. Wer in der Zeit des Nationasozialismus Verfolgten half, keine Hakenkreuzfahne hisste, sein Kind konfirmieren ließ, es nicht zur Hitlerjugend oder zum Bund Deutscher Mädel schickte, wer nicht in einen nationalsozialistischen Kampfverband eintrat, obgleich dies erwartet wurde, der zeigte Zivilcourage. Und Gleiches gilt für Bürgerinnen und Bürger aus der ehemaligen Deutschen Demokratischen Republik, die ihre Kinder konfirmieren ließen und sie nicht zur Jugendweihe schickten, die an verbotenen Demonstrationen teilnahmen, die Nachteile ihrer Kinder in der Schule einkalkulierten und mit Schwierigkeiten am Arbeitsplatz rechnen mussten.

Im Unterschied zu den totalitären Staaten sind heute die in Kauf zu nehmenden Nachteile vergleichsweise gering. Bürger, die Zivilcourage zeigen, brauchen nicht zu befürchten, in einem Konzentrationslager, im Gulag oder im Zuchthaus Bautzen zu enden.

Bei der Konstruktion einer Taxonomie von Lernzielen für den Bereich der »Zivilcourage« werden alle vorgenannten taxonomischen Ansätze als Bausteine benötigt, die kognitive, affektive und psychomotorische Dimension. Sodann geht es um Emotionen und um Kommunikation. Den Stufen der moralischen Entwicklung folgend, wird außerdem eine Gewissensentscheidung erforderlich, die sich wohl überwiegend als postkonventionelle Orientierung erweist, wenn z.B. ein Sozialvertrag nicht eingehalten wird oder universelle ethische Prinzipien missachtet werden (Kohlberg 1995). Und schließlich bedarf es noch des Modells eines heuristischen Verfahrens, wie es von Snow (1969) mit den Schritten der Ereignisaufnahme, Ereignisanalyse, der Entscheidungsplanung und des Entscheidungsvollzugs dargestellt worden ist.

Taxonomie von Lernzielen im Bereich Zivilcourage

Ebene 1: Ereignisaufnahme

Auf dieser Ebene sollen die Schüler bestimmte gesellschaftliche Ereignisse aufmerksam registrieren und für diese sensibilisiert werden, so z.B. für fremdenfeindliche oder rassistische oder gewalttätige Ereignisse, aber auch für fragwürdige Äußerungen einiger Politiker und Funktionsträger. Auf der ersten Ebene soll die Wahrnehmungsfähigkeit geschult und die Bereitschaft gefördert werden, hin- und nicht wegzusehen.

Ebene 2: Erstreaktion

Auf der zweiten Ebene sollen die Schüler lernen, wie man unter Zeit- und Handlungsdruck schnell und wirksam interveniert, so z.B. jenes Handlungsrepertoire kennen lernen, das in Notwehr- und Nothilfesituationen eingesetzt werden kann, in denen Gewalt im Spiel ist, also laut um Hilfe schreien, eine Trillerpfeife oder Reizgas einsetzen, weglaufen und den Polizeiruf anwählen, sich mit Passanten zusammenschließen und gemeinsam vorgehen.

Ebene 3: Betroffenheit

Auf dieser Ebene sollen die Schüler lernen, ihre emotionale Betroffenheit zu äußern, also Gefühle wie starke Unruhe, Ärger, Wut, Bestürzung oder Abscheu zum Ausdruck bringen, dann aber die Emotionen zu kanalisieren, da emotionale Betroffenheit allein nicht weiterführt.

Ebene 4: Inkubation

Auf dieser Ebene sollen die Schüler die innere Unruhe erfahren und eine Zeit lang mit sich herumtragen, die auftritt, wenn man das Gefühl hat, dass etwas getan werden müsste, sich aber unschlüssig ist, was getan werden könnte. Anfangs überwiegt zumeist ein Gefühl der Hilflosigkeit, später reift der Entschluss, dass unbedingt etwas getan werden muss.

Ebene 5: Solidarisierung

Auf der fünften Ebene sollen die Schüler lernen, dass gemeinsame Aktionen meist erfolgreicher sind als Einzelaktionen, es sich also lohnt, nach gleichgesinnten Menschen zu suchen und sich mit diesen zu verbünden. Auf dieser Ebene kommt es darauf an, Meinungen auszutauschen, den Diskurs zu pflegen, die eigene Meinung, Einstellung und Haltung nochmals zu überprüfen.

Ebene 6: Ereignisanalyse

Auf dieser Ebene sollen die Schüler lernen, gesellschaftspolitische Ereignisse sorgfältig zu analysieren, Informationsquellen zu nutzen, Informationen zu vergleichen, Tatsachen von Vermutungen zu trennen. Sie sollen lernen, über mögliche Ursachen nachzudenken. Und dann sollen sie sich in der Aufklärung der Ereignisstruktur schulen, bedeutsame Elemente erkennen, weniger bedeutsame bezeichnen und fehlende benennen, bis das Ereignis transparent wird.

Ebene 7: Handlungsplanung
Auf der siebten Ebene sollen die Schüler lernen, divergent zu produzieren und alle erdenklichen Handlungsmöglichkeiten zu nennen, die infrage kommen könnten. Sie sollen lernen, die Handlungsmöglichkeiten zu sichten, zu prüfen und die als möglich erkannten Handlungen markieren. Auf diese Weise entsteht ein selektives durchdachtes Handlungsspektrum.

Ebene 8: Gewissensprüfung
Auf der achten Ebene sollen die Schüler lernen, die in Aussicht genommene Tat mit dem positiven Recht in Beziehung zu setzen und sie an übergeordneten Normen und Werten zu messen, also prüfen, ob sie verantwortbar ist. Am Ende der Gewissensprüfung steht die Entscheidung zu handeln oder nicht zu handeln.

Ebene 9: Ausführungsplanung
Auf dieser Ebene sollen die Schüler lernen, die als positiv erachteten Handlungsmöglichkeiten unter weitgehender Ausschaltung der Emotionen möglichst intelligent zu kombinieren. Das Ergebnis sollte ein detaillierter Organisations-, Zeit- und Ablaufplan sein, der nach den Kriterien der größtmöglichen Effizienz bei möglichst geringem Risiko zu beurteilen wäre.

Ebene 10: Handlungsvollzug
Auf der zehnten Ebene sollen die Schüler lernen, den Plan mit der gebotenen Umsicht, der erforderlichen Flexibilität und Variabilität zu realisieren. – Nach dem Vollzug lässt sich der Erfolg oder Misserfolg der Aktionen einschätzen und beurteilen, um dann vielleicht auf der Ebene sieben erneut tätig zu werden.

Im Anschluss an diesen taxonomischen Ansatz lässt sich die »Charaktertugend« der Zivilcourage durchaus erlernen, wobei die Erlernbarkeit von den Voraussetzungen, den Mitwirkungsmöglichkeiten und von der individuell unterschiedlich ausgeprägten »Courage« abhängig ist. Grundschüler werden zumeist noch nicht über die ersten drei Ebenen hinauskommen. Mit älteren Schülern lassen sich auch die weiterführenden Ebenen betreten, wobei es zwei große Übungsfelder gibt. Retrospektiv ist es z.B. interessant, den Weg der studentischen Widerstandsgruppe, »Die Weiße Rose«, um Hans und Sophie Scholl zu verfolgen. Auch lassen sich die Aktivitäten des »Kreisauer Kreises« um Graf H. J. v. Moltke simulieren oder das gescheiterte Attentat auf Hitler durch Oberst Graf Schenk v. Staufenberg. Zur Simulation würde sich auch die Tat von Johann Georg Elser eignen, der ganz auf sich gestellt den Versuch unternahm, am 8.11.1939 Hitler im Bürgerbräukeller mithilfe eines Sprengstoffanschlags zu beseitigen.

Doch können auch aktuelle Ereignisse zum Lerninhalt werden, wenn z.B. ein Flüchtlingsheim in Brand gesetzt, ein jüdischer Friedhof geschändet oder wenn ein Farbiger oder ein Behinderter angegriffen wird. – Ereignisse dieser Art lassen sich aufgreifen, analysieren und es lassen sich Strategien entwickeln und verfolgen, wie solchen Ungeheuerlichkeiten begegnet werden kann.

Was nun die »Courage« anbelangt, so ist Heinsohn (1993) in seinem Beitrag »Rostocks Gewalt und ihre Erhellung durch die Bystander-Forschung« der Frage nachgegangen, wie viele Menschen vermutlich den Mut haben werden, zu widersprechen und entgegen dem vorherrschenden Trend zu handeln. Heinsohn bezieht sich einmal mehr auf das bekannte Gehorsamsexperiment von Milgram, in dessen Verlauf Versuchspersonen getestet wurden, inwieweit sie bereit waren, unsichtbare, aber vernehmbar schreiende »Opfer« durch Stromstöße zu bestrafen. Da sich nur jeder Siebente der Aufforderung verweigerte, das »Opfer« weiterhin zu quälen, liegt die Vermutung nahe, dass allenfalls jeder Siebente bereit ist, zivilcouragiert zu handeln (Becker/Coburn-Staege 1994). Es wird also niemals möglich sein, alle Schüler einer Lerngruppe in diesem Sinn zu beeinflussen. Die mutigen Schüler werden in der Minderheit bleiben.

Ziele lassen sich mit verschiedenen Inhalten ansteuern und umgekehrt lassen sich mit einem Lerninhalt verschiedene Ziele verfolgen. Wenn das Ziel eines Geschichtsunterrichts z.B. darin besteht, den Schülern die Zeit der Vorreformation als eine Zeit des Aufbruchs und der Erlösungssehnsucht bewusst werden zu lassen, kann beispielhaft für dieses Ziel das Leben und Werk des Johannes Hus, des Petrus Waldes, des Mönches Savonarola oder die Lehre des John Wiclif herangezogen werden. Umgekehrt lassen sich mit dem Lerninhalt – Reformationszeit: Martin Luther – zahlreiche Ziele verfolgen, die zum Teil gegensätzlicher Art sind, wenn man formuliert: Die Schüler sollen in Martin Luther

- den großen Reformator sehen, der den Mut hatte, die Missstände in der Kirche anzuprangern,
- den Ketzer erkennen, der die Kirchenspaltung herbeiführte und dafür sorgte, dass es bis heute in fast jedem Dorf zwei Kirchen gibt,
- den großen Sprachgelehrten sehen, der mit seiner Bibelübersetzung die neuhochdeutsche Sprache schuf und die Sprache im deutschen Sprachraum vereinheitlichte,
- den Konterrevolutionär erkennen, der die Revolution der Bauern verriet und sich mit den Fürsten verbündete, um sein reformatorisches Anliegen weiterhin vertreten zu können,
- jene Gestalt sehen, die indirekt für zahlreiche Kriege, z.B. für den Dreißigjährigen Krieg, und für religiös motivierte Exzesse wie die Bartholomäusnacht mitverantwortlich ist.

Wird eines dieser Ziele zum Schwerpunkt des Unterrichts, besteht die Gefahr der Indoktrination, und deshalb wird eine problembewusste Geschichtslehrerin alle diese Ziele und weitere sichtbar werden lassen, damit sich die Schüler ihre eigene Meinung bilden können, sofern sie aufgrund ihrer vorlaufenden Sozialisationserfahrungen – katholisch oder evangelisch sozialisiert – dazu bereit und in der Lage sind.

Wie aus vorstehenden Ausführungen ersichtlich, werden an Lehrerinnen im Verlauf einer langjährigen Berufsausübung unterschiedliche gesellschaftspolitische Forderungen gestellt. Im 20. Jahrhundert durchlebten einige Lehrerinnen vier politische Epochen, das Kaiserreich, die Weimarer Republik, das Dritte Reich und die Bundesrepublik bzw. die Deutsche Demokratische Republik. Gemäß der jeweils vorherrschenden Ideologie und den unterschiedlichen Machtansprüchen wurden die übergeordneten Lehr- und Erziehungsziele ausgewechselt. In allen Epochen ließen sich Lehrerinnen zu willfährigen Werkzeugen der Politiker machen.

Die historischen Erfahrungen sollten dazu führen, dass verantwortungsbewusste Lehrerinnen nicht jeder Trendwende folgen, der staatlichen Einflussnahme auf das Bildungswesen zunächst einmal misstrauen und die Art der Einflussnahme hinterfragen. So verleitet z.B. das föderale Bildungswesen dazu, nach einem Machtwechsel in einem Bundesland die Bildungspläne mit den übergeordneten Lehr- und Erziehungszielen umzuschreiben. In solchen Fällen ist es Aufgabe der Lehrerin, die ihr anvertrauten Schüler vor einem parteipolitisch motivierten Aktionismus der Bildungspolitiker zu schützen. Deshalb ist folgende Strategie für einen möglichen bildungspolitischen Notstand gedacht, für jene Situation, in der Politiker oder staatliche Institutionen versuchen, auf Lehrerinnen und Schüler in fragwürdiger Weise Einfluss zu nehmen. Die Strategie möchte also Schüler vor dem Versuch der Indoktrination schützen und Lehrerinnen davor bewahren, gegen die eigene Überzeugung handeln zu müssen.

Strategie zu Begrenzung staatlicher Einflussnahme

- Die eigene Einstellung und Haltung zu dem Ziel überprüfen. Die Zweifel oder die Ablehnung sorgfältig begründen.
- Das als fragwürdig erkannte Ziel zunächst nicht ansteuern. Sich Handlungsaufschub verschaffen, vom Zeit- und Handlungsdruck befreien.
- Die verordnete Zielsetzung im Unterricht umschreiben und die Schüler zu einer Diskussion anregen, z.B. einer Diskussion verschiedener Sichtweisen.
- Den Meinungsaustausch mit den Kolleginnen suchen.
- Sich mit jenen Kolleginnen solidarisieren, die ebenfalls Zweifel hegen oder von Gewissensnöten geplagt werden.
- Der Schulleiterin die eigene Auffassung darlegen und den Widerspruch sorgfältig und emotional kontrolliert begründen.
- Eine Eingabe an die vorgesetzten Behörden machen und die Stellungnahme ausführlich begründen.
- In Fachzeitschriften die Argumente veröffentlichen.
- Die Berufsverbände auf das Problem aufmerksam machen und sie bitten, aktiv zu werden.
- Die Eltern und den Elternbeirat auf die Gefahren aufmerksam machen, denen die Kinder ausgesetzt sein werden. Die Eltern bitten, aktiv zu werden.
- Die Abgeordneten anschreiben oder aufsuchen und ihnen das Problem darlegen.

- Eine Bürgerinitiative gründen und durch sie die Öffentlichkeit wachrütteln.
- Mit gleichgesinnten Kolleginnen, Eltern, Bürgerinnen und Bürgern demonstrieren – natürlich außerhalb der Unterrichtszeit.
- Presse, Funk und Fernsehen mobilisieren.
- Das Anliegen im Internet verbreiten.
- Den Rechtsweg beschreiten …

Wenn alle die genannten demokratisch legitimen Mittel ausgeschöpft sind und sich der gewünschte Erfolg nicht einstellt, also die Forderung bestehen bleibt, sind offener oder geheimer Widerstand angesagt, die Bitte um Entlassung aus dem Schuldienst oder die Emigration. Es ist zu hoffen, dass den Leserinnen solche Konsequenzen erspart bleiben.

Lehr- und Lernziele sehen

Zielebenen:

- übergeordnete Zielsetzungen,
- Ziele der Schularten,
- der Lernbereiche und Fächer,
- der Unterrichtseinheiten,
- der Stunden und Doppelstunden,
- der einzelnen Lehr-Lern-Situationen, Handlungsziele, Lehr-Lern-Ziele, Operationalisierungskonzept.

Zwölf übergeordnete Zielsetzungen, Werte, Charaktertugenden:

- Mündigkeit,
- Selbstständigkeit,
- Verantwortungsbewusstsein,
- Ehrfurcht,
- Toleranz,
- Solidarität,
- Engagement,
- Bildung,
- Gesundheit,
- Leistungsfähigkeit,
- Konfliktfähigkeit,
- Zivilcourage.

Zielbereiche:

- kognitiver -,
- affektiver -,
- psychomotorischer -,
- sozioemotionaler -,
- kommunikativer Bereich,
- Bereich der Zivilcourage.

6 Die Sache analysieren und Schwerpunkte finden

Für das, was im Unterricht behandelt und erarbeitet werden soll, gibt es zahlreiche Begriffe, wie z.B. Bildungsgut, Bildungsinhalt, Stoff, Thematik, Lerngegenstand, Lerninhalt oder Sache. Wenn in diesem Kapitel der Begriff der Sache gewählt wird, so geschieht dies in mehrfacher Absicht. Einmal wird die Lehrerin, die den Unterricht plant, aufgefordert, sich intensiv mit der Sache auseinander zu setzen, die Sache sorgfältig zu analysieren. Sodann ist eine gründliche Sachanalyse die Voraussetzung für einen hohen Grad an Verständlichkeit im Unterricht. Und schließlich kann man nur aufgrund einer Sachanalyse den gerechtfertigten Anspruch der Schüler auf sachlich richtige Information erfüllen.

Sachen, die im Unterricht erarbeitet werden, sind einmal in den Lehrplänen vorgegeben. Zum anderen wird es immer wieder Sachen geben, welche die Lehrerin *eigenverantwortlich* auswählt, weil sie diese für bedeutsam hält. Und schließlich bringen Schüler Sachen zur Sprache, die sie zu Lerninhalten erklären und die dann bei einer gemeinsamen Unterrichtsplanung zu Lehr-Lern-Inhalten werden.

Es ist die selbstverständliche Aufgabe einer Lehrerin, sich über die Sache zu informieren, sich einzulesen und einzuarbeiten. Zu diesem Zweck benötigt sie möglichst *aktuelles und reichhaltiges Informationsmaterial,* wie es in Fachbüchern und Fachartikeln, in Lexika, Handbüchern und Lehrerhandbüchern, in Lehrbuchwerken und Begleitheften, in didaktischen Handreichungen, schon ausgearbeiteten Unterrichtsentwürfen oder im Internet zur Verfügung steht. Mitunter wird sie auch Aufzeichnungen der Studienzeit, Entwürfe aus den Praktika oder dem Referendariat heranziehen können. Doch zur eigenständigen Informationsbeschaffung bedarf es einer Kenntnis der bedeutsamen Informationsquellen sowie der Bereitschaft, diese auch zu nutzen.

Vollstädt et al. (1999) haben 1031 Lehrerinnen im Bundesland Hessen hinsichtlich der Materialnutzung für die Unterrichtsplanung befragt und folgendes Ergebnis erhalten (s. Tabelle nächste Seite).

Demnach spielen eigene Unterrichtsaufzeichnungen der letzten Jahre sowie die Schulbücher eine dominierende Rolle.

Zur Sachanalyse selbst wird *Freude an geistiger Arbeit* benötigt, die Fähigkeit, Texte zu analysieren, sich in neue Sachverhalte einzudenken und diese geistig zu durchdringen. In der Gewinnung neuer Einsichten und Erkenntnisse, in der Erweiterung und Veränderung des Bewusstseins, liegen die besonderen Berufschancen. Positiv betrachtet, ist dieser Beruf so konzipiert, dass keine Lehrerin in Routine zu erstarren braucht. Negativ gesehen, besteht für sie die Notwendigkeit, sich immer wieder in neue Sachen eindenken zu müssen. Lehrerinnen sind zum lebenslangen Lernen verpflichtet, weil sie sonst nach mehreren Dienstjahren ihren Schülern nicht mehr gerecht werden können.

Materialnutzung bei der Unterrichtsplanung

»Welches Material benutzen Sie bei der eigenen Unterrichtsplanung?« (N = 1031)

		häufig	selten	nie
a)	eigene Unterrichtsmaterialien der letzen Jahre	76%	21%	3%
b)	das in der Klasse eingeführte Schulbuch	75%	23%	2%
c)	weitere Schulbücher	67%	31%	2%
d)	sonstige Unterrichtsmaterialien aus Verlagen	50%	44%	6%
e)	fachwissenschaftliche Bücher/Zeitschriften	38%	55%	6%
f)	Nachschlagewerke	37%	57%	6%
g)	den gültigen Lehrplan	34%	53%	13%
h)	fachdidaktische Bücher/Zeitschriften	30%	60%	10%
i)	Tagespresse/Wochenzeitschriften	29%	56%	15%
j)	populärwissenschaftliche Publikationen	19%	60%	21%
k)	das Lehrerhandbuch zum Schulbuch	19%	47%	34%
l)	kopierte Unterrichtseinheiten	14%	46%	40%
m)	Unterrichtspläne von Kollegen/-innen	6%	55%	39%
n)	Lehrpläne anderer Bundesländer	1%	19%	80%

entnommen: Vollstädt u. a. (1999, S. 86)

Es erscheint zweckmäßig, die Aneignungsprozesse während der Studienzeit, im Referendariat und in den ersten Dienstjahren schnell und intensiv voranzutreiben, um dann nach einigen Jahren möglichst fachkompetent lehren zu können. Wer über *fundierte Fachkenntnisse* verfügt und grundlegende Methoden eines Lernbereiches kennt, ist in der Lage, sich Informationen zu beschaffen, sie zu analysieren, einzuordnen, zu beurteilen und auf ein konkretes Unterrichtsvorhaben zu beziehen. Fachkompetente Lehrerinnen können eher Schwerpunkte setzen, elementarisieren, ohne zu verfälschen und Übertragungsleistungen erbringen. Sie sind auch eher bereit, offenen Frage- und Problemstellungen nachzugehen, weil sie mit hoher Erfolgswahrscheinlichkeit vorläufige Antworten oder Lösungen finden werden.

Schüler fühlen sich bei einer fachkompetenten Lehrerin aufgehoben. Sie fragen gern, weil sie wissen, dass ihre Fragen gefragt sind. Und sie suchen auch eigenständig nach Antworten oder Lösungen, weil sie am Urteil der fachkompetenten Lehrerin interessiert sind. Eine fachkompetente Lehrerin verfügt meist über ein hohes Maß *natürlicher Autorität.*

Fachkompetente Lehrerinnen unterliegen allerdings mehreren Gefahren. So können sie mit ihrem Fachwissen die Schüler erdrücken, den Schülern immer wieder zu verstehen geben, wie unwissend sie doch sind. Sodann können sie sich als allwissend aufspielen, was auf den älteren Schüler provozierend wirken kann. Und schließlich können solche Lehrerinnen – gewollt oder ungewollt – bei ihren Schülern eine *fragwürdige Autoritätsgläubigkeit* erzeugen, wie die beiden nachstehenden Beispiele zeigen sollen:

- Ein Schüler der ersten Klasse fragt seine Lehrerin, was sie am Nachmittag vorhabe. Sie erklärt ihm bereitwillig, dass sie an einer Fortbildungsveranstaltung teilnehmen werde, um dort etwas Neues zu lernen. Daraufhin kratzt sich der Kleine hinter dem Ohr und seufzt: »Und ich habe gedacht, du weißt alles!«
- Die andere Begebenheit spielte sich in einer Berufsfachschule ab. Gelehrt wurde im Fach »Pharmazeutische Chemie«. Ein etwa 20-jähriger Schüler fragt seine Lehrerin nach einer bestimmten chemischen Verbindung und sie antwortet: »Eine solche Verbindung ist mir nicht bekannt.« Darauf entgegnet der Schüler spontan: »Dann gibt es sie auch nicht.« Unter allgemeiner Heiterkeit wiederholt die Lehrerin mit Nachdruck: »Ich habe gesagt, eine solche Verbindung ist mir nicht bekannt!«

Beide Lehrerinnen zeigten jene wache und selbstkritische Haltung, die anspruchsvolle und problembewusste Lehrerinnen auszeichnet.

Schüler haben fast immer Verständnis dafür, wenn eine Frage auftaucht, die nicht beantwortet werden kann. Sucht man dann gemeinsam nach einer Antwort, kann dieses Bemühen zu einer Verbesserung des Lehr-Lern-Klimas sowie der Beziehungen beitragen. Verspricht die Lehrerin, sich umgehend zu informieren und liefert sie in der nächsten Stunde eine befriedigende Antwort, wird dieses Bemühen von den Schülern auch anerkannt. Wenn Schüler als Hausaufgabe den Auftrag bekommen, das Informationsdefizit auszugleichen, werden sie aktiv in den Lehr-Lern-Prozess eingebunden.

Eine fachkompetente Lehrerin regt die Schüler zum Fragen an, hört den Schülern gerne zu, geht auf die Beiträge ein, denkt mit den Schülern mit und an der Sache herum. Aufgrund ihrer *Sachkompetenz* vermag sie Unterrichtsgespräche sinnvoll zu steuern, sie kann Beiträge umschreiben, präzisieren oder weiterführen lassen. Fachkompetente Lehrerinnen können verständlich erklären. Sie vermögen Arbeitsaufträge und Prüfungsaufgaben korrekt zu formulieren. Wer fachkompetent lehrt, vermag den Lehr-Lern-Prozess mit mehr Überblick zu moderieren, hat mehr Zeit und Kraft für methodische Überlegungen und für die Aufgabe der Sozialsteuerung.

Eine *fachlich inkompetente Lehrerin* wird im Lehr-Lern-Prozesses unsicher sein, sofern sie sich eine selbstkritische Haltung bewahrt hat. Eine solche Lehrerin gerät »ins Schwimmen«, wie es im Jargon heißt. Sie ignoriert Schülerfragen, stellt diese unbegründet zurück, redet um die Sache herum und formuliert unverständlich. Der Umgang mit den Schülern ist dann durch Fragwürdigkeiten gekennzeichnet, z.B. durch autokratisches Gebahren, rigide Anweisungen, durch Rechthaberei, Anbiederung oder Hilflosigkeit. Schüler, die eine inkompetente Lehrerin ertragen müssen, spüren sehr schnell die Unsicherheit, reagieren allerdings recht unterschiedlich. Vor allem die jüngeren Schüler werden stark verunsichert. Ältere Schüler amüsieren sich über die Ungereimtheiten und versuchen, die Lehrerin durch Fangfragen in die Enge zu treiben. Später stellen sie bald keine Fragen und liefern auch keine Beiträge mehr, weil sie von dieser Lehrerin keine kompetenten Antworten erwarten und sich bei ihr die Mitarbeit nicht zu lohnen scheint. Auf diese Weise sinkt das Aktivitätsniveau stark ab, die Schulmüdigkeit nimmt zu, die Schüler beschäftigen sich heimlich mit unterrichtsfremden Aktivitäten, täuschen bestenfalls noch Interesse vor und machen gute Mienen zum bösen Spiel.

Fachlich inkompetente Lehrerinnen sind auch für eine *geringere Lehr-Lern-Effektivität* verantwortlich. Die zahlreichen Ungereimtheiten führen zu Missverständnissen, die erst wieder ausgeräumt werden müssen. Bei allen Beteiligten kommt es zu kognitiven Dissonanzen, zu negativen Gefühlen, die soziale Konflikte auslösen. Durch Fehlinformationen werden Lernprozesse in falsche Bahnen gelenkt. Bedeutsame Ziele können nicht erreicht werden, da das Lehr-Lern-Tempo eine starke Verzögerung erfährt. Und so müssen die Lehr-Lern-Ergebnisse hinter den Möglichkeiten und Erwartungen zurückbleiben.

Was bedeutet es nun, eine Sache zu analysieren? Jede Sache verfügt über eine *Struktur,* ein Beziehungsgefüge von Elementen. Nun geht es darum, bedeutsame Elemente dieser Struktur zu erkennen, fehlende oder überflüssige Elemente zu entdecken und die Beziehungen zwischen diesen Elementen zu sehen, bis die Gesamtstruktur sichtbar wird, wobei die im vorangegangenen Unterricht behandelten Sachen und jene, die folgen sollen, in die Analyse einzubeziehen sind. Des Weiteren sind Sachstrukturen aus anderen Lerngebieten oder Fächern mit zu sehen und mit der betreffenden Struktur in Beziehung zu setzen, was schon im Verlauf der Sachanalyse zu einer fächerübergreifenden Betrachtung führen kann.

Zumeist wird es sinnvoll sein, sich umfassender im Hinblick auf eine mögliche *Unterrichtseinheit* zu informieren, um später zu entscheiden, welche Elemente der Gesamtstruktur in die einzelnen Stunden oder Doppelstunden aufgenommen werden sollen. Nur wer größere Zusammenhänge überschaut, kann sich auf zuvor erworbene Kenntnisse oder Einsichten beziehen, Vorkenntnisse aktualisieren und bestimmte Fragen oder Beiträge begründend zurückstellen. Eine umfangreiche Sachanalyse vermittelt der Lehrerin ein höheres Maß an Ausgeglichenheit im Unterricht. Sie kann kompetenter antworten, flexibel und variabel verfahren und sie hat weniger Angst, sich zu blamieren. Die umfassendere Analyse einer Sache empfiehlt sich aber auch unter dem Aspekt der *Planungs- und Vorbereitungsökonomie,* aber auch aufgrund lernpsychologischer Erwägungen. Es ist zeitsparender und effektiver, sich einmal gründlich in einen Sachzusammenhang einzuarbeiten und so eine umfassende Struktur für eine Unterrichtseinheit von beispielsweise zwölf Unterrichtsstunden zu durchschauen, als sich sechs- oder zwölfmal analysierend zu bemühen. Auch führt ein umfassenderes und differenzierteres Analyseergebnis vermutlich zu einem höheren Grad an Zufriedenheit im Anschluss an die geleistete Arbeit. Schließlich ist eine

Verknüpfung der einzelnen Stunden oder Doppelstunden innerhalb einer Unterrichtseinheit nur dann möglich, wenn der Gesamtzusammenhang überschaut wird. – Die Planung und Vorbereitung von Unterrichtseinheiten oder Modulen und die damit verbundenen umfangreichen Sachanalysen haben sich seit Jahren in der Praxis bewährt. Und so ist es verständlich, dass sich viele didaktische Handreichungen und Beiträge der Fachdidaktik auf Unterrichtseinheiten und nicht auf Einzelstunden beziehen.

Die Sachanalyse im Hinblick auf *Einzelstunden* kann allerdings in bestimmten Fächern wie Musik, Kunsterziehung oder Deutsch sinnvoll sein, wenn es z.B. um das Erlernen eines Liedes, die Betrachtung eines Kunstwerkes oder die Erarbeitung eines Textes geht. Doch solche Sachanalysen bleiben die Ausnahme. Leider wird im Rahmen der schulpraktischen Ausbildung und des Referendariats oft von dieser atypischen Situation ausgegangen, wohl im Bestreben, Lehranfänger nicht zu überfordern und die Belastungen für die Prüfenden in Grenzen zu halten.

Wer sich erstmals mit einer Sache intensiv befasst und diese analysiert, kann nie davon ausgehen, im Hinblick auf ein Unterrichtsvorhaben fachlich voll kompetent zu sein. Denn neben den zu vermutenden Lücken, den fehlenden Elementen innerhalb der Sachstruktur, fehlen vor allem auch die Einsichten bezüglich *schülerspezifischer Sicht- und Denkweisen.* Kinder sehen nun einmal viele Sachen ganz anders als die Erwachsenen.

Deshalb wird der nachfolgende Lehr-Lern-Prozess für jede angehende Lehrerin zahlreiche Überraschungen bieten, weil sie noch nicht gelernt hat, die Sache aus der Sicht der Schüler zu sehen und zu begreifen. Da Grundschüler zumeist noch nicht in der Lage sind, im Sinne der Erwachsenen strukturanalytisch und systematisch zu verfahren, beginnt im Prozess oft ein munteres spekulatives Denken und Raten, das Erwachsene häufig schon verlernt haben, welches aber unbedingt gefördert werden muss, weil es die Grundlage für kreative und anspruchsvollere Problemlösungsprozesse bildet.

Für eine Praktikantin oder Referendarin, die sich auf einen Lehrversuch oder eine Lehrprobe vorbereitet, stellt sich die Frage, wie weit die fachliche Orientierung im Hinblick auf eine Sache gehen soll. – Wer das Thema »Wie putze ich meine Zähne richtig« im zweiten Schuljahr behandeln möchte, kann nicht Zahnmedizin studieren. So betrachtet, bleiben viele Sachanalysen aus der Sicht der Fachwissenschaftlerinnen unvollständig und unzureichend. Anspruchsvolle Lehrerinnen leiden unter diesem Zwang zur Lücke. Sie versuchen, die Beschäftigung mit der Sache so lange voranzutreiben, bis sie annehmen, dieselbe intellektuell redlich vermitteln und den *Fragehorizont der Schüler* abdecken zu können.

Nur in Kenntnis der Sache vermag die Lehrerin weitere Fragen im Rahmen der Unterrichtsplanung zu beantworten, so z.B. die Frage nach den zu vermutenden Lernvoraussetzungen, den Vorkenntnissen, Vorerfahrungen und dem sachstrukturellen Entwicklungsstand, die Frage nach den bedeutsam erscheinenden Elementen oder dem bedeutsamen Element, welche Hinweise auf die anzusteuernden Lehr-Lern-Ziele und auf die möglichen Schwerpunkte bieten. Wer die Sache nicht kennt, kann weder Unterricht planen noch vorbereiten. Doch Sachkenntnis alleine reicht nicht aus, wäre dem so, brauchten die folgenden Kapitel nicht geschrieben und gelesen zu werden.

Sachanalyse

Handlungsbezogene Fragestellungen

- Wie beschaffe ich mir aktuelles und reichhaltiges Informationsmaterial?
- Wie ist die Sache strukturiert?
- Wie lässt sich die Sache in die Struktur der Disziplin einordnen – sofern es eine solche gibt?
- Müssen Verbindungen zu anderen Fächern gesehen und Verknüpfungen hergestellt werden?
- Wie sehen vermutlich die Schüler die Sache?
- Über welche Lernvoraussetzungen, Vorkenntnisse und Vorerfahrungen verfügen wahrscheinlich die Schüler?
- Welche Elemente eignen sich für eine Schwerpunktbildung?
- Zeichnen sich erste Ziele für eine Unterrichtseinheit ab?
- Erscheine ich hinreichend kompetent, um die Sache intellektuell redlich vermitteln zu können?
- Werde ich vermutlich den Fragehorizont der Schüler abdecken können?

7 Wichtige Fragen überlegen und vorformulieren

Sprachwissenschaftlich betrachtet, ist eine Frage ein Sprechakt, der auf Klärung, Bestätigung, Korrektur oder auf eine Information abzielt. Didaktisch gesehen, ist eine Frage eine Lehrhandlung, die zahlreiche *Funktionen* zu erfüllen hat.

Wenn eine Lehrerin fragt, möchte sie u.a.
- die *Vorkenntnisse abrufen,* z.B. »Wer erinnert sich an das Ergebnis der letzten Stunde?«
- *Vorerfahrungen aktualisieren,* z.B. »Hat jemand etwas Ähnliches erlebt?«
- *zum Lernen anregen,* z.B. »Wie könnten wir vorgehen?«
- *Lernprozesse weiterführen,* z.B. »Wie soll es weitergehen?«
- *zum Gespräch anregen,* z.B. »Wer möchte etwas dazu sagen?«
- *zur Diskussion herausfordern,* z.B. »Wurde nicht gerade das Gegenteil behauptet?«
- *auf verschiedene Sichtweisen aufmerksam machen,* z.B. »Kann man das nicht auch ganz anders sehen?«
- *Aussagen präzisieren lassen,* z.B. »Kannst du das noch genauer sagen?«
- *Ergebnisse beurteilen lassen,* z.B. »Stimmt das wirklich?«

In der schulpädagogischen Literatur wurden und werden im Zusammenhang mit der Frage viele seltsame Rezepte angeboten. So befürwortete z.B. Hugo Gaudig (1860–1923) den *fragelosen Unterricht*, forderte Lehrerinnen auf, ganz auf Fragen zu verzichten, denn die Fragen würden die Schüler bevormunden und ihre Selbsttätigkeit einschränken. Außerdem stelle man im wirklichen Leben nur dann eine Frage, wenn man etwas nicht wisse, nicht aber, wenn man auf die Frage schon die Antwort weiß. – Gerechtfertigt ist sicher die Aufforderung, eine unreflektierte Vielfragerei zu vermeiden, aber auf wenige Fragen, welche die oben genannten Funktionen zu erfüllen haben, wird keine Lehrerin verzichten können.

Ein zweites fragwürdiges Rezept besteht in der Aufforderung, weniger mit Fragen und mehr mit *Impulsen* zu arbeiten. *Fragen* seien eng und *Impulse* seien weit. Fragen würden die Schüler zu stark lenken, Impulse würden hingegen anregen. – Nun können Fragen Impulscharakter haben und umgekehrt können Impulse so gesetzt werden, dass sie von den Schülern eine ganz bestimmte Antwort verlangen. Diese Unterscheidung lässt sich also nicht nachvollziehen.

Ein drittes Rezept bezieht sich auf die Empfehlung, die *Interrogativpronomina* – Wer? Wann? Wie? Wie oft? Wo? – möglichst zu vermeiden, die »W-Fragen« aus dem Repertoire der Lehrhandlungen zu verbannen. – Auch mit dieser Empfehlung lässt sich wenig anfangen. Schulisches Lehren und Lernen ist schließlich überwiegend konvergent. Und es muss der Lehrerin gestattet sein, nach Fakten, angebbaren Ereignissen oder Ergebnissen zu fragen.

Interaktionsanalytisch betrachtet, lässt sich die Tatsache nicht leugnen, dass *Lehrerinnen* im Verlauf einer Unterrichtsstunde *zahlreiche Fragen stellen,* mal mehr und mal weniger. Das hängt auch mit von dem Lernbereich ab, in dem unterrichtet wird (Klinzing/Klinzing-Eurich 1981; Tausch/Tausch 1965). Werden z.B. in einer Englischstunde Vokabeln oder unregelmäßige Verben abgefragt, steigt die Anzahl der Fragen oft auf weit über 50. In einem fachpraktischen Unterricht kann sich eine Lehrerin auf wenige Fragen beschränken. – Unter *quantitativem Aspekt* erscheint es gerechtfertigt, Lehrerinnen aufzufordern, nicht wild drauflos zu fragen, sondern sich um ein überlegtes Fragen zu bemühen. Unterzieht man das Frageverhalten der Lehrerinnen einer *qualitativen Analyse,* so fällt die große Zahl der Kenntnisfragen auf (Claus 1969). Etwa zwei Drittel aller Fragen lassen sich als »anspruchslos« einordnen (Ebene 1 nach Bloom) – ein Drittel der Fragen als »anspruchsvoll« (Ebenen 2 bis 6). Aus dieser Tatsache die Aufforderung abzuleiten, Lehrerinnen sollten sich bemühen, weniger anspruchslose und mehr anspruchsvolle Fragen zu stellen, erscheint etwas voreilig, weil Kenntnisse nun einmal die Voraussetzung für anspruchsvolle Denkleistungen darstellen. Doch erscheint es sinnvoll, darauf hinzuweisen, dass es auch andere Möglichkeiten des Kenntniserwerbs gibt und auf wenige anspruchsvolle Fragen nicht verzichtet werden darf.

Das *Niveau eines Unterrichts* wird durch die Fragen der Lehrerin mitbestimmt. Sie hat die Möglichkeit, durch die Art ihrer Fragen das Niveau bewusst zu heben oder zu senken. Fragt sie fast ausschließlich naiv auf der Kenntnisebene, fragen die Schüler bald ebenfalls naiv. Stellt sie aber auch anspruchsvolle Fragen, bewegen sich bald auch die Schülerfragen auf einem anspruchsvollen Niveau (Hudgins/Ahlbrand 1967).

Die Fragen der Lehrerin lassen sich u.a. im Anschluss an Claus (1969), Bloom (1986), Krathwohl (1975) und Guilford (1964) klassifizieren und zwar in

- **Kenntnisfragen,** die von den Schülern eine Gedächtnisleistung fordern, ein Erinnern, Erkennen oder Wiedererkennen, z.B.: »Wer kann etwas mit dem Wort ›Smog‹ anfangen?« (smoke und fog ergibt den Smog).
- **Konvergierende Fragen,** die von den Schülern Denkleistungen fordern, die auf ein angebbares Ziel hin ausgerichtet sind, so das Verstehen eines Zusammenhanges, die Übertragung einer Einsicht in einen anderen Bereich, das Durchschauen einer Struktur oder die Verknüpfung verschiedener Strukturen miteinander, z.B.: »Kann jemand erklären, was eine Inversionswetterlage ist?«
- **Divergierende Fragen,** die an die imaginativen Kräfte der Schüler appellieren, an ein Denken, das in verschiedene Richtungen fortschreitet, Variabilität, Flexibilität und Originalität verlangt, z.B.: »Wie sollten eurer Meinung nach Umweltsünder bestraft werden?«

- **Emotionen freisetzende Fragen,** die dazu auffordern, Gefühle zu erkennen und Gefühle zu äußern. Diese Fragen sind ebenfalls divergent, haben aber einen eindeutig affektiven Akzent und beinhalten eine gefühlsbetonte Bewertung, z.B.: »Jetzt haben wir geklärt, wie das Ozonloch entsteht, haben die Aussagen der Experten zur Kenntnis genommen. Was fühlt ihr nun ganz persönlich, wenn ihr an das Ozonloch denkt?«
- **Bewertende Fragen,** die von den Schülern die Einschätzung oder Beurteilung eines Sachverhaltes oder eines Ereignisses verlangen. Sie erfordern zur Beantwortung drei Schritte:
  1) Sichtung des zu bewertenden Ereignisses.
  2) Suche nach Bewertungskriterien. Diese können entweder vorliegen, z.B. in Form des positiven Rechts, oder sie müssen entwickelt werden.
  3) Die Verknüpfung des Ereignisses mit den gefundenen Kriterien. Beispiel: »Der Staat hat zahlreiche Maßnahmen gegen die Luftverschmutzung ergriffen. Wir haben sie gesichtet und zusammengestellt. Doch nun drängt sich die Frage auf, ob diese Maßnahmen wohl ausreichend sein werden?«
- **Sondierungsfragen,** in der angelsächsischen Literatur auch als »probing questions« bekannt. Mit ihrer Hilfe möchte die Lehrerin Schüler anregen, einen Gedanken weiterzuführen, einen unverständlichen Beitrag zu präzisieren, eine voreilige Meinungsäußerung zu überdenken, nach weiteren Ursachen zu forschen oder den Prozess weiter zu verfolgen. Beispiele:
  - »Wer möchte dazu noch etwas sagen?«
  - »Sicher gibt es noch etwas anzumerken?«
  - »Kannst du das genauer sagen?«
  - »Stimmt das wirklich?«
  - »Kann man das so stehen lassen?«
  - »Gibt es nicht weitere Ursachen?«
- **Fragen zur Lernorganisation,** die sich u.a. auf die Gliederung des Unterrichts, auf Differenzierungsmaßnahmen, den Medieneinsatz oder die Ergebnissicherung beziehen können, so z.B.:
  - »Was wollen wir zuerst in Angriff werden?«
  - »Wer möchte mit wem zusammenarbeiten?«
  - »Wie lassen sich die Ergebnisse überprüfen?«

Während sich die Fragen der ersten fünf Kategorien teilweise voraussehen und einplanen lassen, ergeben sich die Sondierungsfragen und die Fragen zur Lernorganisation zumeist aus dem Prozess. Wer Unterricht plant, sollte keinesfalls alle erdenklichen Fragen vorformulieren oder ganze Interaktionsabläufe simulieren, nach der Art: Lehrerin fragt … Schüler antwortet … Sondern im Rahmen der Planung kann es nur darum gehen, *wenige zentrale Fragen vorzuformulieren,* die im Zentrum der Stunde stehen sollen. Allerdings lassen sich dann auch Schülerantworten weitgehend voraussehen und einplanen. Bei Kenntnisfragen und konvergierenden Fragen gibt es eindeutige Antworten, die auch eingefordert werden müssen. Nur in seltenen Fällen lässt sich ein solches Ergebnis, das vordergründig als richtig betrachtet wird, anschließend wieder infrage stellen, so z.B. die Antwort auf die Kenntnisfrage, wann Jesus Christus geboren worden ist.

Ganz anders sind die Schülerantworten bei divergierenden Fragen und bei emotional akzentuierten Fragen einzuplanen. Auf diese Fragen gibt es immer Antwortbündel, eine Vielzahl möglicher Antworten und Gefühlsäußerungen. Und auch die Fragen, die auf eine Einschätzung, Bewertung oder Beurteilung von Sachverhalten oder Ereignissen abzielen, erbringen ein breites Spektrum möglicher Antworten, Meinungen oder Stellungnahmen.

Zu *vermeiden* sind *Fragen der unechten Bewertung* und Mehrfachfragen. Erstere bewegen sich anscheinend auf einer anspruchsvollen Ebene, erfordern aber tatsächlich als Antwort nur eine Bestätigung oder Ablehnung, ein »Ja« oder »Nein«. Fragen wie: »Soll ich das Fenster öffnen?« – oder: »Sollen wir heute Nachmittag ins Schwimmbad gehen?«, provozieren häufig nur allgemeine Disziplinlosigkeit. Ein Teil der Schüler möchte gerne schwimmen und ruft »Ja!« – andere Schüler sind wasserscheu und rufen »Nein!«. Alle rufen durcheinander und eine Entscheidung ist damit noch nicht gefallen. Stattdessen empfiehlt es sich, sofort um eine Meinung und Begründung zu bitten oder eine Abstimmung vornehmen zu lassen.

Mehrfachfragen oder »Klapperfragen« sind ebenfalls *auszuschließen,* weil sie besonders die jüngeren und leistungsschwachen Schüler verwirren und überfordern. Werden zwei oder mehr Fragen auf einmal gestellt, wissen die Schüler nicht, welcher Frage sie sich zuerst zuwenden sollen, und es kommt bei ihnen zu emotionalen und kognitiven Dissonanzen.

Sicherlich wird die Lehr-Lern-Effektivität erhöht, wenn sich eine Lehrerin um die *größtmögliche Verständlichkeit* ihrer Fragen bemüht, sie einfach, kurz, nacheinander und anregend stellt und wenn sie die Sprachebene der Schüler berücksichtigt.

Die *Art der Fragestellung* ist ebenfalls bedeutsam. Werden Fragen mündlich gestellt, besteht die Gefahr, dass sie von leistungsschwachen oder unaufmerksamen Schülern nicht richtig aufgefasst werden. Zentrale Fragen sollten deshalb hervorgehoben, visualisiert und so betont werden. Auch lassen sie sich durch Skizzen, Karikaturen, Markierungen oder Schlüsselbegriffe in den Brennpunkt rücken, um die Antwortbereitschaft der Schüler zu erhöhen.

Fragen lassen sich *nackt* oder *eingekleidet* stellen. Eine nackte Frage kann bei sensiblen Schülern Ängste auslösen. Über eine eingekleidete Frage, die z.B. in einem Arbeitsauftrag enthalten ist, müssen die Schüler zunächst einmal nachdenken und herausfinden, was gefragt sein könnte. Die Frage erreicht die Schüler erst nach einer Bedenkzeit, was nicht ausschließt, dass die Schüler, von der Frage betroffen, um Antworten ringen. Fragen können also entweder provozieren oder nachdenklich stimmen, sie lassen sich direkt oder indirekt einbringen. Die eine oder andere Art zu empfehlen erscheint nicht möglich (Flanders 1970).

Eine andere Empfehlung kann jedoch ohne jede Einschränkung gegeben werden, nämlich den Versuch eines *Perspektivenwechsels* vorzunehmen, sich als planende Lehrerin immer wieder in die Schüler einzudenken und einzufühlen, sich zu überlegen, wie die Fragen auf die Schüler wirken und ob sie ihren Lernvoraussetzungen entsprechen werden.

Was mit den Schülerantworten und -beiträgen in Verbindung mit zentralen Frage- und Problemstellungen geschehen soll, ist mitzubedenken. Man kann sie einfach stehen lassen, für alle sichtbar sammeln, ordnen, bündeln oder zusammenfassen lassen und in den nachfolgenden Prozess einbeziehen. Die einzelnen Vorgehensweisen sind mehr oder weniger zeitintensiv. Werden die Antworten und Beiträge schriftlich festgehalten, leidet einerseits die Gesprächsflüssigkeit, andererseits erhalten die Schülerantworten ein größeres Gewicht.

Fragen zum Fragehandeln im Rahmen der Unterrichtsplanung

- Zeichnet sich für die Stunde eine zentrale Frage ab?
- Gibt es mehrere wichtige Fragen?
- Erscheint die Frage für die Schüler bedeutsam?
- Wie lässt sich die Frage in den Brennpunkt rücken?
- Trifft die Formulierung der Frage die Sprachebene der Schüler?
- Wie ist die Frage einzuordnen?
  - Kenntnisfrage?
  - Konvergierende Frage?
  - Divergierende Frage?
  - Emotionen freisetzende Frage?
  - Bewertende Frage?
  - Sondierungsfrage?
  - Frage zur Lernorganisation?
- Wird wenigstens eine anspruchsvolle Frage gestellt?
- Was soll mit den Schülerantworten und -beiträgen geschehen?

Anmerkung: zu vermeiden sind
- Fragen der unechten Bewertung,
- Mehrfachfragen sowie
- eine unreflektierte Vielfragerei.

8 Eine geeignete Unterrichtskonzeption wählen

Unterricht ist nicht gleich Unterricht. Diese triviale Feststellung gilt es immer wieder bewusst zu machen, hängen doch von der Wahl angemessener Unterrichtskonzeptionen auch die Lehr-Lern-Erfolge ab. – Unterricht ist – wer wollte dies leugnen – eine hochkomplexe Veranstaltung, die sich als »Faktorenkomplexion« (Winnefeld 1967) darstellt. Wird nun ein Faktor – oder Faktoren – hervorgehoben, hat dies Auswirkungen auf alle anderen Faktoren und wir haben es dann mit einer besonderen Art von Unterricht zu tun, mit einer *Unterrichtskonzeption* (Oblinger/Kotzian/Waldmann 1984).

Im Folgenden sollen bedeutsame Unterrichtskonzeptionen mit ihren Vor- und Nachteilen beschrieben werden. Das kann im Rahmen dieses Buches nur unvollständig geschehen, sodass einige Konzeptionen unerwähnt bleiben. Doch wird versucht, das Besondere an den gängigen Konzeptionen herauszustellen und sie hinsichtlich ihrer Lehr-Lern-Effektivität zu vergleichen.

Gehen wir vom *traditionellen Fachunterricht* aus (conventional teaching; Bloom 1984), wie er sich bis heute an vielen weiterführenden Schulen im 45-Minuten-Takt zeigt: Die Lehrerin betritt das Klassenzimmer und begrüßt die Schüler, die oft missmutig den Gruß erwidern. Dann fragt sie nach den Hausaufgaben oder sie zückt das Notenbüchlein und fragt ab. Anschließend greift sie den berühmten »roten Faden« wieder auf, fährt im Pensum fort, referiert und wirft die eine oder andere Frage auf. Wenige Schüler, die sich für das Fach interessieren oder die Lehrerin gern haben, beteiligen sich. Die anderen Schüler spielen Schule, d.h. sie tun so, als würden sie aufpassen, täuschen Interesse vor, träumen in den Tag hinein, hoffen, nicht dranzukommen und dass die Zeit schnell vorübergeht. Gegen Ende der Stunde, die zumeist nur 38 und nicht wie vorgesehen 45 Minuten beträgt, werden wie üblich Hausaufgaben erteilt. Und dann ertönt der Gong, das ersehnte Pausenzeichen.

Die vorstehende Beschreibung – so wurde dem Autor mehrfach versichert – sei keinesfalls überzeichnet, sondern an vielen weiterführenden Schulen sei dieser Unterricht auch heute Realität. Der Faktor, den es hervorzuheben gilt, sind die Fachkenntnisse der Lehrerin. Die unwissenden Schüler sollen von diesem Informationsvorsprung profitieren. Die Schüler lernen das, was die Lehrerin weiß, nicht aber das, wofür sie sich interessieren und was sie gerne lernen möchten. Die Lehrerin hat das betreffende Fach studiert und nach dem Motto – Jede Sache denkt sich selbst! – werden auch keine besonderen lernpsychologischen oder methodischen Überlegungen angestellt. Das Wissen wird gewissermaßen abgelassen, vor den Schülern ausgebreitet, und wenige hochmotivierte Schüler bewundern sogar die Fachkenntnisse der

Lehrerin. Doch insgesamt ist dieser Unterricht problematisch und nicht besonders effektiv. Problematisch deshalb, weil die Vortragsphasen der Lehrerin meist zeitlich überdehnt werden. Nach etwa 20 Minuten können auch leistungsbereite Schüler kaum noch folgen, weil die Konzentrationsfähigkeit stark nachlässt. Wenn der Fachunterricht nur ein- oder zweimal pro Woche erteilt wird, fällt es allen Beteiligten schwer, sich an die Inhalte und Ergebnisse der letzten Stunde zu erinnern. Schließlich liegen zwischen den Unterrichtsstunden zahlreiche andere Prozesse, die sich sogar interferierend oder störend auswirken können. Und wenn dann eine Klassenarbeit in diesem Fach geschrieben wird, zeigt sich die geringe Effektivität auch in den Noten, die sich der Gaußschen Normalverteilung nähern. Es gibt wenige sehr gute oder gute Noten, wenige mangelhafte oder ungenügende und das Gros der Schüler liegt in der Mitte und findet sich mit befriedigenden oder ausreichenden Noten ab (Bloom, a.a.O.).

Der traditionelle Fachunterricht hat eine gewissen Berechtigung, wenn er zu einem *wissenschaftsorientierten Unterricht* mutiert. Der hervorzuhebende Faktor bezieht sich also auf eine wissenschaftliche Disziplin, die eine spezifische Struktur aufweist. Letztere besteht aus einfachen Elementen und Teilstrukturen, die zunehmend komplexer werden. Und es ist weiterhin das Merkmal einer Wissenschaftsdisziplin, dass sie über besondere Methoden verfügt, die es zu erlernen gilt. Wer z.B. einen wissenschaftsorientierten Unterricht im Fach Biologie realisieren möchte, kommt nicht umhin, sich intensiv mit Zelllehre zu befassen und den Umgang mit dem Mikroskop zu lehren, damit die Schüler fundamentale Einsichten und Erkenntnisse gewinnen können.

Ein wissenschaftsorientierter Unterricht folgt also zumeist der Sachlogik. Zunächst werden die einfachen Elemente und Strukturen, Gesetzmäßigkeiten und Regeln, eingeführt und erworben. Dann wird der Unterricht zunehmend komplexer und schwieriger. Und ein anspruchsvoller Unterricht, der sich an einer Wissenschaftsdisziplin orientieren will, kann auch nur so aufgebaut werden. Wird dieser Unterricht in einem Leistungskurs der gymnasialen Oberstufe methodisch sorgfältig geplant, indem die Lehrerin zahlreiche Frage- und Problemstellungen mit hohem Aufgabenanreiz einbringt, ist gegen eine solche Konzeption nichts einzuwenden. Nur sollte der 45-Minuten-Takt durchbrochen und die Kontinuität des Lehrens und Lernens besser gewahrt werden. Doppelstunden, Kurs- oder Epochenunterricht können einen wissenschaftsorientierten Unterricht weitaus effektiver werden lassen. Wer sich intensiv mit einer Sache auseinander setzen will, benötigt Zeit zum Nachdenken, zum Nachfragen, zum Nachforschen und Experimentieren.

Für Grundschüler ist diese Unterrichtskonzeption allerdings ungeeignet. Sie interessieren sich nicht für die Struktur einer Disziplin, abstrahieren noch selten vom eigenen Lernprozess und denken meist noch nicht strukturanalytisch. Grundschüler lernen ganzheitlich, erfahrungs- und erlebnisorientiert. Wenn z.B. der erste Schnee fällt, interessieren sich die Schüler für eine Schneeballschlacht, sie möchten einen Schneemann bauen und Schlitten fahren. Uninteressant hingegen sind die meteorologischen Phänomene und die Aggregatzustände des Wassers. Erst im dritten Schuljahr beginnt das Denken in Disziplinen, das Schubladendenken der Erwachsenen, wenn z.B. ein Schüler fragt: »In welches Heft soll ich das schreiben, ist das Mathe- oder Sachunterricht?«

Wenn man die Feststellung trifft, dass sich Grundschüler zumeist noch nicht für die Elemente und die Struktur einer Fachdisziplin interessieren, so bedeutet dies nicht, dass bestimmte Lehr-Lern-Prozesse nicht doch einer wissenschaftlichen Orientierung bedürfen und der Sachlogik folgen müssen. Wenn im Mathematikunterricht der Zahlenraum ausgeweitet wird, wenn im Englischunterricht eine spezifische grammatikalische Struktur erarbeitet wird, kann dies nur in Übereinstimmung mit den Einsichten der jeweiligen Fachdisziplin erfolgen. Insbesondere für die Lehrerinnen an Grund- und Hauptschulen – aber natürlich auch für die Sonderschullehrerinnen – ergibt sich sehr häufig das *Problem der Elementarisierung*, d.h. komplexe Sachverhalte vereinfacht darzustellen, ohne diese zu verfälschen. Im Unterricht können zur Lösung des Problems einfache Zeichnungen oder Modelle hilfreich sein. Doch wer elementarisiert, muss sich die Frage stellen, ob sich die Erklärung in vereinfachter Form noch in Übereinstimmung mit den Erkenntnissen der Fachdisziplin befindet, sie also sachlich haltbar ist.

Das Planen und Denken in Strukturen, die einer Sachlogik – nicht aber unbedingt einer Wissenschaftsdisziplin – folgen, findet sich in zahlreichen Lernbereichen wieder, z.B. im Bereich der Straßenverkehrserziehung. Im ersten Schuljahr wird über die Gefahren auf dem Schulweg nachgedacht, es werden die gefährlichen Kreuzungen besucht, die Ampeln erklärt und es wird das Überqueren der Straßen geübt. Im zweiten Schuljahr wagt man sich vielleicht schon an die Regel »rechts vor links« heran, wenn die Schüler wissen, wo »rechts« und »links« zu finden sind. – Im vierten Schuljahr folgen die bekannte Fahrradprüfung und die Abnahme der Fahrräder durch den Ortspolizisten, sofern es ihn noch gibt. Im neunten Schuljahr lernen die Schüler, um die Mofaprüfung zu bestehen. Und im zehnten Schuljahr wird – wie an vielen nordamerikanischen Schulen üblich – die Führerscheinprüfung abgelegt. Jede der Prüfungen fordert mehr und differenziertere Kenntnisse und Einsichten, die sowohl systematisch als auch problemorientiert erworben werden können. Überlegungen dieser Art sind seit Jahrzehnten aus dem Bereich der Curriculum-Theorie bekannt, so die Überlegungen von Bruner (1970) zum *Spiralcurriculum*, wenn einfache Elemente und Strukturen vermittelt, diese wieder aufgegriffen und zunehmend komplexer werden.

So gerechtfertigt die Berücksichtigung der Sachlogik und die Planung des Unterrichts in Anlehnung an die Struktur einer Disziplin auch sein mag, so fragwürdig ist ein solches Vorgehen, wenn sich eine Lehrerin ausschließlich in eine Struktur hineinbegibt, ohne methodische Überlegungen anzustellen. Denn schulisches Lehren und Lernen hat oft wenig mit einer universitären Fachdisziplin zu tun. Häufiger ist es auf Alltagshandeln ausgerichtet, auf Lehr-Lern-Ziele, in die Einsichten aus mehreren Fachdisziplinen einfließen. Diese Erkenntnis führt zu Unterrichtskonzeptionen, die als Gesamtunterricht, fächerübergreifender Unterricht, fächerverbindender Unterricht oder als offener Unterricht bekannt sind.

Die Konzeption des *Gesamtunterrichts* geht auf die Zeit der Pädagogischen Reformbewegung zurück (Otto 1969). Hier war es der Schulreformer Berthold Otto (1859–1933), der den traditionellen Wort- und Fachunterricht der Lernschule des 19. Jahrhunderts kritisierte und in Berlin-Licherfelde seine Hauslehrerschule gründete, eine Privatschule, in welcher er die Schüler nach seinen Vorstellungen betreute. Ausgangspunkt des Gesamtunterrichts sollten die latent vorhandenen Interessen und Lernbedürfnisse der Schüler sein, wobei Erlebnisse (Erlebnisunterricht) und Gelegenheiten (Gelegenheitsunterricht) eine große Rolle spielten. Die Schüler äußerten ihre Interessen und Lernbedürfnisse beim Mittagessen oder in besonderen Veranstaltungen, in denen die jüngsten Schüler stets zuerst in der jeweiligen Altersmundart ihre Fragen stellten und ihre Bedürfnisse artikulierten. Danach kamen die älteren Schüler zu Wort. Die Lehrerin war nun bemüht, die Fragen und Beiträge der Schüler aufzugreifen und mit ihnen über mögliche Lernaktivitäten zu beraten, Ziele zu vereinbaren und diese anzustreben. Da ein solcher Unterricht auch heute noch seine volle Berechtigung hat, soll mit aktuellen Beispielen begonnen werden, um dann die möglichen Vor- und Nachteile zu beleuchten.

Beispiel: *Der Frühling ist da!* (2. Schuljahr)
Am ersten warmen Vorfrühlingstag äußert ein Schüler den Wunsch, spazieren zu gehen. Die Lehrerin greift diesen Wunsch auf, doch überlegt sie gemeinsam mit den Schülern, was man so alles beobachten könne, um den nachfolgenden Lerngang etwas effektiver zu gestalten. Vorschläge werden an der Tafel gesammelt, der Lerngang wird geplant, vorbereitet, durchgeführt und ausgewertet. Die ansteigenden Temperaturen, die wärmende Sonne, die ersten Frühlingsblumen und die zurückkehrenden Vögel kommen zur Sprache. Gemeinsam wird ein Text erarbeitet: »Woran wir den Frühling erkennen?« Dieser Text wird geübt und als Diktat geschrieben. Die Schüler machen den Vorschlag, verschiedene Frühlingsbilder zu malen. Natürlich greift die Lehrerin diesen Vorschlag auf. Es werden mehrere Motive vereinbart und die Bilder anschließend gestaltet. Beim Malen summt ein Schüler ein Frühlingslied. Die Lehrerin greift die Melodie auf und man lernt und singt »Alle Vögel sind schon da …«

Lassen wir dem romantischen Frühlingsanfang ein zweites Beispiel folgen.

Beispiel: *Der erste Schnee* (3. Schuljahr)
Es schneit, die Schüler werden aufgefordert, den rieselnden Schnee zu beobachten. Sie drücken ihre Nasen an den Fensterscheiben platt. Man bildet anschließend einen Sitzkreis und tauscht die Beobachtungen und Vorerfahrungen aus. Ein Schüler macht den Vorschlag, eine Schneeballschlacht zu schlagen, ein anderer möchte einen Schneemann bauen. Beide Vorschläge werden aufgegriffen. Man vereinbart einige Regeln für die Schlacht – Wahl zweier etwa gleich starker Mannschaften, Sicherheitsabstand, keine Steine in die Bälle einkneten, beim Signal der Trillerpfeife alle Bälle fallen lassen – und dann kann es losgehen. – Als

> vorbereitende Hausaufgabe werden Schüler beauftragt, bestimmte Utensilien für einen Schneemann mitzubringen, ein alter Hut, eine große Möhre für die Nase, Kohlenstücke u.a.m. Am nächsten Tag wird der Schneemann gebaut, gebührend bewundert und anschließend mit Deckweiß auf schwarzem Karton gemalt. Die Schneemänner werden im Klassenzimmer aufgehängt und mit Gummibärchen prämiert. Dann setzt Tauwetter ein und die Lerngruppe erarbeitet einen Text, »Als der Schneemann weinte«. Dieser Text wird fleißig gelesen, die schwierigen Wörter werden in verschiedenen Zusammenhängen mehrmals geübt, und eigentlich soll er am nächsten Tag als Diktat geschrieben werden. Doch der Unterricht erfährt eine unvermutete Wendung, weil tags darauf mehrere Schüler fehlen und die anwesenden ausnahmslos, wohl als Folge der Schneeballschlacht, einen Schnupfen haben. Also wird das Diktat verschoben und nun über den Schnupfen nachgedacht, über Hausmittel, auf welche die Oma schwört, über Medizin aus der Apotheke und über die tropfenden roten Nasen. Am nächsten Tag werden verschiedene Hausmittel mitgebracht und ausprobiert, handlungsorientiert, versteht sich. Eine Apothekerin wird interviewt. Damit die Befragung auch gelingt, werden die Fragen zuvor in der Lerngruppe diskutiert und zusammengestellt. Und schließlich malen die Schüler den jeweiligen Tischnachbarn mit einer roten Nase, und sie kleben dann ein Tempotaschentuch unter die Nase, damit diese nicht tropft. Gesungen wird natürlich auch, entweder »Schneeflöckchen Weißröckchen, jetzt kommst du geschneit …« oder »Heißa, heißa eine Schneeballschlacht …«

Ein solcher Gesamtunterricht, der überwiegend von den Interessen und Lernbedürfnissen ausgeht, macht den Schülern Spaß, denn sie haben das Gefühl, dass der Unterricht für sie und nicht für die Lehrerin da ist. Wird in der vorgeschriebenen Weise unterrichtet, gehen viele Schüler sogar gerne in die Schule und sind traurig, wenn sie den Unterricht nicht besuchen können, weil sie Angst haben, etwas Wichtiges zu verpassen. Die Schüler sind motiviert, aktiv und die emotionale Komponente tritt stark hervor, was eine Steigerung der Lehr-Lern-Effektivität bewirkt. Die Schüler fühlen sich also direkt angesprochen und können jederzeit differenziert Auskunft geben, was in der Schule gerade passiert.

Von der Lehrerin wird ein hohes Maß an Flexibilität und Variabilität gefordert. Der Lehr- oder Bildungsplan tritt in den Hintergrund. Die Lehrerin weiß nicht genau, was die Schüler interessieren wird, welche Lerngelegenheiten sich bieten werden und welche Erlebnisse auf sie zukommen. Bei aller Schülerorientierung sollte man jedoch darauf achten, dass die mit den Schülern abgesprochenen Ziele im Sinne eines gebundenen Gesamtunterrichts auch ernsthaft angestrebt werden, bis sich Lehr-Lern-Ergebnisse abzeichnen. Ein freier Gesamtunterricht, der sich überwiegend auf plötzliche Eingebungen und eher zufällige Aktivitäten stützt, sinkt hinsichtlich seiner Effektivität stark ab. Die Anregungen für den Unterricht kommen zumeist von den Schülern, besser von jenen, die besonders aktiv sind. Natürlich ist es auch der Lehrerin erlaubt, selbst Vorschläge zu machen und einige bedeutsame

Entscheidungen zu treffen. Da sie die Wünsche und Vorstellungen ihrer Schüler nicht kennt, muss sie an jedem Schultag die Unterrichtsplanung und -vorbereitung auf den morgendlichen Prozess abstimmen. Der Gesamtunterricht ist also extrem prozessorientiert und er erfordert von der Lehrerin ein tägliches Engagement.

Im Gesamtunterricht ist die Fächerung aufgehoben. Es werden also keine Fächer unterrichtet, sondern statt ihrer die Schüler mit den aktuellen und konkreten Lernbedürfnissen. Die Schüler arbeiten gemeinsam mit der Lehrerin an einem Thema, und zwar so lange, bis es annähernd erschöpft erscheint. Dann wendet sich die Lerngruppe einem anderen Thema zu. Eine entwicklungs- und lernpsychologische Fundierung erfährt der Gesamtunterricht durch die Gestaltpsychologie mit ihren Gestaltgesetzen, so dem Gesetz der Nähe, der Ähnlichkeit, der guten Fortsetzung, der Geschlossenheit und des gemeinsamen Schicksals, um so eine Erklärung zu finden, warum das Ganze immer mehr als die Summe der Teile ist. Eine solche Erklärung findet sich im Prägnanzprinzip oder dem Gesetz der guten Gestalt (Vilsmeier 1960).

Eine Unterrichtskonzeption, die zwischen dem ganzheitlich geprägten Gesamtunterricht und dem Fachunterricht anzusiedeln ist, ist der *fächerübergreifende Unterricht*. Die Schüler erleben den Unterricht häufig als eine Art Konglomerat, als Bruchstücke, die verschiedenen Fächern oder Lerngebieten angehören. Und es gibt einsichtige Lehrerinnen, welche die Schüler sogar mit den Worten trösten: »Wartet ein Weilchen, eines Tages werdet ihr erkennen, dass viele dieser Steine zusammenpassen. Bis zu diesem Zeitpunkt lernt fleißig, ohne zu fragen.« Didaktisch gebildete Lehrerinnen verfahren allerdings anders, indem sie fächerübergreifend oder fächerverbindend lehren, also den Kitt oder Mörtel, der die einzelnen Steine verbindet, gleich mitliefern (Peterßen 2000). Sie unterrichten in thematischen Sinneinheiten und fügen zusammen, was zusammengehört, wobei die Fächerung partiell aufgehoben wird. Einige Beispiele sollen dieses Vorgehen erläutern:

Beispiel: *Das Leben im Mittelalter* (7. Schuljahr)
Leitfach ist Geschichte, begleitende Fächer können Deutsch, Kunsterziehung, Musikerziehung sein. Neben den historischen Ereignissen und Daten, die zu vermitteln sind, werden nach Möglichkeit ein Kloster und eine Burg besucht, diese gezeichnet, gemalt oder modelliert. Ein Rollenspiel, »Ritter Kunibert zieht ins Heilige Land«, wird verfasst, einstudiert und aufgeführt, Landsknechtslieder werden gesungen u.a.m. Die mittelalterlichen Zeugnisse der Heimatgemeinde sowie die entsprechende Abteilung im Museum werden aufgesucht.

Beispiel: *Unser Wald* (8. Schuljahr)
Leitfach ist Biologie, begleitende Fächer können Deutsch, Musikerziehung, Kunsterziehung sein. Ein Lerngang leitet die Unterrichtseinheit ein. Es werden Holzarten, die Bäume und Sträucher aufgenommen, Blätter gesammelt und es wird ein Herbarium angelegt. Dann denkt man darüber, warum gerade diese und nicht andere Bäume im Gemeindewald wachsen. Eine Standortlehre schließt

sich an. Es folgen Überlegungen zu den Funktionen des Waldes, zur Forstnutzung, zum Forstschutz und zu den Tieren des Waldes. Ein Jäger wird eingeladen und befragt. Und im Fach Musikerziehung werden einige Lieder – evtl. als Parodie – eingeübt und gesungen.

Beispiel: *Skandinavien* (7. Schuljahr)
Leitfach ist Erdkunde, begleitende Fächer können Deutsch, Musikerziehung, Kunsterziehung und Sport sein. Nach einer Erarbeitung der geographischen, historischen, wirtschaftlichen und geopolitischen Gegebenheiten befasst sich die Lerngruppe mit Astrid Lindgren und Jean Sibelius, mit »Pippi Langstrumpf« und der »Finlandia«, aber auch mit dem Langstreckenlauf, mit Paavo Nurmi und der Sauna. Lehrerin und Schüler leben mal für einen Monat so sportlich wie die Finnen, sofern sich im Winter die Gelegenheit dazu bietet, üben sie sich im Skilanglaufen, besuchen die Sauna, ernähren sich von Müsli und Knäckebrot …

Beispiel: *Nationalsozialismus* (9. Schuljahr)
Leitfach ist Geschichte, begleitende Fächer können Deutsch, Kunsterziehung, Musikerziehung sein. Neben den zeitgeschichtlichen Ereignissen – Machtergreifung, Reichstagsbrand, Gleichschaltung aller Organisationen, Nürnberger Gesetze, Reichspogromnacht, widerrechtlicher Einmarsch in das Sudetenland, Angliederung Österreichs, 2. Weltkrieg, Rassen- und Vernichtungskrieg, Widerstand, Kapitulation … wird natürlich der Frage nachgegangen, wo die Juden der Heimatgemeinde verblieben sind. Nationalsozialistische Kampflieder werden gehört und reflektiert, um die Hybris sichtbar werden zu lassen. Kurzgeschichten von Heinrich Böll, Gedichte von Albrecht Hausdorfer aus seiner »Moabiter Sonette« und Szenen aus Wolfgang Borcherts »Draußen vor der Tür« vermitteln erste Einsichten in die Ungeheuerlichkeiten jener Zeit. Der Besuch einer KZ-Gedenkstätte schließt sich an, ebenso der Besuch eines Museums für zeitgenössische Malerei, um die »entartete Kunst« mit der »völkischen Kunst« zu vergleichen …

Auf diese Weise werden die Schüler an eine thematische Sinneinheit herangeführt, sie können sich mit dem betreffenden Thema intensiv und umfassend beschäftigen, finden sich bald zurecht, können einordnen, zuordnen, die Thematik geistig und emotional erfassen und bewegen.

Didaktisch betrachtet gibt es zwei Organisationsmodelle, um die Idee eines fächerübergreifenden Unterrichts zu realisieren. Das erste lässt sich mühelos verwirklichen, sofern eine Lehrerin mehrere Fächer in der eigenen Klasse lehrt, so z.B. Deutsch, Geschichte, Gemeinschaftskunde und Religion/Ethik. In diesem Fall kann sie die Fächerung für diese vier Fächer aufheben und kontinuierlich fächerübergreifend unterrichten.

Das zweite Organisationsmodell lässt sich nicht ohne weiteres verwirklichen, weil es auf Absprachen zwischen den Kolleginnen beruht, die leider nicht immer eingehalten werden bzw. nicht eingehalten werden können. Arbeitet die Geschichtslehrerin an der Unterrichtseinheit »Nationalsozialismus«, hat sie die Möglichkeit, die Kolleginnen der Fächer Deutsch, Kunsterziehung und Musikerziehung um entsprechende Beiträge zu bitten.

Eine Spielart des fächerübergreifenden Unterrichts ist der *fächerverbindende Unterricht,* in dem bewusst nur die Inhalte und Ziele aus zwei oder mehr verschiedenen Fächern aneinander gekoppelt oder verknüpft werden. So lassen sich z.B. die Fächer Kunsterziehung und Musikerziehung miteinander verbinden, indem zuerst das Bild von Rosina Wachtmeister, »Papageno, homage a Mozart«, betrachtet und dann Mozarts »Zauberflöte« eingespielt wird – oder umgekehrt. Oder die Fächer Physik, Chemie und Biologie lassen sich beim Thema »Wasseraufbereitung« koppeln, wenn physikalische, chemische und biologische Methoden erprobt und verglichen werden.

Fächerübergreifender und fächerverbindender Unterricht kommt vor allem den leistungsschwachen Schülern zugute, denen es besonders schwer fällt, Kenntnisse und Einsichten aus verschiedenen Fächern zu integrieren. Aber auch leistungsstarke Schüler werden durch diese Unterrichtskonzeption stärker angesprochen, motiviert und aktiviert. – Lehrerinnen, die gelernt haben, fächerübergreifend zu denken und zu planen, erscheint der Unterricht auch bald stimmiger, weil sinnvoller.

Wenn Lehrerinnen ein oder mehrere Fächer fachfremd erteilen und sie sich darum bemühen, möglichst viele Aspekte in einer thematischen Sinneinheit unterzubringen, besteht allerdings die Gefahr eines didaktischen und methodischen Dilettantismus. Auch wenn fächerübergreifend gelehrt und gelernt wird, bleibt der Anspruch bestehen, sachlich korrekt zu verfahren.

Dass die Strukturen universitärer Disziplinen allein bei der Bewältigung bedeutsamer Probleme – insbesondere der epochaltypischen Schlüsselprobleme oder der Menschheitsprobleme – nicht immer hilfreich sind, ist seit Jahrzehnten bekannt. Ebenso die Einsicht, dass sich die Strukturen, Einsichten und Erkenntnisse nicht naiv auf schulisches Lehren und Lernen übertragen lassen. Deshalb findet ein fächerübergreifendes Denken und Lehren in verschiedenen Institutionen seine Fortsetzung, in Volkshochschulen, Akademien und Universitäten, wenn z.B. zu einem spezifischen Thema Referentinnen aus verschiedenen Fachgebieten gewonnen werden, die ihrerseits das Thema aus ihrer Perspektive beleuchten. Die Veranstalter und Teilnehmer erhoffen sich eine vollständigere, weil disziplinübergreifende Sicht des Problems.

Als nächste Konzeption soll der *lernzielorientierte Unterricht* betrachtet werden. Diese Konzeption ist in Verbindung mit dem Kapitel 5 zu sehen, in dem verschiedene taxonomische Ansätze dargestellt werden. Die Komponente, die im Rahmen dieser Konzeption besonders in Erscheinung tritt, ist also das Lernziel, welches im Rahmen der Unterrichtsplanung als Lehrziel definiert oder mit den Schülern als Lehr-Lern-Ziel vereinbart wird. Übrigens ist es Merkmal eines jeden Unterrichts, dass Ziele gesehen und verfolgt werden. Bei einer lernzielorientierten Konzeption werden sie nur schärfer gesehen, exakter definiert und bewusster angestrebt.

Versetzen wir uns in eine den Unterricht planende Lehrerin, die sich in ein Thema einliest, Schwerpunkte erkennt und in eine vorläufige Abfolge bringt, dann wird diese Lehrerin versuchen, die Frage zu beantworten, was die Schüler lernen sollen – und die Beantwortung führt sie zu Lehrzielen, die mit der Formulierung beginnen: »Die Schüler sollen … lernen.« Diese einzelnen Teillernziele müssen nun in eine sinnvoll erscheinende Abfolge gebracht werden. Dabei ist zu prüfen, ob vorgeordnete Ziele wie die Vermittlung von Kenntnissen auch am Anfang der Unterrichtseinheit stehen, um nachgeordnete anspruchsvollere Ziele anstreben zu können. Sodann kommt es im Lehr-Lern-Prozess darauf an, den Schülern Sinn und Zweck der jeweiligen Zielsetzung zu verdeutlichen, sodass sie sich mit ihr identifizieren. Letzteres wird umso eher erfolgen, wenn die Lehrerin die Ziele nicht einfach setzt oder vorgibt, sondern metaunterrichtlich verfährt, also die Schüler mit dem Lernvorhaben bekannt macht, es begründet und um Ergänzungen bittet. Fühlen sich die Schüler wirklich einbezogen, werden aus den geplanten Lehrzielen auch wirkliche Lernziele. Und wenn die Schüler sich selbstständig weiterführende Ziele setzen und diese anstreben, kann ein solcher lernzielorientierter Unterricht richtig Spaß machen. Am Ende einer Unterrichtseinheit wird in einem *lernzielorientierten Test* (LOT) überprüft, was gelehrt und gelernt worden ist. Verläuft die Ergebniskontrolle zufrieden stellend, erkennt die Lehrerin, was gelehrt worden ist. Und die Schüler wissen, was sie gelernt haben. Beide, Lehrerin und Schüler, werden so emotional stabilisiert, haben Erfolgserlebnisse zu verzeichnen und werden innerlich frei für weiterführende Lehr- und Lernziele. Verläuft die Ergebniskontrolle nicht zufrieden stellend, sind die Lernlücken zu eruieren und zu präzisieren und es muss ein lückenschließendes Lehren und Lernen einsetzen, bis sich der gewünschte Erfolg einstellt (Eigler/Straka 1978).

Zu den klassischen Lernzieldimensionen sollen drei Beispiele gegeben werden:

Kognitive Dimension – Sachunterricht –
»Wie unsere Pflanzen wachsen« (4. Schuljahr)
Teillernziel 1: Die Schüler sollen erkennen, dass Pflanzen Wasser, Wärme, Licht, Luft und verschiedene Mineralien benötigen, um gut wachsen zu können (Kenntnisse).
Teillernziel 2: Die Schüler sollen verstehen, dass keine Voraussetzung ganz fehlen darf (Verstehen).
Teillernziel 3: Die Schüler sollen Vorschläge machen, wie sich die unter 1 und 2 gewonnen Erkenntnisse und Einsichten überprüfen lassen (Anwendung).
Teillernziel 4: Die Schüler sollen die als sinnvoll und praktikabel erkannten Vorschläge verwirklichen – eine Pflanze wird in den dunklen Klassenschrank gestellt, eine andere in den Kühlschrank, eine dritte wird nicht gegossen …

Affektive Dimension – Gemeinschaftskunde –
»Gewalt im Umgang miteinander« (7. Schuljahr)
Teillernziel 1: Die Schüler sollen auf gewalttätige Handlungen aufmerksam werden, z.B. durch eine Zeitungsmeldung, Videoaufzeichnung oder ein Rollenspiel (Stufe 1 – aufmerksam werden).
Teillernziel 2: Die Schüler sollen sich über ihre Beobachtungen aussprechen, sich austauschen (Stufe 2 – reagieren).
Teillernziel 3: Die Schüler sollen die Situation einschätzen, eine erste Bewertung vollziehen (Stufe 3 – werten).

Psychomotorische Dimension – Sport –
»Hochsprung« (8. Schuljahr)
Teillernziel 1: Die Schüler sollen versuchen, einen bestimmten Stil nachzuahmen (Stufe 1 – Imitation).
Teillernziel 2: Die Schüler sollen auf verschiedene Arten die Hochsprunglatte überqueren (Stufe 2 – Manipulation).
Teillernziel 3: Die Schüler sollen ihre Versuche bewusst gestalten (Stufe 3 – Präzision).
Teillernziel 4: Die Schüler sollen verschiedene Phasen des Bewegungsablaufs bewusst üben (Stufe 4 – Handlungsgliederung).
Teillernziel 5: Die Schüler sollen den gesamten Handlungsablauf bewusst gestalten und vervollkommnen (Stufe 5 – Naturalisierung).

Die lernzielorientierte Unterrichtskonzeption ist an weiterführenden Schulen zu Recht weit verbreitet und sie kann im Vergleich zum traditionellen Unterricht als Fortschritt betrachtet werden, weil mit ihr im Vergleich zum konventionellen Unterricht weitaus bessere Ergebnisse erzielt werden (Bloom 1984). In jenen Lernbereichen, in denen sich die Ziele operationalisieren lassen, ist diese Konzeption vorherrschend. Das gilt insbesondere für Berufsfachschulen, an denen die Schüler innerhalb einer vorgeschriebenen Zeit zur Funktion geführt werden müssen. Mithilfe dieser lernzielorientierten Unterrichtskonzeption erwerben die Schüler jene Qualifikationen und Handlungskompetenzen, die im Berufsfeld unentbehrlich sind.

Problematisch wird die Konzeption, wenn Lehrerinnen nur noch ihre zuvor definierten Lehrziele sehen, die Schüler nicht in die Planung einbeziehen und darauf verzichten, die Lehrziele zu begründen. Wenn Lehrerinnen starr an den Lehrzielen und den geplanten Lehrspuren festhalten, verliert der Unterricht an Prozessorientierung. Die Schüler können sich kaum beteiligen und fühlen sich als Objekte eines Instruktionsbemühens. Spontaneität, Originalität und das kreative Potenzial sind dann nicht mehr gefragt. Und so führt das rigide Festhalten an zuvor definierten Lehrzielen in eine Sackgasse (Kozdon 1981). Ebenso fragwürdig erscheint die Beurteilung von Lehrproben allein nach dem Kriterium: Lernziele erreicht – Lernziele nicht erreicht. Denn wenn eine Lehrerin die Fragen der Schüler ernst nimmt und deren Beiträge integriert, lässt sich niemals genau angeben, wo Lehrerin und Schüler am Ende der Stunde stehen werden. Im Gegenteil, wenn alle zuvor definierten Lehrziele erreicht worden sind und abgehakt werden können, liegt die Vermutung nahe, dass sich die Lehrerin zu wenig auf die Schüler eingelassen hat und eine lehrzielzentrierte Konzeption verfolgte.

In Verbindung mit der TIMS-Studie (Baumert et al. 1997), in welcher nachgewiesen wird, dass deutsche Schüler im internationalen Vergleich im Fach Mathematik und in den naturwissenschaftlichen Fächern in ihren Leistungen beträchtlich abfallen, ist die *problemorientierte Unterrichtskonzeption* in den Mittelpunkt didaktischer Überlegungen gerückt. Auch diese Einsicht ist für jene Mathematiklehrerinnen, die seit Jahren bemüht sind, den Schülern das Denken und nicht nur das Rechnen beizubringen, nicht neu. Und es wäre völlig verfehlt, wollte man alle Lehrerinnen bezichtigen, sie würden ihren Unterricht nicht problemorientiert gestalten. Doch ist das Ziel, die Schüler vermehrt zum Problemlösen anzuregen und deren Problemlösefähigkeit zu steigern, sicher erstrebenswert.

Um nun die Schüler zum Problemlösen anregen zu können, bedarf die Lehrerin einer tragenden Problemlösungsstrategie. Nur dann vermag sie die Prozesse zu überschauen und bewusst zu steuern. Eine solche Strategie bietet sich in Verbindung mit der »Struktur des Intellekts« (Guilford 1964) an, in welcher zentrale Denkvorgänge ausgewiesen werden, wie memory, cognition/recognition, divergent production, convergent production und evaluation. Die englischsprachigen Begriffe finden sich heute in der Fachsprache wieder – eine Gedächtnisleistung erbringen, etwas erkennen oder wiedererkennen, divergent oder konvergent produzieren, Sachverhalte oder Ereignisse einschätzen, bewerten und beurteilen, also evaluieren.

Wenn man nun diese fünf kognitiven Leistungen auf die Lösung eines Problems bezieht, lassen sich nach einer Inkubationsphase, in der ein latent vorhandenes Problem manifest wird, folgende Schritte ausgliedern:

1) Zuvor Gelerntes und Gemerktes wird abgerufen.
2) Zuvor Erfahrenes wird erkannt oder wiedererkannt.
3) Dann stellt sich die Frage: Wie könnte man vorgehen? (divergent)
4) Eine als aussichtsreich erachtete Möglichkeit wird bis zu einem Teilergebnis verfolgt. (convergent)
5) Das Teilergebnis wird überprüft. (evaluation)
6) Der Prozess wird mit Punkt 3) weitergeführt, bis das Problem gelöst ist.

Folgen wir also dieser Strategie, dann vollzieht sich das Problemlösen auf der Basis vorhandener Kenntnisse und erworbener Erfahrungen in einem Wechsel von divergenter, konvergenter und evaluativer Produktion. – Dazu einige Beispiele, wobei das erste auch für jene Studentinnen hilfreich sein kann, die dieses Buch lesen und gerade ein Zimmer suchen.

Beispiel: *Gemeinschaftskunde, »Wohnungssuche«*

1) Zunächst werden Vorkenntnisse abgerufen, so z.B. den Anzeigenteil studieren, selbst eine Anzeige aufgeben …
2) Dann werden weitere Erfahrungen aktualisiert, wie z.B. ein Gesuch an die Eingangstür der örtlichen Bäckerei anbringen …
3) Sodann wird das kreative Potenzial bemüht, wie z.B. ein Gesuch in das Internet stellen, im bevorzugten Gebiet spazieren gehen, nette Leute direkt ansprechen, zu einer angemessenen Tageszeit von Haus zu Haus gehen …
4) Aussichtsreich erscheinende Wege werden beschritten.
5) Zimmer bzw. die Wohnung wird besichtigt und einer Einschätzung, Bewertung und Beurteilung unterzogen, und zwar so lange, bis sich
6) ein zufrieden stellendes Ergebnis abzeichnet und ein Einzimmerappartement in ruhiger Lage mit eigenem Eingang zu einem angemessenen Preis gefunden ist.

Beispiel: *Mathematik, »Textaufgaben lösen«* (4. Schuljahr)

1) Zunächst wird die Aufgabe sorgfältig gelesen und es werden Fragen beantwortet wie: Was wissen wir schon? Welche Kenntnisse lassen sich bereitstellen?
2) Dieser Schritt beinhaltet die Frage nach ähnlichen schon gerechneten Aufgaben. So könnten doch die Lernerfahrungen vom Vortag hilfreich sein. Oder vielleicht könnte ein Blick in das Mathematikbuch weiterhelfen.
3) Nun beginnt die divergente Produktion mit den beiden Schlüsselfragen: Was könnte gefragt sein? Wie können wir vorgehen?
4) Nun wird ein Erfolg versprechender Weg gewählt und verfolgt, bis sich ein Teilergebnis abzeichnet.
5) Letzteres wird überprüft und der Prozess wird dann weitergeführt, d.h. die beschriebenen Schritte werden erneut durchlaufen, bis
6) ein Endergebnis erzielt wird, das sich als richtig erweist.

Beispiel: *Biologie, »Ein Baum ist krank«* (8. Schuljahr)
(Das Thema könnte auch heißen: Ein Tier ist krank)

1) Zunächst werden die Symptome zusammengetragen – die Blätter verfärben sich schon im Juni, einige fallen ab, das Laub benachbarter Bäume derselben Art ist grün.
2) Dann werden Vorerfahrungen ausgetauscht und mögliche Ursachen genannt, wie z.B. die Wasserführung im Boden, Schädlinge, Gift …
3) Sodann gilt es, die Frage zu beantworten, welche möglichen Maßnahmen dem Baum zuträglich sein könnten?
4) Man realisiert eine Maßnahme und stellt nach drei Wochen fest, dass der Baum schon alle Blätter verloren hat und
5) dass das Problem nicht gelöst werden konnte.

Ein problemorientierter Unterricht wird für die Lehrerin und für die Schüler erst wirklich interessant – wenn nicht sogar spannend –, sobald mehrere Partner- oder Kleingruppen an der Problemlösung arbeiten und die verschiedenen Vorgehensweisen verglichen und beurteilt werden. Wenn Schüler die hier dargelegten fünf Schritte verinnerlicht haben, sind sie bald bereit und in der Lage, Probleme auch eigenständig zu lösen. An dieser Stelle taucht die Frage auf: Gibt es ein wichtigeres Ziel als die Entwicklung der Fähigkeit Probleme lösen zu können? Vielversprechende Forschungsarbeiten, die weit über die hier dargelegte naive Strategie hinausgehen, beziehen sich auf einen problemorientierten Unterricht mit problemorientiert gestalteten Texten (Kohler 2000).

Eine problemorientierte Unterrichtskonzeption fordert von den Schülern eine aktiv-produktive Lernhaltung im Sinne eines entdeckenlassenden Lehrens und Lernens. Deshalb muss sich diese Konzeption wohl auf ein bis zwei Unterrichtsstunden pro Schultag beschränken. Es ist schlecht vorstellbar, die Schüler von Stunde zu Stunde immer wieder mit neuen Problemen zu konfrontieren. Die Schulwirklichkeit fordert auch die Vermittlung intelligenter Kenntnisse sowie die Durchführung zahlreicher Übungsstunden. Andererseits kann ein Unterricht, der selten oder nie die Lösung von Problemen zum Inhalt hat, kein anspruchsvoller Unterricht sein.

Eine weitere lernbedeutsame Unterrichtskonzeption stellt zweifelsohne der *Epochenunterricht* dar, wie er seit Jahrzehnten an Waldorfschulen, anderen Reformschulen, aber auch an vielen öffentlichen Schulen verwirklicht wird (Bentzien 1968, Kamm 2000). Ähnlich wie der Gesamtunterricht und der fächerübergreifende Unterricht möchte auch der Epochenunterricht einer Aufsplitterung der Lerninhalte entgegenwirken, wobei das Mittel, mit dem dieses Ziel erreicht werden soll, die Unterrichtszeit darstellt. Statt an einem Schulvormittag drei oder vier Fächer anzubieten, erfolgt die sinnvolle Beschränkung auf ein Fach, während die anderen Fächer folgen. Um dies zu erreichen, gibt es zwei grundlegende Organisationsmodelle:

Das erste Modell kann jede Lehrerin selbst umsetzen, sofern sie in einer Klasse mehrere Fächer unterrichtet, was bei Klassenlehrerinnen ohnehin der Fall ist. Lehrt man z.B. die Fächer Deutsch, Erdkunde, Geschichte und Gemeinschaftskunde mit einem Anteil von 4:2:2:1 Wochenstunden, so kann man sich vier Wochen lang auf den Deutschunterricht, jeweils zwei Wochen auf den Erdkunde- und Geschichtsunterricht und eine Woche auf den Gemeinschaftskundeunterricht mit neun Wochenstunden konzentrieren. Das bedeutet also drei von vier Fächern entfallen vorübergehend, und für das betreffende Thema stehen etwa zwei Wochenstunden täglich zur Verfügung. – In gleicher Weise kann eine Lehrerin verfahren, welche die Fächer Mathematik, Physik und Chemie im Verhältnis 4:2:2 Wochenstunden lehrt. Auch sie kann sich vier Wochen lang auf Mathematik und jeweils zwei Wochen auf Physik bzw. Chemie konzentrieren.

Das zweite Modell setzt den Beschluss einer Gesamtlehrerkonferenz sowie entsprechende didaktische Einsichten bei den Funktionsträgern voraus, indem für die gesamte Schule in der dritten und vierten Unterrichtsstunde Epochenunterricht eingeplant wird. Stundenplantechnisch ist dies ohne weiteres möglich. Eine Fachlehrerin, die z.B. in fünf verschiedenen Klassen zwei Wochenstunden Biologieunterricht erteilt, lehrt stattdessen sukzessiv in den fünf Klassen jeweils zwei Wochen lang mit zehn Wochenstunden, sodass sich für jede Klasse etwa vier Epochen pro Schuljahr ergeben.

Die Konzeption des Epochenunterrichts bietet zahlreiche Vorteile.

- Da das Thema an jedem Unterrichtstag wieder aufgegriffen und weitergeführt wird, bleibt die Kontinuität des Lehrens und Lernens gewahrt.
- Die oft zeitraubende Aktualisierung der Vorkenntnisse entfällt weitgehend, weil die am Vortag vermittelten Kenntnisse und Einsichten meist noch präsent sind.
- Wiederholungen finden nach 24 Stunden statt, was sich besonders günstig auf die Gedächtnisleistungen und Behaltwerte auswirkt.
- Lehrerin und Schüler können sich besser auf das jeweilige Thema konzentrieren, da innerhalb der Epoche zwei oder drei andere Fächer nicht gelehrt werden.
- Sie können sich mit dem Thema intensiver befassen, sich herandenken, eindenken, das Thema durchdenken und altersgemäß ausreflektieren.
- Die Schüler fertigen nur für das anstehende Lerngebiet Hausaufgaben, für dieses jedoch intensiver, da Hausaufgaben für andere Fächer weitgehend entfallen.
- Gleiches gilt für die Lehrerin, die sich intensiver auf die Lehrinhalte der Epoche vorbereiten kann, weil die Vorbereitung und Planung für weitere Fächer entfällt.
- Wenn täglich eine Doppelstunde dem Epochenunterricht zugeschrieben wird, lassen sich bestimmte methodische Möglichkeiten besser ausschöpfen. Das gilt insbesondere für die Kleingruppenarbeit. Letztere ist kaum möglich, wenn der Unterricht im 45-Minuten-Takt abläuft, weil für die Tertiade – Arbeitsauftrag stellen, Schüler bei der Arbeit betreuen, Ergebnisse sichten – innerhalb einer Kurzstunde selten genügend Zeit zur Verfügung steht.
- Sodann lässt sich das Klassenzimmer epochal ausgestalten, indem alle erdenklichen Medien und Schülerarbeiten, die sich auf das Thema beziehen, eingebracht werden.
- Auch ist es sinnvoll, die Schüler aufzufordern, sich an der epochalen Ausgestaltung des Klassenzimmers aktiv zu beteiligen und Materialien mitzubringen, die zu Hause verfügbar sind.
- Von den Schülern wird erwartet, dass sie ein Epochenheft führen, in das bedeutsame Kenntnisse und Einsichten aufgenommen werden, in das aber auch im Sinne eines Hobbyheftes gezeichnet, gemalt und eingeklebt werden darf. Die Epochenhefte werden nach Abschluss der jeweiligen Unterrichtseinheit von der Lehrerin durchgesehen und beurteilt. Dieses Rechenschaftsprinzip wirkt natürlich leistungssteigernd.
- Die Schüler erleben von Tag zu Tag einen Lernzuwachs, merken also, wie sie jeden Tag Neues hinzulernen. Dieses Gefühl ist der Lernmotivation förderlich.

- Auch sonst eher desinteressierte und leistungsschwache Schüler werden durch die tägliche Befassung mit dem betreffenden Thema stärker in den Lernprozess eingebunden und zur Mitarbeit angeregt.
- Eine Epoche sollte meist mit einer Ergebniskontrolle abschließen, sodass die Schüler zeigen können, was sie gelernt haben und die Lehrerin ein Feedback erhält, was gelehrt worden ist.
- Durch die Konzentration auf ein Lerngebiet entfallen mögliche interferierende Prozesse, die das Lehren und Lernen erschweren oder empfindlich stören. Dieser Punkt ist zwar empirisch noch kaum geklärt, doch erscheint es wenig sinnvoll, dem Schüler an einem Schulvormittag drei Sprachen anzubieten – z.B. Deutsch, Englisch und Französisch. Denn geht es in jedem Fach um die Erarbeitung grammatikalischer Strukturen, wissen vor allem die leistungsschwachen Schüler bald nicht mehr, welche Struktur wo einzuordnen ist.

Die Frage, welche Lerngebiete besser über das ganze Schuljahr hinweg kontinuierlich und welche besser epochal angeboten werden sollten, ist ebenfalls noch nicht geklärt. An vielen öffentlichen Schulen werden Fächer wie Deutsch, Englisch und Mathematik kontinuierlich weitergeführt und die so genannten Nebenfächer epochal gelehrt und gelernt. Doch kann es auch sinnvoll sein, im Fach Deutsch epochal zu verfahren, wenn z.B. ein Theaterstück einstudiert und aufgeführt werden soll. – Wenig sinnvoll ist es, den Sportunterricht epochal zu erteilen. Doch kann es gerechtfertigt sein, einige Wochen vor den Bundesjugendspielen ein tägliches Training einzuplanen, damit die Schüler auch in diesem Bereich einen Leistungszuwachs erfahren können.

Wenden wir uns möglichen Nachteilen zu und der Frage, wie es einem Schüler ergeht, der mit einem bestimmten Thema sowie der betreffenden Lehrerin gar nicht einverstanden ist. Dieser Schüler muss sich nun mehrere Wochen durch diese Epoche quälen – und kann sich auf die nächste freuen. – Ein anderer Einwand, der lern- und gedächtnispsychologisch begründet wird, bezieht sich auf die Frage, ob Schüler nicht zu viel vergessen, wenn sie in einem Nebenfach mehrere Wochen lang keinen Unterricht erhalten? Die Antwort muss vorerst offen bleiben. Langzeituntersuchungen könnten hier für mehr Klarheit sorgen. Doch aufgrund der 15 hier aufgeführten Vorteile und der gesammelten positiven Erfahrungen lässt sich die eindeutige Empfehlung aussprechen, die Konzeption des Epochenunterrichts in jeder Klasse und an jeder Schule zu verwirklichen.

Eine allgemein bekannte und zu berücksichtigende Unterrichtskonzeption ist der *Projektunterricht*, sind größere Unternehmungen oder Vorhaben, welche die Lehrerin gemeinsam mit den Schülern durchführt (Frey 1998; Prawat 1995). Die beiden genannten Begriffe – Projekt und Vorhaben – werden häufig synonym gebraucht. Am Ende des Projekts soll ein vorzeigbares Produkt stehen, während bei einem Vorhaben der Prozess selbst das Ziel darstellt. Diese Unterscheidung erscheint unerheblich, denn im Medienzeitalter lässt sich jedes Vorhaben oder jede Unternehmung fotografisch festhalten oder mit einer Film- oder Videokamera dokumentieren.

Ebenso unerheblich ist der Streit unter Experten, wo die historischen Wurzeln dieser Konzeption liegen, ob sie in den USA bei John Dewey und W.H. Kilpatrick zu finden sind oder in der Pädagogischen Reformbewegung, so z.B. bei Vertretern der Deutschen Landerziehungsheimbewegung, bei H. Lietz, G. Wyneken oder P. Geheeb, vielleicht auch bei C. Freinet.

Beispiele für die Projektarbeit sind zahlreich. So können z.B. die Schüler gemeinsam mit ihrer Lehrerin einen Schulgarten oder einen Feuchtbiotop anlegen, eine Unterführung oder einen Bauzaun künstlerisch gestalten, Spielflächen auf dem Schulhof anlegen, eine Wind- oder Wassermühle bauen, Solarstrom erzeugen, Brot backen, Teppiche knüpfen, weben oder Bienen züchten.

Ähnlich zahlreich sind die *Beispiele für gelungene Vorhaben,* wenn Schüler mit ihrer Lehrerin in Schlauchbooten – natürlich jeweils von der örtlichen Wasserwacht eskortiert – den Neckar befahren, wenn sie den Schwarzwald-Westweg von Pforzheim nach Basel durchwandern, sie einen Landschulheimaufenthalt, eine Skifreizeit durchführen oder wenn sie mit ihrer Lateinlehrerin nach Rom oder mit der Griechischlehrerin nach Kreta reisen.

Unter die Vorhaben lassen sich Aktivitäten einreihen, wie z.B. regelmäßige Wetterbeobachtungen, die Messung der Temperatur und der Niederschlagsmenge über einen längeren Zeitraum hinweg, die Erforschung eines Biotops, die Überprüfung der Qualität heimischer Gewässer. Zu den Vorhaben zählen auch die Gestaltung eines Elternabends oder einer Adventsfeier im Seniorenheim, das Drehen eines Films, die Aufführung eines Theaterstücks oder eines Musicals, die Übernahme von Patenschaften für neu eintretende Schüler oder der Ausbau einer Partnerschaft mit einer Schule in Malawi.

Der idealtypische Ablauf eines Projekts sieht im Anschluss an Frey (1998) folgendermaßen aus: Die Lehrerin oder Schüler bringen eine Projektinitiative ein. Letztere wird diskutiert. Das Ergebnis dieser Diskussion mündet in einer Projektskizze. Nun wird über die Skizze diskutiert. Aufgrund dieser Diskussion entsteht ein Projektplan, in welchem einzelne Schritte festgehalten werden und festgelegt wird, wer was wann in welcher Qualität zu leisten hat. Hier geht es also um die Verteilung der Aufgaben, um die Materialbeschaffung und um die Finanzierung der Aktivitäten. Dann folgt die Arbeitsphase, die Überprüfung und Integration der Teilergebnisse, bis schließlich das Projekt zu Ende geführt werden kann. Manchmal muss das Projekt, die Unternehmung oder das Vorhaben vorzeitig abgebrochen werden aus Gründen, die sich nicht vorhersehen ließen. In beiden Fällen sollte eine retrospektive Metareflexion erfolgen, eine gemeinsame Rückschau, um festzustellen, was gelungen und was misslungen ist, um so aus den Fehlern zu lernen.

Phasen eines Projektunterrichts

1) Projektinitiative – von der Lehrerin, einem Schüler oder einer Schülergruppe
2) Diskussion der Initiative
3) Fertigen eines Projektskizze
4) Diskussion der Skizze
5) Erstellung eines Projektplans – Rechtsgrundlagen, Versicherung, Finanzierung, Arbeitsgruppen, Zeitvorgaben, Teilergebnisse …
6) Arbeitsschritte 1, 2, 3 … n
7) Vorzeitiger Abbruch mit Metareflexion
8) Vollendung mit Metareflexion

Worin liegen nun die *Vorzüge* dieser Unterrichtskonzeption?

- Mit dem Projekt, der Unternehmung oder dem Vorhaben wird ein Ziel angestrebt. Letzteres ist den Schülern und der Lehrerin weitgehend bekannt. Doch ist man sich nicht ganz sicher, wie es erreicht werden wird und ob es erreicht werden kann. Ein Projekt beinhaltet zumeist ein Wagnis, das es zu bestehen gilt, und im Wagnis liegt ein besonderer Reiz.
- Ein Projekt hat nicht den Vorläufigkeitscharakter, der sonst im traditionellen Fachunterricht vorherrscht. Die Schüler lernen nicht Vokabeln oder lösen abstrakte Aufgaben, denen der Bezug zur Lebenswirklichkeit fehlt. Stattdessen haben sie ein Ziel vor Augen und können aktiv an der Zielerreichung mitarbeiten.
- Ein Projekt wird von der Lehrerin und den Schülern gemeinsam geplant, durchgeführt, vollendet und beurteilt, manchmal auch abgebrochen. Sofern der gruppendynamische Prozess konstruktiv verläuft, stärken diese gemeinsamen Aktivitäten das Zusammengehörigkeitsgefühl.
- Im Rahmen eines Projektes wird mit wechselnden Sozialformen arbeitsteilig verfahren, d.h., bestimmte Kleingruppen, aber auch einzelne Schüler übernehmen spezifische Aufgaben, die für alle bedeutsam sind. Dabei haben die Schüler die Möglichkeit, sich ihren besonderen Fähigkeiten entsprechend einzubringen.
- Im Mittelpunkt der Unterrichtskonzeption steht das Anliegen des sozialen Lernens. Soll das Projekt gelingen, sind alle Beteiligten aufeinander angewiesen, zur Kooperation genötigt und verpflichtet. Die Schüler lernen so, verständnisvoll miteinander umzugehen, sie werden zunehmend gruppen- und teamfähig.
- Daneben steht bei der Projektarbeit das Lernen, wie man lernt. Einzelne Arbeitsschritte werden in der Gruppe geplant, umgesetzt, begutachtet. Bei auftretenden Lernschwierigkeiten muss metaunterrichtlich verfahren werden, und die erforderlichen Korrekturen eröffnen zahlreiche Lernchancen.
- Projekte erfordern eine Öffnung des Unterrichts. Um Informationen zu beschaffen oder Erfahrungen zu sammeln, müssen Lehrerin und Schüler die Lernorte wechseln, also Schule und Lebenswirklichkeit miteinander verbinden.
- Da sich nur wenige Projekte einem Fach zuordnen lassen, muss von der Zielset-

zung her gesamtunterrichtlich oder fächerverbindend oder fächerübergreifend verfahren werden. Ein vernetztes Denken, Planen und Arbeiten wird deshalb notwendig.
- Da ein Projekt nur gelingen kann, wenn die Kontinuität des Lehrens und Lernens gewahrt bleibt, ergeben sich alle Vorteile, die für einen Epochenunterricht typisch sind.
- Die Projektarbeit führt meist bei den Schülern zu einer hohen Lernmotivation und steigert die Volition, den Willen, das Projekt möglichst erfolgreich abzuschließen oder das Vorhaben zu Ende zu führen.

Auf dem Papier lassen sich die einzelnen Phasen eines Projekts einfach und sachlogisch darstellen. Doch haben Lehrerinnen in der Praxis mit zahlreichen Schwierigkeiten zu kämpfen, von denen einige genannt werden sollen:

- Zunächst einmal stößt die Unterrichtskonzeption des Projektunterrichts sehr bald an didaktische Grenzen, denn Dewey selbst vermerkt zu deren Anwendung kritisch, dass sich nur wenige Themen für Projekte eignen würden (Prawat 1995).
- Dann ist die Organisation des Unterrichts mit dem Zeitfaktor zu nennen. Ist der Unterricht im 45-Minuten-Takt organisiert, können Fachlehrerinnen, die zweimal in der Woche eine Klasse sehen, deshalb keinen Projektunterricht durchführen, weil die Kontinuität des Lehrens und Lernens nicht gewahrt werden kann. Sofern sie besonders engagiert sind, bieten einige Lehrerinnen nachmittags zusätzliche Arbeitszeit an, was allerdings kein tragendes Organisationsmodell sein kann.
- Sodann gibt es versicherungsrechtliche Hürden, die zu nehmen sind, wobei hier die Unterscheidung zwischen »fahrlässig« und »grob fahrlässig« bedeutsam ist. Ansonsten sollte man sich nicht von einer Unternehmung abhalten lassen, nur weil etwas passieren könnte. Mit dem Hinweis auf die nicht geklärte Versicherungslage lässt sich jede Projektinitiative im Keim ersticken.
- Viertens ist manchmal mit Unverständnis oder Einspruch vorgesetzter Behörden zu rechnen, wenn z.B. ein Projekt einen zu großen Neuigkeitsgehalt oder Einmaligkeitscharakter aufweist. Dann heiß es von offizieller Seite: »Das hat es ja noch nie gegeben!« – oder: »Was wäre, wenn da alle kommen wollten!« – Aber es kommt ja nun nicht jede Lehrerin auf dieselbe Idee.
- Als weiteres Hindernis müssen im dicht besiedelten Mitteleuropa fehlende Freiräume genannt werden, und das im buchstäblichen Sinn. Schülern ist es zwar gestattet, Abfall zu sortieren, aus Schrott eine Plastik zu kreieren oder Bauzäune anzustreichen, die dann bald wieder verschwinden. Doch ist es undenkbar, an einer Bushaltestelle ein Wartehaus zu bauen, eine Wiese zu entwässern oder Geflügel zu züchten, so wie dies vor hundert Jahren in den USA möglich war.
- Einige Projekte können nicht durchgeführt werden, weil finanzielle Mittel fehlen,

die Einnahmen aus Schüleraktivitäten und die Gelder von Sponsoren nicht ausreichen, sofern letztere gewonnen werden können. Ein monatelanges Sparen im Hinblick auf ein Vorhaben oder eine Unternehmung erscheint allerdings erzieherisch wertvoll.

- Unverständnis oder sogar Widerstand ist auch von einigen Eltern zu erwarten, sofern sie nicht rechtzeitig in die Pläne eingeweiht worden sind oder um die Gesundheit ihrer Kinder fürchten. Deshalb empfiehlt es sich, bei größeren Projekten die Eltern schon in die Planungsphase einzubeziehen.
- Im Kreise der Kolleginnen ist ebenfalls mit Widerstand zu rechnen, mit Häme oder übler Nachrede. Wird eine Kollegin initiativ und engagiert sie sich für ein außergewöhnliches Projekt, das die Schüler begeistert, dann kann es zu Missgunst oder Neid kommen (Kasper 1998).
- Sodann gibt es auch einige Schüler, welche die Mitarbeit verweigern oder nicht mitarbeiten können, so z.B. wenig motivierte Schüler im Entwicklungsalter, die sich als notorische Neinsager aufführen, antriebsschwache Schüler, die selten aktiv werden und sich auf ihre Mitschüler verlassen, Schüler mit erheblichen Kommunikationsdefiziten, die nicht bereit oder in der Lage sind, an den Gesprächen teilzunehmen und undisziplinierte Schüler, welche den Freiraum, den diese Unterrichtskonzeption bietet, missbrauchen. Nun wäre es allerdings verfehlt, wegen solcher Schüler keine Projekte durchzuführen, da gerade diese Unterrichtskonzeption die Möglichkeit bietet, die hier angesprochenen Defizite abzubauen.
- Und schließlich stehen sich einige Lehrerinnen selbst im Weg, weil sie den vermehrten Aufwand scheuen, der mit einem Projekt verbunden ist, keine zusätzliche Zeit investieren möchten, den Stress und die Konflikte fürchten, die zu erwarten sind – wenn es ihnen nicht ohne weiteres gelingt, den Rollenwechsel vorzunehmen – von der meist steuernden Lehrerin hin zur beratenden Prozessbegleiterin, wenn sie nicht mehr in der üblichen Weise die Schülerleistungen beurteilen und benoten können oder sie sich durch die Bedenken und Einwände der Behörden, der Schulleiterin, Kolleginnen, Eltern oder Schüler abschrecken lassen.

Die vorstehend genannten Schwierigkeiten sollen keinesfalls dazu führen, auf diese Unterrichtskonzeption zu verzichten. Das Gegenteil ist beabsichtigt. Lehrerinnen, welche um diese Schwierigkeiten wissen, werden Projekte mit größerem Realismus planen, durchführen und beurteilen und es werden ihnen Enttäuschungen erspart bleiben.

Eine weitere Unterrichtskonzeption, die es zu betrachten gilt, ist der *offene Unterricht* mit seinen besonderen Ausprägungen wie der Wochenplanarbeit, der Freiarbeit und der Stationenarbeit (Gervé 1998; Hegele 1997; Kasper 1979 und 1989). In jedem Fall wird der Versuch unternommen, den Unterricht für die Schüler zu öffnen, deren individuelle Lernvoraussetzungen zu berücksichtigen, auf individuelle Interessen und Fähigkeiten einzugehen. Findet der Unterricht noch in Lerngruppen statt – und nicht im tutorialen System – kann dieses Anliegen nur bedingt verwirklicht werden.

Doch bei günstigen Rahmenbedingungen gelingt es didaktisch und methodisch kreativen Lehrerinnen, sich in überschaubaren Lerngruppen diesem Ideal zu nähern.

Der Autor hat offenen Unterricht vor Jahren an einer nordamerikanischen Modellschule in Amherst, Mass., beobachtet. An dieser Schule wurde nach drei Leitlinien verfahren. Der Unterricht sollte

1) **highly individualized,**
2) **self motivated and**
3) **self paced**

gestaltet werden.

Diesen Grundsätzen entsprechend wurde versucht, jedem Schüler ein individuelles Lernangebot zu unterbreiten, das in besonderer Weise seinen Lernvoraussetzungen entsprach. Man baute auf die Eigeninitiative der Schüler, auf die bei allen gesunden Kindern vorhandene Lernbereitschaft und Neugier. Und die Schüler sollten das Recht haben, ihre Lerntempi selbst zu bestimmen. Wie lassen sich solche hehren Zielvorstellungen umsetzen? Mit individuellen Lernplänen, optimalen Rahmenbedingungen und einem neuen Rollenverständnis der Lehrerinnen.

Um *individuelle Lernpläne* erstellen zu können, bedarf es einer genauen Kenntnis der jeweiligen Lernvoraussetzungen, Kenntnis der Interessengebiete, der Voraussetzungen in den verschiedenen Lerngebieten. In den USA werden die Schüler bedenkenlos getestet und die Testergebnisse liefern konkrete Anhaltspunkte für die Erstellung eines individuellen Lernplanes. Dieser wird jedoch keinesfalls vorgegeben, sondern mit dem Schüler und dessen Eltern abgesprochen. Es werden Vereinbarungen getroffen und festgehalten. Die Absprachen können allerdings nicht völlig frei und beliebig erfolgen, weil das vorhandene Lehrpotenzial, die Lehrkapazität und der anzustrebende Abschluss zu berücksichtigen sind.

Was die *Rahmenbedingungen* anbelangt, so standen drei hauptamtliche Lehrerinnen und drei Assistentinnen zur Verfügung. Jede der drei *Lehrerinnen* hatte aufgrund ihrer Studien einen *Arbeitsschwerpunkt,* so einen sprachlichen, einen mathematisch-naturwissenschaftlichen und einen musisch-ästhetischen Schwerpunkt. Die Schüler wussten um die besonderen Qualifikationen und Kompetenzen ihrer Lehrerinnen. Sie wählten sich bei auftretenden Lernschwierigkeiten die jeweilige Expertin als Ansprechpartnerin – oder sie wurden an die kompetentere Kollegin verwiesen.

Alle Schüler hatten jederzeit Zugang zur *Bibliothek/Mediothek,* in der eine weitere Fachkraft beratend zur Verfügung stand. Und so konnte sich jeder Schüler ihm fehlende Informationen eigenständig beschaffen.

Die etwa 60 Schüler wurden in drei altersheterogenen Lerngruppen unterrichtet, in denen die 6- bis 9-jährigen, die 10- bis 13-jährigen und die 14- bis 17-jährigen Schüler zusammengefasst waren. Für jede Lerngruppe stand ein etwa *100 Quadratmeter großes Lernareal* zur Verfügung, das altersgemäß möbliert und mit entsprechden Lernmaterialien ausgestattet war. Die drei Areale waren für alle Schüler und

Modellschule für offenen Unterricht

highly individualized – self motivated – self paced

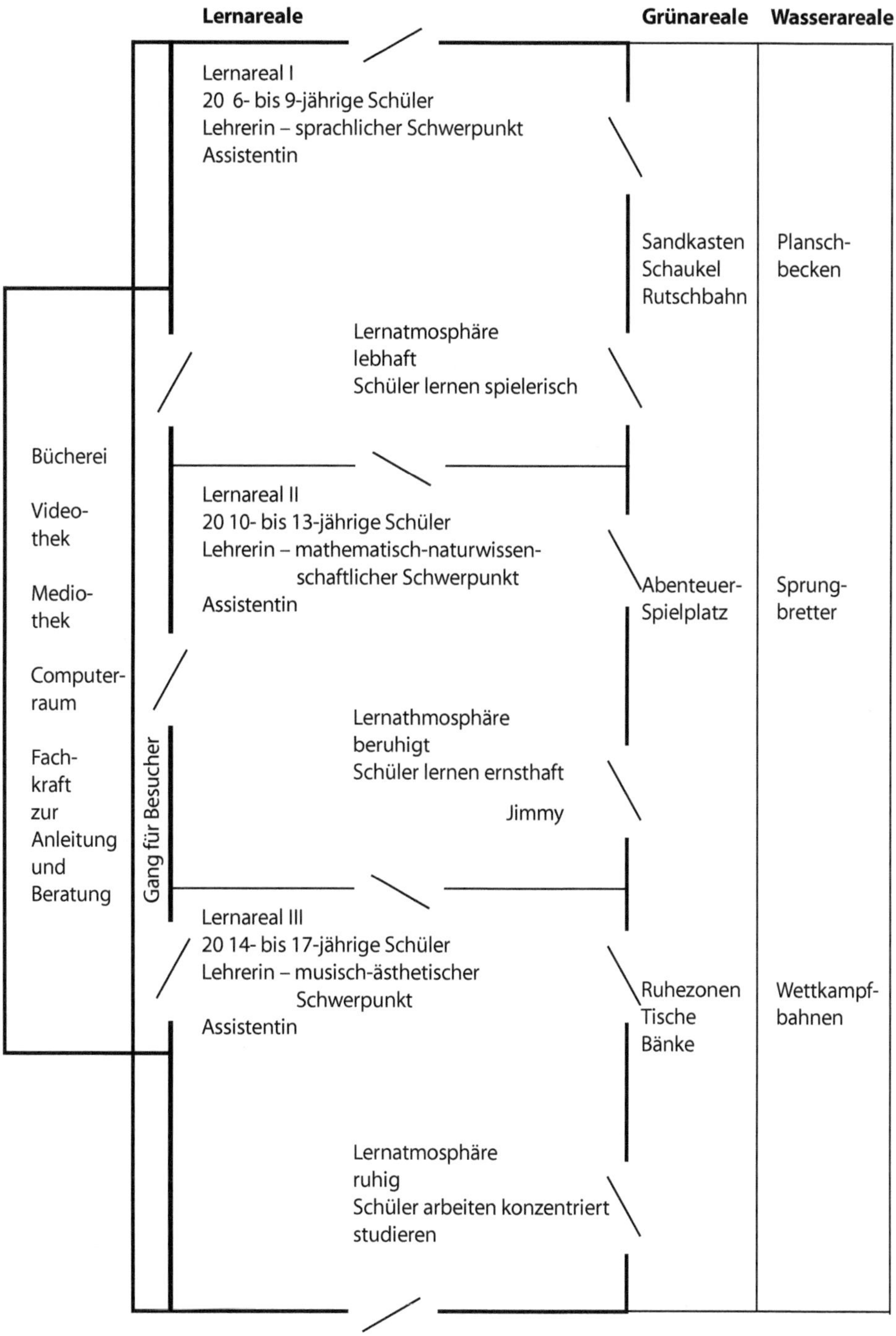

Lehrerinnen zugänglich, sodass die Kleinen den Raum der Mittleren oder Großen betreten konnten.

Außerhalb der Lernareale lagen *Grünanlagen,* für die Kleinen mit einem Sandkasten, für die Mittleren mit einem Abenteuerspielplatz und für die Großen mit einer Ruhezone, die verschiedene Sitzgruppen umfasste.

Den altersgemäß gestalteten Grünanlagen war ein *Schwimmbad* zugeordnet, in dem die Kleinen ein Planschbecken, die Mittleren Sprungbretter und die Großen Wettkampfbahnen vorfanden.

Über den drei Lernarealen war ein *Gang für Besucher* und für Beobachter zur Unterrichtsforschung eingebaut. Der Gang war mit Einwegglas verkleidet und mit einer Mithöranlage ausgestattet, sodass die Besucher am Unterricht teilnehmen konnten, ohne die Schüler und Lehrerinnen zu stören.

Bei den Kleinen ging es noch sehr lebhaft zu. Zwei Schüler balgten sich, zwei andere tollten herum, eine Kleingruppe lernte ernsthaft, ein Schüler hörte eine Kassette ab und drei spielten draußen im Sandkasten.

Bei den Mittleren hatte sich das Lern- und Gruppenklima schon etwas beruhigt. Die Schüler verhielten sich diszipliniert. Einige arbeiteten allein, andere in Kleingruppen.

Und die Großen verbreiteten schon eine Studienatmosphäre. Sie hatten alle ihren eigenen Schreibtisch, lasen, schrieben, experimentierten in wechselnden Sozialformen. In einem Bereich wurde eine Kleingruppe direkt instruiert.

Die Schüler kamen morgens zwischen 8.00 und 8.30 Uhr in die Schule, wurden persönlich begrüßt, führten die Lernaktivität vom Vortag weiter oder vereinbarten mit der Lehrerin ein neues Ziel. Der Unterricht folgte keinem Lehrplan, sondern man richtete sich nach den Lernplänen der Schüler. Es gab auch *keinen festgelegten Stundenplan.* Statt seiner war eine flexible Unterrichtsplanung angesagt, die von Woche zu Woche variierte.

Die Schüler konnten ihre Arbeits- und Sozialformen frei wählen und ihre Lerntempi selbst bestimmen. Auch hatten sie die Möglichkeit, am Unterricht der älteren Schüler im Nachbarraum teilzunehmen, sofern sie diesen interessant fanden und ihm folgen konnten. Fühlten sich die jeweils älteren Schüler durch die jüngeren gestört, durften sie diese in ihre Lernareale zurückschicken. Dies war eine eiserne Regel, die jeder Schüler zu befolgen hatte. Wenige Aktivitäten wurden in den Lerngruppen gemeinsam durchgeführt, so z.B. der gemeinsame Lunch, Diskussionen über Konflikte, die alle angingen oder über Fragen der Unterrichtsorganisation. Gemeinsam wurden die Ausflüge, Elternabende und dergleichen geplant und verwirklicht.

Der Schultag endete zwischen 16.00 und 16.30 Uhr. Dabei kam es immer wieder vor, dass Schüler die Schule nicht verlassen wollten, weil sie gerade in eine Lernaktivität vertieft und von ihr absorbiert waren. Man musste sie dann auf den nächsten Morgen vertrösten oder ihnen die Lernmaterialien mit nach Hause geben.

Im mittleren Lernareal saß an einem überdimensionalen Tisch ein etwa zwölfjähriger Junge mit Denkerstirn, von vielen Büchern umgeben. Auf Anfrage wurde erklärt, dass es sich bei diesem Schüler um den mathematisch hochbegabten Jim handele, der wohl gerade Integrale löse. Jim werde nicht mehr von der Lehrerin, sondern von einem Professor der Universität betreut. Der komme einmal in der Woche vorbei, ansonsten würde man sich per Telefon oder E-Mail verständigen.

Dem Besucher wurde noch versichert, dass sich Jimmy keineswegs nur auf die Mathematik konzentriere, er auch Französisch lerne, viele Sozialkontakte habe und auch sonst ein ganz netter und natürlicher Junge sei. – Leider war es dem Besucher nicht vergönnt, den weiteren Lebensweg dieses Jungen zu verfolgen, doch erschien ihm Jimmy nobelpreisverdächtig.

Dieser Unterricht war nun wirklich offen,

- offen für die individuellen Lernbedürfnisse,
- offen für die Lernmöglichkeiten,
- offen für individuelle Ziele und Inhalte,
- offen in der Medienwahl,
- offen in der Befriedigung psychomotorischer Bedürfnisse,
- offen für die Wahl der Sozialkontakte,
- offen für die Zusammenarbeit mit anderen Schülern,
- offen für die individuelle Gestaltung der Lerntempi,
- offen für die Wahl der Lerngruppe und weitgehend
- offen für die Wahl der Lehrerin.

Dass sich eine solche Öffnung nur bei glänzenden Rahmenbedingungen verwirklichen lässt, ist sofort einsichtig. Selbst reiche Industrienationen können sich ein derart aufwendiges Schulsystem wohl kaum leisten. Schulen dieser Art finden sich in den USA auch nur als Modellschulen oder in den Wohnbezirken wohlhabender Bürger, wo Eltern die Schulen ihrer Kinder regional finanzieren. – In den so genannten »Inner city schools« und in den Slum-Schulen sind die Verhältnisse viel ungünstiger. Dennoch bleibt die Vision oder die Wunschvorstellung zurück, allen Schülern ähnliche Lernbedingungen bieten zu können.

Offener Unterricht mit seinen verschiedenen Varianten wie Freiarbeit, Wochenplanarbeit oder der Arbeit an Lernstationen wird in der Bundesrepublik Deutschland und in anderen europäischen Ländern überwiegend in der Grundschule praktiziert und zwar dort, wo eine Klassenlehrerin eine Lerngruppe mehrere Stunden täglich betreut (Wallrabenstein 1991, 1996). Damit kommen die Vorteile des Epochenunterrichts ins Spiel, der die Kontinuität des Lehrens und Lernens wahrt. Wird mit der ganzen Lerngruppe gearbeitet, ist der offene Unterricht häufig mit dem Gesamtunterricht identisch, d.h. die Lehrerin hält sich für die Ideen und Lernbedürfnisse der Schüler offen, greift sie auf, diskutiert mit den Schülern über mögliche Lerninhalte und Lernziele, trifft Vereinbarungen und steuert diese Ziele dann auch an, bis sich Lernergebnisse abzeichnen und das Interesse an dem Thema nachlässt. Sofern effektiv gelehrt und gelernt wird, geht der offene Unterricht in einen gebundenen Gesamtunterricht oder in einen lernzielorientierten Unterricht über.

Für die anderen Varianten des offenen Unterrichts, also für Freiarbeit, Wochenplanarbeit oder Arbeit an Stationen, muss das Klassenzimmer (s. Abb. S. 121) nach dem Motto umfunktioniert werden: Weg von der Wartesaalatmosphäre und hin zu einer Lernumgebung (Kasper 1979). Die Raum- und Medienausstattung für einen Unterricht, der auch offenere Unterrichtskonzeptionen berücksichtigt, sollte nachstehend aufgeführte Komponenten enthalten:

- bewegliches Mobiliar, damit die Schüler zu viert an Kleingruppentischen platziert werden können und damit Raum für einen Sitzkreis und für Spiele jeglicher Art geschaffen werden kann;
- eine Leseecke mit Regal für die Klassenbücherei und bequemen Sitzmöbeln;
- ein großes Regal für Lernmaterialien und Lernspiele für die Freiarbeit und die Arbeit an Lernstationen. In diesem Regal sollte ein Ablagefach für jeden Schüler vorgesehen sein;
- eine Arbeits- und Bastelecke, in der die Schüler zwei große Arbeitstische und altersgemäße Werkzeuge vorfinden;
- eine große Korktafel oder Pinnwand, um jederzeit Schülerarbeiten anheften und bewundern zu können;
- eine moderne Flügeltafel, an der auch mit Haftelementen gearbeitet werden kann;
- die heute übliche Medienausstattung mit Overheadprojektor und Computer;
- einen Tisch und einen Klassenschrank für die Lehrerin;
- je nach Vorlieben Zimmerpflanzen, Aquarium, Sandkasten u.a.;
- eine Kleider- und Schuhablage, die möglichst auf dem Flur installiert werden sollte.

Lehrerinnen, die von den übergeordneten Zielen der Freiarbeit überzeugt sind – Erziehung zur Selbstständigkeit und Selbstverantwortung durch Individualisierung der Lernprozesse sowie Ausschöpfung des individuellen Lernpotenzials – können in folgenden Schritten vorgehen:

1) Sich nochmals *einlesen* und *eindenken*, sofern dies nicht schon während der Studienzeit erfolgte (Gervé 1998; Hegele 1997).
2) Die *finanziellen Mittel sichern*, entweder über den Schulhaushalt – was eine Vorlaufzeit von bis zu einem Jahr voraussetzt – oder mithilfe von Sponsoren. Erforderlich sind etwa 2000 Euro für Regale und Materialien, um beginnen zu können.
3) *Nach Materialien für die Freiarbeit suchen*, die sich für die betreffende Altersstufe besonders eignen, wobei folgende Informationsquellen zur Verfügung stehen:
   - Anregungen aus der Literatur,
   - Angebote der Lehrmittelverlage,
   - Anregungen, die bei Fortbildungsveranstaltungen gegeben werden,
   - Hinweise von Kolleginnen, die schon jahrelang Freiarbeit betreiben,

Ein modern ausgestattetes Klassenzimmer für den Unterricht an Grundschulen – eine Lernumgebung –

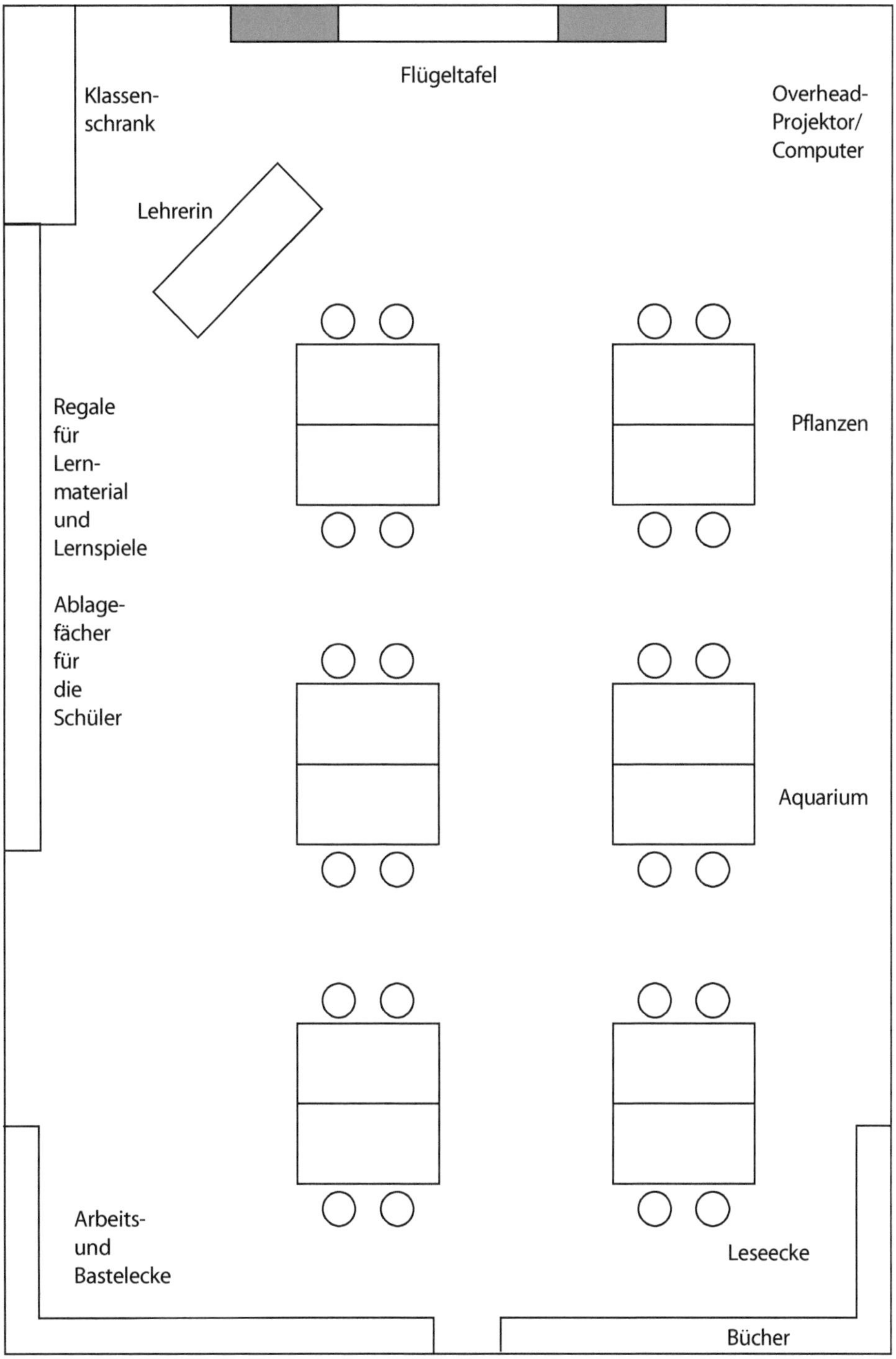

   – Anregungen, die z.B. das Grundschulzentrum oder Montessori-Studio der Pädagogischen Hochschule Schwäbisch Gmünd bieten.

   Die Suche nach geeigneten Materialien, nach Spielen, Lernspielen, interessanten Objekten, nach Arbeitsaufträgen mit hohem Lernanreiz, nach Aufträgen, die auch die Problemlösefähigkeit der Schüler fördern, erscheint besonders wichtig. *Die Qualität der Freiarbeit ist mit von der Qualität des Materials abhängig.*

4) Das Regal oder die Regale bauen, d.h. nette Väter bemühen, die gerne Zeit und Kraft investieren, um der Lehrerin zu helfen.
5) Die Materialien beschaffen, selbst herstellen oder auch mit Schülern und Eltern herstellen. Selbst produzierte Materialien werden häufig für wertvoller erachtet und pfleglicher behandelt.
6) Mit den Schülern über den beabsichtigten Unterricht sprechen und mit ihnen wenige wichtige Verhaltensregeln vereinbaren, damit später nicht das große Chaos ausbricht.
7) Sodann können die Lernmaterialien den Schülern präsentiert oder zum entdeckenlassenden Lernen übergeben werden. Die Freiarbeit kann also beginnen.

Wirklich planen lässt sich Freiarbeit nicht, denn dann wäre die Arbeit der Schüler ja nicht mehr frei. Ganz frei kann der Unterricht aber auch nicht sein, denn er ist schließlich abhängig von zentralen Lehrplanvorgaben und vom Lernangebot, welche die Lehrerin in die jeweilige Lehr-Lern-Situation einbringt. Und außerdem muss die für das Lehren und Lernen erforderliche soziale Ordnung gewahrt werden, d.h. konkret, die Schüler dürfen sich nicht einfach beliebig verhalten, sondern werden aufgefordert, bestimmte Regeln im Umgang miteinander zu achten, so z.B. Absprachen einhalten, den Mitschüler nicht beim Lernen stören, das Arbeitsmaterial wieder an seinen Platz legen …

Der Schwerpunkt der Planungsarbeit liegt mit auf der Vorbereitung von Freiarbeitsmaterialien, der Bereitstellung attraktiver Lernaufgaben und der zentralen Überlegung, welche der Materialien vermutlich welche Schüler ansprechen werden. Hier ist die Lehrerin in ihrer diagnostischen Kompetenz gefordert, in der realistischen Einschätzung der Lernvoraussetzungen. Im Übrigen wird von ihr ein Rollenwechsel gefordert: Weg von der Lehrperson, die im Zentrum des Geschehens steht und hin zur Beraterin, die zuhört, beobachtet, vorschlägt, Absprachen trifft, auf Regeln aufmerksam macht, vermittelt, minimale Lernhilfen gibt, kontrolliert, zur Selbstkorrektur auffordert …

Die Konzeption der *Wochenplanarbeit* kann als eine Variante der Freiarbeit bezeichnet werden, wobei der Faktor Zeit eine besondere Beachtung erfährt. Zu Beginn einer Woche oder einer längeren Epoche planen die Schüler ihre Arbeiten für eine tägliche Freiarbeitsphase. In einen nur für sie bestimmten Stundenplan tragen sie ein, was sie wann arbeiten möchten. Anfangs werden die Schüler dabei noch von der Lehrerin unterstützt, indem diese sie auf mögliche Selbstüberforderungen oder -unterforderungen aufmerksam macht. Doch dann gelingt ihnen allmählich eine realistische Einschätzung ihrer Lernkapazitäten. Ziel dieser Konzeption ist es wiederum, die Selbstständigkeit und Eigenverantwortung zu fördern und einzufordern. So sollen sich Schüler nicht nur auf die Lernangebote der Lehrerin verlassen, sondern auch selbstständig nach geeigneten und für sie interessanten Aufgaben suchen, sich selbst Ziele setzen und diese verfolgen. Der individuelle Lernplan ist einem Vertrag vergleichbar, der zwischen Schüler und Lehrerin abgeschlossen wird. Der Schüler verpflichtet sich zur Einhaltung des Vertrages und die Lehrerin achtet auf dessen Erfüllung. Also muss der Schüler mit seiner Lernzeit sorgfältig umgehen, versuchen in der Zeit zu bleiben. Auf diese Weise können schon die Schüler im zweiten Schuljahr mit der Aufforderung »carpe diem!« (»pflücke den Tag!«, Horaz, Oden I,11,8, »nutze den Tag!«) vertraut gemacht werden. Niemand wird leugnen, dass es nicht erstrebenswert sei, verantwortlich mit der Zeit umzugehen und die Lernzeiten zu nutzen. Bei dieser Konzeption plant also die Lehrerin nicht den Unterricht, sondern sie fordert die Schüler auf, ihre eigenen Lernfolgen zu planen. Und natürlich lernen die Schüler dabei auch, wie man lernen kann.

Eine weitere Variante stellt die *Arbeit an Stationen* dar – man denke hier nicht unbedingt an einen Kalvarienberg. Lernstationen, die für die Schüler möglichst interessantes Material enthalten, können in vielfältiger Weise aufgebaut werden. So ist es z.B. denkbar, zu einem bestimmten Thema, »Unser Wald«, Materialien und Lernaufgaben zusammenzustellen, die sich auf einzelne Aspekte beziehen: Nadelhölzer, Laubhölzer, Nutzung des Waldes, Tiere des Waldes, Singvögel, Raubvögel, Schädlinge, Waldsterben, Jagd. In Verbindung mit diesen Stichwörtern lassen sich Lernstationen errichten. Die Schüler werden aufgefordert, sich mit jeder Station intensiv zu befassen, die gewonnenen Kenntnisse und Einsichten zu vermerken und die gestellten Aufgaben zu lösen. In unserem Beispiel wäre Partnerarbeit angesagt und die Schüler könnten sich von Station zu Station im Uhrzeigersinn bewegen. Unterschiedliche Bearbeitungszeiten lassen sich durch die Vielfalt bereitgestellter Materialien auffangen. Der Vorbereitungs- und Planungsaufwand erscheint beträchtlich, doch sind auch die Schüler für mehrere Stunden sinnvoll beschäftigt, bis sie alle Stationen durchlaufen haben. Und sie gewinnen zunehmend einen Überblick zum Thema »Unser Wald«. Sicherlich tauchen im Verlauf der Arbeit viele interessante Fragen und Probleme auf, die weiterführend beantwortet bzw. gelöst werden müssen.

Eine Unterrichtskonzeption, die viele Elterninitiativen auf den Plan gerufen hat, ist der *integrative Unterricht*. Er verfolgt das Ziel, möglichst alle Schüler, auch die sonderschulbedürftigen, in Regelschulen aufzunehmen – und so allmählich die Sonderschulen überflüssig werden zu lassen. Verständlich ist der Wunsch vieler Eltern, die in ihrer Familie ein behindertes Kind haben, dies nicht in die Sonderschule schicken zu wollen, weil sie eine Etikettierung oder Stigmatisierung befürchten.

In der Bundesrepublik Deutschland wurde in den letzten Jahrzehnten das Sonderschulwesen vorbildlich ausgebaut. Man selektierte die Schüler ihrer Behinderung entsprechend und bildete für sie Sonderschullehrerinnen aus, die auf den Umgang mit spezifischen Behinderungen spezialisiert sind, so auf den Umgang mit geistig behinderten Schülern, mit blinden, tauben, taubstummen Schülern, mit sprachbehinderten oder verhaltensauffälligen Schülern. Die Frage, wie sich mehrfachbehinderte Schüler betreuen lassen, bleibt weitgehend unbeantwortet.

So vorbildlich das ausgebaute Sonderschulwesen auch sein mag, so fragwürdig ist das Selektionsbestreben, welches dem Anliegen der sozialen Integration entgegensteht. Aufgrund der nationalsozialistischen Vergangenheit ist die Diskussion um einen integrativen Unterricht ideologisch stark belastet. Die Forderung, mehr Schüler in die Regelschulen zu integrieren, kann sicher unterstützt werden. Die Forderung, alle behinderten Schüler zu integrieren, erscheint hingegen utopisch (Feuser 1995; Fläming-Modell 1988).

Ein stark differenzierendes Sonderschulwesen lässt sich nur in Ländern einrichten und aufrechterhalten, in denen die Bevölkerungsdichte beträchtlich ist. Nur dann lassen sich noch die Fahrten zur Schule bewältigen. In Ländern mit geringer Bevölkerungsdichte, wie z.B. in den ländlichen Regionen Skandinaviens, besteht für sonderschulbedürftige Kinder nur die Möglichkeit einer Internatserziehung – oder sie werden doch in die örtlichen Schulen integriert. So erhalten z.B. Pädagogikstudentinnen in Finnland Intensivkurse zum Umgang mit behinderten Schülern, damit möglichst viele Kinder, die in der Nähe des Polarkreises wohnen, möglichst lange bei ihren Eltern und in ihrem Wohnort bleiben können. Eine gezielte Behandlung spezifischer Fähigkeitsdefizite lässt sich auf diese Weise allerdings nicht erreichen, obgleich einzelne Lehrerinnen auf diesem Gebiet auch ohne Spezialausbildung bemerkenswerte Lehrerfolge zu verzeichnen haben.

Dass eine nicht ausgebildete Sonderschullehrerin ein oder zwei sonderschulbedürftige Kinder in die Lerngruppe integrieren und es ihr gelingen kann, sich auf diese vorzüglich einzustellen, mag bei großem Engagement und Mithilfe der Eltern noch möglich sein. Die generelle Integration aller sonderschulbedürftigen Kinder in beliebige Lerngruppen ist allerdings nicht denkbar. Eine Lehrerin, die für 20 Schüler verantwortlich ist, kann nicht nebenbei mehrere Schüler mit unterschiedlichen Behinderungen beschulen. Hier ist sie auf die Kooperation mit Expertinnen, also Sonderschullehrerinnen, angewiesen. Aber auch die Kooperationsmodelle stoßen sehr bald an Grenzen. Sinnvoll erscheint die Integration einer kleinen Gruppe mit einer spezifischen Behinderung, z.B. fünf Schüler mit Sehschwächen in eine Lerngruppe, die etwa 20 Schüler umfasst, und die Kooperation zwischen der unspezifisch ausgebildeten Lehrerin mit der Sonderschullehrerin.

Soll die Konzeption des integrativen Unterrichts zum Tragen kommen, muss Planung des Unterrichts im Team erfolgen. Absprachen hinsichtlich der Differenzierungsmaßnahmen erscheinen unverzichtbar. Oder deutlicher formuliert – das Gelingen oder Misslingen eines integrativen Unterrichts ist von der Teamfähigkeit der beteiligten Lehrerinnen abhängig.

Eine weitere Unterrichtskonzeption, die nicht unerwähnt bleiben darf, weil sie immer wieder die didaktische Diskussion bestimmt und auch für zahlreiche Missverständnisse sorgt, ist der *handlungsorientierte Unterricht*. Er wendet sich gegen die lehrerzentrierte Vermittlung einseitig kognitiv akzentuierter Lerninhalte und gegen die überwiegend passiv-rezeptive Lernhaltung der Schüler im herkömmlichen Unterricht. Statt ihrer soll im handlungsorientierten Unterricht die Selbsttätigkeit, Selbstständigkeit und Kooperationsfähigkeit der Schüler in einer aktiven Auseinandersetzung mit Menschen, Sachen, Problemen und Zukunftsideen gefördert werden (Gudjons 1986; Meyer, H. 1992). Eine Begründung erhält diese Unterrichtskonzeption durch die veränderten Sozialisationsbedingungen mit ihren schwindenden Primärerfahrungen, dem Verlust ganzheitlich-sinnlicher Naturerfahrungen in einer medialen Welt, die eine Beschäftigung mit der Wirklichkeit weitgehend verhindert. Die bedeutsamen Elemente dieser Konzeption sind zunächst einmal die Handlungen der Schüler und der Lehrerin in Verbindung mit einem konkreten Lerninhalt, der solche Handlungsmöglichkeiten bietet. Gelehrt und gelernt wird ganzheitlich mit möglichst vielen Sinnen, also mit Herz, Kopf und Hand. Im Unterricht kooperieren Schüler und Lehrerin ähnlich wie beim Projektunterricht. Es findet – falls möglich – eine Öffnung des Unterrichts zur Erfahrungs- und Lebenswelt der Schüler statt. Und am Ende des Lehr-Lern-Prozesses steht wie beim Projektunterricht ein Produkt.

Die Konzeption des handlungsorientierten Unterrichts knüpft an viele übergeordnete Kriterien eines jeden qualifizierten Unterrichts an, so z.B. an die Bemühungen, den Unterricht auf die Erfahrungen der Schüler aufzubauen, die Schüler zu aktivieren, ihnen eine aktiv-produktive Lernhaltung zu ermöglichen, den Unterricht konkret und anschaulich zu gestalten, Zielvereinbarungen zu treffen und in einem gemeinsamen Lehr-Lern-Prozess auf ein vorzeigbares Ergebnis hinzuarbeiten. Eine weitgehende Überschneidung mit der Konzeption des Projektunterrichts lässt sich nicht übersehen. Und wie beim Projektunterricht liegen die Grenzen der Konzeption dort, wo auf den systematischen Aufbau von Lehr-Lern-Sequenzen nicht verzichtet werden kann, so z.B. im Mathematik- oder Englischunterricht. In solchen Lernbereichen lassen sich nur einzelne Handlungssituationen in einen lernzielorientierten Fachunterricht integrieren.

Als nächste Konzeption wird die *tutoriale Instruktion* beschrieben, weil sie zu einem Vergleich der Konzeptionen hinsichtlich der Lehr-Lern-Effektivität herangezogen werden soll. Tutoriale Instruktion setzt Schüler oder Studenten voraus, die sich überwiegend im Stadium der Selbstbildung befinden. Solche Lernenden suchen sich die Ziele selbst, verfolgen diese konsequent, sind fähig, Teilevaluationen zu vollziehen, sich selbstständig Informationen zu beschaffen und diese zu verarbeiten. Werden die Lernwiderstände zu groß, wenden sie sich an die Tutorin oder Lehrerin, sprechen mit ihr über die Schwierigkeiten und lassen sich beraten. Aufgabe der Tutorin ist es dann, zunächst einmal zuzuhören, Rückfragen zu stellen, zu klären, Lernhilfen nach dem Minimalprinzip zu geben und bei Bedarf so verständlich wie möglich zu erklären (Clark 1972).

In ähnlicher Weise wird im Rahmen der Freiarbeit verfahren, nur mit dem Unterschied, dass hier eine Lehrerin für die vielen Schüler einer Lerngruppe beratend tätig wird, während bei der tutorialen Instruktion eine extensive individuelle Beratung stattfinden kann.

Eine andere Unterrichtskonzeption, der *adaptive Unterricht,* läuft in vergleichbarer Weise ab (Schwarzer/Steinhagen 1975). Diese Konzeption kann im Krankenhaus oder im Bereich der Rehabilitation verfolgt werden, wenn die Lernangebote an die individuellen Lernvoraussetzungen angepasst werden müssen. Allen drei erwähnten Konzeptionen ist die weitgehende Individualisierung der Lernprozesse gemeinsam.

Abschließend wird der Versuch unternommen, zwei Fragen zu beantworten, die bei der Auswahl der Unterrichtskonzeption hilfreich sein können:

Welche der Konzeptionen erscheinen besonders effektiv?
Welche der Konzeptionen eignen sich für welche Alters- und Schulstufen?

Zur ersten Frage gibt es eine empirische Untersuchung von B. Bloom (1984) und seinen Doktoranden Anania und Burke. Sie verglichen die Lernleistungen von Schülern in verschiedenen Unterrichtskonzeptionen, die Leistungen im traditionellen Fachunterricht (conventional teaching) mit Leistungen im lernzielorientierten Unterricht (mastery learning) und Leistungen bei tutorialer Instruktion. Während im traditionellen Fachunterricht und im lernzielorientierten Unterricht das Verhältnis Lehrerin:Schüler 1:30 betrug, konnten sich die Tutorinnen auf einen Schüler konzentrieren und diesen individuell beraten und betreuen.

Wie die Abbildung zeigt, verteilen sich die Lernergebnisse im traditionellen Unterricht normal, d.h., bezogen auf unser Benotungssystem erhalten wenige Schüler die Noten 1 und 2 bzw. 5 und 6, das Gros der Schüler erhält die Noten 3 und 4. – Wurde lernzielorientiert unterrichtet, entfallen die Noten 5 und 6 weitgehend und es gibt schon mehr Schüler mit den Noten 1 und 2. Wo aber im Verhältnis 1:1 gelehrt und gelernt wurde, liegen fast alle Noten bei 1 oder 2.

Verteilung der Lernleistungen in verschiedenen Unterrichtskonzeptionen

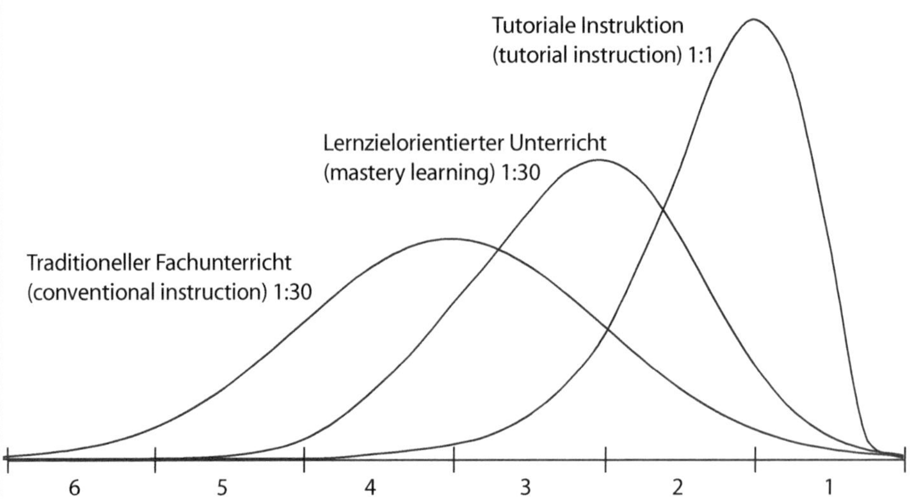

Bloom 1984, S. 5

Betrachtet man diesen Effektivitätsvergleich, so sollte der traditionelle Fachunterricht der Vergangenheit angehören. Ein Unterricht, in dem die Lehrerin ihre Kenntnisse vor den Schülern ausbreitet und diese in eine zumeist passiv-rezeptive Lernhaltung hineindrückt, ist nicht mehr zu verantworten.

Weitaus bessere Leistungen werden schon im lernzielorientierten Unterricht erreicht, wenn die Lehrerin mit den Schülern Ziele vereinbart und diese so lange anstrebt, bis sich zufrieden stellende Lehr-Lern-Ergebnisse abzeichnen.

Und die höchsten Leistungen werden schließlich bei tutorialer Instruktion erzielt, wenn sich eine Tutorin einem Schüler intensiv zuwendet, also im Einzelunterricht, der den größten Lernzuwachs zu verzeichnen hat, der aber nicht allen Schülern geboten werden kann, weil ein Verhältnis Lehrerin zu Schüler von 1:1 unbezahlbar ist.

Und auf die zweite Frage – welche Konzeptionen sich für welche Alters- und Schulstufe eignen – lassen sich folgende vorläufige Antworten finden. – In den ersten beiden *Grundschuljahren* empfiehlt es sich, überwiegend *gesamtunterrichtlich* und *ganzheitlich* zu verfahren, allerdings nicht im Sinne eines freien Gesamtunterrichts, der sofort jedem Einfall und jeder Laune folgt, sondern eher im Sinne eines *gebundenen Gesamtunterrichts,* in dem Ziele vereinbart und angestrebt werden. Da der Unterricht ohnehin von einer Klassenlehrerin erteilt wird, erscheinen die vielen Vorteile eines *Epochenunterrichts* gesichert. – Sobald die Schüler ihre eigenen Lernpläne schreiben können, ist es möglich, offenere Konzeptionen wie *Freiarbeit, Wochenplanarbeit* oder die *Arbeit an Stationen* zu verfolgen. Im dritten und vierten Grundschuljahr müssen diese Konzeptionen durch *lernziel- und problemorientierte* Unterrichtskonzeptionen ergänzt werden, so z.B. in den Lernbereichen Deutsch und Mathematik.

An weiterführenden Schulen, auf der *Sekundarstufe I,* empfiehlt sich ein *fächerübergreifender Epochenunterricht,* der immer dann, wenn es sich anbietet, in einen *Projektunterricht* übergehen sollte. Wo auf den systematischen Aufbau von sachlogisch bedingten Lehr-Lern-Sequenzen nicht verzichtet werden kann, bedarf es eines *lernziel-* und *problemorientierten Unterrichts.* Um die Selbsttätigkeit und Eigenständigkeit der Schüler zu fördern, ist auch an weiterführenden Schulen ein *Freiarbeitsangebot* wünschenswert.

Auf der *Sekundarstufe II* erscheint es sinnvoll, die Kombination – fächerübergreifender Epochenunterricht, Projektunterricht, lernziel- und problemorientierter Fachunterricht und Formen der Freiarbeit – fortzusetzen, allerdings mit einer deutlichen Akzentverschiebung. Der lernziel- und problemorientierte Fachunterricht kann in einen wissenschaftsorientierten Unterricht übergehen. Und bei der Freiarbeit können forschende Lernaktivitäten im Mittelpunkt stehen, um so die Studierfähigkeit der Schüler anzubahnen.

Um die *verschiedenen Unterrichtskonzeptionen* mit professionellem Anspruch initiieren und realisieren zu können, bedarf es *unterschiedlicher Qualifikationen und Handlungskompetenzen,* so z.B. in Verbindung mit dem *Gesamtunterricht* die Bereitschaft und Fähigkeit, den Schülern zuzuhören, deren Interessen und Lernbedürfnisse aufzugreifen, *mit den Schülern* zu *denken, mit ihnen* zu *fühlen,* sich auf die Schüler einzulassen, sich immer wieder neu auf sie einzustellen und den Unterricht dem Prozess entsprechend täglich neu zu planen.

Wer *Freiarbeit* durchführen möchte, benötigt primär *lerndiagnostische Fähigkeiten,* d.h. die Fähigkeit, die Lernmöglichkeiten einzelner Schüler zu erkennen, um ihnen dann ein angemessenes Lernangebot unterbreiten zu können (Helmke/Weinert 1997).

Wird *fächerübergreifend* vorgegangen, muss man bereit und in der Lage sein, sich immer wieder in neue Lerninhalte einzudenken und einzuarbeiten, die außerhalb der studierten Fächer liegen, d.h. man muss *Freude an fachfremden Überlegungen* haben.

Die Konzeption des *Projektunterrichts* erfordert die Bereitschaft zu einem Rollenwechsel, die Bereitschaft, sich *als Lehrende in die Gruppe der Lernenden hineinzustellen,* mit den Schülern die Projektinitiative zu beraten, mit ihnen mögliche Vorgehensweisen zu diskutieren, mit ihnen gemeinsam einen Projektplan zu erarbeiten, Vereinbarungen zu treffen, sich als Lehrerin zurückzunehmen, das übergeordnete Anliegen des sozialen Lernens zu sehen und ihm entsprechend die sozialen Prozesse eher indirekt zu steuern.

Was die Konzeption des *integrativen Unterrichts* anbelangt, so kann man nach der Leitlinie verfahren: so viel Integration wie möglich und die Grenzen integrativen Bemühens sehen lernen.

Elemente eines *handlungsorientierten Unterrichts* sollten in jeder anderen Konzeption auftreten. Denn alle Schüler sind erfreut, wenn der Unterricht so konkret wie möglich und lebensnah gestaltet wird, wenn man ihnen Gelegenheiten bietet, aktiv zu werden und zu handeln, wenn man ihnen Primärerfahrungen ermöglicht und sie aus einer überwiegend passiv-rezeptiven Lernhaltung herausholt. Diese selbstverständlichen Elemente finden sich in den allgemeinen Leitlinien eines qualifizierten Unterrichts wieder.

Unterrichtskonzeptionen und ihre Schwerpunkte

Unterrichtskonzeptionen	Schwerpunkte
• Traditioneller Fachunterricht	Fachkenntnisse der Lehrerin, Lehrplanorientierung, Struktur einer Disziplin, Produktorientierung
• Wissenschaftsorientierter Unterricht	Elemente und Strukturen einer Wissenschaftsdisziplin, Methoden
• Gesamtunterricht	Interessen und Lernbedürfnisse der Schüler, ganzheitliches Vorgehen
• Fächerübergreifender Unterricht	Elemente aus mehreren Fächern werden verknüpft, Sinneinheiten, Unterrichtseinheiten, vernetztes Lehren und Lernen
• Lernzielorientierter Unterricht	Lernzielbereiche, Lernzielebenen, Lernzielsequenzen, schrittweises Vorgehen, überprüfbare Ergebnisse
• Problemorientierter Unterricht	Problemstellung, Hypothesen zur Problemlösung, Steigerung der Problemlösefähigkeit
• Epochenunterricht	Konzentration auf ein Thema, Kontinuität des Lehrens und Lernens
• Projektunterricht	Vorzeigbares Ergebnis, gemeinsame Planung und Durchführung, soziales Lernen, Evaluation durch retrospektive Metareflexion
• Offener Unterricht, Freiarbeit, Wochenplanarbeit, Arbeit an Stationen	Förderung individueller Begabungen, Berücksichtigung der Lernmöglichkeiten eines jeden Schülers, Lernangebote, freie Wahl, individuelle Lerntempi, heterogene Lernergebnisse
• Integrativer Unterricht	Gemeinsame Beschulung behinderter und nicht behinderter Schüler, soziale Integration
• Handlungsorientierter Unterricht	Primärerfahrungen, Lebensnähe, Handlungssituationen, Aktivierung der Schüler
• Tutoriale Instruktion	Lehrerin: Schüler Verhältnis 1:1, adaptives Vorgehen, Prinzip der Passung, höchste Effektivität

9 Lehr-Lern-Strategien relativieren und kombinieren

Eine *Strategie* wird langfristig verfolgt, sie hat eine Zielsetzung, sollte möglichst effizient und flexibel zu handhaben sein. Wenn es in einem demokratischen Gesellschaftssystem eine Zielsetzung für Erziehung und Bildung gibt – die mündige Staatsbürgerin und den mündigen Staatsbürger – stellt sich sofort die Frage, mit welcher Strategie ein solches Ziel erreicht werden kann. Die Antworten können ganz unterschiedlich ausfallen und deshalb soll der Versuch unternommen werden, am Ende dieses Beitrags eine vermittelnde Antwort zu finden.

In der Pädagogischen Psychologie gibt es zwei zentrale Richtungen oder Lehr-Lern-Strategien, die entdeckenlassende Lehr-Lern-Strategie und die expositorische Lehr-Lern-Strategie (Eigler et al. 1975). Die Vertreter und Befürworter der einen wie der anderen behaupten, über die bessere Strategie zu verfügen. Wem ist da zu glauben?

Einer der Hauptvertreter der *entdeckenlassenden Lehr-Lern-Strategie* ist Jerome S. Bruner (1970). Er hat für seine Strategie viele Anhänger gefunden, so unter den Befürwortern humanistischer Ansätze des Lehrens und Lernens. Sie alle gehen davon aus, dass die Schüler ja von sich aus lernen wollen und man ihnen deshalb nicht zu sagen braucht, was sie lernen sollen. Es genügt, ihnen Lernangebote zu unterbreiten, dann nehmen die Schüler die Lernprozesse auf und begeben sich eigenständig auf eine Erkundungsfahrt, entdecken neue Kenntnisse, Einsichten und gewinnen für sich neue Erkenntnisse. Sie lernen so, wie man forscht, frei von der Bevormundung durch eine Lehrerin. Und sie sind bald in der Lage, eigene Pflanzen zu züchten.

Das sieht der Hauptvertreter der *expositorischen Lehr-Lern-Strategie,* David Ausubel (1969, 1974), natürlich ganz anders. Er argumentiert, dass Schüler seit Jahrtausenden auf Lehrerinnen angewiesen waren und deshalb auch heute und künftig auf sie angewiesen sein werden. Die Schüler möchten vom Kenntnis- und Erfahrungsvorsprung ihrer Lehrerin profitieren. Es ist die Aufgabe der Lehrerin, die Schüler schrittweise an neue Einsichten heranzuführen, und dazu bedarf es immer wieder zahlreicher Erklärungen, Demonstrationen und Vorträge. Als Expertin für Instruktionsprozesse arbeitet die Lehrerin häufig mit einem »advanced organizer«, d.h. sie überlegt sich, wie die Struktur der Vorkenntnisse aussieht, die erforderlich ist, um dem nachfolgenden Prozess folgen zu können. Und sie schickt oft diese Vorkenntnisstruktur verständlich voraus, damit auch die leistungsschwachen Schüler dem Unterricht folgen können. Und Ausubel argumentiert: Fehlt einem Schüler ein zentraler Begriff, kann er nicht mehr mitdenken. Also muss die Lehrerin neue Begriffe sorgfältig definieren. – Die Befürworter der entdeckenlassenden Strategie spotten über ein solches Vorgehen und behaupten, hier liefere man den Schülern nur Schnittblumen.

Um differenziertere Überlegungen anstellen und den Sachverhalt beurteilen zu können, sollen die beiden Strategien zunächst einmal gegenübergestellt werden.

Vergleich		
Vergleichskategorie	**Endeckenlassende Strategie** – Bruner	**Expositorische Strategie** – Ausubel
Lehrerrolle	tritt zurück	tritt hervor
Schülerrolle	tritt hervor	tritt zurück
Lernhaltung	eher aktiv-produktiv	eher passiv-rezeptiv
Lehrstil	beratend, indirekt	fordernd, direkt
Lernzeiten	flexibel	starr
Lerntempo	individuell	vorgegeben
Lernschwierigkeiten	werden eigenständig bewältigt	werden mithilfe der Lehrerin beseitigt
Lernlücken	treten nicht auf	werden nicht sichtbar
Prüfungen	erfolgen individuell	werden vorgegeben
Lerninhalte und Ziele	werden vereinbart	werden vorgegeben
Medien	wählt der Schüler zumeist selbst	bringt die Lehrerin ein
Methoden	wählt oder entdeckt der Schüler eigenständig	werden vorgegeben
Lernbedürfnisse	werden berücksichtigt	werden oft nicht berücksichtigt
Motivation	überwiegend intrinsisch	überwiegend extrinsisch
Lernvoraussetzungen	werden voll berücksichtigt	werden nicht immer berücksichtigt
Lernergebnisse	heterogener	homogener
Behaltwerte	höher	geringer
soziales Lernen	Sozialkontakte werden selbst geknüpft	Sozialkontakte sind oft unerwünscht
Selbstständigkeit	größer	geringer
Anliegen der Mündigkeit	wird besser gefördert	wird weniger gefördert
...	...	...

Auf den ersten Blick erscheint die entdeckenlassende Lehr-Lern-Strategie der expositorischen weit überlegen. Da lernen die Schüler von sich aus, aktivieren ihr internes Lernsystem, suchen nach Medien, setzen sich Ziele, verfolgen diese, holen sich manchmal Rat bei der Lehrerin oder einem Mitschüler, evaluieren die Teil- und Endergebnisse selbstständig, erwerben immer wieder neue Lerntechniken, Methoden und Lernstrategien. Man könnte meinen – dies sei das didaktische Paradies. – Die Lehrerin verhält sich eher indirekt, hört zu, beobachtet und berät. –

Die expositorische Lehr-Lern-Strategie erscheint vergleichsweise finster und altmodisch. Die Lehrerin lenkt die Aufmerksamkeit auf sich, erwartet die Einschränkung individueller Bedürfnisse, also Disziplin, sie gibt zumeist die Inhalte, Ziele, Methoden und Medien vor, bringt Frage- und Problemstellungen ein und fordert dazu auf, sie zu beantworten bzw. zu lösen. Und dann kommen die Ergebniskontrollen in Form von Tests, in denen die Lernlücken sichtbar werden. – Mit einer solchen Strategie werden Untertanen erzogen, nicht aber freie Bürger gebildet.

Betrachtet man den Unterricht, wie er generell an Schulen abläuft, überwiegt bei weitem die expositorische Lehr-Lern-Strategie. Dies gilt sicher nicht nur für die Schulen in der Bundesrepublik Deutschland, sondern auch für den Unterricht in anderen Staaten. Das muss seine Gründe haben.

Bei dieser Gegenüberstellung wurde davon ausgegangen – ohne dies explizit zu betonen – dass bei der entdeckenlassenden Lehr-Lern-Strategie die Prozesse individuell gestaltet werden, bei der expositorischen Strategie der Unterricht in einer Lerngruppe stattfindet. Unterrichtskonzeptionen wie Freiarbeit, adaptiver Unterricht oder Unterricht im tutorialen System erfordern jedoch *überschaubare Gruppen* oder sehr viele Lehrerinnen. Allein schon aus Kostengründen wird es auf absehbare Zeit nicht möglich sein, von einer überwiegend expositorischen auf eine entdeckenlassende Strategie überzugehen. Weltweit wird man auch künftig nicht darauf verzichten können, Schüler in Lerngruppen zu unterrichten.

Zur konsequenten Umsetzung einer entdeckenlassenden Lehr-Lern-Strategie bedarf es außerdem *Rahmenbedingungen,* die an vielen Schulen heute nicht gegeben sind. So benötigt z.B. die Lerngruppe einen Arbeitsraum, der ihr allein zur Verfügung steht, eine großzügige Medienausstattung, Zugang zum Internet, jeder Schüler seinen Arbeitsplatz, möglichst direkte Anbindung an eine Schulbibliothek, an Laboratorien, die Plätze zum Experimentieren bieten … Rahmenbedingungen dieser Art finden sich heute an einigen gut geführten Grundschulen. An weiterführenden Schulen sind sie selten anzutreffen.

Einige Lernbereiche eignen sich für die entdeckenlassende Strategie, *andere Lernbereiche eignen sich weniger gut.* So erscheint es sinnvoll, in den naturwissenschaftlichen Fächern und in den Fächern Mathematik, Kunst- und Werkerziehung so oft wie möglich entdeckenlassend zu verfahren, sofern die Rahmenbedingungen gegeben sind. Der Deutschunterricht und die Fremdsprachen eignen sich hingegen weniger gut, denn sie leben schließlich von der Interaktion und Kommunikation, aber auch vom Sprachvorbild der Lehrerin. Es ist schwer vorstellbar, das sich ein elfjähriger Schüler im Rahmen einer entdeckenlassenden Strategie die englische Sprache aneignet, allein mit den ihm zur Verfügung stehenden technischen Medien, er die korrekte Aussprache des »th« entdeckt, die Pronounciation und die Intonation und er im fortgeschrittenen Alter den ACI – Akkusaktiv cum Infinitiv – entdeckt.

Besonders jüngere *Schüler sind noch nicht ohne weiteres zu einem selbstständigen Lernen befähigt,* denn diese Fähigkeit wird beim entdeckenlassenden Lehren und Lernen erwartet. Jüngere Schüler sind auf zahlreiche Sozialkontakte mit der Lehrerin und ihren Mitschülern angewiesen. Sie können noch nicht vom eigenen Lernprozess abstrahieren, also Inhalte sichten, eine Auswahl treffen, sich Ziele setzen, diese bewusst ansteuern, Teilevaluationen vollziehen, erneut das interne Lernsystem aktivieren, die Volition stärken, den Lernprozess weiterführen u.a.m. Bei der Wochenplanarbeit und Freiarbeit werden solche Ziele angestrebt, aber noch selten erreicht.

Und auch die älteren Schüler an den weiterführenden Schulen verfügen in der Mehrzahl noch nicht über die Fähigkeit zum selbst gesteuerten Lernen. Im Gegenteil, in der Pubertät erscheint ihnen schulisches Lernen manchmal gänzlich unerwünscht. Und *diese Schüler befinden sich noch nicht im Stadium der Selbstbildung.* Es kann nicht davon ausgegangen werden, dass alle Schüler begabt und antriebsstark genug sind, um sich motiviert in entdeckenlassende Prozesse zu involvieren. Auch an der nordamerikanischen Modellschule (vgl. S. 116f.) gab es nur einen Jimmy. Was geschieht also mit den weniger begabten und antriebsschwachen Schülern, benötigen diese nicht doch die direkte Ansprache durch die Lehrerin, die ihnen kurzzeitig erreichbare Ziele setzt?

Eine entdeckenlassende Strategie führt bei den Schülern zu sehr unterschiedlichen Lernergebnissen. Nun ist das zwar nicht weiter schlimm, schließlich profitiert jeder Schüler in jedem Unterricht in unterschiedlicher Weise. Doch um entdeckenlassend tätig werden zu können, benötigen Schüler elementare Kenntnisse und grundlegende Einsichten, und die lassen sich auf sinnvolle Art und ökonomisch vertretbar in Lerngruppen vermitteln.

Fassen wir zusammen: Je nach Lernbereich oder Fach empfiehlt es sich, die eine oder andere Lernstrategie zu verfolgen, nicht in Ausschließlichkeit, aber mit unterschiedlichem Akzent. Grundlegende Kenntnisse und Einsichten werden auch künftig in Lerngruppen überwiegend expositorisch vermittelt werden. Bei jüngeren und weniger begabten Schülern müssen erst die Fähigkeiten entwickelt werden, die ihnen ein weitgehend selbst gesteuertes entdeckendes Lernen ermöglichen. Allgemein betrachtet, drängt sich der Eindruck auf, dass die Möglichkeiten, Schüler in entdeckenlassende Prozesse zu involvieren, keinesfalls ausgeschöpft sind. Um auch im internationalen Vergleich zu bestehen und das lebenslange Lernen Wirklichkeit werden zu lassen, ist es notwendig, die Rahmenbedingungen so zu verändern, dass entdeckenlassende Lehr-Lern-Prozesse vermehrt initiiert und realisiert werden können.

Eine Lehrerin, die für den nächsten Schultag eine Unterrichtsstunde plant, kann mit diesem Resümee wenig anfangen. Sie vermag auch nicht Schüler, die ausschließlich expositorisch instruiert worden sind, von einem Tag auf den anderen umzustellen. Sie kann aber darauf achten, dass die Stunde eine *aktiv-produktive Lernphase* enthält, in der die Schüler eine anspruchsvolle Lernaufgabe zu bewältigen haben oder in der es etwas zu Entdecken gibt.

Kommen wir auf die eingangs gestellte Frage zurück, mit welcher Strategie sich die übergeordnete Zielsetzung – mündige Staatsbürgerinnen und Staatsbürger – besser verfolgen lässt, so fällt die Antwort nicht besonders schwer. Natürlich ist in diesem Zusammenhang die entdeckenlassende Lehr-Lern-Strategie zu favorisieren. Und wer mündig ist, der ist auch zu selbst gesteuertem Lernen fähig. Doch muss in Zweifel gezogen werden, ob alle Schüler dieses Ziel erreichen. – Und dann sind auch mündige Bürgerinnen und Bürger bereit und in der Lage, sich bei Fortbildungsveranstaltungen in expositorische Prozesse zu integrieren. Das übergeordnete Lehr- und Erziehungsziel der Mündigkeit ist also keinesfalls nur von der einen oder anderen Lehr-Lern-Strategie abhängig.

Planungsrelevante Fragestellungen zur Verfolgung unterschiedlicher Lehr-Lern-Strategien

- Welche Strategie bietet sich im Hinblick auf die ausgewählten Lerninhalte und die beabsichtigten Ziele an?
- Verfügen die Schüler über die erforderlichen Lernvoraussetzungen, um sowohl expositorische als auch entdeckenlassende Prozesse zu durchlaufen?
- Welche spezifischen Lernvoraussetzungen müssen gefördert werden, um beide Strategien verfolgen zu können?
- Welche Rahmenbedingungen sind zu schaffen und welche Vorbereitungen sind zu treffen?
- Wie lässt sich ein expositorisches Vorgehen optimieren? – Schrittweise Vorgehen, eindeutige Fragen, verständliche Erklärungen, anregende Kurzvorträge, anschauliche Demonstrationen, informative Zeichnungen, durchdachter Medieneinsatz, lebendige Aussprachen und Diskussionen.
- Wie lässt sich ein entdeckenlassendes Vorgehen optimieren? – Vereinbarung von Regeln, Präsentation von Lernmöglichkeiten, Unterbreitung von Lernangeboten, Ermutigung, Förderung der Eigenständigkeit, differenziertes Feedback, Beratung.
- Wie lassen sich beide Strategien kombinieren?

10 Nach geeigneten Methoden suchen

Die Frage, wie im Unterricht vorgegangen werden könnte, beschäftigt jede Lehrerin, die Unterricht plant. Die Antwort ist aber nicht leicht zu finden, weil es eine gegen unendlich strebende Anzahl von Methoden gibt.

Unter »Methode« (gr. méthodos = der Weg) wird hier jener Weg verstanden, den die Lehrerin mit ihren Schülern gehen möchte. Aus ihrer Perspektive handelt es sich um einen Lehrweg, aus der Perspektive der Schüler um einen Lernweg. Vereinbaren Lehrerin und Schüler einen Weg, dann wird dieser zum Lehr-Lern-Weg und es findet Metaunterricht statt. Wenn die planende Lehrerin nach einer geeigneten Methode sucht, nimmt sie laufend einen Perspektivenwechsel vor, d.h. sie denkt darüber nach, wie sich die Schüler während des Spaziergangs oder der Wanderung fühlen und was sie denken werden. Am Anfang des Weges stehen die Lehr- und Lernvoraussetzungen, am Ende des Weges die Lehr- und Lernergebnisse. Und die Wegstrecke lässt sich untergliedern in Schritte oder Abschnitte oder Teilstrecken. Für die Art, wie sich ein solcher Weg zeigt, kennt die Fachliteratur den Begriff »Artikulationsschema«.

Als einer der ersten Pädagogen kam Johann Friedrich Herbart (1776–1841) auf die Idee, mit seiner Formalstufentheorie den Lehrerinnen die Richtung zu weisen. Er unterbreitete den Vorschlag, den Unterricht in zwei Phasen – Vertiefung und Besinnung – und vier Schritte oder Stufen – Klarheit, Assoziation, System und Methode – zu gliedern.

I.	Vertiefung		
	1.	Klarheit	= Der einzelne Gegenstand wird klar und in allen Einzelheiten vor Augen geführt bzw. erkannt.
	2.	Assoziation	= In freier Gedankenbildung werden alle nur denkbaren geistigen Erkenntnisse aus der Erinnerung in Verbindung zu dem Erlernten gesetzt.
II.	Besinnung		
	3.	System	= Die Verbindung des erkannten einzelnen zu den bisherigen Erkenntnissen wird systematisch aufbereitet, eine Einordnung findet statt.
	4.	Methode	= Die Erkenntnis wird angewendet, wobei sie sich verifiziert.
entnommen: Peterßen 1982, S. 358			

Diese Formalstufentheorie beinhaltete den Versuch, den Unterricht systematisch zu planen. Und wenn wir diesen Vorschlag mit möglichen Lerninhalten in Beziehung setzen, erscheint er uns auch heute noch sinnvoll und praktikabel. Allerdings kann diese Theorie nicht den Anspruch erheben, allgemein gültig zu sein.

Diederich (1979) führt dazu aus:

> »*In der Geschichte der Pädagogik hat sich ein ganzes Arsenal von Unterrichtssequenzen angehäuft, an dem sich der Lehrer mehr oder minder bewusst orientieren kann. ›Hören – Sprechen – Lesen – Schreiben‹ als Standardabfolge von Tätigkeiten im Fremdsprachenunterricht. ›Sehen –Beurteilen – Handeln‹ oder ›Lesen – Darstellen – Begreifen‹ sogar als Titel von Schulbüchern, ›Anschauen – Denken – Anwenden‹ (Dörpfeld), ›Vorbereitung – Darbietung – Verknüpfung – Zusammenfassung – Anwendung‹ (Rein) oder ›Analyse – Synthese – Assoziation – System – Methode‹ (Ziller) sind die klassischen ›Artikulationsschemata‹ der herbartianischen Schule, ›Zielsetzung – Planung – Ausführung –Beurteilung‹ in der ›Projektmethode‹ oder ›Einstimmung – Erlebnis – Ausklang‹ in der Erlebnispädagogik und schließlich moderner und zugleich komplizierter ›Hinwendung – Vorbereitung – Erarbeitung – Vertiefung – Befestigung – Gestaltung – Ablösung – Entspannung‹ (H. Bach) oder ›Motivation – Schwierigkeiten –Lösung – Tun – Behalten – Übertragung‹ (H. Roth) – dies alles sind Lösungsvorschläge zu unserem Problem.« (a.a.O., S. 431f.)*

Das letztgenannte Artikulationsschema von H. Roth ist eines der bekanntesten. Er glaubte aufgrund von Beobachtungen, sechs Stufen für schulisches Lehren und Lernen ausweisen zu können, wobei er zwischen indirektem und direktem Lernen zu unterscheiden wusste. Wenn wir diese sechs Stufen auf ein Lerngebiet wie z.B. Mathematik beziehen, erscheint auch dieser Vorschlag einsichtig und begründet. Allerdings lassen sich die Stufen nur im Hinblick auf eine Unterrichtseinheit sehen. Für eine Stunde oder Doppelstunde kommen nur einige Stufen in Betracht, z.B. für eine Einführung in ein neues Thema die Stufen 1-3, für die Weiterführung des Themas die Stufen drei und vier und für eine Übungsstunde die Stufen fünf und sechs. – Doch gegen den weiten Weg von der Motivation zur Integration – lässt sich als idealtypische Betrachtung eines möglichen Unterrichtsverlaufs kaum etwas einwenden.

Aschersleben (1979) führt zur Frage der Artikulation des Unterrichts aus:

> »*Sowohl in älteren wie auch neueren Unterrichtstheorien und -lehren werden minimal drei bis maximal ein Dutzend Artikulationsschritte vorgeschlagen. Legt man eine Vierstufigkeit zugrunde, so erhält man folgendes minimales und offenes Artikulationsschema:*
>
> *1. Stufe: Ausgangssituation …*
> *2. Stufe: Erarbeitung …*
> *3. Stufe: Verarbeitung …*
> *4. Stufe: Sicherung …«* (a.a.O., S. 21)

Artikulationsschema nach H. Roth			
Stufe	**indirektes Lernen**	**direktes Lernen**	**Lehren**
1. Motivation	Eine Handlung kommt zustande.	Ein Lernwunsch erwacht.	Ein Lernprozess wird angestoßen (eine Aufgabe gestellt, ein Motiv erweckt).
2. Schwierigkeiten	Die Handlung gelingt nicht. Bisherige Verhaltensqualifikationen reichen nicht aus. Ringen mit Schwierigkeiten.	Die Übernahme oder der Neuerwerb einer gewünschten Leistungsform macht Schwierigkeiten.	Lehrer entdeckt die Schwierigkeiten der Aufgaben für den Schüler bzw. die kurzschlüssige oder leichtfertige Lösung des Schülers.
3. Lösung	Ein neuer Lösungsweg zur Vollendung der Handlung oder Lösung der Aufgabe wird durch Anpassung, Probieren oder Einsicht entdeckt.	Die Übernahme oder der Neuerwerb der gewünschten Leistungsform erscheint möglich und gelingt mehr und mehr.	Der Lehrer zeigt den Lösungsweg oder lässt ihn finden.
4. Tun und Ausführen	Der neue Lösungsweg wird aus- und durchgeführt.	Die neue Leistungsform wird aktiv vollzogen und dabei auf die beste Form gebracht.	Der Lehrer lässt die neue Leistungsform durchführen und ausgestalten.
5. Behalten und Ausüben	Die neue Leistungsform wird durch den Gebrauch im Leben verfestigt oder wird vergessen und muss immer wieder neu erworben werden.	Die neue Verhaltens- oder Leistungsform wird *bewusst* eingeübt. Variationen der Anwendungsbeispiele. Erprobung durch praktischen Gebrauch, Verfestigung des Gelernten.	Der Lehrer sucht die neue Verhaltens- oder Leistungsform durch Variation der Anwendungsbeispiele einzuprägen und einzuüben. Automatisierung des Gelernten.
6. Bereitstellen, Übertragung, Integration	Die verfestigte Leistungsform steht für künftige Situationen des Lebens bereit oder wird in bewussten Lernakten bereitgestellt.	Die eingeübte Verhaltens- oder Leistungsform bewährt sich in der Übertragung auf das Leben oder nicht.	Lehrer ist erst zufrieden, wenn das Gelernte als neue Einsicht, Verhaltens- oder Leistungsform mit der Persönlichkeit verwachsen ist und jederzeit zum freien Gebrauch im Leben verfügbar ist. Übertragung auf das Leben wird zu lehren versucht.
entnommen: Peterßen 1982, S. 359			

Dieser Weg mit den vier Schritten wird also einerseits als Mindeststrecke genannt, die es zu durchlaufen gilt, andererseits als »offen« bezeichnet, um anzudeuten, dass es nicht nur einen Weg geben kann, sondern viele verschiedene Wege zum Ziel führen können.

Die in der pädagogischen Literatur ausgewiesenen Vorschläge zur Methode stellen sich unübersichtlich dar, weil sie sich auf ganz verschiedenen Ebenen bewegen. Einige Autoren glauben, einen Weg für »Unterricht« schlechthin vorgeben zu können. Andere Autoren – und dies betrifft vor allem Vertreterinnen der Fachdidaktik/Fachmethodik – bemühen sich um Wegbeschreibungen für das von ihnen zu vertretende Lehrgebiet. Sodann betrachten Autoren den Weg in Verbindung mit einer Unterrichtseinheit und den in ihr ablaufenden Lernprozessen. Doch welcher Weg im Hinblick auf eine zu planende Stunde oder Doppelstunde einzuschlagen ist, bleibt offen. Wie letztlich vorgegangen werden soll, muss die planende Lehrerin selbst entscheiden.

Allein die Vielzahl der beschriebenen Artikulationsschemata macht deutlich, dass es niemals eine Einigung und Festlegung auf ein bestimmtes Schema geben kann und darf. Wer sich auf ein Schema festlegt, also immer wieder denselben Weg beschreitet, endet in *Methodenmonotonie*. Wenn bei einer Lehrerin der Unterricht nach einem bestimmten Schema abläuft, wie z.B. Hausaufgabenkontrolle, Vortrag, Frage-Antwort-Spiel, Hausaufgaben, sinken die Lernmotivation und das Aktivitätsniveau der Schüler stark ab.

Stattdessen ist *Methodenvielfalt* angesagt, die den Unterricht für die Schüler lebendig und abwechslungsreich werden lässt. Dabei gibt es eine offene Frage, ob nämlich eine zu große Vielfalt auf die Schüler irritierend wirken kann. Vielleicht ist es sinnvoller, eine begrenzte Anzahl bewährter Methoden zu praktizieren und diese zu variieren, Methoden, an denen sich die Schüler orientieren können?

Im Unterricht selbst bedarf es oft des *Methodenwechsels*. So muss ein anderer Weg eingeschlagen werden, wenn z.B. die Konzentration der Schüler nachlässt, eine Lernlücke sichtbar wird, die es zu schließen gilt, oder wenn ein Schülerbeitrag eine Richtungsänderung nahe legt. Ein möglicher Methodenwechsel lässt sich manchmal vorhersehen und einplanen, doch meist erfolgt er aus dem Prozessgeschehen heraus.

Wer Methodenvielfalt praktiziert und zum Methodenwechsel fähig ist, verfügt über ein breites *Methodenrepertoire*. Anspruchsvolle Lehrerinnen sind ständig um die Ausweitung ihres Repertoires bemüht. Zur Ausweitung können Lehrveranstaltungen, Praktika, Hospitationen, Fortbildungsveranstaltungen sowie das Studium der einschlägigen Fachliteratur dienen. So ist es z.B. möglich, in einer Lehrveranstaltung mit dem Titel »Übungen zur methodischen Kreativität« über 30 verschiedene Wege zur Behandlung eines lyrischen Gedichtes zu suchen und zu erproben. Oder es ist denkbar, sich zahlreiche Anregungen bei Bönsch (1991), Klippert (2000), Gugel (1998) oder Terhart (2000) zu holen, so z.B. für die Anfangssituation methodische Anregungen wie »das Vier-Ecken-Spiel, 99 Fragen, Porträts als Schattenriss, Körperumrisse, Motivationsplakat, Zeitleiste, Presseschau oder Mein T-Shirt«.

Generell muss von einer Lehrerin erwartet werden, dass sie sich für *neuartige Methoden* offen hält, sie aufgreift, mit ihnen experimentiert und – falls sie die Methode als sinnvoll erachtet – in das vorhandene Repertoire integriert. Fehlt diese Offenheit, besteht die Gefahr der Methodenmonotonie und des Burnout-Syndroms. Lehrerinnen, die sich in den Stadien der Frustration oder Apathie befinden, praktizieren immer wieder die gleichen Methoden oder betreiben *Methodenwillkür.* Letztere ist durch Beliebigkeit, Sprunghaftigkeit und fehlende Effizienz gekennzeichnet und verunsichert die Schüler stark. Willkür liegt z.B. vor, wenn eine Lehrerin im Englischunterricht heute von allen Beteiligten Einsprachigkeit verlangt und am nächsten Tag Deutsch mit den Schülern spricht. Methodische Willkür ist so an fehlende Konsequenz gekoppelt.

Betrachtet man die vielen verschiedenen Wege, lassen sich geeignete oder bewährte, ungeeignete und fragwürdige Methoden unterscheiden. Die geeigneten oder *bewährten Methoden* gründen sich auf positive Erfahrungen, welche die Lehrerinnen während der eigenen Schulzeit oder im Verlauf ihrer beruflichen Sozialisation gesammelt haben. Und es spricht wenig dagegen, solche bewährten Methoden immer wieder einzusetzen. Als Beispiel sei hier die »Einführung in das Kartenverständnis« angeführt – Heimat- und Sachunterricht, viertes Schuljahr. – Benötigt werden ein Sandkasten, eine Glasplatte, Marker, mit denen die Glasplatte beschrieben werden kann, ein Kompass und eine Landkarte bzw. ein Plan vom Schulort. Folgende Methode hat sich bewährt:

- Schüler und Lehrerin richten mithilfe des Kompass den Sandkasten in Nord-Süd-Richtung aus.
- Dann bauen sie den Schulort im Sandkasten nach.
- Sie legen die Glasplatte auf den Sandkasten.
- Dann zeichnen sie die Straßen und Wege auf der Platte ein, überlegen sich Symbole für die Kirche, die Ruine etc. und tragen diese ein.
- Sodann stellt man die Glasplatte senkrecht auf und bewundert die »Karte« bzw. den »Plan«.
- Schließlich wird der eigene mit dem gedruckten verglichen, es wird über den Maßstab nachgedacht, es werden Umrechnungen vorgenommen u.a.m.

Weiterhin lassen sich *effiziente Methoden* von weniger effizienten unterscheiden. Erstere führen die Schüler in kurzer Zeit mit geringem Aufwand zum erwünschten Ziel. Als Beispiel sei ein eleganter Lösungsweg für eine Mathematikaufgabe genannt, über den alle Beteiligten staunen. Und es gibt weniger effiziente Methoden, bei denen die Schüler mehr Zeit und Kraft investieren müssen und erst auf Umwegen zum Ziel gelangen. Im vorübergehenden Scheitern, im eigenständigen Überwinden von Lernschwierigkeiten liegt sicher auch eine große Lernchance für die Schüler. Und sind die Lernbemühungen schließlich erfolgreich, sind die Freude und Genugtuung über den Lernerfolg besonders groß. Wahrscheinlich wird auch die Selbstwirksamkeit erhöht, die Bereitschaft, sich schwierigen Aufgaben zu stellen und sich so lange mit ihnen zu befassen, bis ein befriedigendes Ergebnis vorliegt. – Aber die Tatsache, dass weniger effiziente Methoden aus lernpsychologischer Sicht sogar wirksamer sein können, darf eine Lehrerin nicht davon abhalten, mit ihren Schülern nach effizienten Methoden zu suchen. Mit der vorbeschriebenen Einschränkung sollte auch in der Schule der arbeitswissenschaftliche Grundsatz Vorrang haben, mit dem geringsten Aufwand an Zeit und Kraft den größtmöglichen Erfolg zu erzielen.

Neben den bewährten und effizienten Methoden werden leider auch ungeeignete und fragwürdige Methoden praktiziert. *Ungeeignete Methoden* lösen bei den Schülern Lern- und Versagensängste aus und verstärken die Schulunlust. Wenn z.B. Grundschüler schwimmen lernen sollen, ist es ein nicht geeigneter Weg, die Nichtschwimmer in tiefes Wasser zu schubsen, damit sie den Ernstfall, Rettung vor dem Ertrinken, hautnah erleben können.

Fragwürdig erscheint auch die an einem humanistischen Gymnasium im Lateinunterricht praktizierte Bergsteiger-Methode, um Formen abzufragen:

- Eine Form nicht gewusst – aufstehen!
- Zwei Formen nicht gewusst – auf den Stuhl steigen!
- Drei Formen nicht gewusst – auf den Tisch steigen!
- Eine Form gewusst – vom Tisch zurück auf den Stuhl! …

Am Ende dieser Prozedur stehen die leistungsschwachen Schüler auf den Tischen für alle sichtbar als dumm da – sicher eine fragwürdige Methode.

Aus der Sicht der Lehr-Lern-Forschung ist das Problem *interferierender Methoden* weitgehend ungeklärt, nämlich die Frage, ob die Anwendung bestimmter Methoden in einem Lerngebiet die Anwendung anderer Methoden in einem anderen Lerngebiet stört oder behindert. Betrachtet man den Unterricht in den Fächern Deutsch, Englisch oder Französisch, ist sofort einsichtig, dass diese drei Fächer im Stundenplan nicht aufeinander folgen sollten, weil z.B. grammatikalische Strukturen, die in einem Fach erarbeitet werden, den Lernerwerb ähnlicher Strukturen im nächsten Fach beeinträchtigen können. Zumindest liegt die Vermutung nahe, dass bei diesem Beispiel aufgrund einer fehlenden Abgrenzung die Methoden interferieren. Wie sich jedoch im Verlauf eines Vormittags die wechselnden Methoden in verschiedenen Fächern positiv oder negativ beeinflussen, wissen wir nicht genau.

Weiterhin ist die Betrachtung *individueller Lehrmethoden* interessant, die persönlichkeitsgebunden auf spezifische Begabungen, Fähigkeiten oder Fertigkeiten zurückzuführen sind. Eine Musikerzieherin, die eine Ausbildung als Sängerin oder Konzertpianistin abgeschlossen hat, eine Kunsterzieherin, die in ihrer Freizeit als Malerin erfolgreich ist, eine Deutschlehrerin, die einige Jahre als Schauspielerin tätig war und nun die Theater-AG leitet, sie alle können aufgrund ihrer besonderen Lehrvoraussetzungen einzigartige Lehrwege beschreiten und das Lehren zu einer Art Lehrkunst entwickeln.

Doch diese individuellen Methoden dürfen keine Überbewertung erfahren. Schließlich gibt es Methodenkenntnisse, über die alle Lehrerinnen verfügen sollten, wollen sie ihren Beruf professionell ausüben (Walberg 1990).

Mit dieser Feststellung sind *empirisch gesicherte Methoden* angesprochen, die wie alle empirischen Ergebnisse als vorläufig zu betrachten sind, die aber methodische Entscheidungen absichern können. Walberg (1990) nennt vier psychologische Elemente, die lehr- und lernwirksam in die Methoden zu integrieren sind:

1) *Orientierungshilfen,* die dem Schüler zeigen, was es zu lernen gibt und wie er lernen kann.
2) *Lernengagement,* das dem Schüler deutlich macht, wie wichtig es ist, dem Unterricht aufmerksam zu folgen und sich auf die Lernaufgaben zu konzentrieren.
3) *Korrigierendes Feedback,* das dem Schüler exakt vermittelt, was er richtig und was er falsch gemacht hat, das bei fehlerhaften Beiträgen oder schriftlichen Ergebnissen den Prozess so lange weiterführt, bis der Schüler die richtige Antwort geben oder die korrekte Lösung finden kann.
4) *Verstärkung,* d.h. Bekräftigung, Lob und Anerkennung für die Lernbemühungen und für akzeptable Lernergebnisse, aber auch Verzicht auf Anerkennung bei ausbleibenden Ergebnisse.

Zu den empirisch abgesicherten Empfehlungen nach Walberg
• Den Lehr-Lern-Weg dort aufnehmen, wo die Schüler stehen, deren Lernvoraussetzungen berücksichtigen.
• Sich als Lehrerin der Sprachebene der Schüler annähern, aber doch etwas über dieser Ebene bleiben, damit die Schüler am Sprachvorbild wachsen können.
• So verständlich wie möglich formulieren, d.h. einfach, kurz und prägnant, gegliedert, geordnet und anregend (claritiy).
• Die neuen Kenntnisse und Einsichten mit schon vorhandenen verknüpfen und Beziehungen herstellen lassen (advanced organizer).
• So konkret und anschaulich wie möglich lehren, auch Handlungssituationen initiieren.
• Wo es sich anbietet, die Schüler zur Zusammenarbeit auffordern und häufig die Sozialformen wechseln (cooperative learning).
• Den Schülern häufig Texte vorlegen und Leseaufträge zur Textanalyse erteilen (reading training, reading experiments).
• Sofern mit der ganzen Lerngruppe gearbeitet wird, in kleinen Schritten zügig voranschreiten, sodass möglichst alle Schüler folgen können, die leistungsstarken sich nicht langweilen (direct teaching).
• Differenzierungsmaßnahmen ergreifen, den Unterricht individualisieren (individualized instruction).
• Anspruchsvolle Frage- und Problemstellungen einbringen (higher order questions).
• Wann immer möglich, den Prozess ganz durchlaufen und zu einem vorläufigen Abschluss bringen (mastery learning).
• Hausaufgaben nachsehen, korrigieren und auch mal benoten (graded homework).
• Für ein förderliches Lern- und Gruppenklima sorgen (class morale).
• Falls erforderlich, mit den Eltern kooperieren (home interventions).

Walberg (1990) führt zu diesen methodischen Empfehlungen selbstkritisch aus, dass sie aus dem Bereich der Psychologie stammen und allein genommen die pädagogische Praxis nicht hinreichend beschreiben können. Bei den vorstehenden Empfehlungen handelt es sich um Orientierungshilfen für den Aufbau wirksamer Methoden, die sich über mehrere Unterrichtsstunden erstrecken. In einer Unterrichtsstunde lassen sich diese Empfehlungen natürlich nicht umsetzen.

Den vorerwähnten individuellen Lehrmethoden stehen *individuelle Lernmethoden* der Schüler gegenüber. Kösel (1993) hat in seiner Publikation »Die Modellierung von Lernwelten« eindrucksvoll darauf aufmerksam gemacht, dass sich jeder Schüler seine eigene Lernwelt schafft und in ihr lebt. Die dem Konstruktivismus folgenden Überlegungen sind hochinteressant, nur drängt sich die Frage auf, wie eine Lehrerin, die z.B. mit über 100 Schülern in vier verschiedenen Lerngruppen konfrontiert wird, diese individuellen Lernwelten berücksichtigen soll. Dennoch wird sie sich der Tatsache bewusst sein, dass ihre eigene Lehrwelt nicht mit den Lernwelten ihrer Schüler übereinstimmt. Sie wird versuchen, mit offeneren Arbeitsaufträgen und mit Differenzierungsmaßnahmen den Schülern entgegenzukommen. Und sie wird unter Berücksichtigung der verschiedenen Lernwelten und Lernmöglichkeiten auch eigenwillige Lösungsversuche und Lernergebnisse tolerieren und akzeptieren (Kohler 2000).

Lehrerinnen fordern *Methodenfreiheit*, d.h. die Möglichkeit, eigenständig und eigenverantwortlich über die Lehrwege entscheiden zu können. Diese Entscheidungsfreiheit ist aus mehreren Gründen notwendig. Sie hat einmal zu tun mit geistiger Freiheit und Mündigkeit. Nur freie Lehrerinnen sind in der Lage methodisch kreativ zu werden, individuelle Lehrmethoden zu praktizieren, neuartige Methoden mit Interesse aufzunehmen und in das Methodenrepertoire zu integrieren. Lehrerinnen müssen die Freiheit haben, im Lehr-Lern-Prozess variabel und flexibel zu verfahren, Wege zu gehen, die nicht vorhersehbar und deshalb auch nicht vorgebbar sind. Wer einer Lehrerin die Methodenfreiheit nimmt, entzieht ihr einen Teil der Lehrverantwortung, bevormundet und degradiert sie zu einer Anleiterin.

Als Beispiel für die *Einschränkung der Methodenfreiheit* seien die Verhältnisse in der ehemaligen Deutschen Demokratischen Republik erwähnt. Damals erhielten die Lehrerinnen von der Administration so genannte »Stundenbilder«, Ausarbeitungen, denen im Detail zu entnehmen war, was gelehrt und gelernt und wie vorgegangen werden sollte. Einige Lehrerinnen erlebten dieses Vorgehen als hilfreich und bequem, andere als Einschränkung ihrer methodischen Freiheit und als Versuch einer totalen Kontrolle. Sie fühlten sich eingeengt, unter Druck gesetzt und geistig bevormundet. Natürlich blieb es bei dem Versuch der Reglementierung, weil sich Lehrerinnen und Schüler nicht beliebig verplanen lassen. Anspruchsvolle Lehr-Lern-Prozesse leben von Offenheit und geistiger Freiheit, von Spontaneität, Flexibilität und Originalität, von der Neugier der Beteiligten, vom Überschreiten abgesteckter Grenzen. Und so muss es auch künftig für Lehrerinnen Planungsfreiheit geben.

Doch drängt sich in diesem Zusammenhang die Frage auf, ob auch Lehrerinnen die Freiheit gegeben werden darf, veraltete Methoden zu praktizieren, z.B. den Mathematikunterricht im zweiten Schuljahr auf die symbolische Ebene zu beschränken oder einen Sachunterricht nur mit dem Buch und ohne Sachen durchzuführen. Ob man Lehrerinnen zubilligen darf, ungeeignete oder fragwürdige Methoden willkürlich einzusetzen? Hinter der Forderung nach Methodenfreiheit verbirgt sich leider häufig auch Bequemlichkeit und methodische Inkompetenz, der die Schüler hilflos ausgeliefert sind.

Methodenproblematik auf einen Blick

Qualifizierte und methodenkompetente Lehrerinnen werden

- die Methodenfreiheit verteidigen und bewahren,
- das Methodenrepertoire ausweiten,
- Methodenvielfalt anstreben,
- einen Methodenwechsel einplanen,
- sich auf empirisch abgesicherte Methoden stützen,
- effiziente Methoden wählen,
- auf bewährte Methoden zurückgreifen,
- individuelle Lehrmethoden einsetzen,
- eigenwillige Methoden der Schüler tolerieren,
- mit neuen Methoden experimentieren und
- methodisch kreativ werden.

Und sie werden

- die Freiheit selten missbrauchen,
- Methodenmonotonie vermeiden,
- von Methodenwillkür absehen,
- ineffiziente Methoden vermeiden und
- fragwürdige Methoden unterlassen.

11 Die Rahmenbedingungen berücksichtigen

Unter den *Rahmenbedingungen* wird die Gesamtheit aller äußeren Faktoren verstanden, welche direkt oder indirekt die Planung und Durchführung des Unterrichts beeinflussen. Zu diesen Faktoren gehören u.a. die Art und Größe der Institution, die Zusammensetzung des Kollegiums sowie der Lerngruppen, die Lage der Schule, das Raumprogramm, die Ausstattung der Klassenzimmer und der Fachräume, die optischen, akustischen und klimatischen Verhältnisse in den Räumen sowie die zeitlichen Vorgaben mit dem Stundenplan. Im weiteren Verlauf dieser Ausführungen wird zu zeigen sein, wie sich günstige bzw. ungünstige Rahmenbedingungen positiv bzw. negativ auf die Unterrichtsplanung auswirken.

Zunächst einmal ist der *rechtliche Rahmen* einer Schule zu betrachten. Zwar unterliegen alle Schulen der staatlichen Schulaufsicht, indem sie grundlegende äußere Voraussetzungen erfüllen und bestimmte Leistungen erbringen müssen. Doch es besteht ein Unterschied zwischen staatlichen Regelschulen einerseits und Privatschulen andererseits, die meist als Ersatzschulen fungieren und die öffentlichen Abschlüsse anstreben. Während sich die Lehrerinnen an den öffentlichen Schulen bei ihren Planungsüberlegungen an den staatlichen Lehr- oder Bildungsplänen zu orientieren haben, besteht für die Lehrerinnen an den privaten Einrichtungen die Verpflichtung, den Besonderheiten der jeweiligen Institution – z.B. Freie Waldorfschule, Katholische freie Schule oder Montessori-Schule – Rechnung zu tragen.

Sodann ist die *Größe der Institution* zu betrachten. Institutionen, in denen 1000 oder mehr Schüler unterrichtet werden, bezeichnet man oft auch als Mammutschulen oder Bildungsfabriken. Die Lehrerinnen und Schüler kennen einander kaum, der Umgang zwischen ihnen muss formal geregelt werden und er ist zumeist durch Anonymität gekennzeichnet. Lehrerinnen und Schüler leiden häufig unter einer vorherrschenden Beziehungslosigkeit, unter Schulstress und einem hohen Aggressionspotenzial. Der Unterricht wird nahezu ausschließlich im Fachlehrersystem und im 45-Minuten-Takt erteilt.

An einer *Grundschule im ländlichen Raum,* an der wenige Lehrerinnen mit etwa 100 Schülern zusammenarbeiten, herrschen vergleichsweise idyllische Verhältnisse. Die Lehrerinnen kennen bald jeden Schüler, der Umgang lässt sich auch informell regeln, man weiß sehr bald, was man voneinander zu halten und wie man miteinander umzugehen hat. Die Lehrerinnen, die als Klassenlehrerinnen fungieren, können zu den ihnen anvertrauten Schülern eine echte Beziehung aufbauen. Das Schul- und Lernklima erscheint zumeist entspannt, der Schulstress und das Aggressionspotenzial sind relativ gering. Da die Lehrerinnen ohnehin mehrere Unterrichtsstunden täglich in ihrer Klasse erteilen, verfügen sie über zahlreiche konzeptionelle Möglichkeiten. Sie können in eigener Entscheidung Epochenunterricht oder bestimmte Projekte planen. Weil an jedem Schulvormittag mehrere Unterrichtsstunden zur Verfügung stehen, sind offenere Formen des Unterrichts wie Wochenplanarbeit oder Freiarbeit jederzeit möglich. Und auch die Sozialform der Kleingruppenarbeit lässt sich aufgrund der günstigeren Rahmenbedingungen häufiger und sinnvoller einplanen. Lehrerinnen, die in einer überschaubaren Institution arbeiten, erfreuen sich einer größeren *Planungsvariabilität* und *-flexibilität.* Neben der besseren Nutzung der konzeptionellen Möglichkeiten, durch die der Unterricht abwechslungsreicher und interessanter wird, können sie auch ohne Schwierigkeiten die Planung modifizieren, z.B. nach einer Schlechtwetterperiode am ersten Sonnentag einen mehrstündigen Lerngang durchführen.

Große Institutionen bedingen auch große *Kollegien,* die häufig zu einer Vereinzelung der Lehrerinnen führen. An Mammutschulen treffen sich die Lehrerinnen zur großen Pause oft in verschiedenen Räumen. Das Kollegium zerfällt in mehrere Subgruppen, in Raucherinnen und Nichtraucherinnen, junge und erfahrene Lehrerinnen, Geisteswissenschaftlerinnen und Naturwissenschaftlerinnen, Sportlerinnen und Nicht-Sportlerinnen, Angehörige der Gewerkschaft und des Philologenverbandes. So begrüßenswert der Pluralismus auch sein mag, so schwierig ist es, Regeln für das Zusammenleben zu vereinbaren und gemeinsame Planungsüberlegungen anzustellen. Zwar können sich auch in größeren Institutionen Gleichgesinnte zusammenfinden und Teamteaching verwirklichen, doch sind in überschaubaren Einheiten bessere Bedingungen gegeben, so z.B. für die Vereinbarung von Regeln des Zusammenlebens, die Diskussion von Erziehungsschwierigkeiten, die Umstellung des Stundenplans, die Nutzung von Fachräumen oder für die gemeinsame Planung von Unterrichtsvorhaben.

Neben der Größe der Institution spielt auch die *Lage der Schule* mit ihrem Einzugsgebiet für die Unterrichtsplanung eine Rolle. Schulen im ländlichen Raum sind hier meist einseitig im Vorteil, durch günstigere ökologische Bedingungen, großzügigere Außenanlagen, die im Sommer auch einen Unterricht im Freien ermöglichen, durch schülergemäßere Schulhöfe, die sich in Spiel-, Abenteuer- und Ruhezonen unterteilen lassen. Wohingegen Lehrerinnen in den Stadt- oder Großstadtschulen die Infrastruktur – Sportanlagen, Hallenbäder, Museen und die anderen kulturellen Einrichtungen mit ihren Angeboten – in die Planungsüberlegungen einfließen lassen können.

Sodann ist das *Raumprogramm* der jeweiligen Schule eine Planungsgröße, die nicht unterschätzt werden darf. Vorhandene bzw. nicht vorhandene Fachräume lassen die Planung spezifischer Unterrichtsvorhaben zu oder verhindern diese. Und von der Anzahl der Klassenzimmer ist es abhängig, ob jede Lerngruppe ihren eigenen Raum zugeteilt bekommen kann, für den sie sich dann auch verantwortlich fühlt, den sie ausgestaltet und in dem sich jeder Schüler an seinem Platz wohl fühlt.

Die *Raumausstattung* mit Möbeln und Medien muss ebenfalls in die Planung einbezogen werden. Im Hinblick auf Grundschulklassen haben sich Sitzgruppen mit beweglichen Tischen und Stühlen, eine Lese-, Werk-, Spiel- und Bastelecke, Ablagen für jeden Schüler, Regale für die Materialien sowie die Ausstattung mit den heute üblichen Medien – Tafel, Korktafeln, Hafttafeln, Overheadprojektor, Videoset, Computer – Klassenschrank und Tisch für die Lehrerin bewährt. Es sollte genügend Raum vorhanden sein, um mühelos einen Sitzkreis bilden zu können. Und wenn dann noch einige Zimmerpflanzen – evtl. auch ein Sandkasten und ein Aquarium – die Ausstattung ergänzen, verfügen Lehrerin und Schüler über eine Lernumwelt, welche die emotionale Befindlichkeit sowie das Lern- und Gruppenklima positiv beeinflusst. Menschen nehmen Räume in Besitz und sie werden durch Räume in Besitz genommen. Hier besteht eine nicht zu unterschätzende Wechselwirkung.

Ist ein Klassenzimmer funktionsgerecht ausgestattet, lässt sich das moderne Methodenrepertoire – Freiarbeit, Wochenplanarbeit, Arbeit im Kreis, verschiedene Differenzierungsmöglichkeiten, Kleingruppenarbeit – einplanen und realisieren. Leider hat sich die von Kasper (1979) erhobene Forderung – vom Klassenraum zur Lernumgebung – vor allem an vielen weiterführenden Schulen bis heute noch nicht durchgesetzt. Mangelhaft ausgestattete und fantasielos eingerichtete Räume verbreiten häufig eine Wartesaalatmosphäre, welche die Benutzer eher abstößt als annimmt. Hier wäre es Aufgabe der Lehrerinnen und des jeweiligen Schulträgers, in geeigneter Form Abhilfe zu schaffen.

Neben der Raumausstattung sind die *optischen, akustischen* und *klimatischen Verhältnisse* auch für die Unterrichtsplanung von Bedeutung. Hell einfallendes Tageslicht, Lichtschutz im Hochsommer, Ruhe, die auch Stilleübungen ermöglicht, eine Heizung, die sich nach Bedarf regulieren lässt, Fenster, die sich öffnen lassen, ohne dass der Unterricht durch Verkehrslärm beeinträchtigt wird, sind Anforderungen, deren Erfüllung anspruchsvolles Lehren und Lernen erst ermöglichen.

Wenden wir uns nun dem Faktor *Zeit* zu, der ebenfalls bei der Planung zu berücksichtigen ist, den Einzel-, Block- und Randstunden, der Tageszeit mit ihrer physiologischen Leistungskurve, dem Nachmittagsunterricht und der Hausaufgabenproblematik.. An weiterführenden Schulen, die konsequent im Fachlehrersystem organisiert sind, findet Unterricht zumeist noch im 45-Minuten-Takt statt, d.h. auf die Kurzstunde folgt eine Kurzpause, ein Lehrerinnenwechsel, ein neuer Lerninhalt und ein neues Lernziel. Aus dieser Sequenz ergeben sich zahlreiche Nachteile.

Zunächst einmal wird die Kontinuität des Lehrens und Lernen empfindlich gestört. In dem Augenblick, wo die Lehrerin mit den Schülern weiterdenken und weiterarbeiten möchte, wo der Unterricht wirklich Spaß macht, ertönt der Gong und der Prozess muss unterbrochen werden. Wird das betreffende Fach erst nach mehreren Tagen wieder aufgegriffen, mussten die Schüler zwischenzeitlich störende und interferierende Prozesse durchlaufen.

Sodann schränken Einzelstunden das methodische Handlungsspektrum erheblich ein. Dies gilt sowohl für die Sozialform der Kleingruppenarbeit als auch für bestimmte Unterrichtskonzeptionen, wie z.B. den Projektunterricht. Bis die Frage- oder Problemstellung von den Schülern erfasst und die Kleingruppen gebildet worden sind, sich die Schüler in den Kleingruppen für ein bestimmtes Vorgehen entschieden und mit der Arbeit begonnen haben, ist die Kurzstunde oft schon beendet. Und die Arbeit an einem Projekt mit den typischen Stadien, wie sie bei Frey (1998) ausgewiesen sind, lässt sich in einer Kurzstunde kaum in Angriff nehmen. Also werden Lehrerinnen, die solchen zeitlichen Zwängen unterliegen, zumeist auf Kleingruppenarbeit und Projektunterricht verzichten.

Der Unterricht im 45-Minuten-Rhythmus überfordert viele leistungsschwache Schüler, wenn sie sich im Verlauf eines Schulvormittags im Extremfall sechs verschiedenen Lerninhalten mit stark differierenden Zielsetzungen zuwenden sollen. Erfahrungsgemäß schalten diese Schüler etwa nach der vierten Stunde ab, treten aus dem Feld, wenden sich anderen Dingen zu oder stören den Unterricht.

Die vorgenannten Nachteile lassen sich durch einige organisatorische Maßnahmen abschwächen, einmal durch eine Zusammenfassung von Einzelstunden zu Doppelstunden, dann durch die generelle Einführung des Epochenunterrichts, indem die Anzahl der Fächer reduziert und diese sukzessiv gelehrt werden. Und schließlich lassen sich – wie an vielen Grundschulen heute schon üblich – Gong oder Klingel abstellen, und die Lehrerinnen treffen sich nur einmal am Vormittag zur großen Pause.

Erfahrene Lehrerinnen planen für die Randstunde zwischen 12.00 und 13.00 Uhr selten einen anspruchsvollen Unterricht, der z.B. analytisches Denken von den Schülern fordert. Sie wissen aufgrund vergeblicher Bemühungen, dass Schüler nach vorangegangenen fünf Unterrichtsstunden zu einer solchen anspruchsvollen Leistung kaum noch in der Lage sind. Und sie planen deshalb eine Übungsstunde ein, eine Spielstunde oder differenzierende Lernaktivitäten, die dem individuellen Lernvermögen entgegenkommen. Da sich für viele Lehrerinnen im Hinblick auf die sechste Stunde oft nur die Frage stellt, wie sich die erschöpften Schüler noch sinnvoll beschäftigen lassen, sollte man den Mut aufbringen und weitgehend auf diese Randstunden verzichten. Weniger Unterricht kann mehr bewirken.

Der Faktor Zeit ist im Rahmen der Planung in Verbindung mit der physiologischen Leistungskurve zu sehen. Am Vormittag zwischen 9.00 und 10.00 befinden sich die Schüler mehrheitlich in einem physiologischen Leistungshoch, in dem sie auch anspruchsvolle Lernleistungen erbringen können. Deshalb versuchen verantwortungsbewusste Lehrerinnen, die Klassenarbeiten in der zweiten und dritten Stunde schreiben zu lassen, und sie tauschen mitunter eine Stunde mit der Kollegin. Das Lern- und Leistungsvermögen steuert ab 12.00 Uhr einem Leistungstief entgegen, das gegen 14.00 Uhr seinen tiefsten Stand erreicht. An Nachmittag gegen 16.30 Uhr befinden sich die Schüler mehrheitlich in einem zweiten Leistungshoch, das aber geringer als das morgendliche ausfällt. Zwar schwanken die Leistungskurven von Schüler zu Schüler und es ergeben sich interindividuelle Differenzen, doch wird eine Lehrerin, welche diese Mechanismen durchschaut, bestrebt sein, die kognitiv anspruchsvollen Lernaktivitäten in das physiologische Leistungshoch zu legen und ihren Schülern den Rat erteilen, die Hausaufgaben nicht im physiologischen Leistungstief zu beginnen.

In unregelmäßigen Zeitabständen, aber doch regelmäßig demonstrieren Lehrerinnen, Eltern und Schüler gemeinsam für kleine Klassen oder für mehr Lehrerinnen. Und die Forderung nach angemessenen *Lerngruppengrößen* ist häufig auch gerechtfertigt, ihre Erfüllung allerdings eine Frage der Bildungsfinanzierung. Die Zusammenhänge zwischen der Lerngruppengröße einerseits und den pädagogischen und didaktischen Forderungen andererseits erscheinen logisch: Zu große Lerngruppen lassen sich nur mit Mühe überschauen. Soziale Konflikte treten häufiger auf, die Lehrerin muss deshalb auch häufiger intervenieren, was Zeit und Kraft kostet. Es gelingt ihr nicht, zu jedem Schüler eine Beziehung aufzubauen, und so fühlen sich die Schüler der Lehrerin gegenüber auch nicht verantwortlich.

In zu großen Lerngruppen sind die Lernvoraussetzungen meist besonders heterogen und die Anzahl der überforderten bzw. unterforderten Schüler nimmt zu. Die Lehrerin ist aufgrund der hohen Schülerzahl kaum in der Lage, die Schüler beim Lernen individuell zu betreuen und Lernhilfen nach dem Minimalprinzip zu geben. Allein durch Maßnahmen der inneren Differenzierung lassen sich die unterschiedlichen Lernvoraussetzungen nicht auffangen. Große Lerngruppen benötigen einen höheren Planungsaufwand, damit sich die Lehrerin im Prozess auf die Erziehungsschwierigkeiten und die Sozialsteuerung konzentrieren kann. Erfahrene Lehrerinnen wissen um die Leitlinie: Je größer die Lerngruppe und je schwieriger die Arbeitsbedingungen, desto sorgfältiger muss geplant und vorbereitet werden. Wann nun eine Lerngruppe »zu groß« ist, um effektiv lehren und lernen zu können, muss im Hinblick auf die jeweilige Altersgruppe und die beabsichtigten Lehr-Lern-Aktivitäten immer wieder neu überdacht und entschieden werden. Dabei besteht die Notwendigkeit, einen Kompromiss zwischen den pädagogisch-didaktischen Wünschen und den finanziellen Möglichkeiten zu schließen.

In diesem Zusammenhang mag es interessant sein zu erwähnen, dass aus der Perspektive des Unterrichtsforschers die Variablen »Homogeneous Groups« und »Class Size« für die Qualität der Lehre und für die Lernergebnisse kaum eine Rolle spielen (Walberg 1984). In diesem Bereich sind wohl weitere empirische Studien erforderlich, die sich mit verschiedenen Altersgruppen und Unterrichtskonzeptionen befassen. – Auch stehen diese Ergebnisse im Widerspruch zu der Untersuchung von Bloom (1984), derzufolge der Unterricht im tutorialen System am effektivsten ist.

Versucht man nun den gesamten Bereich der Rahmenbedingungen zu überschauen, wird deutlich, das es ideale Bedingungen kaum geben kann, günstige Bedingungen die Planungsarbeit erleichtern und die Lehr-Lern-Effektivität steigern. Eine Lehrerin, die sich nicht durch zahlreiche Vorschriften eingeengt fühlt, also didaktisch und methodisch kreativ werden kann, die in einer überschaubaren Institution arbeitet, im Kollegium Unterstützung findet, deren Schule von ihrer Lage her bevorzugt erscheint, über ein angemessenes Raumprogramm verfügt, über zweckmäßig eingerichtete und ausgestattete Unterrichtsräume, deren optische, klimatische und akustische Bedingungen optimal sind, die mehrere Unterrichtsstunden täglich in einer Lerngruppe arbeitet und sich den Stundenplan für ihre Klasse selbst gestalten kann, die in der Lage ist, verschiedene Unterrichtskonzeptionen zu praktizieren und das Methodenrepertoire auszuschöpfen und die schließlich in einer überschaubaren Lerngruppe lehrt – eine solche Lehrerin wird weniger unter Schulstress stehen und mehr Freude am Beruf haben als Kolleginnen, die mit völlig unzureichenden Rahmenbedingungen kämpfen müssen.

Sind zahlreiche der genannten Faktoren negativ besetzt – zahlreiche Verwaltungsvorschriften, Mammutschule, kaum zu überschauendes Kollegium, ungünstige Lage der Schule, sozialer Brennpunkt, fehlende Freiräume, unzweckmäßig ausgestattete Klassenzimmer, schlechte Luft, unzureichendes Licht, Lärmbelästigung, Unterricht im 45-Minuten-Takt, zu große heterogene Lerngruppen, sich häufende Erziehungsschwierigkeiten – ist ein Lehren und Lernen kaum noch oder nur unter großem Zeitverlust möglich. Einige der Faktoren lassen sich *kurzfristig* durch die Lehrerin, die Eltern und Schüler beeinflussen oder verändern, Faktoren, die sich auf die Lerngruppe und auf das Klassenzimmer beziehen. So ist es ohne weiteres möglich, bei beweglichem Mobiliar die Sitzordnung zu verändern. Denkbar ist auch die zweckmäßige Ausstattung des Klassenzimmers mit Regalen, Ablagefächern, der Einrichtung einer Lese-, Spiel- und Arbeitsecke.

Andere Faktoren können nur *mittelfristig* in Kooperation mit der Schulleiterin und den Kolleginnen modifiziert werden, so die Untergliederung größerer Institutionen in überschaubare Einheiten, die Einführung eines gemäßigten Klassenlehrerinnen-Systems, die Zuordnung der Räume zu bestimmten Lerngruppen, eine schülerorientierte Stundenplangestaltung, die Block-, Epochen- und Projektunterricht ermöglicht. Diese Rahmenbedingungen lassen sich durchaus verändern, wenn innerhalb des Kollegiums der Wille zu Reformen vorhanden ist, den Institutionen ein angemessener Freiraum gewährt wird und fach-, methoden- und sozialkompetente Lehrerinnen didaktisch kreativ werden. Einige Faktoren sind nur *langfristig* oder gar nicht veränderbar, so z.B. bedeutsame Haushaltsentscheidungen oder die Lage der Schule.

Insgesamt gesehen sollte jedoch der Bereich der Rahmenbedingungen auch nicht überschätzt werden, denn die Beispiele sind zahlreich – man denke z.B. an die Alphabetisierungskampagne von Paolo Freire oder auch an die Rahmenbedingungen, unter denen Unterricht nach dem 2. Weltkrieg stattfinden musste – wo Lehrerinnen und Schüler auch unter extrem ungünstigen Bedingungen bemerkenswerte Lehr- und Lernleistungen erbracht haben.

Rahmenbedingungen werden durch Menschen geschaffen und lassen sich auch von Menschen verändern. Deshalb ist jede Lehrerin gefordert, an der positiven Veränderung der Bedingungen mitzuarbeiten. Im Interesse der zu unterrichtenden Schüler bedarf es aber des Engagements auf mehreren Ebenen, auf der Ebene des Kollegiums, der Schulpflegschaft, auf der kommunalen Ebene und im Bereich der Bildungspolitik und der Bildungsfinanzierung.

Rahmenbedingungen

Handlungsbezogene Fragestellungen

- Sind rechtliche Bestimmungen zu beachten?
  z.B. verbindliche Vorgaben aus dem Bildungsplan, Unfallverhütungsvorschriften, Aufsichtspflicht
- Wann soll der Unterricht stattfinden?
  z.B. in der zweiten oder der sechsten Unterrichtsstunde
- Wo soll unterrichtet werden?
  z.B. im Klassenzimmer, in einem Fachraum oder im Freien
- Wie groß ist die Lerngruppe?
  z.B. gerade oder ungerade Schülerzahl, Anzahl der Kleingruppen, kleine Lerngruppe mit geringem Anregungspotenzial
- Wie setzt sich die Lerngruppe zusammen?
  z.B. notwendig werdende Differenzierungsmaßnahmen, hoher Ausländeranteil
- Wie ist der Unterrichtsraum möbliert?
  z.B. eingebaute Sitzreihen, variables Mobiliar, Anpassung der Sitzordnung an spezifische Aktivitäten
- Wie ist der Unterrichtsraum ausgestattet?
  z.B. mit Overheadprojektor, Diaprojektor
- Welche Medien müssen beschafft oder hergestellt werden?
  z.B. ein Aufnahmegerät oder Videoset
- Wie lassen sich die klimatischen, optischen und akustischen Verhältnisse optimieren?
  z.B. Stoßlüftung unmittelbar vor Unterrichtsbeginn

12 Den Stundenbeginn bewusst gestalten

Wer Unterricht plant, stellt sich die Frage nach dem *Stundenbeginn,* dem Einstieg, nach der Gestaltung der Anfangssituation und dem Aufbau einer Lernmotivation. Diese Frage ist entscheidend von den Lernvoraussetzungen der Schüler abhängig, aber auch von den Beziehungen zwischen der Lehrerin und den Schülern.

Unterrichtet man zum ersten Mal in einer Lerngruppe, muss zu Beginn der Stunde *zunächst die Anonymität abgebaut werden.* Es entspricht der Konvention, sich wechselseitig vorzustellen. Die Lehrerin schreibt ihren Namen an die Tafel und bittet die Schüler, Namenschilder zu fertigen und aufzustellen. Nun kann sie jeden Schüler namentlich ansprechen. Wenn sie schon am nächsten Unterrichtstag alle Schüler beim Namen nennt, wird ihr dies hoch angerechnet, weil sie so Signale persönlicher Wertschätzung sendet.

Sodann kommt es darauf an, die *Kommunikationsbereitschaft der Schüler* zu fördern, um ein konstruktives Gesprächs-, Gruppen- und Lernklima zu schaffen. Dies ist zu Beginn eines Schultages besonders wichtig, wenn viele Schüler noch unausgeschlafen vor sich hindämmern, am Montagmorgen, nach einem langen Fernsehwochenende, nach den Ferien oder im Anschluss an ein besonderes Ereignis in der Gemeinde, wie z.B. Kirmes, Fastnacht, einem Stadtteil- oder Straßenfest. Sofern man ein für die Schüler bedeutsames Ereignis auch nur kurz erwähnt – oder sich mit den Schülern austauscht – gibt man ihnen zu verstehen, dass man mit ihnen fühlt und denkt. Dieses informelle Gespräch kann nach wenigen Minuten abgebrochen werden, um dann auf das Thema hinzulenken, wofür die Schüler meist auch Verständnis haben. Wird erwartungswidrig protestiert, muss *metakommunikativ* verfahren werden.

Sodann ergreift sie eine Maßnahme der *Lernmotivierung*, eine Handlung, die in der Absicht erfolgt, bei den Schülern Lernprozesse anzuregen, aufrechtzuerhalten und auf ein Ziel hinzulenken. Wir konzentrieren uns nun auf jenes Maßnahmenbündel, das einer Lehrerin zur Motivierung ihrer Schüler zur Verfügung steht. Zwar wäre es wünschenswert, wenn alle Schüler von sich aus lernen würden – also durch interne Systeme aktiviert, sich eigenständig mit den Lerninhalten auseinander setzen würden – und die Lehrerin auf besondere Maßnahmen der Lernmotivierung verzichten könnte. Doch im Normalbetrieb einer Schule kann eine solche proaktive Lernhaltung bei vielen Schülern nicht vorausgesetzt werden.

Im Hinblick auf den Schulalltag erscheint auch die Auffassung fragwürdig, in der Anfangssituation möglichst rasch ein hohes Motivationsniveau aufzubauen. Die Tatsache, dass nahezu jedes Artikulationsschema mit einer Motivationsphase beginnt, deutet auf eine geringe Praxisrelevanz dieser Schemata hin (Keck 1983). Dazu einige Beispiele:

- Im Fach Kunsterziehung sollen die Schüler mit einem neuen Material arbeiten, das wenig attraktiv erscheint. Zu Beginn der Stunde zögern sie, sich mit diesem Material zu befassen. Doch im Umgang mit ihm werden sie allmählich vertraut und beginnen mit dem Gestalten. Nach etwa einer halben Stunde sind alle Schüler mit Eifer bei der Arbeit.
- Im Fach Deutsch sollen die Schüler einer Grundschulklasse ein Ereignis im Rollenspiel darstellen. Die Schüler erscheinen kaum motiviert, fast alle nehmen eine abwartende Haltung ein. Auch kommt es zu Unstimmigkeiten bei der Rollenverteilung, und auch die Vereinbarung von Spielregeln bereitet Schwierigkeiten. Doch am Ende der Stunde sind alle Schüler stark in das Spielgeschehen involviert, sodass in der nächsten Stunde weitergespielt werden muss.
- Ein letztes Beispiel aus dem Fach Physik. Die Schüler sollen ein Experiment durchführen. Sie erhalten eine Experimentieranleitung, die sie eher widerwillig lesen. Dann werden Kleingruppen gebildet. Die Schüler suchen die erforderlichen Geräte und Materialien zusammen und beginnen zögernd mit dem Versuchsaufbau. Bis zu diesem Zeitpunkt erscheinen sie nicht sonderlich motiviert. Doch bei der Durchführung der Experimente wird es auf einmal lebendig. Die Schüler überhören den Pausengong und experimentieren einfach weiter, sodass die Lehrerin stark steuernd eingreifen muss.

In allen drei Beispielen ist die Anfangsmotivation der Schüler gering, doch nach einer längeren Anlaufzeit steigt sie merklich an und ist dann sogar sehr hoch. Was ist im Lehr-Lern-Prozess nun wichtiger, eine hohe Anfangsmotivation oder ein hohes Motivationsniveau zu einem späteren Zeitpunkt? Beides lässt sich nur selten und nicht immer erreichen.

Allgemein lassen sich *zwei Maßnahmen* der Lernmotivierung unterscheiden, *sachbezogene und sachfremde*. Zu den sachbezogenen Maßnahmen gehören alle Versuche, das Thema für die Schüler interessant werden zu lassen, indem die Lehrerin z.B. die Besonderheit des Themas hervorhebt, seine Praxisrelevanz, seine Bedeutung für derzeitige oder künftige Ereignisse im Leben oder dessen gesellschaftspolitische Relevanz. Zu den sachfremden Maßnahmen gehören Hinweise auf die nächste Klassenarbeit, das Zeugnis oder die Abschlussprüfung, Appelle, den Leistungserwartungen der Eltern zu entsprechen oder mit der Parallelklasse erfolgreich zu konkurrieren.

Sicher sollten die sachbezogenen gegenüber den sachfremden *Maßnahmen* Vorrang haben, aber wenn eine Lehrerin den Unterricht mit dem Hinweis beginnt: »Übermorgen schreiben wir eine Klassenarbeit. Ich möchte gerne, dass sie mindestens so gut wie die letzte ausfällt. Deshalb rechnen wir in dieser Stunde noch ein paar Aufgaben durch, damit sich jeder sicher fühlt«, dann motiviert die Lehrerin zwar überwiegend sachfremd, doch ein solches Vorgehen wird allerseits akzeptiert und kann durchaus wirkungsvoll sein. Der Hinweis auf die letzte gut ausgefallene Klassenarbeit enthält übrigens die Reinforcement-Variable, die im Bereich der Lehr-Lern-Forschung als besonders effektiv auf Rangplatz 1 rangiert (Walberg 1984).

Betrachten wir nun das Bündel möglicher motivationaler Maßnahmen, die einer Lehrerin zur Verfügung stehen, und beginnen wir mit einer wenig spektakulären, indem der *Unterricht einfach weitergeführt wird,* was oft dem Schulalltag entspricht. Ist z.B. eine Lerngruppe mit dem Lesen einer Lektüre befasst, können die Schüler mit einer Erinnerungshilfe an den Handlungsablauf oder an eine besonders spannende Stelle wieder an den Text herangeführt werden. – Oder konnten die Arbeitsergebnisse der Kleingruppen III und IV aus Zeitmangel in der letzten Stunde nicht mehr vorgetragen werden, genügt der Hinweis auf die interessanten Ergebnisse der Kleingruppen I und II, um die Aufmerksamkeit der Schüler zu gewinnen.

Die nächste weit verbreitete Möglichkeit, eine Stunde zu beginnen, besteht in der *Kontrolle der Hausaufgaben.* Letztere sind stets zu sichten und zu kontrollieren. Investieren die Schüler viel Zeit und Kraft in die Erledigung der Hausaufgaben und vergisst die Lehrerin die Kontrolle, sinkt das Motivationsniveau stark ab, und viele Schüler werden auf die Anfertigung künftig verzichten. Stattdessen kann die Lehrerin auf ihr Interesse an den Hausaufgaben hinweisen, z.B. mit der Bemerkung: »Ich bin gespannt, wie viele Schüler heute wieder alle Aufgaben richtig gelöst haben!« Die Lehr-Lern-Situation der Hausaufgabenkontrolle lässt sich abwechslungsreich gestalten, indem man z.B. einem Schüler die Aufgabe überträgt, seine Mitschüler aufzurufen, die Schüler zur Selbstkontrolle anleitet, die Hefte zwischen den Tischnachbarn austauschen und von diesen kontrollieren lässt u.a.m.

Werden einige Hefte eingesammelt, sorgfältig korrigiert, kommentiert und benotet, steigt die Lehr-Lern-Effektivität bedeutsam an (Walberg 1984). In diesem Fall kommen übrigens mehrere Variablen zusammen, die sich leistungssteigernd auswirken: Die Schüler bekommen ein differenziertes Feedback, Hinweise auf die Erfüllung ähnlicher Aufgaben sowie eine Verstärkung. Erfahrene Lehrerinnen wissen um die Tatsache: Nur wer sich der mühsamen Korrekturarbeit häufig unterzieht, kann in der Lerngruppe eine zufrieden stellende Arbeitshaltung etablieren.

Soll ein Thema weitergeführt werden und bedarf es hierzu besonderer *Vorkenntnisse,* dann sind diese darzustellen oder zu *aktualisieren.* Leistungsschwache Schüler haben häufig erhebliche Vorkenntnisdefizite und können deshalb dem Lehr-Lern-Prozess nicht richtig folgen. Aufgrund kumulierter Vorkenntisdefizite profitieren sie vom nachfolgenden Unterricht wenig oder gar nicht, während jene Schüler, die über die erforderlichen Vorkenntnisse verfügen, in jeder Stunde einen Lernfortschritt zu verzeichnen haben. Die Leistungen dieser beiden Schülergruppen klaffen bald weit auseinander (Weinert/Zielinski 1977). Zur Darstellung und Aktualisierung der Vorkenntnisse gibt es verschiedene Möglichkeiten: Man kann einen Schüler beauftragen, zu Beginn der Stunde diese Aufgabe zu übernehmen. Allerdings bedarf es hierzu der Unterstützung durch die Lehrerin. Sodann besteht die Möglichkeit, die Schüler aufzufordern, die Aufzeichnungen zu überfliegen oder einen wichtigen Abschnitt im Lehrbuch noch einmal zu lesen. Auch kann man ein Medium einsetzen, eine Folie oder einen Filmausschnitt, der die zentralen Informationen enthält. Oder man schickt einen *»advanced organizer«* voraus, gibt eine Erklärung ab oder hält einen Kurzvortrag – sachlich richtig, logisch aufgebaut, sprachlich korrekt – die bzw. der alle Elemente enthält, die benötigt werden, um dem nachfolgenden Prozess folgen zu können. Die Schüler merken bei einem solchen Vorgehen, dass sie der Lehrerin nicht gleichgültig sind, die Lehrerin versucht, möglichst alle Schüler mitzunehmen. Und eine häufige Aktualisierung der Vorkenntnisse in der hier beschriebenen Form wirkt sich auch günstig auf die Lehr-Lern-Effektivität aus (Kiewra et al. 1997; Walberg 1984, 1990).

Sinnvoll kann auch eine Phase der Partnerarbeit zu Beginn einer Stunde sein, in der die Schüler eine Frage beantworten oder eine Aufgabe lösen sollen, deren Antwort oder Ergebnis eine Voraussetzung für den nachfolgenden Unterricht darstellt.

Ungünstig hingegen erscheint die oft praktizierte Aktualisierung der Vorkenntnisse in der Gruppe, die häufig mit der Frage eingeleitet wird: »Was haben wir das letzte Mal gemacht?« Nur wenige Schüler antworten auf diese motivationshemmende Frage, die anderen treten schnellstmöglich aus dem Feld.

Soll ein neues Thema eingeführt werden, zu dem die Schüler vermutlich über zahlreiche *Vorkenntnisse und Vorerfahrungen* verfügen, können diese *im Gespräch zusammengetragen* werden. Denn was die Schüler schon wissen oder erfahren haben, braucht von der Lehrerin nicht vorgetragen zu werden. Ein solcher Vortrag langweilt nur. Zur Erhebung dieser Vorkenntnisse und Vorerfahrungen eignet sich das Kreisgespräch, das mit der Bemerkung eingeleitet werden kann: »Mich interessiert zunächst einmal, was ihr schon wisst. Unterhaltet euch, ruft euch gegenseitig auf. Ich möchte euch zuhören.« Oder sie überträgt die Gesprächsleitung einem in der Gruppe anerkannten Schüler. Nach einiger Zeit wissen Schüler und Lehrerin, wo sie im Hinblick auf das betreffende Thema stehen. So wird ein Lernplateau geschaffen, welches die Basis für den weiterführenden Lehr-Lern-Prozess bildet.

Verfügen Schüler zu einem bestimmten Thema über bemerkenswerte Vorkenntnisse und ist davon auszugehen, dass sich alle Schüler schon einmal mit dem Thema beschäftigt haben, das nun aber auf anspruchsvolle Weise vertieft werden soll, können zu Beginn einer Stunde in Einzel-, Partner- oder Kleingruppenarbeit *Fragen zum Thema formuliert* werden. Diese Schülerfragen werden anschließend gesammelt, geordnet, einige sofort beantwortet und über die schwierigen Fragen wird beraten, wie man sie beantworten könnte. Bei einem solchen Vorgehen haben die Schüler das positive Gefühl, dass der Unterricht wirklich für sie da ist. Und die Lehrerin erhält einen wertvollen Einblick in den Fragehorizont ihrer Schüler.

Sodann kann ein Thema auch *metaunterrichtlich* eingeführt werden, indem die Lehrerin den Schülern erklärt, was gelernt werden kann und welche Lehr-Lern-Aktivitäten möglich sind. Gemeinsam wird beraten, wie man vorgehen könnte. Es wird ein kleiner Lernplan erstellt, der die Zustimmung aller Beteiligten finden sollte. Die Schüler lernen dabei, wie man lernen kann. Und die Lehrerin erfährt auf diese Weise, welche Vorstellungen ihre Schüler vom Lernen haben und über welche Lerntechniken und -strategien sie verfügen.

Soll ein Thema eingeführt werden und kommen die vorstehend beschriebenen Handlungsmöglichkeiten nicht in Betracht, ist es Aufgabe der Lehrerin, selbst einen *Lernanreiz* zu schaffen und bei den Schülern Lernprozesse anzuregen. Diese Lehr-Lern-Situation ist für Lehrproben typisch. Nach der Begrüßung und einer Spannungspause beginnt die Lehrerin z.B. mit einer Frage- oder Problemstellung, die sie an die Tafel schreibt, mit einem Kurzvortrag, den sie medial stützt, mit einem Medieneinsatz, der die Schüler fasziniert, mit einer Demonstration, welche Erstaunen hervorruft, mit der Rezitation eines Gedichtes, dem Lesen eines Textes, mit der Aufforderung zur Teilnahme an einem Gespräch, mit einem Rollen- oder Ratespiel oder mit einer Provokation. In solchen Anfangssituationen ist ein gewisses schauspielerisches Talent gefragt, um die volle Aufmerksamkeit möglichst aller Schüler zu gewinnen. Doch im Mittelpunkt sollte weniger die Lehrperson stehen, sondern die Sache oder der Lerninhalt selbst. Schreibt eine Lehrerin z.B. kommentarlos an die Tafel: »Die heutige Jugend möchte nur Spaß haben und das Leben genießen!«, oder: »Ältere Menschen sollten über ein sozialverträgliches Frühableben nachdenken!«, kann sie sich der Aufmerksamkeit fast aller Schüler gewiss sein.

Fragwürdig erscheint es, die Stunde mit eine *Gag* zu beginnen, z.B. mit einer artistischen Einlage oder einem Witz. In diesem Fall besteht die Gefahr, dass die Schüler in der nachfolgenden Stunde immer wieder an die Einlage denken oder über den Witz lachen. Der Gag überdeckt so den Prozess und verhindert wirksames Lernen.

Schließlich ist noch das Problem der *Übermotivation* anzusprechen, ein Phänomen, welches sich ebenfalls störend auswirken kann. Teilt man z.B. Grundschülern attraktives Lernmaterial aus, begreifen sie es mitunter gierig, ohne auf die Anordnungen der Lehrerin zu achten. Der Umgang mit dem Material absorbiert alle Kräfte. Dieser Umgang wird zwar erlernt – was auch Ziel der Stunde sein kann – aber ein weiterführender Prozess ist in dieser Stunde infrage gestellt.

Den Stundenbeginn bewusst gestalten

– Einstieg, Hinführung, Anfangssituation –

- metakommunikativ verfahren
- sachbezogene Maßnahmen bevorzugen
- den Prozess einfach wieder aufnehmen
- Hausaufgaben kontrollieren
- Vorkenntnisse aktualisieren lassen
- notwendige Sachinformationen vorausschicken
- Vorerfahrungen zusammentragen lassen
- Fragen zum Thema sammeln lassen
- metaunterrichtlich verfahren
- den Prozess mit einer Frage- oder Problemstellung, einem Kurzvortrag, Medieneinsatz, einer Demonstration, Rezitation, einem Gespräch, Rollen- oder Ratespiel, einer Provokation o.a. einleiten.

13 Medien wählen und ihren Einsatz planen und vorbereiten

Ein Unterricht, der sich nur auf die Sprache stützt – auf das gesprochene oder geschriebene Wort – fordert die Schüler einseitig und überfordert sie deshalb. Ein solcher Wortunterricht, wie er im Mittelalter praktiziert wurde, stellt hohe Anforderungen an die Konzentrationsfähigkeit der Schüler und bietet wenig Abwechslung. Nach einiger Zeit arbeiten die Schüler nicht mehr mit, weil ihre Aufnahmefähigkeit erschöpft ist und sie dem Lehrprozess nicht mehr folgen können.

Um diese Fragwürdigkeit wusste schon Johann Amos Comenius (1592–1670), als er seinen »*Orbis sensualium pictus*« schuf, die Darstellung der Welt in Bildern, die er mit belehrenden Texten kommentierte. Comenius forderte die Abkehr von der mittelalterlichen Lernschule mit ihrem »Verbalismus« und die Hinwendung zu einem »Sensualismus«, zu einem Unterricht, der nicht nur symbolische, sondern auch ikonische Lernerfahrungen ermöglicht.

In unserer Zeit, in der Kinder immer weniger Primärerfahrungen sammeln können, wird die weiterführende Forderung erhoben, den *Unterricht so konkret wie möglich zu gestalten* und für die Schüler möglichst viele Lernsituationen zu schaffen, in denen sie handeln können (Gudjons 1986). Lernpsychologisch wird diese Auffassung seit Jahrzehnten durch Jean Piaget und Jerome Bruner gestützt, indem sie betonen, dass ohne konkrete Erfahrungen im Umgang mit Lernmaterialien weiterführende Lernprozesse zur Ausbildung der Abstraktionsfähigkeit kaum möglich sind (Gage/Berliner 1996, S. 104ff., 118ff.).

In der Literatur findet sich heute oft die Unterscheidung zwischen »*Medienpädagogik*« und »*Mediendidaktik*«. Während sich Erstere mit kommunikationswissenschaftlichen Theorien, mit Fragen der Mediennutzung, der Werbewirksamkeit, mit Themen wie »Medien und Gewalt« oder »Medienwelten von Kindern und Jugendlichen« befasst, konzentriert sich die Mediendidaktik auf die Theorie und Praxis des Lehrens und Lernens mit Medien sowie auf die Steigerung der Lehr-Lern-Effektivität durch Medieneinsatz. Eine Trennung der beiden Gebiete als Teilbereiche der Erziehungswissenschaften mag legitim sein. Für die Lehrerin lässt sich eine solche Trennung nicht durchhalten. Sie muss sich immer wieder sowohl mit medienpädagogischen als auch mit mediendidaktischen Fragen befassen (Maier 1998).

Medien sind Mittler oder Vermittler von Kenntnissen, Einsichten und Erkenntnissen. Sie rufen Reaktionen hervor und regen Emotionen an. Sie wirken meinungsbildend und beeinflussen Normen und Wertvorstellungen. Und Medien ermöglichen den Schülern konkrete Erfahrungen.

Zu Recht wurde den Medien im so genannten Berliner Modell ein eigenes Entscheidungsfeld zur Unterrichtsanalyse und Planung – Intentionalität, Thematik, Methodik, *Medienwahl* –eingeräumt (Heimann/Otto und Schulz 1972). Und die Medienwahl ist in Abhängigkeit zu den anthropogenen und sozial-kulturellen Voraussetzungen der Schüler zu sehen, also zu deren Lernvoraussetzungen. Auch der Appell, die Medienwahl stets ideologiekritisch zu begleiten, hat nichts von seiner Gültigkeit eingebüßt. Doch für eine Lehrerin, die Medien wählen und deren Einsatz planen möchte, bedarf es weiterführender Überlegungen und Leitlinien.

Medien lassen sich einteilen in:

- personale und apersonale Medien,
- Massenmedien und zweckgebundene Medien,
- fremd erstellte und selbst erstellte Medien,
- Lehr-, Lern- und Arbeitsmittel.

Personale Medien sind dieser Einteilung zufolge die Lehrerin, der Urgroßvater, der das Dritte Reich noch erlebt hat, der Farbige, der über Vorurteile berichtet, der Polizeibeamte, der die Fahrradprüfung abnimmt, der Berufsberater, der die Schüler der Abschlussklasse berät, der Bürgermeister, der die Aufgaben der Gemeindeverwaltung beschreibt, der Feuerwehrhauptmann, der seinen Löschzug vorführt, der Zahnarzt, der Tipps zur Zahnpflege gibt – also alle Personen, die eine Lehrfunktion ausüben. Zu den apersonalen Medien gehören dann die Texte und Bilder, Tonträger, die audiovisuellen Medien, die Hardware und die Software.

Da der Unterricht ein Prozess wechselseitiger Kommunikation ist, in dem die Lehrerin und die Schüler voneinander lernen, sind Letztere folgerichtig auch personale Medien. Dann aber spricht eine Lehrerin nicht mehr mit ihren Schülern, sondern beide begegnen sich nur noch in ihren medialen Funktionen als Kommunikatorin und Rezipienten. Es kommunizieren personale Medien wechselseitig, sie verschlüsseln, senden und entschlüsseln. Um dies zu verhindern, wird vorgeschlagen, auf die unter kommunikationstheoretischem Aspekt stringente Unterscheidung zwischen personalen und apersonalen Medien zu verzichten und im Hinblick auf die Berufspraxis von Lehrerinnen und Schülern zu sprechen sowie jene Personen konkret zu benennen, die eine Lehrfunktion übernehmen (Dohmen 1973).

Zu den *Massenmedien* wie Funk, Fernsehen, Internet haben fast alle Menschen Zugang. Und die Betreiber und Produzenten erhoffen sich einen möglichst großen Multiplikationseffekt in Form von hohen Einschaltquoten, z.B. bei sportlichen Großveranstaltungen wie einer Olympiade oder Fußballweltmeisterschaft, bei Unterhaltungssendungen, wenn ein Entertainer seine Show abzieht, vor Wahlen, um ein möglichst großes Wählerpotenzial zu beeinflussen, oder bei dem Versuch, ein Produkt optimal zu vermarkten.

Zweckgebundene Medien sind für spezifische Aufgabenstellungen erforderlich, so z.B. die Instrumente und die Verstärkeranlage zur Durchführung eines Rockkonzerts, die Requisiten und Bühnenbilder für eine Theateraufführung oder die Lautsprecheranlage und die Orgel, um einen Gottesdienst abzuhalten. Die Unterrichtsmedien haben die Funktion, Lehr-Lern-Prozesse anzuregen, zu begleiten und deren Ergebnisse zu sichern, sind also für schulisches Lehren und Lernen typisch.

Die *Unterrichtsmedien* lassen sich in acht Bereiche untergliedern, wobei die nachstehende Aufzählung ergänzungsbedürftig ist:

Medien im Unterricht

1) *Symbolische Dokumente*
   - Texte aller Art, Schul- und Sachbücher, Lexika, Ganzschriften, Zeitungen Schülerzeitungen, Arbeitsaufträge, Zahlen, Symbole …

2) *Bilddokumente*
   - Skizzen, Zeichnungen
   - Overheadfolien
   - Landkarten, Umrissstempel
   - Abbildungen, Fotografien
   - Bilder …

3) *Tondokumente*
   - Hörfunksendungen, Schulfunksendungen
   - Tonbandaufzeichnungen, Aufzeichnungen mit dem Kassettenrekorder
   - Schallplattenaufnahmen, Discs …

4) *Ton-Bild-Dokumente*
   - Ton-Bild-Reihen
   - Videoaufzeichnungen
   - Tonfilme …

5) *Elektronische Medien*
   - Computer
   - Internet
   - E-Mail …

6) *Objekte*
   - reale Objekte, z.B. Gesteine, Pflanzen, Tiere (Präparate) …
   - Modelle, z.B. Gesteinsschichten, Bodenhorizonte, Viertakt-Otto-Motor …

7) *Arbeitsmittel – unterliegen der Abnutzung*
   - Schreibgeräte
   - Werkzeuge
   - Lupen, Mikroskope, Experimentierkästen, Rechenkästen
   - Musikinstrumente
   - Sportgeräte …

8) *Arbeitsmaterialien – unterliegen dem Verbrauch*
   - Papier, Hefte, Zeichenblöcke, Farben, Gestein, Holz, Metall, Früchte, Lebensmittel …

Ein Vergleich zwischen *fremd* und *selbst erstellten Medien* erscheint in mehrfacher Hinsicht bedeutsam. *Selbst erstellte Medien* werden von der Lehrerin gefertigt oder gemeinsam mit den Schülern produziert. Dabei handelt es sich z.B. um Aufgaben- und Arbeitsblätter, Texte verschiedenster Art, Lernspiele, Kartenspiele, Wendekarten, um Übersichten, Tabellen, Schautafeln, um Modelle, Fotografien, Videoaufzeichnungen oder um die Homepage der Lerngruppe im Internet. Werden diese Medien selbst erstellt, entscheidet die Lehrerin oder die Lerngruppe über Zweck und Ziel. Die Inhalte, der Zeichenvorrat, kann genau auf jene Schüler abgestimmt werden, für welche das Medium gedacht ist. Die Herstellung – Diskussion über die Zielsetzung, Entwürfe, Diskussion der Entwürfe, Entscheidung für einen Entwurf, Materialbeschaffung, Produktionsphase, Erprobung und Anwendung, Korrektur, Endprodukt – erfordert verhältnismäßig viel Zeit und entspricht im Phasenablauf weitgehend der Unterrichtskonzeption eines Projekts. Ältere Schüler lassen sich zumeist motivieren, für jüngere Schüler Medien herzustellen. Die selbst erstellten Medien sind meist preiswert und immer verfügbar. Sie lassen sich im Klassenschrank oder in einem Regal für Freiarbeitsmaterialien deponieren und bei Bedarf einsetzen. Werden die Schüler in die Produktion einbezogen, kann dieser Unterricht als »handlungsorientiert« bezeichnet werden. Doch stellt sich sofort die Frage, welche Lernchancen mit einer solchen Produktion verbunden sind, ob also die zu investierende Produktionszeit in einem angemessenen Verhältnis zu dem zu vermutenden Lerngewinn steht? Mechanische Lernaktivitäten wie das Ausschneiden, Anmalen oder Bekleben allein garantieren noch keinen wirklichen Lerngewinn. Allerdings sind die Behaltwerte in Verbindung mit einem solchen kleinen Projekt sicher sehr hoch. Und erfahrungsgemäß gehen die Schüler mit den selbst hergestellten Medien pfleglich um, weil sie eine Art Beziehung zum Eigenprodukt aufgebaut haben.

Die *fremd erstellten Unterrichtsmedien* werden allerdings auch künftig überwiegen. Dabei handelt es sich in erster Linie um Lehrbuchwerke, Schulbücher, Begleitmaterialien für Lehrerin und Schüler, Landkarten, Tondokumente, Filme, Anschauungsmaterialien aller Art, anspruchsvolle Modelle, technische Geräte, Sportgeräte, Instrumente etc. Die Zielsetzungen und Inhalte werden vom jeweiligen Produzenten, dem Schulbuchautor oder Hersteller, auf eine fiktive Schülergruppe abgestimmt. Und so steht eine Lehrerin jedes Mal vor der Frage, ob das betreffende Medium auch für ihre Schülergruppe einsetzbar ist. Sofern der Lehrmitteletat der Schule dies zulässt, kann ein fremd erstelltes Medium ohne Zeitverlust angeschafft werden. Die Verfügbarkeit ist gegeben, sofern das Medium bei der betreffenden Lehrerin verbleiben kann. Möchten auch Kolleginnen mit diesem Medium arbeiten, ist es nur noch bedingt verfügbar. Und handelt es sich um ein ausgeliehenes Medium, ist die Verfügbarkeit auf die Leihfrist beschränkt. Fremd erstellte Medien bleiben für die Schüler oft anonym, es sei denn, ihr Einsatz ruft starke Emotionen hervor.

Damit sind zwei weitere Fragen angesprochen, nämlich: *Was leisten die Medien?* und – *was leisten sie nicht?* Gehen wir der ersten Frage nach, geraten wir ins Schwärmen, denn die Medien können

- vergrößern, z.B. Krankheitserreger sichtbar machen,
- verkleinern, die Erde aus dem Weltraum betrachten lassen,
- veranschaulichen, komplizierte Sachverhalte elementar darstellen, z.B. mithilfe einfacher Zeichnungen oder Modelle,
- rasch ablaufende Prozesse sichtbar machen durch Zeitlupenaufnahmen,
- langsam ablaufende Prozesse raffen, z.B. das Wachstum einer Pflanze oder das Öffnen einer Blüte zeigen,
- verdeckt ablaufende Prozesse sichtbar werden lassen, z.B. die Stadien der Embryonalentwicklung,
- gefährliche Prozesse veranschaulichen, z.B. Prozesse in Kernkraftwerken oder in Chemieanlagen.
- Distanzen überbrücken, z.B. Bilder vom Meeresboden, aus dem Weltall oder aus fremden Ländern liefern,
- Ereignisse übertragen rund um den Erdball,
- historische Ereignisse aktualisieren, z.B. den Tag der Machtergreifung, den Reichstagsbrand, den Einmarsch der deutschen Truppen in das Sudetenland und in Österreich, die Tragödie in Stalingrad, die Sportpalastrede von Josef Goebbels, die Arbeit der Trümmerfrauen nach dem 2. Weltkrieg …,
- nahezu beliebig viele Informationen im PC speichern,
- Arbeitsabläufe abkürzen und
- die weltweite Kommunikation im Internet ermöglichen. …

  Und schließlich sind viele Medien – im Unterschied zur Lehrerin – jederzeit verfügbar. So lässt sich z.B. ein Lehrbuch überall hin mitnehmen, die betreffende Fachlehrerin steht aber nur während der Unterrichtszeit zur Verfügung.

Eine Betrachtung der bekannten Lernzieldimensionen macht deutlich, dass Medien Kenntnisse vermitteln, Zusammenhänge sichtbar machen und Transferleistungen ermöglichen können, es mithilfe von Medien gelingt, komplizierte Strukturen zu analysieren, Strukturen zu vergleichen, Sachverhalte oder Ereignisse zu bewerten und zu beurteilen (Bloom et al. 1986). Medien können die Aufmerksamkeit auf bestimmte Ereignisse lenken, Emotionen auslösen, Reaktionen provozieren, Wertordnungen anbahnen und Normen- und Wertvorstellungen etablieren (Krathwohl et al. 1975). Und schließlich können Medien zur Nachahmung anregen, zum Probieren und Manipulieren, zur Verbesserung psychomotorischer Bewegungsabläufe, zur Gliederung und Internalisierung von Handlungen beitragen (Dave 1968).

Eine *lernpsychologische Betrachtung* zeigt uns, wie Medien zum Lernen anregen, das Motivationsniveau aufrechterhalten und auf Ziele hinlenken, Medien das Aktivitätsniveau steigern und zum Handeln herausfordern. Medien können Lerninhalte in den Brennpunkt rücken, zur intensiven Auseinandersetzung mit einem Lerninhalt führen. Medien fördern zuweilen den Spaß oder die Freude am Lernen, können das Üben und Wiederholen kurzweilig gestalten. Die Medien sprechen verschiedene Sinneskanäle an, ermöglichen individuelles Lernen und steigern so die Lehr-Lern-Effektivität.

Aus *didaktischer Sicht* vermögen Medien viele *Lehrfunktionen* genauso gut oder besser wahrzunehmen, als dies eine Lehrerin vermag. So können Medien den Stundenbeginn oder die Anfangssituation gestalten, sie können im Mittelpunkt einer Unterrichtsstunde stehen, den Schwerpunkt bilden, sie können informieren und präsentieren, auch Aufgaben formulieren, Lernwege vorgeben und Lernergebnisse kontrollieren.

Befinden sich Schüler im Stadium der Selbstbildung, d.h. haben sie das Lernen gelernt, können sie mithilfe der Medien eigenständig nach Informationen suchen, diese verarbeiten und die Ergebnisse darstellen. *Medien ermöglichen ein freies und selbstständiges Lernen.* Die vielen Fernstudiengänge beweisen es. Voraussetzung ist die Einsicht in die Notwendigkeit der Bildung, die Motivation, einen Lernprozess selbstständig aufzunehmen und auch zu Ende zu führen. Dieses Stadium der Selbstbildung kann allerdings bei den meisten Schülern noch nicht vorausgesetzt werden (Simons 1992).

Und deshalb wenden wir uns der zweiten Frage zu, *was Medien nicht können* oder warum man auch künftig Lehrerinnen benötigen wird. Die Antwort lässt sich wie folgt zusammenfassen:

- Zur Steuerung von Lerngruppen bedarf es auch künftig einer Lehrerin. Nur sie ist in der Lage, gruppendynamische Stadien zu erkennen und *sozial steuernd einzugreifen,* um die Lernatmosphäre und das Gruppenklima zu verbessern.
- Die Lehrerin ist unentbehrlich, um bei unvermutet auftretenden *konfliktträchtigen Ereignissen* möglichst angemessen zu intervenieren. Nur sie kann im Hinblick auf eine Lerngruppe oder auf einzelne Problemschüler konfliktprophylaktisch verfahren, konfliktanalytisch tätig werden und die Schüler zur Konfliktfähigkeit erziehen, indem sie als Vorbild wirkt.
- Die Lehrerin ist auch für die *individuelle Betreuung* der Schüler notwendig. Sie unterbreitet Lernangebote, fordert und fördert die Schüler individuell, gibt ihnen Lernhilfen, ein möglichst differenziertes Feedback, bekräftigt sie im Lernprozess und berät sie, sofern dies notwendig wird.
- Nur eine Person kann eine personale *Beziehung* zu den Schülern aufbauen, menschlich und menschenwürdig mit ihnen umgehen. Das gilt vor allem im Umgang mit jenen Schülern, deren Eltern sie vernachlässigen, die einen solchen Umgang nicht kennen lernten. Für diese Schüler ist die Lehrerin oft die einzige Person, der sie sich verantwortlich fühlen. Hier ist die Lehrerin ebenfalls in der Ausübung einer Vorbildfunktion gefordert.
- Bei plötzlich auftretenden aktuellen Ereignissen, wie z.B. Naturkatastrophen, Geiselnahmen oder kriegerischen Auseinandersetzungen, benötigen die Schüler eine *Ansprechpartnerin,* die bereit und in der Lage ist, mit ihnen über diese Ungeheuerlichkeiten nachzudenken und zu diskutieren. Schüler erhoffen sich in solchen Fällen *Orientierungshilfen* von einem erwachsenen Menschen, auf dessen Urteil sie Wert legen.

- Nur eine Lehrerin kann *Emotionen* ihrer Schüler *auffangen*, diese umschreiben, auf Erlebnisinhalte eingehen und zur Klärung der Gefühle beitragen. Die Lehrerin kann eine Lerngruppe beruhigen, einzelnen Schülern Verständnis signalisieren, aktive Teilnahme und Empathie zeigen. Und als Lehrerin kann sie dazu beitragen, dass sich die Schüler in der Lerngruppe akzeptiert fühlen.
- Schließlich ist die Lehrerin unentbehrlich, um mit den Schülern über die Medien zu diskutieren und ideologiekritisch zu verfahren. Dazu gehört einmal die schon erwähnte Aufarbeitung der Informationen, aber auch die Diskussion über Nutzungsgewohnheiten und über Möglichkeiten, aktiv mit den Medien umzugehen.

Die vorstehenden Punkte lassen deutlich werden, dass die Lehrerinnen zumeist unentbehrlich sind. Dies gilt insbesondere für jüngere und leistungsschwache Schüler, die sich nicht im Stadium der Selbstbildung befinden.

Die *Medieneuphorie* der 70er-Jahre ist verflogen. Der Unterricht hat schließlich nicht nur eine kognitive Komponente, sondern auch eine affektive, emotionale und soziale, die nur von einer Lehrerin abgedeckt werden kann. Schüler lassen sich nicht stundenlang in mediale Prozesse involvieren. Und auch im Bereich der beruflichen Erwachsenenbildung ist es nicht möglich, den Lernenden Ausbildungspläne zu übergeben, um sie dann sich selbst zu überlassen. Stattdessen wird immer wieder der Ruf laut, die Beziehungen zwischen den Lehrenden und Lernenden zu stärken und den Medieneinsatz einzuschränken. Weniger kann auch hier oft mehr bedeuten.

Damit sind schon *mögliche Nachteile* der Medien und ihres Einsatzes im Unterricht angesprochen:

- Durch Massenmedien lassen sich gezielt Falschinformationen verbreiten. Durch geschickt gesetzte Akzente, Aufnahmetechniken, Unter- oder Übertreibungen lassen sich Konsumenten manipulieren und auch indoktrinieren. Beispiele hierfür sind die psychologische Kriegsführung oder der Schutz eines korrupten Politikers. Umso wichtiger erscheint der Versuch einer ideologiekritischen Aufarbeitung von Informationen im Unterricht.
- Medien regen zu Straftaten und Ungeheuerlichkeiten an. So gibt es immer wieder Fälle, in denen Straftäter nach genau dem gleichen Muster verfahren, das in einem Krimi vorgegeben worden ist. – Brennt erst ein Heim für Asylbewerber, stehen bald weitere in Flammen. Und deshalb überlegen sich die in den Fernsehanstalten verantwortlichen Redakteure, wie eine Berichterstattung ohne zahlreiche Nachfolgetaten möglich ist.
- Ein unkontrollierter Medienkonsum kann süchtig machen und die Zeit für andere Aktivitäten einschränken. Der extensive Konsum moderner Musik in den Entwicklungsjahren ist allgemein bekannt und wohl weniger gefährlich, weil er vorübergehend ist. Das Surfen im Internet kann zu einer Leidenschaft werden, die der Spielleidenschaft vergleichbar ist. Ein übermäßiger Fernsehkonsum kann die Primär- und Sozialerfahrungen stark einschränken. Und wer als Schüler stundenlang vor dem Fernseher sitzt, dem bleibt wenig Zeit für die Hausaufgaben.

Allerdings zeigen Ergebnisse der Lehr-Lern-Forschung keinen negativen Zusammenhang zwischen schulischen Leistungen und Fernsehgewohnheiten (Walberg 1984). Diesem empirischen Ergebnis, das natürlich als ein vorläufiges zu betrachten ist, werden viele erfahrene Lehrerinnen widersprechen. Denn in einzelnen Fällen lassen sich bei den Schülern nach bestimmten Fernsehsendungen sehr wohl negative Auswirkungen erkennen.
- Die Überfrachtung eines Unterrichts mit Medien kann die Konzentration auf das Stundenziel und auf die bedeutsame Frage- oder Problemstellung verhindern. Wenn in einer Kurzstunde der Projektor surrt, der Diaprojektor klickt und noch ein Videofilm abgefahren wird, mag dies für viele Schüler zwar kurzweilig, aber wenig produktiv sein. Eine solche Multimediashow verhindert ein intensives Nachdenken und aktiv-produktive Lernphasen.
- Zu viele Medien im Unterricht können auch eine Art Reizüberflutung bewirken und die Schüler in ihrer Aufnahmefähigkeit überfordern. Und schließlich ist es denkbar, dass der häufige Einsatz eines Mediums zu einer unerwünschten Methodenmonotonie führen kann.

Mit den angeführten Gefahren und Fragwürdigkeiten soll kein Kulturpessimismus verbreitet werden. Es kommt wohl darauf an, die negativen Punkte zu sehen, um sie durch eine überlegte Medienwahl und einen sinnvollen Einsatz möglichst ausschließen zu können.

Und somit kommen wir zu den zentralen Fragen, die ihm Rahmen der Unterrichtsplanung zu stellen sind:

- *Welche Medien stehen für die betreffende Unterrichtseinheit zur Verfügung?*
  Je höher der Informationsstand über das Medienangebot, desto größer ist die Wahrscheinlichkeit, eine optimale Medienwahl treffen zu können. Informationsquellen sind die Lehrmittelsammlung der Schule, Medienkataloge, Verlagsinformationen, Verzeichnisse der Stadt-, Kreis- oder Landesbildstellen, das Internet u.a. Aber auch die erfahrenen Kolleginnen können den jüngeren wichtige Hinweise geben. Übrigens ist es ökonomischer, dieser Frage zu Beginn eines Schuljahres im Hinblick auf alle geplanten Unterrichtseinheiten nachzugehen, als sich immer wieder neu zu informieren.
- *Welche Möglichkeiten der Schülerbeteiligung gibt es bei der Medienwahl, Medienbeschaffung, Medienproduktion und beim Medieneinsatz?*
  Es besteht die Möglichkeit, die angesprochenen Quellen gemeinsam mit den Schülern zu sichten und mit ihnen eine Auswahl zu treffen. Die Schüler können aufgefordert werden, bei der Medienbeschaffung zu helfen, z.B. bestimmte Objekte von zu Hause mitzubringen. Oder die Medien werden selbst hergestellt, sofern ein Lerngewinn bei solchen Aktivitäten vermutet werden kann. Und schließlich können die Schüler fast immer die Lehrerin beim Medieneinsatz unterstützen oder denselben ganz übernehmen.

- *Welche Lernchancen eröffnet vermutlich das betreffende Medium?*
  Diese Frage lässt sich natürlich nicht einfach beantworten, weil jedes Medium in vielfältiger Weise, also polyvalent, wirkt und weil es auf jeden Schüler im Sinne des Konstruktivismus anders wirkt und unterschiedlich in ihm nachwirkt. Dennoch lässt sich abschätzen, ob die Schüler z.B. die Chance erhalten, konkrete Erfahrungen zu sammeln, ob es der Anschauung dient, ob es geeignet erscheint, anspruchsvolle Denkprozesse in Gang zu setzen, ob Gefühls- oder Sozialerfahrungen gesammelt werden können.
- *Welche Sinneskanäle werden über das Medium aktiviert?*
  Werden verschiedene Sinne angesprochen, wird der Unterricht abwechslungsreicher und die Lehr-Lern-Effektivität meist auch höher. Das gilt vor allem auch für die Behaltwerte, die besser werden, wenn z.B. ein Vortrag medial gestützt wird. – Alle Sinne lassen sich selten in den Lehr-Lern-Prozess involvieren. Deshalb muss auch die Forderung – Mit *allen* Sinnen lernen! – relativiert werden. Wenn sich z.B. die Schüler im Fach Hauswirtschaft mit der Herstellung und dem Verzehr einer Speise befassen und das Essen appetitlich angerichtet wird, dann

  - isst das Auge mit (visueller Bereich),
  - die Mahlzeit wird von Essgeräuschen und Gesprächen begleitet (auditiver Bereich),
  - der Duft der Speise steigt in die Nase (olfaktorischer Bereich),
  - die Geschmacksnerven werden angeregt (gustatorischer Bereich) und
  - für die Zunge gibt es etwas zum Ertasten (haptischer Bereich).

  Doch unterrichtliche Lernerfahrungen dieser Art sind vergleichsweise selten. Wird ein Sinneskanal überstrapaziert, kommt es zu unerwünschten Nebenwirkungen und zu nachlassender Konzentration. Beim schulischen Lehren und Lernen werden auch künftig die visuellen und auditiven Bereiche dominieren. Da die einzelnen Schüler ihre Sinneskanäle verschieden aktivieren, erscheint es sinnvoll, zwischen den Kanälen zu wechseln und mehrere Kanäle in den Lehr-Lern-Prozess einzubinden.
- *Muss die EIS-Formel bei der Medienwahl berücksichtigt werden?*
  Erscheint es ratsam, von der *e*naktiven- über die *i*konische zur *s*ymbolischen Ebene fortzuschreiten? Sind jüngere Schüler noch auf konkrete Erfahrungen angewiesen oder kann sofort auf der ikonischen oder symbolischen Ebene gearbeitet werden? Wenn z.B. an einer Berufsfachschule eine Unterrichtseinheit – »Der auf den Rollstuhl angewiesene Patient« – verwirklicht werden soll, empfiehlt es sich, verschiedene Rollstühle – mechanischer Rollstuhl, elektrischer Rollstuhl, Sportrollstühle – vorzustellen, den Umgang mit ihnen zu üben, sich anschließend Prospektmaterial anzusehen und zuletzt über die Finanzierung zu sprechen.
- *Wie wird das Medium vermutlich auf die Schüler wirken?*
  Verfügen die Schüler über jenen Zeichenvorrat, um z.B. einen Text verstehen zu können, oder ist vor dem Medieneinsatz ein Hinweis oder eine Erklärung notwendig? Wird das Medium vielleicht starke Emotionen auslösen, und wie lassen

sich diese auffangen? Sind Informationen einseitig, sodass eine ideologiekritische Aufarbeitung erfolgen muss? Im Jargon der Kameraleute und Regisseure heißt die Frage – was wird transportiert und was kommt rüber?

- *Wie lässt sich das Medium zeit- und kostensparend beschaffen?*
  Diese Frage zielt auf die Kooperationsbereitschaft innerhalb des Kollegiums, und jede Schule kennt ihr eigenes Verfahren. In größeren Schulen fährt z.B. der Hausmeister einmal pro Woche zur Stadtbildstelle. Oder es ist denkbar, dass eine Kollegin, die in der Nähe der Stadtbildstelle wohnt, diese Aufgabe übernimmt.
- *Sind die Kosten und der Aufwand für die Beschaffung, Anschaffung, Fertigung und für den Einsatz gerechtfertigt?*
  Hier wird die Frage der Medienökonomie angesprochen, d.h. das Verhältnis von Kosten und Aufwand zu den zu erwartenden Lernchancen und dem Lerngewinn. Die Anschaffung eines Videosets lohnt sich wohl nur, wenn mehrere Lehrerinnen auch wirklich damit arbeiten.
- *Sind die apparativen und räumlichen Voraussetzungen für den Medieneinsatz gegeben?*
  Diese Frage stellt sich vor allem beim Einsatz technischer Medien (z.B. Plattenspieler, Rundfunk-, Tonbandgerät, Kassettenrekorder, Filmapparat, Videorekorder, Dia-, Overheadprojektor). Dabei ist die Verfügbarkeit und Funktionsfähigkeit der »hardware« abzuklären. Und in einem zweiten Schritt sind die räumlichen Voraussetzungen zu prüfen, die Möglichkeit, den Raum abzudunkeln, die Frage der Sitzordnung u.a.m. In diesem Zusammenhang werden häufig organisatorische Maßnahmen erforderlich, der Wechsel eines Klassenzimmers oder der Tausch einer Stunde, Maßnahmen, die Absprachen mit den Kolleginnen voraussetzen.
- *Ist die für den Einsatz erforderliche Handlungskompetenz gegeben?*
  Besonders den jungen Lehrerinnen sagt man zu Unrecht eine Technikphobie nach, eine Angst vor der Bedienung bestimmter technischer Medien. Dieses geschlechtsspezifische Vorurteil wird durch Kempowski (1979) noch verstärkt, indem er von Fräulein Peters, einer jungen Lehrerin, und Herrn Böckelmann, einem erfahrenen Lehrer, berichtet:

  »Fräulein Peters ist eigentlich ziemlich nett. Sie sagt unserem Lehrer Bescheid, wenn er mal Kreidestaub an der Jacke hat. Einmal hatte Herr Böckelmann einen Lamettafaden im Haar, vom Adventskranz, das hat sie ihm auch gesagt. Dafür erklärt er ihr einmal pro Woche, wie der Bildwerfer funktioniert. ›Ach, Herr Böckelmann‹, sagt sie, ›ich komm schon wieder nicht zurecht mit dem Ding.‹« (Kempowski, a.a.O., S. 31)

- *Welche Funktion soll das Medium im Unterricht übernehmen?*
  Soll das Medium zum Probieren und Manipulieren anregen, soll es informieren, veranschaulichen, fokussieren oder den Prozess ergänzen und anreichern. Der jeweiligen Funktion entsprechend, ist dann der Einsatz zu planen.

- *Wie lässt sich die Tertiade optimieren?*
  So gibt es für jede Subsituation bestimmte Lehrtechniken, die den Medieneinsatz wirksamer werden lassen, z.B. können bei der *Vorbereitung* des Medieneinsatzes eine Erklärung, ein Hinweis oder ein Beobachtungsauftrag hilfreich sein. Beim *Einsatz* besteht z.B. die Möglichkeit, bestimmte Aspekte zu betonen, einen Satz hervorzuheben oder eine Stelle mehrmals zu zeigen. Und in der *Auswertungsphase* kann die Lehrerin z.B. auf spontane Reaktionen wert legen, Beobachtungen zusammentragen lassen, ein konvergierendes oder ein bewertendes Gespräch anschließen. Zur Optimierung der Tertiade gehört eine größtmögliche Schülerbeteiligung.

Planungsrelevante Fragen zur Medienauswahl und zum Medieneinsatz

- Welche Medien stehen für den gewählten Lerninhalt und das angestrebte Ziel zur Verfügung?
  - Informationsquellen, Nutzung der Informationsquellen –
- Erscheint die Berücksichtigung der EIS-Formel angebracht?
  - Lernvoraussetzungen, enaktive, ikonische, symbolische Ebene –
- Welche Möglichkeiten der Schülerbeteiligung bieten sich an?
  - Medienwahl, Medienbeschaffung, Medienproduktion, Medieneinsatz –
- Welche Lernchancen eröffnet vermutlich das Medium?
  - Multivalenz, Lerninhalt und Zielsetzung –
- Welche Sinneskanäle werden involviert?
  - Abwechslung oder ein Zuviel an Abwechslung –
- Wie wirkt vermutlich das Medium auf die Schüler?
  - emotionale Erregung, Sensibilität einzelner Schüler –
- Erscheint der Zeit- und Kostenaufwand für die Beschaffung, den Erwerb und den Einsatz im Hinblick auf die zu vermutenden Lernchancen gerechtfertigt?
  - Medienökonomie –
- Wie lässt sich die Beschaffung zeit- und kostensparend regeln?
  - Absprachen im Kollegium –
- Sind die räumlichen und apparativen Voraussetzungen für den Medieneinsatz gegeben?
- Ist die für den Medieneinsatz erforderliche Handlungskompetenz vorhanden?
- Welche Funktion soll das Medium im Unterricht übernehmen?
  - Einordnung in die Lehr-Lern-Folge –
- Wie ist die Tertiade zu gestalten?
  - 1) Medieneinsatz vorbereiten, 2) Medieneinsatz, 3) Auswertung –

14 Angemessene Sozialformen wählen

Unterricht hat stets auch eine soziale Komponente. Und je nachdem wie die Lehrerin ihre Schüler zum Lernen organisiert, kommen verschiedene Sozialformen zum Einsatz, die durch besondere interaktionale Konstellationen gekennzeichnet sind. Demzufolge lassen sich Einzel-, Partner-, Kleingruppenarbeit, Gruppenarbeit, Großgruppenarbeit, Mischformen und selbst gewählte Formen der Kooperation zwischen den Schülern unterscheiden.

Für einen Wechsel der Sozialformen gibt es zahlreiche Gründe:

- *Bestimmte Lernaktivitäten bedingen spezifische Sozialformen.* So sind Übungen zur Selbsterfahrung nur in Einzelarbeit möglich. Ein wechselseitiges Abfragen lässt sich nur in Partnerarbeit realisieren. Zur Vorbereitung einer Klassenfeier ist die Bildung von Kleingruppen erforderlich, denen verschiedene Aufgaben übertragen werden. Und Informationen, die alle Schüler aufnehmen sollen, werden sinnvollerweise der ganzen Gruppe übermittelt.
- *Durch einen Wechsel der Sozialformen wird der Unterricht humaner.* Es erscheint inhuman, Schüler über mehrere Unterrichtsstunden hinweg zum Zuhören zu verurteilen, weil so dem natürlichen Kommunikationsbedürfnis in keiner Weise Rechnung getragen wird. Schülern sollte Gelegenheit gegeben werden, auch miteinander umzugehen.
- *Ein Wechsel der Sozialformen führt zu mehr Abwechslung und steigert die Konzentrations- und Aufnahmefähigkeit.* Selbst bei erwachsenen Schülern sinkt die Konzentrationsfähigkeit nach etwa 20 Minuten stark ab, wenn sie nur Zuhören sollen. Deshalb ist es sinnvoll und notwendig, auf Phasen der Informationsvermittlung Phasen der Informationsverarbeitung folgen zu lassen. Einem Vortrag ist eine Aussprache in Partner- oder Kleingruppen oder in der Lerngruppe anzuschließen.
- *Durch einen Wechsel der Sozialformen lassen sich die Sprechanteile der Schüler erhöhen.* Borg (1970) hat vor Jahren interaktionsanalytische Untersuchungen durchgeführt und eine Zweidrittelregel herausgefunden. Betrachtet man Unterricht allgemein, so werden Zweidrittel der Zeit mit Interaktionen verschiedenster Art zugebracht, also ca. 30 Minuten pro Kurzstunde. Doch die Lehrerin beansprucht Zweidrittel dieser Sprechzeit für sich, also 20 Minuten. Für alle 30 Schüler einer Klasse verbleiben somit rein rechnerisch nur 10 Minuten, um sich zu äußern, also 20 Sekunden pro Schüler. Da einige Schüler der Klasse besonders

kommunikationsbereit sind und die Sprechanteile der Mitschüler an sich ziehen, ist es verständlich, dass viele Schüler in einer Unterrichtsstunde gar nichts sagen. Ganz anders sieht die Verteilung der Sprechanteile bei Partnerarbeit (1:1) oder bei Kleingruppenarbeit aus. Damit auch jedes Mitglied zu Wort kommt, sollten Kleingruppen selten mehr als vier oder fünf Teilnehmer umfassen.

- *Ein Wechsel der Sozialformen fördert die Entwicklung kommunikativer Kompetenz,* d.h. Schüler lernen bei häufiger Partner- und Kleingruppenarbeit zuhören, ausreden lassen, Gedanken aufgreifen, weiterführen lassen, nachfragen, präzisieren lassen, einen Standpunkt beziehen, denselben verteidigen u.a.m. – Erfahrungsgemäß wagen sich bei Partner- und Kleingruppenarbeit auch leistungsschwache und gehemmte Schüler hervor, die sonst Angst haben, vor der Gruppe zu sprechen.
- *Ein Wechsel der Sozialformen fördert die Teamfähigkeit,* eine Kompetenz, die immer wieder von der Wirtschaft und Industrie angemahnt wird. Wenn Schüler in Partner- oder Kleingruppenarbeit einem Arbeitsauftrag nachgehen, müssen sie gemeinsam über das Vorgehen beraten, sich auf ein Vorgehen einigen, einen Lernweg verfolgen, Teilergebnisse sichten, sich korrigieren, nach weiterführenden Wegen suchen u.a.m. Die Schüler gewinnen darüber hinaus die positive Erfahrung, dass die Arbeit der Kleingruppe zumeist zu besseren Ergebnissen führt, sofern die Mitglieder konstruktiv kooperieren. So lernen sie den Wert der Teamarbeit schätzen.
- *Ein Wechsel der Sozialformen entwickelt das Sozialverhalten,* den förderlichen Umgang miteinander und stärkt die Sozialbeziehungen. Während der Partner- oder Kleingruppenarbeit lernen die Schüler sich selbst und ihre Mitschüler besser kennen. Sie erfahren Stärken und Schwächen, lernen Rücksicht nehmen und sich zu integrieren, lernen sich behaupten und sich zu verteidigen, sich zu akzeptieren, zu respektieren und zu tolerieren. Aber sie lernen auch, sich abzugrenzen und zu widersprechen und können so zunehmend Ichstärke entwickeln.
- *Ein Wechsel der Sozialformen ermöglicht die Einübung demokratischer Umgangsformen.* Wenn sich Partner oder Mitglieder einer Kleingruppe nicht auf ein Vorgehen einigen können, muss um den bestmöglichen Weg gerungen werden. Es besteht also die Notwendigkeit, einen Kompromiss zu suchen oder den Mechanismus demokratischer Beschlussfassung greifen zu lassen. Wer bei einer Abstimmung unterliegt, muss sich dem Mehrheitsbeschluss beugen. Und wer sich als Minderheit im Recht sieht, muss die Gelegenheit erhalten, ein Minderheitenvotum vorzutragen, wenn z.B. ein Schüler mit dem Arbeitsergebnis der Kleingruppe nicht einverstanden ist.
- *In verschiedenen Sozialformen wird auch die Konfliktfähigkeit der Schüler erhöht,* deren Fähigkeit, in und mit Konflikten zu leben, Auseinandersetzungen, Belastungen und Schwierigkeiten angemessen zu begegnen, bei Auseinandersetzungen zu vermitteln, bei Belastungen nach Entlastungsmöglichkeiten zu suchen und bei auftretenden Schwierigkeiten eine Lösung zu finden.
- *Durch einen angemessenen Wechsel der Sozialformen werden die Schüler zumeist aktiviert und motiviert.* Denn die Lehrerin verlagert den Schwerpunkt im Lehr-

Lern-Prozess vom Lehren auf das Lernen. Sie fordert die Schüler auf, aktiv zu werden, appelliert an deren Eigenständigkeit. Und viele Schüler nehmen die Herausforderung auch gerne an und möchten den Erwartungen entsprechen. Bietet der Arbeitsauftrag einen angemessenen Schwierigkeitsgrad und Lernanreiz, wird meist die erwünschte aktiv-produktive Lernhaltung aufgebaut.

– *Mit einem Wechsel der Sozialformen wird auch das übergeordnete Erziehungsziel der Mündigkeit betont.* Im Verlauf der Einzelarbeit gewinnen die Schüler an Eigenständigkeit. Während der Partner- und Kleingruppenarbeit lernen sie, sich gegenüber dem Partner oder den Mitgliedern der Kleingruppe zu behaupten. Bei der Darstellung der Arbeitsergebnisse in der Gruppe üben sie sich in der Argumentation, in der Fähigkeit, unsachliche Beiträge zurückzuweisen.

Die angeführten Gründe, die für einen Wechsel der Sozialformen sprechen, sollten überzeugend wirken. Und doch gibt es Lehrerinnen, welche die Sozialformen nur selten wechseln, den Unterricht fast immer in der ganzen Gruppe gestalten. Für dieses methodische Defizit gibt es auch einige Erklärungen.

So verhindert zunächst einmal die heute noch vorherrschende *Struktur der Lernorganisation* – Unterricht im 45-Minuten-Takt – häufig eine angemessene Wahl der Sozialform. Zum Durchlaufen der Tertiade – 1) Arbeitsauftrag stellen, 2) Schüler betreuen, 3) Ergebnisse sichten lassen – wird schließlich Zeit benötigt, die in einer Kurzstunde kaum zur Verfügung steht.

Einige Lehrerinnen sehen auch nicht die übergeordneten Anliegen, die mit einem Wechsel der Sozialform verfolgt werden. Humane, kommunikative, soziale und gesellschaftspolitische Aspekte treten für sie in den Hintergrund. Sie sehen nur das Fach und den Vermittlungsaspekt, unterrichten *fachfixiert und zu stark produktorientiert.* Für solche Lehrerinnen sind Gespräche oder Diskussionen zwischen den Schülern überflüssig. Sie handeln nach dem Motto: Ich unterrichte Mathematik, die Schüler sollen erzogen zu mir kommen und meinem Unterricht aufmerksam folgen!

Phasen der Partner- oder Kleingruppenarbeit werden oft als *Zeitverschwendung* betrachtet, Zeit, die aus Sicht der Lehrerin effektiver genutzt werden könnte – obgleich Ergebnisse der Lehr-Lern-Forschung dieser Auffassung entgegenstehen (Walberg 1984).

Viele Lehrerinnen machten mit einem Wechsel der Sozialformen auch *negative Erfahrungen,* was wiederum verschiedene Ursachen haben kann. So ist es denkbar, dass sie auf diesem Gebiet *unzureichend ausgebildet* worden sind. – Mit dem Zusammenstellen einiger Tische und der willkürlichen Bildung von Kleingruppen allein ist es nicht getan. Stattdessen bedarf es eines gezielten Studiums der Fragen zur inneren Differenzierung, zur Kleingruppenbildung, zur Formulierung von Arbeitsaufträgen, zur Betreuung der Schüler bei der Arbeit sowie zur Sichtung und Auswertung der Ergebnisse. Wer sich sogar sagt: Heute habe ich keine Lust zum Unterrichten, deshalb mache ich etwas Schülerzentriertes, nämlich Kleingruppenarbeit, ich formuliere einen Arbeitsauftrag und ziehe mich dann zurück! – wird mit dieser Sozialform nur negative Erfahrungen sammeln.

Doch liegt ein Misslingen häufig auch bei den Schülern. Wenn diese Partner- oder Kleingruppenarbeit höchst selten erleben, die Mehrzahl der Lehrerinnen also die Schüler laufend unter Druck setzt, sie ständig zum Zuhören oder zur Einzelarbeit verurteilt, betrachten Schüler andere Sozialformen als Erholungsphasen, in denen sie sich gehen lassen oder ausleben können. Und so fürchten viele Lehrerinnen zu Recht eine *allgemeine Disziplinlosigkeit,* den Zeitverlust und die zahlreichen Disziplinkonflikte. Die weiterführende Überlegung, dass nämlich durch einen fehlenden Wechsel der Sozialformen, durch die Unterdrückung der Kommunikationsbedürfnisse, disziplinloses Verhalten erzeugt wird, wird leider nicht angestellt.

Misslich sind in diesem Zusammenhang die *divergierenden Lehr- und Erziehungsstile* innerhalb eines Kollegiums. Wenn alle Lehrerinnen nach dem Grundsatz handeln würden – bestimmte Lernaktivitäten bedingen spezifische Lernformen – dann würden sich die Schüler auch bald daran gewöhnen, dass es im Prozess zu einem solchen Wandel kommt. Sie würden Partner- oder Kleingruppenarbeit als etwas Selbstverständliches betrachten.

Einige Lerngruppen zeigen sich auch *wenig kooperations- oder kleingruppenfähig,* weil es den Schülern an basaler kommunikativer Kompetenz mangelt. So sind sie z.B. nicht bereit oder in der Lage, mit anderen Schülern zusammenzuarbeiten, ihnen zuzuhören oder auf deren Beiträge einzugehen. Die Ausbildung solcher basalen kommunikativen Fähigkeiten erfordert in den ersten Schuljahren, aber auch an weiterführenden Schulen viel Zeit und Kraft vonseiten der Lehrerin. Viele Fachlehrerinnen wollen sich dann dieser schwierigen und langwierigen Aufgabe nicht stellen, resignieren mit der lapidaren Feststellung: Das geht in dieser Klasse nicht.

Eine mangelnde Kleingruppenfähigkeit liegt auch dann vor, wenn ein oder mehrere Schüler ein *stark abweichendes Verhalten* zeigen, indem sie ihre Mitschüler in Phasen der Partner- oder Kleingruppenarbeit häufig zu unterrichtsfremden Aktivitäten animieren, die Kleingruppen zur Nichtarbeit anregen und so die Lernprozesse stören und verschleppen.

Befindet sich eine Lerngruppe gruppendynamisch betrachtet in einer schwierigen Phase, kann es auch zu erheblichen Problemen kommen. Jede Gruppe und Kleingruppe muss nun einmal die bekannten gruppendynamischen Phasen durchlaufen – 1)informelle Kontaktaufnahme, 2) Kennenlernen, 3)Selbstdarstellung, 4) Rollendifferenzierung, 5) *Konfliktstadium,* 6) Beruhigungsstadium, 7) Stadium der konstruktiven Kooperation. – So ist es denkbar, dass sich die gesamte Lerngruppe oder einzelne Kleingruppen im Konfliktstadium befinden, keinen Ausweg wissen und deshalb Kleingruppenarbeit zum Scheitern verurteilt ist.

Mangelnde Kleingruppenfähigkeit ist oft auch bei Schülern im Entwicklungsalter zu beobachten, wenn sich Schüler vor den Klassenkameraden beweisen möchten und so methodische Überlegungen und Maßnahmen der Lehrerin unterlaufen.

Einige Lehrerinnen scheuen sicher den *erhöhten Arbeitsaufwand,* der mit dem Wechsel der Sozialformen verbunden ist. Wenn man Schülern offenere Arbeitsaufträge stellt, lässt sich nicht voraussehen, welche Lernwege sie einschlagen und welche Fragen sie stellen werden. Deshalb ist eine intensive fachliche Einarbeitung geboten.

Auch erfordert es Zeit und Kraft, für mehrere Kleingruppen ausführliche Arbeitsaufträge vorzuformulieren.

Schließlich ist es denkbar, dass einige Lehrerinnen jene Unterrichtsabläufe, die sie in der eigenen Schulzeit kennen gelernt haben, *naiv perpetuieren* – so z.B. Hausaufgabenkontrolle, Vortrag, Gespräch in der Gruppe, Hausaufgaben – und sie zu selten auf die Idee kommen, dass es auch noch andere methodische Möglichkeiten und Sozialformen gibt.

Der vorstehende Text mit den zahlreichen Ursachen, die den seltenen Wechsel der Sozialformen erklären, möchte allerdings das Gegenteil bewirken, handelt es sich doch zumeist um Scheinargumente, die angeführt werden. Stundenpläne werden schließlich von Funktionsträgern aufgestellt, und so ist es durchaus möglich, zum Epochenunterricht überzugehen oder zumindest eine Doppelstunde in den Plan aufzunehmen, damit auch hin und wieder Kleingruppenarbeit durchgeführt werden kann. Schwieriger wird es schon, bei allen Kolleginnen die übergeordneten Anliegen des sozialen Lernens und die implizit damit verbundenen gesellschaftspolitischen Zielsetzungen bewusst zu machen, sodass alle Kolleginnen ganz selbstverständlich in allen Lerngruppen mit wechselnden Sozialformen arbeiten und somit das Problem der divergierenden Lehr- und Erziehungsstile entfällt. Auch bei Partner- und Kleingruppenarbeit lässt sich ziel- und produktorientiert verfahren, sofern das Rechenschaftsprinzip konsequent durchgehalten wird, die Schüler wissen, dass am Ende der Arbeitszeit von ihnen ein Lernergebnis gefordert wird. Wenn anfangs verhältnismäßig viel Zeit in die Partner- und Kleingruppenarbeit investiert werden muss, weil einige Schüler noch nicht kleingruppenfähig sind, so wird diese Zeit vermutlich zu einem späteren Zeitpunkt wieder hereingeholt, wenn die Schüler positive Erfahrungen gesammelt haben und sie sich in der Phase der konstruktiven Kooperation befinden. Schüler, die ständig ein stark abweichendes Verhalten realisieren, können durch besondere Aufgaben in den Prozess integriert werden, wenngleich dies im Einzelfall schwierig sein mag. Der erhöhte Planungs- und Vorbereitungsaufwand, den die Lehrerin zu betreiben hat, zahlt sich im Lehr-Lern-Prozess selbst wieder aus. Sie kann z.B. stressfrei die sorgfältig durchdachten schriftlichen Arbeitsaufträge einbringen, sich zurücknehmen und den Prozess mit Übersicht steuern. Und schließlich lassen sich aus der eigenen Schulzeit bekannte Handlungsmuster durchbrechen.

Praktikantinnen und Referendarinnen, die in ihnen weitgehend unbekannten Klassen unterrichten oder Lehrproben zu absolvieren haben, sollten sich allerdings bei der Klassenlehrerin erkundigen, ob die Schüler mit bestimmten Sozialformen vertraut sind. Ein Wechsel von der Arbeit mit der ganzen Gruppe zur Einzel- oder Partnerarbeit erscheint auch in Problemklassen jederzeit möglich. Doch Kleingruppenarbeit, besonders in der arbeitsteiligen Form, erscheint für Lehrende, welche die Namen der Schüler kaum kennen, zu gewagt, weil sie nicht wirksam sozial steuernd eingreifen können.

Die Sozialformen sollen nun hinsichtlich ihrer Möglichkeiten betrachtet werden. Bei der *Einzelarbeit* befasst sich der Schüler eigenständig mit einer Aufgabe, einer Frage- oder Problemstellung. Sie verlangt vom Schüler Anstrengungsbereitschaft, Konzentration und Volition, die Kraft, eine begonnene Arbeit auch zu Ende zu führen. Erfolgreiche Einzelarbeit erhöht das Selbstwertgefühl und steigert die Lernautonomie. Wichtig ist in diesem Zusammenhang der Schwierigkeitsgrad der Aufgabenstellung, der auf die Lernvoraussetzungen der Schüler abgestimmt sein muss. Ein Schwierigkeitsgrad von 0,9 erscheint angemessen und dem Prozess förderlich.

An einem Unterrichtsvormittag sollten die Schüler wenigstens in einer Stunde Gelegenheit haben, sich intensiv mit einer Sache zu befassen, einige Aufgaben lösen, einen Text gestalten, ein Bild malen oder einen Text für sich lesen. Die dann eintretende Ruhe ist in mehrfacher Hinsicht effektiv. Die Schüler finden zu sich selbst, das Lern- und Gruppenklima wird günstig beeinflusst und die Lehr-Lern-Effektivität steigt an. Zwar sind bei Einzelarbeit Sozialkontakte nicht vorgesehen, doch weiß jede Lehrerin aus Erfahrung, dass Einzelarbeit häufig zur Partnerarbeit wird, wenn der Schüler Kontakt zum Mitschüler aufnimmt, auf das Heft des Tischnachbarn schaut oder leise mit ihm flüstert. Solange andere Schüler nicht gestört werden, sind solche informellen Kontakte zu tolerieren. Schließlich ist es ja erwünscht, dass Schüler kooperieren. Die Sozialform der Einzelarbeit ist meist relativ konfliktfrei. Die Lehrerin und die Schüler können die Tertiade – Arbeitsauftrag, Arbeitsphase, Ergebnisse sichten – mühelos überschauen. Wer den Auftrag erfüllt hat, kann sich einer weiterführenden Fragestellung oder einer anderen Lernaktivität zuwenden. Eine nüchterne Betrachtung dieser Sozialform weist auf ihren hohen Stellenwert hin. Auch künftig werden Schüler viele Dinge alleine verrichten müssen, d.h. alleine zur Schule gehen, Prüfungen ablegen, sich später selbstständig für eine Ausbildung oder ein Studium entscheiden … Und die Ergebnisse der Lehr-Lern-Effektivitätsforschung verweisen auf die Möglichkeiten, die Effektivität durch Einzelarbeit und Individualisierung der Lehr-Lern-Prozesse zu steigern, durch reading training, reading experiments, adaptive instruction, individualized science and instruction, individualized mathematics (Walberg 1984, S. 24).

Bei der *Partnerarbeit* gehen zwei Schüler einer Lernaktivität nach, bemühen sich gemeinsam um die Erfüllung eines Arbeitsauftrags. Meist werden die Tischnachbarn kooperieren, doch kann auch die Lehrerin bestimmen, wer mit wem zusammenarbeitet, oder die Schüler wählen sich ihren Partner selbst. Besteht die Lerngruppe aus einer ungeraden Schülerzahl, kann ein Schüler einen Sonderauftrag erhalten, z.B. die Sichtung der Ergebnisse vorbereiten, oder drei Schüler arbeiten zusammen und wechseln sich ab oder die Lehrerin arbeitet mit einem Schüler zusammen. Nuhn (1995) hat dieser Sozialform sogar eine eigene Publikation gewidmet. Und Hirzel (1969) hat schon vor Jahren den effektiven Einsatz bei der Bearbeitung von Unterrichtsprogrammen nachgewiesen. Die Ergebnisse dieser Untersuchung decken sich auch mit den Ergebnissen der Walberg-Studie (1984), in welcher die Variable »cooperative learning« einen vorderen Rangplatz unter den Methoden zur Steigerung der Lehr-Lern-Effektivität einnimmt.

Im schulischen wie im außerschulischen Raum ist immer wieder Partnerarbeit und partnerschaftliches Verhalten gefordert, so z.B. bei der Kooperation mit dem Tischnachbarn, bei Partnerübungen oder beim Doppel im Sport, bei der Pflege einer Freundschaft oder Partnerschaft, bei der Zusammenarbeit mit der Kollegin oder beim Umgang mit der Geschäftspartnerin. Partnerschaftliches Verhalten zeigt sich in einem fortwährenden wechselseitigen Geben und Nehmen. Wenn diese Kooperation gelingt, nimmt sich jeder zurück und bringt sich ein, und bei jedem Partner bleibt das positive Gefühl zurück, in der Zusammenarbeit und beim Austausch zu profitieren.

Die Einsatzmöglichkeiten der Partnerarbeit sind vielfältig. So können sich Schüler in Partnerarbeit zu Beginn des Unterrichts über ein Thema austauschen, Fragen zu einem Thema überlegen, um die Lösung eines Problems bemühen, die zentralen Einsichten der letzten Unterrichtsstunde bewusst machen, sich über die Beobachtungen im Anschluss an einen Medieneinsatz wechselseitig austauschen, einen Text diktieren, eine geleistete Arbeit wechselseitig korrigieren, am Computer kooperieren u.a.m.

Die Anwendungsmöglichkeiten der Partnerarbeiten erscheinen nahezu unbegrenzt, da sich begabte und motivierte Schüler in der Kooperation mit einem Partner nahezu alle Lerninhalte erschließen und auch anspruchsvolle Lernziele erreichen können. Doch in der Praxis liegt der Schwerpunkt dieser Sozialform meist im Anwendungs- und Übungsbereich.

Die Anwendungsmöglichkeiten variieren allerdings von Schulart zu Schulart, von Fach zu Fach und von Lerngebiet zu Lerngebiet. So gibt es einige Schulen und Ausbildungsbereiche, in denen diese Sozialform geradezu dominiert. Angehende Pflegerinnen, Logopädinnen, Ergotherapeutinnen und Physiotherapeutinnen müssen im praktischen Unterricht beim Erwerb bestimmter Techniken immer wieder das Verhältnis Therapeut zu Patient/Klient simulieren, und das ist nur in Partnerarbeit möglich.

Die Sozialform der Partnerarbeit ist relativ konfliktfrei. Den Partnern fehlt das dritte störende, aber auch das ausgleichende und belebende Element. Partner sind zur Kooperation verpflichtet, es besteht ein Zwang zur Zusammenarbeit. Verweigert ein Schüler die Zusammenarbeit, bricht der Lernprozess zusammen. Der Vorteil dieser Sozialform liegt in ihrer ständigen Verfügbarkeit, d.h. die Lehrerin kann ohne organisatorischen Aufwand jederzeit eine Phase der Partnerarbeit initiieren, sofern zwei Schüler an einem Tisch sitzen, was zumeist der Fall sein dürfte. Die Flüssigkeit des Unterrichts bleibt gewahrt, es brauchen keine Tische und Stühle gerückt und keine Kleingruppen gebildet zu werden. Aufforderungen wie: »Unterhaltet euch über das Gehörte«, oder: »Sucht mit euren Nachbarn nach einer Antwort auf diese Frage!« können ohne Zeitverlust eine Arbeitsphase einleiten.

Besondere Formen der Partnerarbeit stellen das *Helfersystem* und das tutoriale System dar. Während bei der Partnerarbeit zumeist Schüler mit vergleichbaren Lernvoraussetzungen kooperieren, übernimmt im Helfersystem ein besonders leistungsstarker Schüler bestimmte Lehrfunktionen. In altersheterogenen Lerngruppen ist der helfende Schüler meist auch älter, sodass er von dem jüngeren leistungsschwachen Schüler in besonderer Weise anerkannt wird. Das Helfersystem wurde mit besonderem Erfolg an wenig gegliederten Landschulen praktiziert, aber es findet auch heute noch seine Anwendung bei bestimmten Differenzierungsmaßnahmen in leistungsheterogenen Lerngruppen. Ältere und leistungsstarke Schüler können ihren Mitschülern bestimmte Kenntnisse und Einsichten oft besser vermitteln als dies die Lehrerin vermag. Sie können sich leichter auf die Lernebene des Mitschülers begeben und dessen Sprache sprechen. Doch sollte ein solches Helfersystem auch nicht überschätzt werden. Denn auch ältere und begabte Schüler sind keine ausgebildeten Lehrerinnen, und sie sind deshalb kaum in der Lage, bestimmte Lehrfunktionen mit professionellem Anspruch wahrzunehmen. Deshalb bleibt das Helfersystem im Unterricht zumeist auch auf die Hilfe in Übungsphasen beschränkt. Anspruchsvollere Lehr-Lern-Ziele werden seltener angestrebt und erreicht. – Eine besondere Spielart des Helfersystems ist der Nachhilfeunterricht, der ja auch häufig von einem älteren Schüler – oder einer Lehrerin mit professionellem Anspruch – erteilt wird (Behr 1990).

Die Sozialform der *Kleingruppenarbeit* wird von Lehrerinnen und Erziehungswissenschaftlern oft unterschiedlich betrachtet. Da gibt es eindeutige Befürworter, die sich als Gruppenpädagogen bezeichnen, und Kritiker, die ganze Bücher über die Sozialform der Gruppenarbeit – in diesem Fall Frontalunterricht – schreiben. Dabei erscheinen Kontroversen dieser Art überflüssig, bedingen doch schließlich bestimmte Lernaktivitäten auch spezifische Sozialformen (Aschersleben 1999; Gudjons 1993; Meyer 1975, 1981). Eine kompetent unterrichtende Lehrerin wird selbstverständlich das gesamte Repertoire möglicher Sozialformen ausschöpfen.

Zum Zweck der Kleingruppenarbeit wird eine Gruppe oder Klasse in mehrere Subgruppen untergliedert. Dies können die Schüler selbst tun, indem die Lehrerin nur eine Kleingruppengröße vorgibt und sich die Schüler, dem latent vorhandenen Sympathiegefüge entsprechend, zusammenfinden. Oder die Lehrerin greift sozial steuernd ein, um leistungshomogene oder leistungsheterogene Kleingruppen zu bilden. Pragmatische und zeitsparende *Kriterien* sind die Gruppengröße und die Sitzordnung, um z.B. aus 20 Schülern einer Lerngruppe vier Kleingruppen zu je fünf oder fünf Kleingruppen zu je vier Schüler bilden zu lassen. Weitere Differenzierungsmöglichkeiten können das Interesse an bestimmten Teilthemen, die Verfügbarkeit von Medien, die Herkunft, das Geschlecht, die Religionszugehörigkeit u.a.m. sein. Das Kriterium für die Kleingruppenbildung ist stets in Zusammenhang mit dem jeweiligen Arbeitsauftrag zu sehen. Und deshalb ist es nicht möglich, der Leserin ein Patentrezept anzubieten.

Im Rahmen der Unterrichtsplanung erscheinen Überlegungen zur *Kleingruppengröße* nützlich. Je kleiner eine Arbeitsgruppe, desto schneller kann sie sich gemeinhin einigen, aber desto geringer ist auch das Anregungspotenzial. Je weniger Mitglieder eine Kleingruppe umfasst, desto größer ist die Möglichkeit für jedes Mitglied, sich einzubringen. Kleingruppen sollten nur im Ausnahmefall mehr als sechs Mitglieder umfassen, also drei oder fünf oder vier oder sechs Mitglieder. Die ungeraden

Zahlen haben den Vorteil, dass es nie zu einer Pattsituation kommen kann. Streiten sich die Mitglieder einer Kleingruppe über ein Vorgehen oder über die Ausübung einer bestimmten Aktivität, kann eine Abstimmung hilfreich sein. Die geraden Zahlen bieten den Vorteil, dass jederzeit zur Partnerarbeit übergegangen werden kann. Auch hat es sich vielfach bewährt, jeweils zwei Tische zusammenzustellen, sodass die vier Schüler je nach Arbeitsauftrag Einzel-, Partner- oder Kleingruppenarbeit betreiben können, ohne die Sitzordnung verändern zu müssen.

Kleingruppen, die sieben oder mehr Mitglieder umfassen, können nur noch mit Mühe informell interagieren, d.h., die Kleingruppe braucht dann schon einen Gesprächsleiter, es muss eine Rednerliste geführt werden, einige Mitglieder tun sich hervor, anderer halten sich zurück, die Sprechzeiten sind bei sieben und mehr Schülern ungünstiger verteilt. Dennoch kann es bei bestimmten Lernaktivitäten sinnvoll sein, eine Lerngruppe von z.B. 24 Schülern in nur zwei Kleingruppen zu je zwölf zu unterteilen, um zwei Mannschaften zu bilden oder um eine Pro-Kontra-Diskussion führen zu lassen.

Welche *Lernaktivitäten* eignen sich *für die Kleingruppenarbeit?* Eine vollständige Auflistung aller denkbaren Aktivitäten ist weder beabsichtigt noch möglich, doch seien einige genannt. Die Lehrerin kann z.B. ein Reizwort oder ein Thema an die Tafel schreiben und in Kleingruppen vordiskutieren lassen. Anschließend referiert dann jede Kleingruppe über ihre Vorkenntnisse und Vorerfahrungen. Sie kann zu Beginn eines Schuljahres in Kleingruppen darüber diskutieren lassen, welche Themen vorrangig bearbeitet werden sollen, also gemeinsam mit den Schülern einen Stoffverteilungsplan aufstellen. Die Lehrerin kann Phasen der Informationsverarbeitung im Anschluss an einen Medieneinsatz in Kleingruppen verlagern, sodass sich die Schüler über das Gesehene und Gehörte zunächst einmal austauschen. Sie kann mögliche Ursachen für einen Sachverhalt oder für ein Ereignis zusammentragen lassen. Auch besteht die Möglichkeit, in Kleingruppen Problemlösungen zu erarbeiten, um sie später zu vergleichen. In Kleingruppen lassen sich Erklärungen und Stellungnahmen vorbereiten, aber auch Teilaufgaben im Rahmen eines Projekts oder eines Vorhabens lösen.

Bedeutsam für die Unterrichtsplanung sind die vorhandenen günstigen oder ungünstigen *Rahmenbedingungen*. Günstig für Kleingruppenarbeit ist ein bewegliches Mobiliar und ein großes Klassenzimmer, sodass sich die Kleingruppen in verschiedene Bereiche des Raumes zurückziehen und die Schüler in normaler Lautstärke miteinander reden können, ohne sich zu stören. Günstig sind mehrere Kleingruppenräume, die sich nach Bedarf nutzen lassen. Ungünstig ist ein fest eingebautes Gestühl, wie es oft in naturwissenschaftlichen Fachräumen anzutreffen ist, oder ein zu kleines Klassenzimmer, in dem ein gleichzeitiges Arbeiten mehrerer Kleingruppen kaum möglich ist. In diesem Fall müssen die Schüler aufgefordert werden, sich flüsternd zu verständigen, um die Arbeit der anderen Kleingruppen nicht zu stören.

Bei der Formulierung des *Arbeitsauftrags* oder der Arbeitsaufträge sind die in Kapitel 16 genannten Überlegungen und Kriterien zu berücksichtigen. Zentral ist die Unterscheidung zwischen arbeitsgleichen und arbeitsteiligen Aufträgen. Aufgabenstellungen aus dem Fundamentum müssen alle Schüler durchlaufen und deshalb arbeitsgleich formuliert werden. Bei Aufgabenstellungen aus dem Additum ist eine arbeitsteilige Formulierung möglich. Wichtig für die Unterrichtsplanung ist die Einschätzung der Unterrichtszeit für die Auswertungsphase bei arbeitsteiliger Kleingruppenarbeit. Soll jede Kleingruppe Gelegenheit erhalten, ihre Ergebnisse vorzutragen, muss die Zeit mit der Anzahl der Kleingruppen multipliziert werden.

Die Sozialform der Kleingruppenarbeit ist sicher die *konfliktträchtigste*, wenn einige Schüler nicht kleingruppenfähig sind, nicht zusammenarbeiten können oder wollen oder wenn sie Verhaltensauffälligkeiten zeigen. Doch die Anzahl der Konfliktkonstellation erscheint doch relativ begrenzt und deshalb sollte sich keine Lehrerin entmutigen lassen, auch diese Sozialform, sofern sich der Lerninhalt dazu eignet, als methodische Möglichkeit zu nutzen. Da stößt z.B. die Ankündigung der Kleingruppenarbeit auf Widerstand, weil sich die Schüler lieber in eine passiv-rezeptive Lernhaltung hineinbegeben anstatt selbst aktiv zu werden, oder weil zufällig zwei andere Kolleginnen schon Kleingruppenarbeit durchgeführt haben und so ein Übersättigungseffekt entstanden ist. Oder es gibt Schüler, die sich dominant verhalten und alle attraktiven Einzelaktivitäten an sich reißen. Oder es gibt passive Schüler, die nicht mitarbeiten wollen, sich einfach hängen lassen, die anderen für sich arbeiten lassen. Dann kann es zu einem Streit über ein mögliches Vorgehen kommen, der manchmal mit einer Sezession oder Gruppenspaltung endet. Streit gibt es auch bei der Übernahme oder Zuschreibung bestimmter Rollen, bei den Fragen: Wer schreibt mit? – Wer trägt vor? – Dann legen es einige Schüler bewusst darauf an, die für das Lernen in der Kleingruppe erforderliche Ordnung zu stören, indem sie ihre Mitschüler in unterrichtsfremde Aktivitäten involvieren, den Kleingruppenkasper spielen u.a.m. Auch ist es denkbar, dass sich eine Kleingruppe nicht mit dem Arbeitsauftrag befasst, eine Rivalität zwischen den Kleingruppen entsteht oder der Lärmpegel so stark ansteigt, dass man sich innerhalb der Kleingruppen kaum noch verständigen kann. Erfahrene Lehrerinnen kennen Konstellationen dieser Art und können angemessen intervenieren (Becker 2000).

Was die *Lehr-Lern-Effektivität* dieser Sozialform anbelangt, so ist eine Evaluation mit besonderen Schwierigkeiten verbunden. Man erhofft sich mittels dieser Sozialform eine Entwicklung kommunikativer Kompetenz, der Teamfähigkeit, der Fähigkeit, verständnisvoll miteinander umzugehen. Gruppenpädagogen erhoffen sich die Einübung demokratischer Umgangsformen sowie eine zunehmende Selbstständigkeit und Mündigkeit. Fähigkeiten dieser Art lassen sich nicht ohne weiteres mit Papier und Bleistift abprüfen. Oft werden sie erst nach Jahren in Bewährungssituationen gefordert und sichtbar. In der Studie von Walberg nimmt die Variable »cooperative learning« einen vorderen Rangplatz ein. Allerdings ist die Effektivität der Kleingruppenarbeit abhängig von der Qualität der Arbeitsaufträge, der Art der Prozesssteuerung sowie der Fähigkeit der Lehrerin, sich zurückzunehmen und die Schüler aktiv werden zu lassen. Doch Kleingruppenarbeit führt nicht in jedem Fall zu einer Steigerung der Lehr-Lern-Effektivität. Hierzu bedarf es kompetent handelnder Lehrerinnen und gruppenfähiger Schüler, es sei denn, mit der Kleingruppenarbeit wird primär das Ziel verfolgt, die Gruppenfähigkeit der Schüler zu verbessern.

Eine mögliche Effektsteigerung durch einen Wechsel der Sozialformen legt auch die TIMS-Studie nahe (Baumert et al. 1997). Dieser Studie zufolge ist bei effektiv unterrichtenden Mathematiklehrerinnen häufig ein Unterrichtsverlauf zu verzeichnen, bei dem verschiedene Sozialformen eine große Rolle spielen: Die Lehrerin stellt ein Problem, die Schüler beraten in Partner- oder Kleingruppenarbeit über das Problem, entwickeln Lösungsvorschläge und tragen diese der Lerngruppe vor. Die möglichen Lösungswege der Partner- oder Kleingruppen werden diskutiert, verglichen und dann wird nach der besten Lösung gesucht ... Ob die höheren Lernleistungen in andere Ländern nur allein auf den vermehrten Einsatz verschiedener Sozialformen zurückgeführt werden können, lässt sich nicht eindeutig beweisen.

Gruppenarbeit – auch Frontalunterricht genannt – ist die letzte zu betrachtende Sozialform, doch kommt sie im Unterricht sicher am häufigsten vor. Der Autor wiederholt an dieser Stelle seinen Vorschlag, nicht mehr von Frontalunterricht zu sprechen, sondern stattdessen von Gruppenunterricht, einem Unterricht mit der gesamten Lerngruppe, bei dem die Sitzordnungen je nach Lehr-Lern-Aktivitäten variieren. Die Schüler sitzen an Tischen, die hufeisenförmig aufgestellt sind, sie sitzen an Gruppentischen, im Kreis oder auch – und das sollte der Ausnahmefall sein – hintereinander. Die letztgenannte Sitzordnung ist ausgesprochen kommunikationsfeindlich, weil sich die Schüler nicht ansehen und deshalb auch nicht natürlich miteinander reden können.

Die Lehrerin steht ihrerseits nicht immer vor einer Schülerfront, sondern sie wechselt ständig ihre Position im Raum. Mal sitzt sie im Kreis und moderiert ein Gespräch, dann arbeitet sie an der Tafel oder am Projektor, in entscheidenden Situationen, z.B. beim Erteilen eines Arbeitsauftrags, steht sie für alle Schüler sichtbar und ansprechbar im Mittelpunkt. Beim Medieneinsatz, den sie vielleicht sogar von einem Schüler vornehmen lässt, tritt sie wieder ganz zurück. Es besteht also gar keine Veranlassung , von einem Frontalunterricht zu sprechen. Werden die beiden Begriffe Gruppenarbeit und Kleingruppenarbeit konsequent verwendet, ist die Abgrenzung eindeutig.

Auf die Arbeit mit der ganzen Gruppe kann nicht verzichtet werden. Lehrerinnen stehen immer wieder vor der Aufgabe, in verschiedenen Lerngruppen unterrichten zu müssen, und da ist es eine Notwendigkeit, die gesamte Lerngruppe anzusprechen. Die Lehr-Lern-Aktivitäten, die für Gruppenarbeit typisch sind, lassen sich in zwei Bereiche untergliedern, den Informations- und den Gesprächsbereich. Wenn die Lehrerin einen arbeitsgleichen Auftrag stellt, einen Sachverhalt demonstriert, ein Medium einsetzt, einen Sachverhalt erklärt oder einen Kurzvortrag hält, wird sie sich an die ganze Lerngruppe wenden. Es wäre ja unsinnig, würde sie anders verfahren. Gleiches gilt für Gespräche und Diskussionen, die mit allen Schülern zu führen sind und die nicht immer in Partner- oder Kleingruppen verlagert werden können. Auch wenn metaunterrichtlich oder metakommunikativ verfahren wird, ist meist die gesamte Lerngruppe anzusprechen.

Gruppenarbeit wird fragwürdig, wenn die Lehrerin Informations- oder Gesprächsphasen zeitlich überdehnt und auf die leistungsschwachen Schüler wenig Rücksicht nimmt. Einem Vortrag, der medial nicht gestützt wird, können leistungsschwache Schüler bald nicht mehr folgen. Deshalb ist es notwendig, Vorträge durch den Einsatz verschiedener Medien anzureichern, Gliederungspunkte oder Teilergebnisse zu visualisieren. Gleiches gilt für jene Gespräche, in denen mit der Lerngruppe ein Ergebnis erarbeitet werden soll. Diese konvergierenden Gespräche, die auf ein bestimmtes Ergebnis zulaufen, das nur die Lehrerin kennt, haben einen großen Nachteil: Die Lehrerin stellt eine Frage und erwartet von 30 Schülern der Gruppe, dass sie zeitgleich über die Frage nachdenken und eine Antwort formulieren. Wiederholt sich dieses Frage-Antwort-Spiel, sind leistungsschwache Schüler bald gänzlich überfordert. Nur noch die hochmotivierten und gut meinenden Schüler beteiligen sich an diesem Gespräch, während die anderen Mitarbeit vortäuschen oder Interesse heucheln. Deshalb empfiehlt es sich, Gespräche dieser Art zu strukturieren, Teilergebnisse zu visualisieren und Zäsuren einzulegen, die den schwächeren Schülern Zeit zum Rückfragen und zur Informationsverarbeitung geben.

Eine Form der Arbeit mit der ganzen Gruppe, die als besonders effektiv betrachtet wird, ist das »*direct teaching*«, oder die »*direct instruction*«:

> »*1. Der Unterricht führt ohne Umweg in gerader Richtung auf das kognitive Unterrichtsziel zu, bleibt also in unmittelbarer Nähe des Unterrichtsstoffes, ohne sich mit Nebensächlichkeiten aufzuhalten oder abzuschweifen. Eine wichtige Aufgabe erfüllt dabei der Lehrervortrag.*
> *2. Die Lehrkraft stellt den Stoff verständlich dar, sie verhält sich direktiv, gibt also Anweisungen, sie steuert damit den Ablauf des Unterrichts. Doch ist direkter Unterricht weder einseitig lehrerzentriert noch schülerzentriert, sondern vorrangig sachzentriert.*
> *3. Die Schüler lernen rezeptiv und trotzdem aktiv, werden über den Lernstoff umfassend informiert, ihre Fehler werden sachorientiert korrigiert und die Schüler überprüfen am Ende des Lehrprozesses selbst – in Einzel- oder Gruppenarbeit (gemeint ist hier Kleingruppenarbeit, Anm. d. Verf.) – sowie zusammen mit der Lehrkraft ihren Lernerfolg.*« (Aschersleben 1999, S. 123f.; Borich 1992)

Die Arbeit mit der ganzen Lerngruppe kann zur Zufriedenheit aller Beteiligten und *relativ konfliktfrei* verlaufen, wenn Phasen der Informationsvermittlung stets solche der Informationsverarbeitung folgen, wenn sich die Lehrerin um größtmögliche Verständlichkeit bemüht und auf schwächere Schüler Rücksicht nimmt. Geschieht dies alles nicht, referiert sie z.B. im fachwissenschaftlichen Jargon und gibt sie den Schülern keine Zeit zur Informationsverarbeitung, regt sie die Schüler zur Nichtdisziplin an.

Gruppenarbeit, die Arbeit mit allen Schülern einer Lerngruppe, ist also eine notwendige Sozialform, die im Unterricht dominiert und die auch weiterhin Vorrang haben wird. Sie ist unverzichtbar und in einem angemessenen Wechsel mit den anderen möglichen Sozialformen – Einzel-, Partner-, Kleingruppenarbeit, Großgruppenarbeit, Mischformen, selbst gewählte Sozialformen – einzuplanen. Ob die Methode des »direct teaching« nicht nur in ausgewählten Gymnasialklassen, sondern auch in anderen Lerngruppen an Grund-, Haupt- und Sonderschulen trägt, ist noch wenig geklärt.

Sozialformen

Planungsrelevante Fragestellungen

- Mit welchen Sozialformen sind die Schüler vertraut?
- Welche Sozialformen eigenen sich für die in Aussicht genommenen Lerninhalte und Ziele?
- Sind die Schüler kleingruppenfähig?
- Gibt es einige Schüler, welche die soziale Ordnung stören werden?
- In welchem gruppendynamischen Stadium befindet sich vermutlich die Lerngruppe?
- Welche organisatorischen Maßnahmen müssen im Hinblick auf bestimmte Sozialformen getroffen werden?
- Stehen die organisatorischen Maßnahmen in einem angemessenen Verhältnis zu dem zu erwartenden Lerngewinn?
- Mit welchen Sozialformen wurden bzw. werden die Schüler während des Unterrichtstages konfrontiert?
- Wie lässt sich der zentrale Arbeitsauftrag formulieren?
- Wie viel Zeit muss für die Tertiade – 1) Arbeitsauftrag stellen, 2) Schüler betreuen, 3) Ergebnisse sichten – eingeplant werden?

15 Differenzierungsmöglichkeiten sehen und einplanen

Schüler verfügen nun einmal über unterschiedliche Lernvoraussetzungen, sie sind unterschiedlich begabt, haben unterschiedliche Fähigkeiten und Interessen und damit auch unterschiedliche Lernmöglichkeiten. Um Letzteren entgegenzukommen, sind Differenzierungsmöglichkeiten zu sehen und einzuplanen (Meyer-Willner 1979).

Der Begriff »differenzieren«, lat. »differentia«, bedeutet so viel wie unterscheiden bzw. Verschiedenartigkeit. Aus schulpädagogischer Sicht geht es um die Gruppierung von Schülern, um spezifische Unterrichtskonzeptionen, innerhalb derer versucht wird, der Verschiedenartigkeit Rechnung zu tragen, sowie um Sozialformen, welche den Schülern ebenfalls Gelegenheit bieten, sich mit ihren individuellen Lernvoraussetzungen einzubringen.

Es gibt *Unterrichtskonzeptionen*, welche das Differenzierungsanliegen besonders betonen, so die Freiarbeit, die Arbeit an Stationen, wo sich die Schüler entscheiden können, welcher Lernaufgabe oder welchem Lernmaterial sie sich zuwenden. Mit der Wochenplanarbeit wird ebenfalls ein Differenzierungsanliegen verfolgt, indem jeder Schüler seinen individuellen Lernmöglichkeiten entsprechend seinen eigenen Lernplan erstellt und anschließend realisiert. Die Konzeption des Projektunterrichts verfolgt gleichfalls ein Differenzierungsanliegen. Sie bietet den Schülern die Möglichkeit, sich in den verschiedenen Stadien ihren individuellen Möglichkeiten entsprechend einzubringen, um so zum Gelingen des Projekts beizutragen. Der integrative Unterricht möchte die sonst übliche Unterscheidung zwischen behinderten und nicht behinderten Schülern aufheben. Im adaptiven Unterricht und im Unterricht, der im tutorialen System erfolgt, ist es möglich, die Verschiedenartigkeit einzelner Schüler voll zu berücksichtigen.

Werden verschiedene *Sozialformen* eingeplant, so ist die interaktionale Konstellation mit der ihr eigenen Kommunikationsstruktur das Differenzierungskriterium. Die Arbeit mit Großgruppen, Gruppen, Kleingruppen, die Partner- und die Einzelarbeit bieten besondere Möglichkeiten der Interaktion und Kommunikation, zeigt aber auch die Grenzen auf. So ist die Möglichkeit eines Schülers sich einzubringen in einer Großgruppe nahezu ausgeschlossen, innerhalb einer Lerngruppe sehr begrenzt, in einer Kleingruppe durchaus gegeben und während der Partnerarbeit optimal. Bei der Einzelarbeit wird die Interaktion und Kommunikation bewusst zugunsten der intensiven Auseinandersetzung mit der Lernaufgabe stark eingeschränkt.

Differenzierungsmaßnahmen werden mitunter auch *aus der Not heraus entwickelt.* So sah sich z.B. der Theologe Andreas Bell einer zunächst unlösbar erscheinenden Aufgabe gegenüber. Er hatte 1789 die Leitung des Asyls für Soldatenknaben zu Egmore bei Madras, Vorderindien, übernommen. Mehrere hundert Schüler mussten unterrichtet werden, aber wie, mit nur einem Lehrer? Ganz einfach, er suchte sich jene Schüler heraus, die ihm *besonders aufgeweckt* erschienen, instruierte diese intensiv und schickte sie anschließend in überschaubare Lerngruppen, wo sie ihren unwissenden Mitschülern das beibrachten, was sie gerade beim Meister gelernt hatten. Während seine Helfer unterrichteten, ging er von Lerngruppe zu Lerngruppe, um die Art der Instruktion zu überwachen. War der Unterricht beendet, blieben die Helfer zurück und erhielten ihre Anweisungen für den nächsten Tag. – In ähnlicher Weise verfuhr der Quäker John Lancaster im englischen Industriegebiet. 1819 wurden in Großbritannien 200.000 Kinder in *Bell-Lancaster-Schulen* unterrichtet (Kintrup 1964).

Eine bis heute umstrittene Differenzierungsmaßnahme ist die Einteilung der Schüler in *Jahrgangsklassen.* Dabei geht man von der falschen Annahme aus, dass Kinder mit Vollendung des sechsten Lebensjahres schulreif seien. Einige sind es schon früher, andere sind es noch nicht. Dann beginnt der Unterricht und nach jedem Schuljahr wird differenziert zwischen jenen, die das Klassenziel erreicht und jenen, die es nicht erreicht haben. Das Sitzenbleiben ist also eine Differenzierungsmaßnahme besonderer Art, übrigens eine wenig ökonomische.

In der schulpädagogischen Fachliteratur wird zwischen den Maßnamen der äußeren und der inneren Differenzierung unterschieden. Zu den Maßnahmen der äußeren Differenzierung zählen die *Schulsystemdifferenzierung* und die *Schuldifferenzierung.* Das Schulsystem differenziert nach Grundschule, Sonder-, Haupt-, Realschule, Gymnasium und Gesamtschule. Betrachtet man die *Schuldifferenzierung,* lassen sich Unter-, Mittel- und Oberstufe unterscheiden, Grundkurse, Leistungskurse, Wahlfächer, Wahlpflichtfächer, Stütz- und Förderkurse, Arbeitsgemeinschaften u.a.m.

Die *innere Differenzierung* oder Binnendifferenzierung bezieht sich auf Unterscheidungsmaßnahmen, die innerhalb einer Lerngruppe getroffen werden können, um den Schülern jene Lernmöglichkeiten zu bieten, die ihren besonderen Lernvoraussetzungen entsprechen. Wer Unterricht plant, sollte die Möglichkeiten kennen, um sie bewusst in die Planungsüberlegungen einbeziehen zu können.

Die *Differenzierung steht im Gegensatz zur sozialen Integration.* Je stärker differenziert wird, desto größer ist die soziale Entmischung. Ganz deutlich wird dies jeden Morgen an den Bushaltestellen im ländlichen Raum. Eine Schülergruppe fährt in die eine Richtung zum Gymnasium, die andere Gruppe in die andere Richtung zur Haupt- oder Realschule. Und sonderschulbedürftige Schüler werden in Kleinbussen durch die Gegend gefahren. Auf diese Weise wird den Elfjährigen jeden Morgen ihre Verschiedenartigkeit vor Augen geführt. Die Schüler befreunden sich zumeist auch mit ihren Klassen- oder Schulkameraden, die ja denselben Schulweg haben, also die Hauptschüler mit den Hauptschülern, die Realschüler mit den Realschülern usw. Auf diese Weise wird die soziale Entmischung in der Freizeit fortgesetzt. Begegnungen von Schülern verschiedener Schularten finden eher selten und zufällig statt, etwa in Vereinen oder im Konfirmandenunterricht.

Im bildungspolitischen Raum werden immer wieder Versuche unternommen, das differenzierende Schulsystem durch ein integrierendes zu ersetzen, also das dreigliedrige System gegen Gesamtschulen auszutauschen, die von allen Schülern besucht werden. Doch die Verschiedenartigkeit der Schüler bleibt, und so muss dann die Differenzierung innerhalb der Schule einsetzen, in Niveaukurse A, B, C und D. Die Schüler wissen sehr bald zu unterscheiden, wer im Kurz A und wer im Kurs D mitarbeitet. Und so kann es auch innerhalb einer integrierten Gesamtschule zur nicht gewollten sozialen Entmischung kommen.

Wenden wir uns nun den *Differenzierungskriterien* zu, so lassen sich u.a. Begabung, Leistung, Interesse, Vorerfahrungen, Alter, Geschlecht, Kulturzugehörigkeit, Religionsbekenntnis, Lernhaltung, Sozialverhalten sowie eine Behinderung nennen. Daneben gibt es noch den emotionalen Faktor der Sympathie bzw. Antipathie. Und schließlich nötigen äußere Faktoren wie Lerngruppengröße, das Raumprogramm, das Mobiliar, die Medienausstattung sowie vorhandene Arbeitsmittel und Arbeitsmaterialien zu Differenzierungsmaßnahmen.

Die Schüler im Rahmen der *Binnendifferenzierung* nach *Leistung* zu unterscheiden ist fragwürdig, weil eine solche Differenzierung zu leistungshomogenen Kleingruppen führt. Bei den leistungsstarken Schülern stellt sich bald ein Überlegenheitsgefühl ein, bei den leistungsschwachen Schülern ein Gefühl der Insuffizienz. Ein verschärfter Konkurrenzdruck und soziale Konflikte wären die Folgen. Die Lehrerin würde sich auch an die leistungsschwachen Schüler mit einer geringen Erwartungshaltung wenden und die Schüler würden ihrerseits eine geringe Anstrengungsbereitschaft zeigen (Klafki 1991, S. 173ff.). Weithin üblich ist deshalb die Bildung leistungsheterogener Kleingruppen, auch Sitzgruppen innerhalb einer Lerngruppe, in der Hoffnung, dass die leistungsschwachen Schüler von den leistungsstarken profitieren und umgekehrt die leistungsstarken von den leistungsschwachen, indem diese Gelegenheit erhalten, ihren Mitschülern zu helfen. Dies ist die unter Lehrerinnen vorherrschende pädagogische Ideologie, die dann nicht mehr trägt, wenn die Leistungsunterschiede zu groß werden. Zwar fördern leistungsheterogene Kleingruppen das Anliegen der sozialen Integration, fördern vermutlich auch soziale Einstellungen wie Hilfsbereitschaft und Solidarität. Aber wenn z.B. einige Schüler schon lesen, andere hingegen noch nicht lesen, einige schon schwimmen, andere noch nicht schwimmen können, muss nach Leistung differenziert werden.

Nach den *Interessen* der Schüler zu differenzieren ist aus mehreren Gründen sinnvoll. Einmal steigert die Interessendifferenzierung die Lernmotivation, erhöht die Lernaktivität und die Behaltwerte. Achtet man auf die Lernbedürfnisse und Interessen, haben die Schüler das positive Gefühl, dass der Unterricht wirklich für sie da ist. Und die Beziehungen zur Lehrerin gestalten sich dann meist konstruktiv, was auch für das Lern- und Gruppenklima gilt. Positive Beispiele für die Interessendifferenzierung lassen sich auf allen Schulstufen und in allen Lernbereichen finden. So können die Schüler z.B. im dritten Schuljahr gemeinsam mit den Eltern und der Lehrerin eine kleine Klassenbücherei einrichten. Jeder Schüler wählt sich seinem Interesse entsprechend ein Buch, liest es und berichtet seinen Mitschülern darüber, was er gelesen und wie er das Buch gefunden hat. Oder im sechsten Schuljahr werden verschiedene Drucktechniken eingeführt und erprobt. Gegen Ende des Schuljahres fordert die Kunsterzieherin dazu auf, in jener Technik zu arbeiten, die dem einzelnen Schüler am besten gefallen hat. Anschließend wird eine kleine Ausstellung arrangiert, die Kunstwerke werden gemeinsam analysiert und beurteilt. – Doch die Interessendifferenzierung findet dort ihre Grenzen, wo elementare und fundamentale Kenntnisse, Einsichten, Fähigkeiten und Fertigkeiten zu vermitteln und zu erwerben sind. Um bei dem letzten Beispiel zu bleiben: Zunächst müssen die Schüler die Technik des Kartoffel- und des Pappdrucks oder die des Linolschnitts erlernen, dann können sie ihrem Interesse folgend unter den erlernten Techniken wählen und sich frei für ein Motiv entscheiden.

Für bestimmte Lerninhalte und Ziele kommen auch die Differenzierungskriterien der *Vorkenntnisse* und *Vorerfahrungen* zum Tragen, über die nur wenige Schüler verfügen. Einigen Schüler haben zu Hause einen Hund, also lässt sich die Unterscheidung zwischen Hundehaltern und Nicht-Hundehaltern treffen. Erstere werden auf die Kleingruppen verteilt, in denen ein Aufgabenblatt zur Hundehaltung zu bearbeiten ist. Einige Schüler haben schon Erfahrungen in einer bestimmten Mannschaftssportart gesammelt. Also kann man die Unterscheidung zwischen Volleyballspielern und Nicht-Volleyballspielern treffen und Erstere möglichst leistungsgerecht auf zwei Mannschaften verteilen. Oder einige Schüler haben in einer Fabrik ein Betriebspraktikum absolviert, also können die Absolventen ihren Mitschülern in Kleingruppen über dieses Praktikum berichten. Oder um ein letztes Beispiel zu bringen: Einige Schüler gehen im Seniorenheim der Gemeinde aus und ein und besuchen dort die Großmutter oder den Großvater. Vor einem Besuch der Seniorenresidenz zur Gestaltung einer Adventsfeier können die Besucher den im Umgang mit Senioren unerfahrenen Mitschülern in Kleingruppen erzählen, wie es da so ist, was man fragen kann und was man besser nicht fragt.

Das Differenzierungskriterium des *Alters* kann auch bei der Binnendifferenzierung eine Rolle spielen. Zwar sind in der Regelschule die Altersunterschiede gering, aber es gibt doch jüngere und ältere Schüler und jene, die als überaltert gelten, weil sie z.B. aus einer Krisenregion oder einem Kriegsgebiet kommen, dort nicht zur Schule gehen konnten und deshalb einen erheblichen Beschulungsrückstand aufzuholen haben. Die letzterwähnten Schüler sind ihren Mitschülern in der Entwicklung oft weit voraus und werden deshalb häufig zu Problemschülern in der Gruppe. Zumeist werden altersheterogene Kleingruppen gebildet, indem man diesem Kriterium kaum Beachtung schenkt.

Ob es nun von Vorteil ist, die Jahrgangsklassen gänzlich abzuschaffen und eine jahrgangsübergreifende altersheterogene Lerngruppenbildung zu befürworten, muss in Zweifel gezogen werden. Zwar schwärmen Absolventen von Zwergschulen oder wenig gegliederten Landschulen von dem positiven Lern- und Gruppenklima sowie dem Helfersystem, indem die Großen den Kleinen helfen, mit ihnen üben, sie unterstützen. Aber eine optimale Förderung der älteren und begabten Schüler ist wohl kaum möglich.

Ähnlich kritisch muss auch die Bildung von altersheterogenen Stammgruppen nach dem Jena-Plan gesehen werden (Petersen 2001). Empirisch lassen sich die Vorzüge altersheterogener Lerngruppen kaum nachweisen, allein schon deshalb, weil primär soziale Ziele verfolgt werden. – So wie sich einerseits Andreas Bell und John Lancaster zu vielen Schülern gegenübersahen, um sie alleine unterrichten zu können, so erfordern andererseits wenige Schüler die Bildung altersheterogener Gruppen oder Kleingruppen, so z.B. in dünn besiedelten Gebieten, auf Inseln oder in Sammelunterkünften für Asylbewerber, in denen die Kinder Deutschunterricht erhalten. Der Unterricht in altersheterogenen Lerngruppen, in denen z.B. die sechs- bis achtjährigen und die neun- bis elfjährigen Schüler zusammengefasst werden, hat sich für den Erwerb deutscher Sprachkenntnisse bewährt (Becker et al. 1997).

Im Bereich der beruflichen Erwachsenenbildung, bei Fort- und Weiterbildungsveranstaltungen, sind die Lerngruppen stets altersheterogen zusammengesetzt. So auch in der Lehrerfortbildung, wenn jüngere Lehrerinnen mit erfahrenen kooperieren. Hier profitieren die jüngeren vom Erfahrungsvorsprung der älteren Kolleginnen, und umgekehrt möchten die älteren Kolleginnen von den jüngeren neuere fachdidaktische und -methodische Einsichten kennen lernen.

Noch im 19. Jahrhundert war das *Geschlecht* ein wichtiges Differenzierungskriterium. Man hielt es für angebracht, Jungen und Mädchen voneinander fern zu halten, damit sie keine sündhaften Gedanken hegen und sich besser konzentrieren können. Bei frontaler Sitzordnung saßen in den Dorfschulen die Jungen auf der einen und die Mädchen auf der anderen Seite vom Mittelgang. Die Bürgersöhne in den Städten besuchten das Gymnasium, die höheren Töchter das Lyzeum oder ein Töchterinstitut in der Schweiz. Die Schranken zwischen den Geschlechtern fielen erst in der Weimarer Republik zugunsten der Koedukation.

Es war Paul Geheeb (1870–1961), einer der Begründer der Landerziehungsheimbewegung, welcher in der von ihm gegründeten Odenwaldschule Koedukation in allen Lebensbereichen praktizierte, sowohl im Unterricht als auch im Internatsleben. Es war sein erklärtes Bildungs- und Erziehungsziel, Jungen und Mädchen auf natürliche Weise Gelegenheit zu geben, verständnisvoll und verantwortungsbewusst miteinander umzugehen.

Heute hat sich diese Auffassung – von wenigen Privat- und Klosterschulen einmal abgesehen – allgemein durchgesetzt. Die Rollenfixierung zurückliegender Zeiten, nach welcher die Jungen mit Hammer und Gewehr auszustatten seien, die Mädchen hingegen mit Kochlöffel und Puppenwagen, gibt es nicht mehr. Stattdessen sind Gleichberechtigung und Rollenwechsel angesagt. Die Schüler dürfen nun auch kochen und die Mädchen Fußball spielen, Ski springen und – wenn es sein muss – auch boxen.

Und doch gibt es Gründe, die eine Differenzierung nach Geschlechtern sinnvoll erscheinen lassen. Zunächst einmal sind es die Lerninhalte, die bei den Geschlechtern auf unterschiedliche Resonanz stoßen. Schülerinnen interessieren sich generell mehr für Mode und Schüler generell mehr für Sport, z.B. für Formel-I-Rennen. Warum sollte man diesen unterschiedlichen Interessen nicht nachkommen? Sodann gibt es ein Entwicklungsstadium, das meist im dritten und vierten Grundschuljahr zu beobachten ist, in dem die Jungen noch wenig mit den Mädchen anzufangen wissen. Die Schüler und Schülerinnen differenzieren von sich aus und suchen sich gleichgeschlechtliche Freunde bzw. Freundinnen. Sollen nun Lehrerinnen in diesen natürlichen Prozess eingreifen und Jungen und Mädchen zur Kooperation verpflichten? – Diese Absonderung der Geschlechter findet ihre Fortsetzung in der Vorpubertät und Pubertät. Und der Andersartigkeit wird dann auch im Sportunterricht Rechnung getragen. Die Mädchen sind eher für die rhythmische Sportgymnastik und für den Jazztanz zu begeistern und die Jungen spielen lieber jene Sportart, die in ihrer Gemeinde hohes Ansehen genießt. Warum also sollte man diese geschlechtsspezifischen Differenzen unbedingt verwischen?

Die Frage, ob man Schülerinnen und Schüler in bestimmten Lerngebieten, z.B. dem der Informatik, getrennt unterrichten sollte, damit die Jungen die Mädchen nicht dominieren und so die Mädchen bessere Lernergebnisse erzielen, lässt sich noch nicht beantworten. Die Erfahrungen sind zu unterschiedlich, die Forschungslage ist noch ungeklärt, um eine eindeutige Empfehlung aussprechen zu können.

Die *Kultur* kann als Differenzierungskriterium in Lerngruppen mit einem hohen Ausländeranteil eine Rolle spielen. Kulturelle Unterschiede werden heute zumeist als Bereicherung empfunden, zumindest dann, wenn man sie im Urlaub erlebt und genießt, so die andere Sprache und Kleidung, die anderen Sitten und Gebräuche, Feste und Feiern, Trink- und Essgewohnheiten in einem exotischen Land. In der Schulpraxis und bei der Unterrichtsplanung stellen diese interkulturellen Differenzen eine Herausforderung dar. Zwar geht die planende Lehrerin von übergeordneten Zielsetzungen aus, wie z.B. dem Bestreben, das wechselseitige Fremdverstehen zu fördern, die Schüler zu wechselseitiger Toleranz anzuhalten und die soziale Integration anzustreben. Aber die Schwierigkeiten ergeben sich bei dem Versuch, konkrete Entscheidungen zu treffen: Wer soll neben wem sitzen? Wer sollte keinesfalls – zumindest jetzt noch nicht – neben wem sitzen, weil sich die beiden Völker hassen und bekriegen? Soll auf die Bildung kulturspezifischer Kleingruppen bestanden werden? – Lässt man kulturhomogene Kleingruppen zu, unterhalten sich die Schüler bald in der Landessprache, was verständlich ist. Doch die Lehrerin wird so ausgegrenzt, was beim Austragen sozialer Konflikte misslich ist. Andererseits ist es erwünscht, wenn die Schüler neben dem Erwerb der deutschen Sprache auch ihre Landessprache weiterhin pflegen, um so der Gefahr doppelseitiger Halbsprachigkeit zu entgehen. Auch können Schüler ihren leistungsschwächeren Mitschülern wichtige Sachverhalte in der Landessprache erklären. – Fördert die Lehrerin die kulturheterogene Kleingruppenbildung, besteht für die Schüler die Notwendigkeit, die deutsche Sprache als Kontaktbrücke zu nutzen, weil niemand die Landessprache des anderen versteht. – Bei älteren Schülern kann die Bildung kulturspezifischer Kleingruppen sinnvoll sein, indem man den Auftrag erteilt, über das Herkunftsland zu berichten, so über die geographische Lage, die Bevölkerung, die Wirtschaft, die Geschichte oder über die Besonderheiten der Kultur. Und dann trägt es sicher zum wechselseitigen Fremdverstehen bei, wenn man sich interkulturell bekocht und sich gegenseitig beibringt, wie man sich in der jeweiligen Landessprache vorstellt, begrüßt und verabschiedet oder »bitte« und »danke« sagt.

Konfession und *Religionszugehörigkeit* sind Differenzierungskriterien, die den Schulalltag an deutschen Schulen stark beeinflussen und auch die Schuldifferenzierung prägen. Seit Martin Luther (1483–1546) gibt es nicht nur in fast jedem Dorf zwei Kirchtürme, sondern auch permanente Differenzierungsprobleme an den Schulen. Kommen die Geistlichen, um Religionsunterricht zu erteilen, setzt die Differenzierung ein, die evangelischen Schüler versammeln sich in dem einen, die katholischen Schüler in dem anderen Raum. Besondere Schwierigkeiten bereiten die nichtchristlichen Schüler, die weder am evangelischen noch am katholischen Religionsunterricht teilnehmen möchten. Wohin mit ihnen? Zwar soll es in ländlichen Regionen immer noch auf dem Nachhauseweg Kämpfe zwischen evangelischen und katholischen Schülern geben – ganz wie zur Zeit des Dreißigjährigen Krieges. Doch die Konfessionszugehörigkeit spielt innerhalb der Lerngruppen kaum eine Rolle. Würde man die Schüler, die Adressaten des Religionsunterrichts, um die es ja schließlich gehen sollte, befragen, ob sie mit einem ökumenischen Religionsunterricht einverstanden wären, würden sie sich mit einer überwältigenden Mehrheit für einen solchen entscheiden. In einem ökumenischen Unterricht könnten die Besonderheiten der Religionen und der Konfessionen zur Sprache gebracht, durchdacht und hinterfragt werden. – Da es einen solchen ökumenischen Religionsunterricht, der es mit dem Gebot religiöser Toleranz ernst meint, vielerorts nicht gibt, melden sich die kritikfähigen und problembewussten Schüler so bald wie möglich ab und wenden sich dem Fach Ethik zu.

Eine Differenzierung nach Religionszugehörigkeit ist allenfalls in Lerngruppen mit hohem Ausländeranteil in der Adventszeit geboten. Die wenigen deutschen Schüler zünden den Adventskranz an, singen Weihnachtslieder und freuen sich auf die Bescherung. Und die islamischen Schüler werden aufgefordert, über ihre Feiertage zu berichten – und fordern von ihren Eltern auch Weihnachtsgeschenke.

Und ähnlich schwierig erscheint eine Differenzierung aufgrund einer zu beobachtenden *Lern- und Arbeitshaltung*. Zwar gibt es Schüler, die sich als antriebsstark, zielstrebig, fleißig, ehrgeizig, konzentriert, korrekt und kooperativ beschreiben lassen und andere, die als antriebsschwach, schwankend, bequem, gleichgültig, unkonzentriert, unkorrekt und wenig kooperativ bezeichnet werden können. Doch diese Schüler stellen wohl Ausnahmen dar, zumeist lassen sich einige der positiven und negativen Eigenschaften zuordnen, die schließlich den ganz normalen Durchschnittsschüler charakterisieren. Und was, so muss man sich fragen, sollte eine Differenzierung bewirken? Die Hoffnung auf eine positive Beeinflussung durch die Mitschüler ist wahrscheinlich gering.

Nach ihrem *Sozialverhalten* lassen sich Schüler in disziplinierte und undisziplinierte einteilen. Erstere sind bereit und in der Lage, die für das Lehren und Lernen in Gruppen erforderliche soziale Ordnung zu achten, indem sie individuelle Bedürfnisse einschränken oder zurückstellen können. Sie sind sensibel für die Belange der Mitschüler und die der Lehrerin, zur Kooperation bereit und lernwillig. Letztere kümmern sich nicht um die Einhaltung der sozialen Ordnung, verhalten sich egoistisch, stören die Mitschüler beim Lernen und werden für die Lehrerin zu einem ständigen Problem. Zumeist wird der Versuch unternommen, die disziplinierten mit den undisziplinierten Schülern zusammenarbeiten zu lassen. Man erhofft sich einen positiven Einfluss der disziplinierten Schüler auf die undisziplinierten. Ziel dieser Strategie ist die allmähliche Assimilation und soziale Integration. – Dabei sollte aber nicht übersehen werden, dass erzogene, disziplinierte und lernwillige Schüler auch Anspruch auf einen qualifizierten Unterricht haben, der sie persönlich weiterbringt. Diese Schüler dürfen nicht als »Erziehungshelfer« missbraucht werden. Einmal sind sie nicht dafür ausgebildet, dann sind sie mit der Aufgabe überfordert und schließlich leiden sie unter der unerfreulichen Situation. Für kurze Zeit erscheint eine solche Differenzierungsmaßnahme gerechtfertigt, für längere Zeit ist sie nicht zu verantworten. – Betrachten wir die interaktionale Konstellation innerhalb einer Kleingruppe von vier Schülern, so lässt sich ein undisziplinierter Schüler vielleicht integrieren. Treffen aber zwei lernwillige auf zwei lernunwillige Schüler, wird es schon kritisch. Und ein lernwilliger Schüler auf sich allein gestellt, ist in dieser Kleingruppe hoffnungslos verloren. Er wird gewissermaßen überwältigt und in einen destruktiven Prozess hineingerissen (Deutsch 1976). Vielleicht sollten Lehrerinnen einen Paradigmenwechsel vornehmen, von der Integrationsstrategie vorübergehend abrücken und undisziplinierte Schüler zur Zusammenarbeit auffordern, um sie so mit ihrem fragwürdigen Sozialverhalten zu konfrontieren. Konkret könnte dies in einer Lerngruppe von beispielsweise 24 Schülern so aussehen: Man lässt sechs Kleingruppen bilden, gruppiert die Schüler an Vierertischen. In einer Kleingruppe unmittelbar neben dem Arbeitstisch der Lehrerin werden die zwei, drei oder vier Problemschüler zusammengefasst. Diese erleben nun im Umgang miteinander ihr Scheitern. Die anderen fünf Kleingruppen können ungestört arbeiten. Die Lehrerin hat Gelegenheit, sich mit der Problemgruppe zu befassen, auf die Schüler direkt erzieherisch einzuwirken, sie zu fördern und zu fordern und doch zu integrieren. Übersteigt die Anzahl der undisziplinierten Schüler die einer Kleingruppe, wird es schon kritisch. Bilden diese innerhalb einer Lerngruppe die Mehrheit, ist ein geordnetes Lehren und Lernen kaum noch möglich. Dann sind andere Strategien der Konfliktbewältigung gefordert (vgl. Becker 2000).

Eine Differenzierung zwischen *behinderten* und *nicht behinderten Schülern* erscheint fragwürdig, weil man einen Menschen nicht über ein bestimmtes Merkmal, z.B. über ein funktionelles Defizit, hinreichend beschreiben, kategorisieren und einordnen kann (Feuser 1995; Fläming-Modell 1988). Deshalb sind aus der Sicht engagierter Sonderschullehrerinnen oder Sozialpädagoginnen alle nicht behinderten Schüler »behindert« und alle behinderten Schüler »normal«. Doch leider lassen sich verhaltensauffällige Schüler nicht mit dialektischem Geschick wegdiskutieren. – Über die Schulsystemdifferenzierung werden jene Schüler, die nur unzureichend sehen, hören oder sprechen können, die geistig behindert, stark körper- oder mehrfachbehindert sind, in Sonderschulen eingewiesen oder in Spezialeinrichtungen betreut. Die Schuldifferenzierung kennt die Einrichtung von Integrationsklassen, in denen einige behinderte Schüler mit einer größeren Anzahl nicht behinderter unterrichtet werden. Diese Integrationsklassen werden meist von einer Lehrerin und einer Sonderschullehrerin geführt, die den Unterricht gemeinsam planen, vorbereiten und die notwendigen Differenzierungsmaßnahmen ergreifen. Aber auch an Regelschulen muss die planende Lehrerin davon ausgehen, dass es einen oder mehrere Schüler gibt, die eine Teilfunktionsschwäche oder -störung haben, also geringfügig behindert sind. Diese Schüler können zwar am Unterricht teilnehmen, benötigen jedoch bei bestimmten Lernaktivitäten die besondere Aufmerksamkeit der Lehrerin. Deshalb sind im Rahmen der Unterrichtsplanung nachstehende Fragen zu beantworten:

- Gibt es in der Lerngruppe einen oder mehrere Schüler, die eine Behinderung haben?
- Welcher Art ist die Behinderung?
- Muss auf die Behinderung Rücksicht genommen werden?
- Benötigt der betreffende Schüler konkrete Vermittlungs- oder Lernhilfen?
- Wer kann diese Hilfen bieten, ein Mitschüler oder die Lehrerin?
- Benötigt der betreffende Schüler ein anderes Lernangebot, z.B. einen spezifischen Arbeitsauftrag?

Diese Planungsüberlegungen erfordern von einer verantwortungsbewussten Lehrerin zusätzliche Zeit und Kraft. Doch würde man noch stärker differenzieren, jeden Schüler mit einer geringfügigen Artikulationsstörung oder einer Lese-Rechtschreib-Schwäche sofort in eine Sondereinrichtung überweisen, müsste das Sonderschulwesen erheblich ausgebaut werden und das Anliegen sozialer Integration würde noch stärker zurücktreten.

Ein weiteres emotional getöntes Differenzierungskriterium ist die *Sympathie* bzw. *Antipathie.* Dieses Kriterium wird wirksam, wenn die Lehrerin vor einer Kleingruppenbildung lediglich die Anzahl der Kleingruppenmitglieder bekannt gibt, die Bildung selbst aber den Schülern überlässt. In einem solchen Fall kommt das latent vorhandene Sympathiegefüge zum Tragen. Nun ist sicher nichts dagegen einzuwenden, wenn sich zwei oder drei befreundete Schüler in einer Kleingruppe zusammenfinden und gemeinsam arbeiten. Auch entspricht diese Art der Kleingruppenbildung der Vorstellung, die Selbstständigkeit der Schüler zu fördern. – Eine sarkastische Anmerkung sei hier erlaubt: Schüler sollen schließlich alles alleine bewerkstelligen, selbst gesteuert lernen, selbstwirksam schwierige Aufgaben lösen, selbst die sozialen Konflikte bewältigen, also auch selbst alle erdenklichen Differenzierungsmaßnahmen ergreifen. – Bei dieser Art der Differenzierung zeichnen sich zwei Grenzen ab. Einmal gibt es in fast jeder Lerngruppe Außenseiter, die bei ihren Mitschülern auf Ablehnung stoßen. Sie müssten bei jeder Kleingruppenbildung um die Aufnahme in eine solche kämpfen. Und zum anderen besteht ein soziales Lernziel gerade auch darin, mit jedem beliebigen Schüler zu kooperieren, also die latent vorhandene Antipathie zu überwinden. Außerhalb der Schule und später im Berufsleben können Schüler auch nicht nur mit jenen Menschen zusammenarbeiten, die ihnen sympathisch sind. Lässt man dem Sympathiegefüge freien Lauf, kommt es bald zu einer unerwünschten Cliquenbildung.

In modern geführten Grundschulklassen sitzen die Schüler häufig an Vierertischen zusammen. Die *Differenzierung* erfolgt so *stundenüberdauernd,* im Extrem für ein ganzes Schuljahr. Diese Art der Differenzierung hat ihre Vor- und Nachteile. Vorteilhaft ist, dass sich die Schüler gut kennen, die üblichen gruppendynamischen Stadien durchlaufen haben, sich häufig im wünschenswerten Stadium der konstruktiven Kooperation befinden und die Arbeit sofort aufnehmen können. Der Nachteil liegt möglicherweise in einer abträglichen Rollenfixierung, d.h. der stattgefundenen Rollendifferenzierung entsprechend sind innerhalb der Kleingruppen die Aufgaben klar verteilt, z.B. muss ein Schüler immer schreiben. Und dann besteht ein langzeitiger Zwang zur Kooperation. Deshalb hat Forsberg (1976) ein Rotationsprinzip vorgeschlagen, demzufolge nach einer angemessenen Zeit sich aus jeder Kleingruppe jeweils ein Schüler verabschiedet und eine neue Kleingruppe aufsucht. Eine solche Rotation bricht die durch Rollenfixierungen geschaffenen rigiden Strukturen auf, beeinträchtigt aber die Kleingruppenkohäsion.

Es bleibt zu erwähnen, dass Differenzierungsentscheidungen häufig von *äußeren Kriterien* abhängig sind, so z.B. von vorhandenen Räumen, Arbeitsplätzen oder Medien. Wenn Schüler in Kleingruppen ein Rollenspiel einüben sollen und drei Räume zur Verfügung stehen, bietet sich die Bildung von drei Kleingruppen an. Gibt es zwölf Plätze zum Experimentieren und umfasst die Lerngruppe 24 Schüler, ist Partnerarbeit angebracht. Oder die Differenzierungsmaßnahmen richten sich nach der Anzahl der vorhandenen Computer, Mikroskope oder Maschinen im Werkraum.

Betrachtet man die *Differenzierungsproblematik schulartspezifisch,* so wird deutlich, dass Lehrerinnen, die mit wenigen Schülern mehrere Stunden am Tag zusammenarbeiten, ungleich bessere Chancen haben, Differenzierungsmöglichkeiten zu sehen und umzusetzen als jene, die in zahlreichen Lerngruppen tätig sind. Hat eine Sonderschullehrerin z.B. sieben Schüler zu unterrichten, kann sie weitgehend adaptiv verfahren und für einzelne Schüler verschiedene Lernangebote unterbreiten. Grundschullehrerinnen, die mehrere Stunden täglich in der eigenen Klasse unterrichten, sind oft zu Differenzierungsmaßnahmen genötigt, weil die Zusammensetzung der Lerngruppe zu heterogen ist. Lehrerinnen an weiterführenden Schulen, die täglich in mehreren Lerngruppen Fachunterricht erteilen, haben geringe Chancen, die Lehr-Lern-Angebote auf die individuellen Lernvoraussetzungen von über hundert Schülern abzustimmen. Sie verzichten deshalb auch weitgehend auf Differenzierungsmaßnahmen und versuchen den Schülern durch differenzierende Arbeitsaufträge entgegenzukommen, die nach Umfang, Niveau und Interesse variieren.

Lehrerinnen, die Differenzierungsmöglichkeiten sehen und entsprechende Maßnahmen ergreifen, müssen schon bei der Planung und Vorbereitung des Unterrichts einen *größeren Arbeitseinsatz* erbringen, mehrere Lehr-Lern-Folgen konzipieren, verschiedene Medien wählen und deren Einsatz vorbereiten sowie verschiedene Möglichkeiten der Ergebniskontrolle berücksichtigen.

Gegen die Aufforderung, mithilfe von Differenzierungsmaßnahmen den Schülern Lernangebote zu unterbreiten, die ihren individuellen Begabungen und Fähigkeiten entsprechen, ist kaum etwas einzuwenden. Doch es ist einfach, einen solchen Anspruch zu stellen, viel schwieriger ist es, ihm auch gerecht zu werden. Ein solcher Anspruch lässt sich nie ganz erfüllen. Auf dem Gebiet der Differenzierung kann eine Lehrerin keine Perfektion anstreben, weil sie sich sonst maßlos überfordert. Und die Schüler dürfen auch keine Perfektion erwarten, müssen sich hin und wieder mit Angeboten abfinden, die nicht auf ihre Lernvoraussetzungen abgestimmt sind.

Differenzierung	
Definition	differenzieren – unterscheiden
Anliegen	Versuch, den unterschiedlichen Begabungen und Fähigkeiten der Schüler gerecht zu werden.
Problem	Je stärker nach dem Kriterium der Leistung differenziert wird, desto größer ist die Gefahr der sozialen Ausgrenzung.
Äußere Differenzierung	*Schulsystemdifferenzierung,* z.B. in Grund-, Sonder-, Haupt-, Realschule, Gymnasium, Berufsfachschule … *Schuldifferenzierung,* z.B. nach Jahrgangsklassen, Kern- und Kursunterricht an Gesamtschulen, Arbeitsgemeinschaften …
Innere Differenzierung	Maßnahmen, die innerhalb einer Lerngruppe getroffen werden, z.B. durch spezifische Unterrichtskonzeptionen, wechselnde Sozialformen, differenzierende Arbeitsaufträge nach Niveau, Umfang oder Interesse …
Differenzierungskriterien	Begabung, Leistung, Fähigkeiten, Interesse, Vorkenntnisse, Vorerfahrungen, Alter, Geschlecht, Kultur, Religion, Temperament, Lernhaltung, Sozialverhalten, Behinderung, Sympathie, äußere Kriterien wie vorhandene Kleingruppenräume, Mobiliar, Medien …

Planungsfragen

- Über welche besonderen Lernvoraussetzungen verfügen die Schüler?
- Welche Differenzierungsmaßnahmen erscheinen aufgrund dieser Voraussetzungen notwendig?
- Welche Differenzierungsmöglichkeiten bietet der Lerninhalt an?
- Kann innerhalb des zentralen Arbeitsauftrags differenziert werden?
- Welche Sozialformen erscheinen geeignet?

16 Bedeutsame Arbeitsaufträge vorformulieren

Die Qualität eines Unterrichts ist mit von der Qualität der Arbeitsaufträge abhängig. *Arbeitsaufträge sind Anregungen, Anleitungen oder Anweisungen der Lehrerin mit dem Ziel, bei den Schülern Lernprozesse auszulösen.* Die Aufträge können ganz unterschiedliche Funktionen haben, so z.B. die Schüler zum Üben anleiten (Übungsauftrag), zum Experimentieren ermutigen (Experimentieranleitung), zum Rollenspiel anregen (Spielanleitung) oder auf die Lösung eines Problems abzielen (Problemlösungsaufgaben) (vgl. Kohler 2000).

Die Arbeitsaufträge variieren stark nach Art und Umfang. So lassen sich einfache Fragen, Lernzielbeschreibungen, Arbeits- und Aufgabenblätter sowie umfangreiche schriftliche Arbeitsanleitungen unter der Bezeichnung »Arbeitsauftrag« zusammenfassen. Doch in jedem Fall wird versucht, die Schüler zu aktivieren und sie zu motivieren, sich mit der Frage- oder Problemstellung zu befassen.

Arbeitsaufträge können im Rahmen der Unterrichtsplanung vorformuliert oder im Prozess selbst formuliert werden. Im Rahmen der Planung kann die Lehrerin den Auftrag ohne Zeit- und Handlungsdruck in Ruhe formulieren. Doch ein vorformulierter Auftrag fügt sich nicht immer organisch in den Lehr-Lern-Prozess ein. Ein durchdachter Arbeitsauftrag qualifiziert die gesamte Tertiade: Arbeitsauftrag stellen – Schüler betreuen – Ergebnisse sichten.

Selbst erfahrene Lehrerinnen sind überfordert, wenn sie in Verbindung mit einem Thema, das sie erstmals unterrichten, aus dem Prozess heraus einen anspruchsvollen und differenzierten Arbeitsauftrag stellen wollen, weil es zahlreiche Punkte zu berücksichtigen gilt:

- Zunächst einmal ist die *Frage- oder Problemstellung* zu analysieren, die in den Arbeitsauftrag integriert werden soll. Diese hat sich, wie schon erwähnt, möglichst organisch in den Prozess einzufügen. Die Frage- oder Problemstellung sollte die Schüler möglichst intrinsisch motivieren.
- Zweitens sind die *Lernvoraussetzungen* der Schüler zu überdenken, und es ist die Frage zu beantworten, auf welcher kognitiven, affektiven oder psychomotorischen Ebene sich der Auftrag überwiegend bewegt, ob z.B. ein Zusammenhang erkannt, eine Übertragungsleistung oder eine Problemlösung gefordert wird, und ob die Schüler diese Leistung vermutlich erbringen können.
- Drittens ist die Frage nach einer möglichst optimalen Passung des Arbeitsauftrags zu stellen, d.h. die planende Lehrerin wird aufgefordert, einen *Perspektivenwechsel* vorzunehmen, sich in die Lage der Schüler zu versetzen, deren Gedanken

und Gefühle zu prognostizieren, wenn die Schüler mit dem Auftrag konfrontiert werden.

- Viertens ist die günstigste *Sozialform* zu wählen, da bestimmte Lernaufgaben nun einmal bestimmte Sozialformen bedingen. – Aufträge, die in das Fundamentum gehören, sind von allen Schülern zu bearbeiten.
- Die fünfte Überlegung bezieht sich auf die *Differenzierungsmöglichkeiten,* z.B. nach Interesse, nach Schwierigkeitsgrad oder nach Umfang.
- Die sechste Frage ist die nach den *Medien,* den Lernmitteln und Lernmaterialien, nach deren Verfügbarkeit, Beschaffung und Bereitstellung.
- Sodann gilt es über die *Anzahl und Art der Angaben* zu entscheiden, die in den Arbeitsauftrag aufgenommen werden sollen. Zahlreiche Angaben legen die Schüler in ihrem Lernverhalten weitgehend fest, fordern überwiegend konvergentes Denken und führen zu vergleichbaren Ergebnissen. Wenige Angaben fördern die Eigenständigkeit der Schüler, verlangen auch divergente Produktion, und die Schüler müssen sich den Lernweg selbst suchen. Die Lernergebnisse sind dann allerdings auch heterogener.

Um die Problematik zu konkretisieren, werden nun zu verschiedenen Themen jeweils zwei Arbeitsaufträge formuliert, der erste mit wenigen Angaben und der zweite mit zahlreichen Angaben.

Beispiel: »*Blutdruck*«
Arbeitsauftrag:

a) Überlegt wie der Blutdruck entsteht.
b) Überlegt mit euren Nachbarn, wie der Blutdruck entsteht, indem ihr über den Zusammenhang von Herztätigkeit und Blutdruck nachdenkt, über den Zusammenhang von Gefäßstruktur und Blutdruck, über weitere Faktoren, die den Blutdruck beeinflussen und über die Bedeutung, die Blutdruckmesswerte haben können.

Beispiel: »*Igel*«
Arbeitsauftrag:

a) Im Herbst wird ein winziger Igel gefunden. Wie könnt ihr ihm beim Überwintern helfen?
b) Im Herbst wird ein winziger Igel gefunden. Überlegt in Partnerarbeit, welche Bedingungen erfüllt sein müssen, damit er den Winter überlebt. Denkt daran, wie ein Igel in der Natur überwintert, welcher Platz sich eignen würde, wie dieser Platz beschaffen sein sollte. Denkt an die Temperatur, die Luftfeuchtigkeit und an die Tatsache, dass er nicht nur schläft, sondern auch mal aufwacht und dann essen und trinken möchte. Außerdem sollte er möglichst nicht gestört werden.

Beispiel: »*Glukosebestimmung*«
Arbeitsauftrag:

a) Führt eine Glukosebestimmung durch.
b) Führt eine Glukosebestimmung nach der GOD-Perid-Methode durch. Zu diesem Zweck stehen die Boehringer-Arbeitsanleitung und das Eppendorfer-Photometer zur Verfügung. Protokolliert die Ergebnisse in mmol/l und mg/dl. Für diese Partnerarbeit habt ihr etwa eine Stunde Zeit. Dann werden wir die Ergebnisse vergleichen.

Beispiel: »*Karl der Große*«
Arbeitsauftrag:

a) Diskutiert die Frage, ob dieser Kaiser den Beinamen »der Große« verdient?
b) Diskutiert in Kleingruppen die Frage, ob dieser Kaiser den Beinamen »der Große« verdient, indem ihr über die zurückliegenden Stunden nachdenkt, die Geschichtshefte und das Geschichtsbuch zu Rate zieht und insbesondere folgende Punkte beachtet:
   - die vielen Feldzüge, so gegen die Sachsen, Langobarden, Mauren, Avaren, Sorben u.a.,
   - die Massentaufen der Sachsen,
   - das Strafgericht zu Verden an der Aller,
   - die Gründung der Bistümer Münster, Osnabrück, Paderborn, Minden, Bremen und Verden,
   - die Schaffung eines riesigen Reiches,
   - die Kaiserkrönung in Rom durch Papst Leo,
   - die Kaiserkrönung seines Sohnes Ludwig in Aachen,
   - den Aufbau einer Verwaltung und
   - die Baukunst jener Zeit.

Beispiel: »*Brotkorb aus Peddigrohr*«
Arbeitsauftrag:

a) Fertigt einen Brotkorb aus Peddigrohr.
b) Fertigt einen Brotkorb aus Peddigrohr für zwei bis drei Personen. Bei der Herstellung sind folgende Punkte zu berücksichtigen:
   - Holzboden aus Sperrholz, Stärke 5 mm, Durchmesser 20 cm,
   - Holzboden mit der Laubsäge aussägen und mit Schleifklotz und Schleifpapier nachbearbeiten,
   - Löcher für die Staken mit Handbohrer (3 mm) herstellen, Abstand von Loch zu Loch 2,5 cm,
   - Stakenstärke 2,5 mm, Stakenlänge 50 cm,
   - Flechtfadenstärke 2 mm,
   - Flechtart mit drei Fäden,

– Wandungshöhe 10 cm, Wandung soll nach außen geneigt sein, sodass sich ein Durchmesser des oberen Randes von 30 cm ergibt. Falls Fragen auftreten, kannst du dich in dem bereitliegenden Buch, bei deinen Mitschülern oder bei mir kundig machen. Für diese Arbeit habe ich zwei Doppelstunden vorgesehen. Wenn die Körbe fertig sind, können wir ein gemeinsames Frühstück veranstalten.

Die unter a) genannten Arbeitsaufträge legen also die Schüler in ihrem Lernverhalten kaum fest. Sie fordern von ihnen ein eigenständiges Bemühen, sie müssen selbst nach möglichen Lernwegen suchen, diese beschreiten, Irrwege akzeptieren, sich korrigieren und Lernschwierigkeiten eigenständig überwinden. Die Lernergebnisse werden vermutlich sehr unterschiedlich sein. Man denke nur an das letzte Beispiel und an die vielen geraden und schiefen, kleinen und großen Brotkörbe aus Peddigrohr. Verfügen die Schüler über zahlreichen Vorkenntnisse aus dem Unterricht oder über eigene Vorerfahrungen auf dem betreffenden Gebiet, ist ein solcher offener Arbeitsauftrag angebracht. Gleiches gilt, wenn sie das Lernen gelernt haben, wenn sie bereit und in der Lage sind, sich selbstständig Informationen zu beschaffen, diese zu verarbeiten und auf die Frage- oder Problemstellung zu beziehen. Die Bearbeitung solcher offeneren Aufträge erfordert den Hinweis oder die Bereitstellung auf Informationsquellen oder von Informationsmaterial. Sind die Schüler nicht an der Bearbeitung solcher offeneren Aufträge gewöhnt, werden sie vermutlich anfangs große Schwierigkeiten haben und für die Bearbeitung viel Zeit benötigen. Eigenständig erzielte Ergebnisse verschaffen dann aber auch größere Erfolgserlebnisse.

Die unter b) formulierten Arbeitsaufträge legen die Schüler in ihrem Lernverhalten weitgehend fest. Die Lernwege sind vorgegeben, Irrwege oder Umwege weitgehend ausgeschlossen. Die konvergente Produktion ist gefragt. Um das Beispiel »Brotkörbe aus Peddigrohr« aufzugreifen: Wird noch ein fertiger Korb zur Orientierung angeboten, müsste es möglich sein, in einer überschaubaren Zeit vergleichbare Körbe zu produzieren. Nur ganz einfach wird für leistungsschwache Schüler dieser Arbeitsauftrag auch nicht zu erfüllen sein. Auch konvergentes Denken und Handeln impliziert Lernschwierigkeiten und ein mögliches Scheitern im Lernprozess. Deshalb wird die Qualität der Brotkörbe auch sehr unterschiedlich sein. Auf keinen Fall darf die Einübung in konvergente Produktion, in ein Handeln nach Anweisung oder Anleitung, gering geachtet werden. Schulisches Lehren und Lernen – aber auch berufliches Handeln – ist nun einmal überwiegend konvergent.

Die unter a) gestellten Arbeitsaufträge sind eher der entdeckenlassenden Lehr-Lern-Strategie zuzuordnen, die unter b) gestellten eher der expositorischen Strategie (Eigler et al. 1975). Bei den offeneren Aufträgen ist der Freiraum für die Schüler viel größer. Bei den geschlosseneren Aufträgen bestimmt die Lehrerin weitgehend, was zu tun ist. Doch sollte man nicht voreilig die eine oder andere Form favorisieren, denn die Schüler müssen beides können, Aufträge mit einem Minimum an Informationen eigenständig bearbeiten und Aufträge mit einer Vielzahl von Angaben korrekt ausführen. Für welche Form sich die Lehrerin im konkreten Fall entscheidet, hängt primär von den Lernvoraussetzungen der Schüler ab. Sind Letztere an exaktes Arbeiten gewöhnt, wissen sie, wie man sich Informationen beschafft und diese auswertet, verfügen sie über eine aktiv-produktive Lernhaltung, dann können die Aufträge immer offener formuliert werden. Und so zeichnet sich eine Strategie ab: von geschlosseneren Aufgabenstellungen hin zu offeneren, vom Lernen, wie man lernt, hin zum eigenständigen Lernen.

Der achte Punkt bezieht sich auf die größtmögliche *Verständlichkeit* des Arbeitsauftrags, die dann gegeben ist, wenn sich der Text der Sprachebene der Schüler annähert, er einfach, kurz und prägnant, gegliedert und geordnet und anregend ist. Besonders leistungsschwache Schüler sind überfordert, wenn sie erst mühsam erraten müssen, was die Lehrerin gemeint haben könnte.

Neuntens gilt es, die Art der *Ergebniskontrolle* zu überdenken. Schließlich möchten die Schüler nach der Arbeitsphase auch ihre Arbeitsergebnisse vortragen, ein Feedback erhalten und – gelobt werden. Ist den Schülern während der Arbeit bewusst, dass ihre Ergebnisse gefragt sein werden, geben sie sich mehr Mühe und die Lehr-Lern-Effektivität steigt an (vgl. Kounin 1976; Walberg 1984).

Der zehnte Punkt bezieht sich auf die Einschätzung der *Zeit,* und zwar für die gesamte Tertiade, für das Stellen des Auftrages, für die Bearbeitung und für die Ergebniskontrolle, wobei die arbeitsteilige Kleingruppenarbeit recht aufwendig ist. Die Zeit für die Ergebniskontrolle muss mit der Anzahl der Kleingruppen multipliziert werden.

Eine besondere Form des Arbeitsauftrags ist das *Arbeitsblatt,* welches oft mehrere Aufgabenstellungen enthält. Arbeitsblätter sind bei Praktikantinnen und Referendarinnen recht beliebt, weil die Tertiade – Arbeitsblatt einbringen, Blatt bearbeiten lassen, Ergebnisse kontrollieren – den Unterrichtsablauf strukturiert und viele Unwägbarkeiten ausschließt. Bei fremd erstellten Arbeitsblättern, also bei Verlagsmaterial, ist Skepsis angesagt, weil sie weder die besonderen Lernvoraussetzungen der Schüler noch den spezifischen Lehr-Lern-Prozess berücksichtigen können. Entschließt sich eine Lehrerin, ein Arbeitsblatt selbst zu erstellen, sind die vorgenannten Punkte zu berücksichtigen, und sie kann sich darüber hinaus überlegen, wie sich das Arbeitsblatt schülergemäß gestalten lässt, um den Bearbeitungsanreiz zu erhöhen.

Ein erhöhter Anreiz lässt sich erzielen, wenn Möglichkeiten der Selbstkontrolle eingebaut werden oder wenn das Arbeitsblatt eine Darstellung oder *Zeichnung* enthält, die dann wiederum einem professionellen Standard genügen sollte – Überschrift, Blatt ausnutzen, Zeichnung gliedern, zentrale Begriffe bzw. Bezeichnungen berücksichtigen, übliche Symbole verwenden, Symbolkraft der Farben nutzen, auf den notwendigen Grad der Exaktheit achten, bedeutsame Punkte hervorheben – wobei ein Arbeitsblatt so zu gestalten ist, dass es die Schüler möglichst in eine aktiv-produktive Lernhaltung hineinführt, sie die Zeichnung vervollständigen, sie eine Frage zu beantworten oder ein Problem zu lösen haben.

Schließlich ist schon bei der Planung über die *Art der Ablage* des Arbeitsblattes zu entscheiden, über dessen Verbleib. Die Arbeitsblätter sind in einer Arbeitsmappe abzuheften. Sie dienen dem Überlernen und der Ergebnissicherung. Außerdem sind sie etwas Besonderes, hat sich doch die Lehrerin bei der Gestaltung große Mühe gegeben. Auf keinen Fall dürfen Arbeitsblätter nach ihrer Bearbeitung unbeachtet bleiben, im Papierkorb oder achtfach gefaltet in der Hosentasche landen.

Überlegungen zur Vorformulierung von Arbeitsaufträgen

- Die Frage- oder Problemstellung analysieren
- Lernvoraussetzungen einschätzen und auf die Fragestellung beziehen
- Sich in die Lage der Schüler versetzen
- Eine stimmige Sozialform wählen
- Differenzierungsmöglichkeiten in Betracht ziehen
- Medien beschaffen und bereitstellen
- Anzahl der Angaben überdenken und festlegen
- Auf eine verständliche Formulierung achten
- Die Art der Ergebniskontrolle berücksichtigen
- Möglichkeiten der Selbstkontrolle nutzen
- Die Bearbeitungszeit einkalkulieren
- Arbeitsblätter mit Bearbeitungsanreizen versehen
- Zeichnungen professionell gestalten
- Auf die Art der Ablage achten

17 Vermittlungshilfen einplanen und Lernhilfen sehen

Sinnvoll erscheint die Unterscheidung zwischen *Vermittlungshilfen* und Lernhilfen. Unter Ersteren werden planbare Handlungen verstanden, die geeignet erscheinen, den Schülern eine Kenntnis oder Einsicht zu vermitteln. *Lernhilfen* hingegen sind zumeist nicht planbare Hinweise zur Reduzierung von Lernschwierigkeiten und zur Überwindung von Lernwiderständen, die im Prozess selbst auftreten.

Wer Unterricht plant, wird nach geeigneten *Vermittlungshilfen* suchen und diese in die Lehr-Lern-Abfolge integrieren. Eine Vermittlungshilfe ist Bestandteil der in Aussicht genommenen Methode. Dazu drei Beispiele:

Beispiel: »*Zahnpflege*« (2. Schuljahr)
Die Schüler werden aufgefordert, einen Kamm und eine Zahnbürste mitzubringen. Und dann geht es um die Beantwortung der zentralen Frage: Wie putzen wir unsere Zähne richtig?
Die Lehrerin lässt jedem Schüler etwas Watte austeilen, fordert die Schüler auf, die Watte in den Kamm einzureiben. Die Zinken stellen die Zähne dar, die Watteflocken die Speisereste. Dann werden die Schüler aufgefordert, mit der Zahnbürste den Kamm zu putzen. Wird der Kamm waagerecht gehalten, geht dies natürlich nur, wenn die Zahnbürste von oben nach unten geführt wird …

Beispiel: »*Erosion*« (4. Schuljahr)
Ein Unwetter hat in der Region beträchtliche Schäden angerichtet. Im Lokalteil der Regionalzeitung liest man etwas von Erosion und Erosionsschäden. Eine Landesstraße musste wegen Unterspülung gesperrt werden, eine Böschung ist abgerutscht, der Schulbus musste einen Umweg fahren.
Die Lehrerin lässt den Straßenabschnitt im Sandkasten nachbauen, dann kommt sie mit einer Gießkanne, stellt einen Beobachtungsauftrag und demonstriert mit einem Guss aus der Kanne das Unwetter – und die Erosion.

Beispiel: »*AcI – Accusativus cum Infinitivo*«
Ausgehend von dem berühmten Satz Nelsons vor der Seeschlacht bei Trafalgar: »England expects every man to do his duty!« – lässt man den Satz zerlegen, die Satzteile benennen, auf verschiedenfarbige Pappstreifen schreiben, die Satzteile korrekt zusammensetzen. Dann gibt man »lady teacher« vor und fordert dazu auf, weitere Sätze zu konstruieren, was wahrscheinlich lustig klingen wird. In einer dritten Phase werden beliebig Beispiele gebildet.

In Verbindung mit den immer wiederkehrenden Standardthemen verfügen erfahrene Lehrerinnen über ein reiches Repertoire an Vermittlungshilfen, die den bewährten und als effizient erkannten Methoden weitgehend entsprechen. Solche Vermittlungshilfen werden im Verlauf der beruflichen Sozialisation, also in den Praktika, in Veranstaltungen der Fachmethodik, im Referendariat, bei wechselseitigen Hospitationen und Fortbildungsveranstaltungen kumuliert, bis sie einen Erfahrungsschatz darstellen.

Im Unterschied zu den Vermittlungshilfen, die einzuplanen sind, werden die *Lernhilfen* erforderlich, wenn Schüler im Prozess Schwierigkeiten haben, *Lernwiderstände* zu überwinden. Lehrerinnen müssen »professional trouble maker« sein, d.h., sie sind geradezu verpflichtet, vor den Schülern Lernwiderstände aufzubauen, z.B. Fragen zu stellen, auf die eine Antwort gesucht werden muss, Aufgabenblätter auszuteilen, die es zu bearbeiten gilt, oder Probleme zu stellen, die zu lösen sind. Und sie sind verpflichtet, die Schüler in Lernschwierigkeiten zu bringen, die sie möglichst eigenständig zu bewältigen haben. Damit sind keine massiven Schwierigkeiten im Sinne von Schulschwierigkeiten gemeint. Sondern hier handelt es sich um Anforderungen, denen nur mit einer aktiv-produktiven Lernhaltung entsprochen werden kann. In den Prozess lassen sich Lernhilfen wie folgt einordnen:

- Die Lehrerin stellt eine Aufgabe, die einen Lernwiderstand beinhaltet.
- Die Schüler erleben diesen Widerstand. Sie wissen nicht, wie sie ihn überwinden sollen.
- Sie geraten in Lernschwierigkeiten.
- Sie suchen nach *Lernhilfen.*
- Sie wenden sich an die Lehrerin.
- Die Lehrerin ist nun gefordert, mit möglichst *minimalen Lernhilfen* zu antworten, um die Lernwiderstände nicht voreilig zu beseitigen.

Antwortet sie mit einer minimalen Lernhilfe, wird die Lernschwierigkeit lediglich reduziert, und der Schüler muss sich weiterhin anstrengen und sich um eine Lösung bemühen. Antwortet die Lehrerin mit einer maximalen Lernhilfe, werden die Lernschwierigkeiten naiv beseitigt. Für den Schüler gibt es keinen Widerstand mehr, er muss sich nicht mehr um eine Lösung bemühen, die Lernchancen sind ihm genommen und der Lerngewinn ist gering. Dazu Aebli:

> *»Mehr Hilfe empfangen zu müssen, als man eigentlich braucht, ist unangenehm und macht widerspenstig. Der Schüler findet, man nehme ihn nicht für voll, kommt sich geschulmeistert vor und leistet daher weniger, als er könnte … Mehr noch: ist es nicht geradezu die Aufgabe des Unterrichts, dem Schüler immer wieder Erscheinungen vorzuführen und ihn vor Situationen zu stellen, die er noch nicht meistert, damit er lerne, sie zu bewältigen?«* (Aebli 1977, S. 222f.)

In diesem Zusammenhang soll eine Begebenheit nachdenklich stimmen, die das Problem in den Brennpunkt rückt: Eine voll berufstätige Zahnärztin engagiert für ihre beiden Töchter, die ein Gymnasium besuchen, eine Pädagogikstudentin, die den Auftrag erhält, die Schülerinnen bei den Hausaufgaben zu betreuen. Wenn die Mädchen Hausaufgaben im Fach Mathematik haben, löst sie die Mathematikaufgaben, die Mädchen schreiben die Aufgaben mit den Lösungen ab und gehen spielen. – Nach wenigen Tagen legen sie sich auf den Teppich, beobachten die Studentin beim Rechnen und fragen ungeduldig nörgelnd: »Bist du immer noch nicht fertig?« – Diese Studentin hatte offensichtlich noch nie in ihrem Leben darüber nachgedacht, worin die zentrale berufliche Aufgabe einer Lehrerin besteht – Lernwiderstände aufbauen, die Schüler in Lernschwierigkeiten bringen, ihre Lernchancen wahren, Lernhilfen sorgsam dosieren, sie möglichst minimieren, die Schüler zum eigenständigen Lernen anregen.

Dass es sinnvoll ist, mit minimalen Lernhilfen zu arbeiten, erscheint überzeugend. Doch was sind Lernhilfen und wie lassen sie sich konkretisieren? Kohler (1998) hat in dem »Elternratgeber – Hausaufgaben« eine Treppe entwickelt, auf der mögliche Lernhilfen dargestellt sind. Die Treppe reicht von minimal nach maximal.

Die Lernhilfen-Treppe

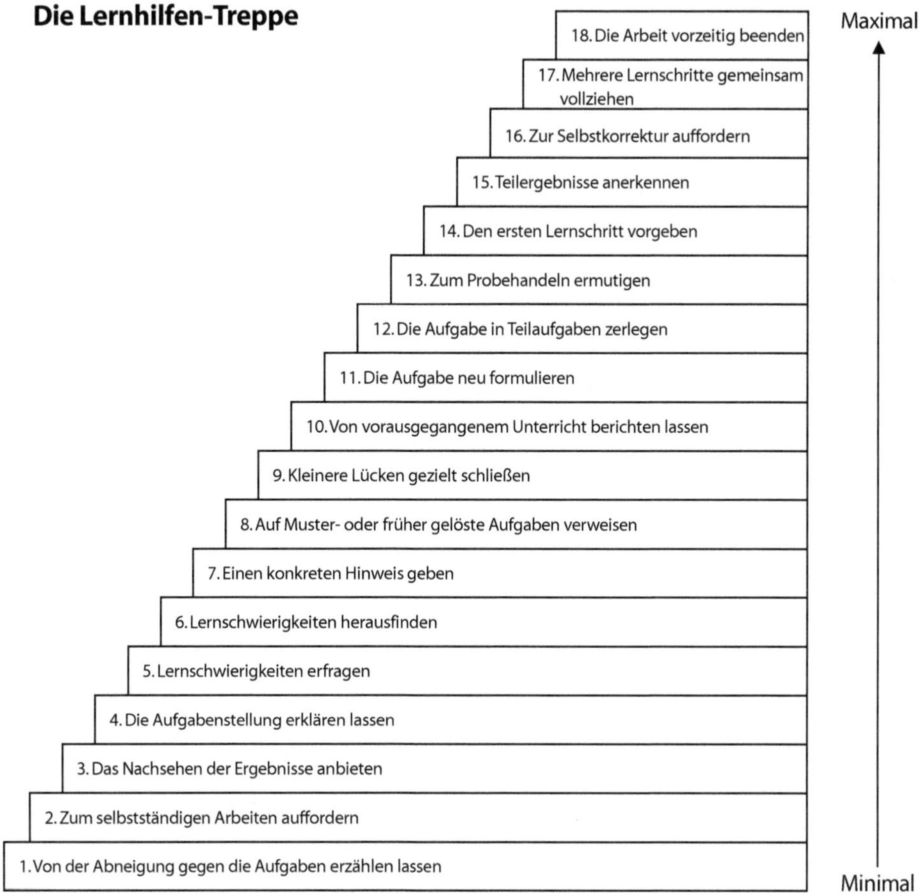

Die Lehrerin möchte eine Mathematikaufgabe in Einzelarbeit lösen, geplant ist die Tertiade – Aufgabe stellen, Schüler betreuen, Ergebnisse sichten –und für die Subsituation – Schüler betreuen – stehen ihr u.a. folgende Lernhilfen zur Verfügung:

1) *Von der Abneigung gegen die Aufgaben erzählen lassen*
Manchmal nehmen die Schüler die Arbeit nicht auf, weil sie sich von der Aufgabe nicht angesprochen fühlen. Und da kann es hilfreich sein, die negativ besetzten Emotionen verbalisieren zu lassen.
2) *Zum selbstständigen Arbeiten auffordern*
Die Aufforderung zur selbstständigen Arbeit kann mit einer Ermutigung verbunden werden, etwa in der Art: »Probier es erst mal allein. Vielleicht schaffst du es doch? Wenn du gar nicht weiterkommst, helfe ich dir später.«
3) *Das Nachsehen der Ergebnisse anbieten*
Das Angebot kann etwa heißen: »Fang einfach mal an, ich komme dann vorbei und sehe, ob du auf dem richtigen Weg bist.« Mit dieser Lernhilfe fühlt sich der Schüler nicht allein gelassen, er erhofft sich ein Lob für ein richtiges Teilergebnis.
4) *Die Aufgabenstellung erklären lassen*
Aufgrund eines Erklärungsversuches wird ansatzweise deutlich, ob der Schüler in der Lage sein wird, die Aufgabe zu durchschauen und sie eigenständig zu lösen.
5) *Lernschwierigkeiten erfragen*
Häufig fehlt dem Schüler ein zentraler Begriff oder er versteht eine Formulierung nicht richtig. Und ist er in der Lage, diese Schwierigkeit prägnant zu benennen, ist ihm schon durch einen kurzen Hinweis oder eine Erklärung weitergeholfen.
6) *Lernschwierigkeiten herausfinden*
Die Suche nach vermuteten Lernschwierigkeiten bezieht sich auf wichtige Voraussetzungen, die zur Lösung der Aufgabe benötigt werden. Eine Lernhilfe kann auf dieser Stufe in einem »advanced organizer« bestehen, in der Aktualisierung der erforderlichen Voraussetzungsstruktur.
7) *Einen konkreten Hinweis geben*
Der konkrete Hinweis, z.B. auf ein Nachschlagewerk, eine Seite im Schulbuch oder auf mögliche Informationen im Internet kann dem Schüler hilfreich sein und ihm weiterhelfen. Außerdem bleibt bei ihm das positive Gefühl zurück, die Aufgabe doch selbstständig gelöst zu haben, denn die Hilfe kommt ja dann nicht direkt von der Lehrerin.
8) *Auf Muster- oder früher gelöste Aufgaben verweisen*
Entspricht die Aufgabe einer früher gelösten weitgehend, kann der Hinweis hilfreich sein, sich an dieser zu orientieren. Kognitiv betrachtet wird die Leistung von einer eigentlich zu erbringenden analytischen Leistung (Ebene 4 nach Bloom) auf eine Übertragungsleistung (Ebene 3 nach Bloom) zurückgestuft.
9) *Kleinere Lücken gezielt schließen*
Besteht die Lernschwierigkeit in einer partiellen, also genau angebbaren und abgrenzbaren Lernlücke, kann diese durch eine gezielte Lernhilfe im Sinne des lückenschließenden Lehrens und Lernens überbrückt werden (Eigler/Straka 1978).

10) *Vom vorausgegangenen Unterricht berichten lassen*
Die gemeinsame Rekonstruktion der letzten Unterrichtsstunde, die Erinnerung an die erworbenen Kenntnisse und Einsichten, können dem Schüler weiter helfen.
11) *Die Aufgabe neu formulieren*
Häufig treten Lernschwierigkeiten auf, weil der Schüler den Text der Aufgabe nicht versteht – was übrigens nicht nur auf ausländische Schüler zutrifft, die noch große Sprachschwierigkeiten haben. Wenn nun die Lehrerin die Aufgabe umformuliert, sich um größtmögliche Verständlichkeit bemüht und sich Satz für Satz vergewissert, dass die Aufgabe vom Schüler verstanden worden ist, bietet sie ihm eine sehr weitgehende Lernhilfe an.
12) *Die Aufgabe in Teilaufgaben zerlegen*
Diese Lernhilfe reicht noch weiter, da nicht nur die sprachlichen Verständnisschwierigkeiten ausgeräumt werden, sondern eine zusätzliche Hilfe in Form einer Strukturierung erfolgt – Schritt 1, Schritt 2 … – und damit der Lösungsweg vorgegeben wird.
13) *Zum Probehandeln ermutigen*
Sobald die Lehrerin den Eindruck gewinnt, dass der Schüler nun die Aufgabe selbstständig lösen kann, wird sie sich zurückziehen und den Schüler mit den Worten ermutigen: »Nun kannst du es sicher selbst!«
14) *Den ersten Lernschritt vorgeben*
Oft ist der erste Schritt der schwierigste, ist er geglückt, sind die Lernwiderstände meist überwunden. Die Bemerkung: »Ich fange mal an und du machst weiter«, kann deshalb sehr hilfreich sein. Doch nun löst der Schüler die Aufgabe nicht mehr allein.
15) *Teilergebnisse anerkennen*
Die Kontrolle der Teilergebnisse und deren Anerkennung kann den Schüler zur Weiterarbeit motivieren. Hat sich ein Fehler eingeschlichen, wird dieser ohne großen Zeitverlust korrigiert. Das Gefühl, auf dem richtigen Weg zu sein, wirkt emotional stabilisierend.
16) *Zur Selbstkorrektur auffordern*
Die Selbstkorrektur durch den Schüler ist einer Fremdkorrektur durch die Lehrerin vorzuziehen. Korrigiert sich der Schüler selbst, bleibt sein Selbstwertgefühl gewahrt. Wird er korrigiert, dann wird auch das Selbstwertgefühl in Mitleidenschaft gezogen.
17) *Mehrere Lernschritte gemeinsam vollziehen*
Reicht die Vorgabe eines Lernschrittes nicht aus, kann es sinnvoll sein, mehrere Teilschritte gemeinsam zu vollziehen. Doch nach jedem Teilergebnis ist auf eine Zäsur zu achten, der Schüler zum Weiterdenken aufzufordern. Keinesfalls dürfen die Lernwiderstände völlig abgebaut werden, indem die Lehrerin denkt und diktiert und der Schüler schreibt.

18) *Die Arbeit vorzeitig beenden*
Wenn fast alle Schüler die Aufgabe gelöst haben, muss die Betreuungsphase abgebrochen werden, um die Ergebnisse zu sichten. Für den Schüler, der massive Lernschwierigkeiten hat, bedeutet dies – den Mitschülern zuhören und ihnen aufmerksam folgen.

Die vorstehenden Lernhilfen beziehen sich auf jene Situation, in der Schüler im Mathematikunterricht eine anspruchsvolle Aufgabe in Einzelarbeit lösen sollen. Bei anderen Lernaktivitäten werden von einer kompetent handelnden Lehrerin ganz andere Lernhilfen erwartet. Wenn sich die Schüler z.B. an die Kenntnisse und Einsichten aus der letzten Stunde erinnern sollen, bedarf es Erinnerungshilfen, die zu einem »advanced organizer« ausgebaut werden können. Beim Lesen, Vortragen, Aufsagen, Schreiben oder Formulieren benötigen sie Lese-, Vortrags-, Rezitations-, Schreib- oder Formulierungshilfen. Beim Erklären, Spielen, Beobachten, Wahrnehmen bedarf es entsprechender Erklärungs-, Spiel-, Beobachtungs- oder Wahrnehmungshilfen. Und beim Malen, Zeichnen, Basteln, Konstruieren und Gestalten benötigen die Schüler Mal-, Zeichen-, Bastel-, Konstruktions- oder Gestaltungshilfen.

Werden Gespräche oder Diskussionen geführt, muss die Lehrerin manchmal mit Gesprächs- oder Diskussionshilfen intervenieren. So empfiehlt es sich im Rahmen der Unterrichtsplanung über mögliche Lernhilfen nachzudenken und sie zwischen den Polen minimal und maximal zu ordnen, damit man im Prozess selbst, wenn Lernhilfen verlangt werden, möglichst angemessen, d.h. minimal helfen kann.

Eine Lernhilfe an die ganze Lerngruppe gerichtet entspricht fast nie den Lernvoraussetzungen aller Schüler. Für die leistungsstarken Schüler geht sie meist zu weit und für die leistungsschwachen reicht sie häufig nicht aus. Um minimale Lernhilfen nach dem Prinzip der Passung geben zu können, ist es erforderlich zu differenzieren oder Unterrichtskonzeptionen zu wählen, die auf eine Individualisierung der Lernprozesse abzielen. Bei der freien Arbeit, der Wochenplanarbeit, im adaptiven oder im tutorialen Unterricht lassen sich einzelnen Schülern Lernhilfen nach dem Minimalprinzip geben, die ihren individuellen Voraussetzungen weitgehend entsprechen.

Lernhilfen können die Effektivität des Unterrichts beträchtlich steigern. Die Variable »Cues and Feedback« liegt unter den Effektgrößen auf Rangplatz vier (Walberg 1984, 1990). Vergleicht man die Unterrichtskonzeptionen, dann werden im tutorialen System die höchsten Lernleistungen erzielt (Bloom 1984). Und wenn man mit minimalen Lernhilfen arbeitet, so entspricht dies den übergeordneten Zielsetzungen einer Erziehung zur Mündigkeit und einer Förderung der Selbstständigkeit.

Vermittlungshilfen und Lernhilfen

Planungsrelevante Fragestellungen

- Welche Vermittlungshilfen stehen zur Verfügung?
- Welche Vermittlungshilfe wähle ich aus?
- Wie lässt sich die Vermittlungshilfe in die Lehr-Lern-Folge integrieren?
- Welche Lernhilfen erscheinen für die Überwindung von Lernschwierigkeiten geeignet?
- Lassen sich die Lernhilfen im Sinne der Lernhilfen-Treppe von minimal nach maximal ordnen?
- Wie können die Lernchancen möglichst vieler Schüler gewahrt werden?
- Welche Möglichkeiten zur Individualisierung zeichnen sich ab?

18 Die Lehr-Lern-Folge planen

Eine *Lehr-Lern-Folge* besteht aus einer Sequenz von Lehr-Lern-Situationen, Phasen oder Schritten. In der schulpädagogischen Literatur findet sich auch die Bezeichnung Artikulationsschema. Dieser Begriff wird hier bewusst nicht verwendet, weil es kein schematisches Planen geben darf und die Anzahl möglicher Lehr-Lern-Folgen nach unendlich strebt. Lehr-Lern-Folgen lassen sich planen, während der Lehr-Lern-Prozess nur eingeschränkt planbar ist.

Auf die Frage, wie eine zu planende Lehr-Lern-Folge aussehen sollte, gibt es keine einfache Antwort im Sinne eines Rezepts, doch lassen sich einige Leitlinien formulieren, die hilfreich sein können.

- *Die Lehr-Lern-Folge ist inhaltlich zu strukturieren.* Dabei sind die beiden Fragen zu beantworten: Wo stehen die Schüler vermutlich? – und: Was soll in den nächsten Unterrichtsstunden folgen? Gewissermaßen zwischen diesen beiden Antworten liegt das Stundenziel mit seinen Teilzielen, die es anzusteuern gilt. Diese Teillernziele sind sachlogisch miteinander zu verknüpfen, sodass sich eine Lehr-Lern-Sequenz ergibt. In Verbindung mit dem Stundenziel zeichnet sich auch ein Stundenschwerpunkt und ein mögliches Lehr-Lern-Ergebnis ab.
- *Die Lehr-Lern-Folge ist in Lehr-Lern-Situationen zu gliedern.* Diese Gliederung dient der Lehrerin und den Schülern zur Orientierung. Wenn Schüler erkennen, wo sie im Lernprozess stehen, können sie aktiv an der Prozessgestaltung mitwirken. Und wenn die Lehrerin die geplante Lehr-Lern-Folge durchschaut, kann sie den Prozess mit Übersicht steuern – und später auch gelassen von der Lehr-Lern-Folge abweichen. Die Gliederung erleichtert übrigens die Aufnahme neuer Kenntnisse und Einsichten in schon vorhandene. Umgekehrt wird den Schülern das Lernen erschwert, wenn für sie keine Lernschritte erkennbar sind – die Lehrerin das Klassenzimmer betritt, pausenlos redet und am Ende der Stunde das Klassenzimmer wieder verlässt.

  Je geringer die Konzentrationsfähigkeit der Schüler, desto stärker muss die Lehr-Lern-Folge untergliedert werden. In der Grundschule sind deshalb etwa sechs Lehr-Lern-Situationen pro Kurzstunde angebracht, auf der Sekundarstufe genügen oft drei Situationen. Das Alter der Schüler und deren Konzentrationsfähigkeit bestimmen also die Anzahl der Lehr-Lern-Situationen. Eine zu starke Untergliederung führt zu Unruhe und verhindert die intensive Auseinandersetzung mit dem Lerninhalt, der Frage- oder Problemstellung.

Beim Nachdenken über die Lehr-Lern-Folge lassen sich häufig Tertiaden erkennen, drei aufeinander zu beziehende Subsituationen, z.B.

11 einen Auftrag stellen,
12 die Schüler betreuen,
13 die Ergebnisse sichten lassen – oder

11 den Medieneinsatz vorbereiten,
12 das Medium einsetzen,
13 die Aussprache steuern – oder

11 einen Lerngang vorbereiten,
12 den Lerngang durchführen,
13 die Auswertung vornehmen …

Ein Denken in Tertiaden erleichtert die Planungsarbeit erheblich. Man gewinnt schneller einen Überblick hinsichtlich möglicher Lehr-Lern-Folgen.

- *Auf Phasen der Informationsvermittlung Phasen der Informationsverarbeitung folgen lassen.* Diese Sequenz: Informationsaufnahme – Informationsverarbeitung – Informationsaufnahme – Informationsverarbeitung usw., ist erforderlich, um neue Einsichten in schon vorhandene integrieren zu können. Dies gilt vor allem für die geisteswissenschaftlichen Fächer, in denen man kaum auf Vorträge verzichten kann. Gegen einen lebendigen Vortrag der Lehrerin ist sicher nichts einzuwenden, doch sollte er auf der Sekundarstufe 20 Minuten nicht überschreiten. Bei einem mediengestützten Vortrag liegt die Obergrenze bei einer halben Stunde. Nach etwa 20 Minuten sinkt die Konzentrationsfähigkeit auch erwachsener Schüler stark ab. Die Art der Informationsverarbeitung kann ganz unterschiedlich sein. Zumeist wird jedoch eine Aussprache oder Diskussion angeregt, die in der Gruppe, in Kleingruppen oder zwischen Partnern erfolgt.
- *Innerhalb der Lehr-Lern-Folge ist auf einen zunehmenden Schwierigkeitsgrad zu achten.* Um diese Leitlinie befolgen zu können, sind mehrere Teilfragen zu beantworten, nämlich die nach den Lernvoraussetzungen der Schüler, den zu erwartenden Vorkenntnissen und Vorerfahrungen, den zu erbringenden Teilleistungen in Verbindung mit den Teillernzielen sowie der Leistung in Verbindung mit dem Stundenziel und dem Schwerpunkt der Stunde. Die taxonomischen Ansätze zur Lernzielbestimmung können an dieser Stelle hilfreich sein.
  Wer sich bei der Planung an den sechs Ebenen der Bloomschen Taxonomie – Kenntnisse, Verstehen, Anwendung, Analyse, Synthese, Bewertung – orientiert, ist zumeist gut beraten. Ohne Kenntnisse auf dem betreffenden Lerngebiet sind kaum Einsichten möglich. Gewonnene Einsichten lassen sich auf andere Ereignisse oder Sachverhalte übertragen. Und ohne die Analyse eines Sachverhaltes ist dessen Bewertung und Beurteilung schließlich nicht möglich, weil es sonst nur zu einer unechten oder oberflächlichen Bewertung kommen kann.

Betrachtet man die Leitlinie – einen zunehmenden Schwierigkeitsgrad anzustreben – strukturanalytisch, geht es zu Beginn der Stunde um die Vermittlung einfacher Elemente und Strukturen, die dann im Verlauf der Stunde zunehmend komplexer werden. Hier stellt sich auch die Frage, wie sich schwierige Sachverhalte so vereinfachen und darstellen lassen, dass sie von den Schülern aufgefasst werden können, ohne sie zu verfälschen. In leistungsheterogenen Lerngruppen lässt sich nur ein fiktiver zunehmender Schwierigkeitsgrad einplanen, da es immer einige Schüler geben wird, die sich unter- oder überfordert fühlen. Dieses Problem lässt sich zwar durch Maßnahmen der Binnendifferenzierung verringern, nie aber ganz lösen.

– *Innerhalb der Lehr-Lern-Folge sollte sich ein Schwerpunkt abzeichnen,* in Doppelstunden können es auch mehrere Schwerpunkte sein. Ein Schwerpunkt steht in einem unmittelbaren Zusammenhang zum Stundenziel. Wenn eine Lehrerin im Rahmen der Planung einen Schwerpunkt setzt, kann sie später im Prozess bewusst auf diesen hinarbeiten. Zur Schwerpunktsetzung gibt es verschiedene Möglichkeiten. So lässt sich z.B. eine Textstelle markieren und mehrmals lesen, ein Videoausschnitt wiederholt vorführen, eine Lehrerdemonstration eindringlich darstellen, eine provozierende Äußerung in großen Lettern an die Tafel schreiben oder die Schlüsselszene in einem Rollenspiel mehrmals variieren. – Aufgrund der Schwerpunktsetzung sollten die Schüler nach dem Unterricht Auskunft geben können, was sie gelernt haben. Bleiben sie die Antwort schuldig, wurde vermutlich kostbare Lebenszeit sinnlos vertan.
– *Eine Lehr-Lern-Folge hat möglichst eine aktiv-produktive Lernphase zu enthalten.* Darunter wird eine Lernsituation verstanden, in welcher die Schüler eine anspruchsvolle Lernleistung zu erbringen haben. Letztere beinhaltet ein aktives Bemühen, z.B. um die Beantwortung einer Frage, die Formulierung von Vermutungen, die Bildung von Hypothesen, die Produktion von Einfällen, die Bewertung eines Sachverhaltes oder um die Beherrschung eines Handlungsablaufes.
  Aktiv-produktive Lernphasen lassen sich in jede Stunde einplanen, auch dann, wenn überwiegend Informationen vermittelt werden oder geübt oder wiederholt werden muss. So kann z.B. ein Vortrag unterbrochen und eine echte Frage gestellt werden, welche die Schüler in eine aktiv-produktive Lernhaltung hineinführt. Und für Übungs- oder Wiederholungsstunden lassen sich ebenfalls immer anspruchsvollere Lernaufgaben finden, die nicht nur ein Erinnern oder Wiedererkennen beinhalten. – Werden Schüler zu häufig in eine passiv-rezeptive Lernhaltung gedrängt, empfinden sie den Unterricht als langweilig und die Bereitschaft zur Mitarbeit sinkt ab.
– *Den Medieneinsatz in Anlehnung an die EIS-Formel planen,* also von der enaktiven über die ikonische hin zur symbolischen Ebene. Diese Empfehlung ist leicht nachzuvollziehen. Sie stützt sich auf die Forschungsarbeiten von Bruner und Piaget, und entspricht der Regel vom Konkreten zum Abstrakten.
  Wird im Biologieunterricht das Thema »Die Tulpe« behandelt, gehört zunächst eine Tulpe in die Hand eines jeden Schülers, dann lässt man die Schüler eine

Tulpe zeichnen und am Ende über andere Bestäubungsmöglichkeiten diskutieren. – Das Thema »Abwasserbeseitigung« beginnt sinnvollerweise mit einem Lerngang zum örtlichen Klärwerk und mit Versuchen im Klassenzimmer, Schmutzwasser mithilfe von Sand oder Kaffeefiltern zu reinigen. Dann lässt man die Schüler die Kläranlage oder das Verbundnetz der Gemeinden zeichnen, und am Ende der Unterrichtseinheit kann eine Diskussion über Einsparungsmöglichkeiten von Wasser, die Reduzierung von Abwassermengen und über alternative Möglichkeiten der Wasseraufbereitung stehen. – Die Berücksichtigung der EIS-Formel lässt sich nicht immer durchhalten, weil es oft keine Möglichkeiten zum Handeln gibt. Wo allerdings diese Möglichkeiten vorhanden sind, sollten sie möglichst von allen Schülern genutzt werden. Konkrete Erfahrungen sind durch keine Anschauung und schon gar nicht nur durch Worte zu ersetzen.

- *Innerhalb der Lehr-Lern-Folge ist auf einen angemessenen Wechsel der Sozialformen zu achten.* Diese Leitlinie erscheint unter dem Aspekt des sozialen Lernens, aber auch unter dem Gesichtspunkt einer Steigerung der Lehr-Lern-Effektivität, überzeugend. – Da für bestimmte Lehr-Lern-Aktivitäten spezifische Sozialformen benötigt werden, ist der Wechsel oftmals eine Notwendigkeit. – Im Ausnahmefall kann auch mal eine Unterrichtsstunde als gelungen bezeichnet werden, in der die Lehrerin referiert oder ein Medium einsetzt und anschließend in der Lerngruppe eine Aussprache stattfindet. Doch im Regelfall ist den Schülern Gelegenheit zu geben, sich wenigstens einmal pro Unterrichtsstunde auszutauschen. Das gilt auch für Kurzstunden, da eine Phase der Partnerarbeit ohne größeren organisatorischen Aufwand jederzeit möglich ist. Für die Kleingruppenarbeit – besonders in ihrer arbeitsteiligen Form – sollte eine Doppelstunde zur Verfügung stehen, da der Zeitaufwand für die Kleingruppenbildung, Änderung der Sitzordnung, Erteilung des Arbeitsauftrags, für die Arbeitsphase sowie die Sichtung der Ergebnisse weitaus größer ist. Auch ist zu überlegen, ob die Schüler bereit und in der Lage sind, in kleinen Gruppen konstruktiv zu kooperieren. Falls dies verneint werden muss, kann entweder auf diese Sozialform vorerst verzichtet werden oder sie ist bewusst unter der Zielsetzung der Ausbildung der Kleingruppenfähigkeit einzuplanen.
- *Die Lehr-Lern-Folge ist abwechslungsreich zu gestalten.* Abwechslung wird durch einen Wechsel der Methoden, durch unterschiedliche Lehr-Lern-Aktivitäten, durch den Einsatz verschiedener Medien, die auch verschiedene Sinneskanäle in Anspruch nehmen, erzielt, weiterhin durch einen Wechsel der Sozialformen, durch Meditations- und Stilleübungen ebenso wie durch Bewegungsspiele und konkrete Handlungssituationen. Ein langweiliger Unterricht, der durch Methodenmonotonie gekennzeichnet ist, wirkt auf die Schüler lähmend.

  Doch ein Zuviel an Abwechslung führt zu hektischer Betriebsamkeit und verhindert die intensive Auseinandersetzung mit dem Lerninhalt. Besonders von älteren Schülern muss erwartet werden, dass sie sich auch mal für längere Zeit mit einer schwierigen Aufgabe befassen. Für Abwechslung sorgen kann deshalb nicht vorrangiges Planungsziel sein. Die Schule ist kein Freizeit- oder Vergnügungspark, in dem es primär darum geht, den Besuchern möglichst viel Abwechslung zu bieten und Spaß zu bereiten. Schule hat auch das Ziel, die Konzentrationsfähigkeit und die Bereitschaft und Fähigkeit auszubilden, eine begonnene Arbeit zu Ende zu führen.

– *Bei der Planung der Lehr-Lern-Folge hat man sich bewusst für einen Stundenbeginn, für einen Einstieg oder für eine Anfangssituation zu entscheiden.* In Kapitel 12 wurde das breite Handlungsspektrum dargestellt, die Möglichkeiten der Metakommunikation und des Metaunterrichts, der Aktualisierung der Vorkenntnisse oder Vorerfahrungen, des »advanced organizers«, den Unterricht mit einem Kurzvortrag oder Medieneinsatz zu beginnen, die Schüler zu provozieren oder in ein Spiel einzubinden. Welcher Stundenbeginn im Hinblick auf ein bestimmtes Thema und eine spezifische Lerngruppe angemessen erscheint, kann hier natürlich nicht gesagt werden. Doch erscheint es sinnvoll, zwischen den vielen Handlungsmöglichkeiten zu variieren, damit sich keine Methodenmonotonie einschleicht. Wenn jede Unterrichtsstunde mit der Frage begonnen wird: »Was haben wir das letzte Mal gemacht?« – oder mit der Anweisung: »Nehmt eure Hausaufgaben vor!« – zeugt dies von mangelnder Professionalität. Allerdings zeigt die Erfahrung, dass ein Unterricht selten so beginnt, wie er geplant worden ist. Problembewusste Lehrerinnen modifizieren die Lehr-Lern-Folge oft noch auf dem Weg in das Klassenzimmer. Auch zwingen unvorhersehbare Ereignisse – wie z.B. starke motorische Unruhe, missmutig oder feindselig dreinblickende Schüler, eine weinende Schülerin oder ein klingelndes Handy – zur Abänderung des Planes. Die sensible Lehrerin betritt den Klassenraum, erfasst intuitiv das Gruppenklima, geht auf die Schüler ein, um dann die durchdachte Lehr-Lern-Folge prozessorientiert zu realisieren.
– *Im Verlauf der Planung sind das Stundenende sowie eine mögliche Sicherung der Lernergebnisse zu bedenken.* Diese Leitlinie wird nicht immer zum Tragen kommen, denn wenn eine Lehrerin schüler- und prozessorientiert lehrt, die Fragen der Schüler beantwortet, deren Beiträge aufgreift und weiterführt, lassen sich die Ergebnisse nur teilweise voraussehen. Dennoch darf Unterricht nicht *nur* als Prozess gesehen werden nach dem Motto – der Weg ist das Ziel – sondern Unterricht hat auch vorzeigbare Lernergebnisse zu erbringen, also Produkte, abrufbare Kenntnisse und Einsichten, die von den Schülern festzuhalten und zu speichern sind.

  Die Art der Ergebnissicherung variiert von Fach zu Fach, von Lehrerin zu Lehrerin und von Schüler zu Schüler. In einigen Nebenfächern, wie z.B. Leibeserziehung, wird zumeist ganz auf eine Heftführung verzichtet. In anderen Fächern legen Lehrerinnen auf die Heftführung großen Wert, auf Vokabelhefte, Epochenhefte oder Mappen. In ihnen halten die Schüler bedeutsam erscheinende Kenntnisse und Einsichten in Form von Merksätzen, Thesen, Skizzen, Zeichnungen, Tabellen oder Zeitungsausschnitten fest. Die Ausgestaltung der Hefte macht den Schülern mehr oder weniger Spaß, und deshalb ergeben sich bei der Sichtung der Produkte große interindividuelle Differenzen. Jeder Schüler schafft sich hier seine eigene kleine Lernwelt – ganz im Sinn des Konstruktivismus (Kösel

1993). Die gesammelten Informationen dienen dem Überlernen, der Vorbereitung auf einen Text oder auf eine Prüfung.
Die Frage nach der Art und dem Umfang der Ergebnissicherung stellt sich nicht in Verbindung mit jeder Einzelstunde. Hier genügt z.B. im Fach Geschichte der Hinweis auf die gewonnene Einsicht, die Eintragung einer Jahreszahl in den Geschichtsfries oder die Anlage einer Wendekarte für die Lernkartei. Zum Abschluss einer Unterrichtseinheit sind Fragen möglichst präzise zu beantworten, damit sich die Lehrerin und die Schüler Rechenschaft ablegen können, was sie gelehrt und gelernt haben.
Schließlich kann auch eine durchdachte Hausaufgabe der Ergebnissicherung dienen. Hausaufgaben sind zumeist einplanbar, werden aber auch aus dem Prozess heraus gestellt und dann entziehen sie sich den Planungsüberlegungen (Becker/Kohler 1995).

– *Zeichnet sich die Lehr-Lern-Folge während der Verlaufsplanung ab, ist abschließend die voraussichtlich benötigte Unterrichtszeit zu kalkulieren.* Für die einzelnen Lehr-Lern-Aktivitäten, die Situationen und Tertiaden, sind Minuten zu veranschlagen, die in ihrer Addition die Gesamtzeit ergeben. Erfahrene Lehrerinnen verzichten auf diese Prozedur, überfliegen die Lehr-Lern-Folge und kommen zu der Einsicht: Das lässt sich verwirklichen oder – das lässt sich in einer Unterrichtsstunde nicht erreichen. Wer eine Lehrtätigkeit aufnimmt, unterliegt fast immer der Gefahr, in der zur Verfügung stehenden Zeit zu viel erreichen zu wollen. Weniger ist in diesem Zusammenhang mehr, sonst bleibt keine Zeit zum Nachdenken.
  Im Prozess wird die Zeitplanung fast immer modifiziert und das ist auch richtig so, weil sich die Mitarbeit der Schüler, deren Fragen und Beiträge, nicht voraussehen lassen. Wenn eine Lehrerin exakt in der Zeit bleibt, liegt die Vermutung nahe, dass sie sich zu wenig an den Schülern orientierte. – Zeit ist ein kostbares Geschenk, das gilt auch für die Lehr- und Lernzeiten. Unter den Aspekten der Lehr-Lern-Ökonomie und der Lehr-Lern-Effizienz sind die einzuplanenden Zeiten mit dem zu vermutenden Lehr-Lern-Gewinn in Beziehung zu setzen. Das bedeutet also konkret: die Schüler zügig an das Thema, die Frage- oder Problemstellung heranführen, möglichst viel Zeit auf den Schwerpunkt der Stunde verwenden, sich Zeit für eine Rückbesinnung bzw. Ergebnissicherung lassen, die kostbare Lebenszeit für das Lehren und Lernen nutzen. Wer so verfährt, reduziert auch die Auftretenshäufigkeit von Disziplinkonflikten (Kounin 1976; Rutter et al. 1980).

Abschließend seien einige Lehr-Lern-Folgen skizziert für Einzel- und für Doppelstunden und für verschiedene Unterrichtsfächer, wobei auch fächerübergreifend oder fächerverbindend gearbeitet werden kann.

Beispiele für Einzelstunden (S = Situation)

Sachunterricht: »*Der Hamster*«

S_1 Metakommunikation
S_{21} Präsentation vorbereiten
S_{22} Hamster präsentieren
s_{23} Beobachtungen zusammentragen, Schülerfragen beantworten
S_{31} Arbeitsauftrag stellen, Arbeitsblatt – Partnerarbeit
S_{32} Schüler betreuen
S_{33} Ergebnisse sichten, vergleichen, in der Gruppe diskutieren

Deutsch: »*Wir dichten*«

S_1 Metaunterricht
S_2 Divergierendes Gespräch – Einfälle sammeln – Ferienland, Helgoland, Sonnenbrand, Badestrand, Westerland …
S_{31} Einzelarbeit
S_{32} Schüler betreuen
S_{33} Gedichte vortragen
S_4 Abschlussdiskussion – mit Preisverleihung

Geschichte: »*Investiturstreit*«

S_1 Vortrag
S_2 Aussprache zum Vortrag
S_{31} Quellentext in Einzelarbeit lesen
S_{32} Rückfragen zum Text
S_{41} Arbeitsauftrag
S_{42} Partnergespräche
S_{43} Gesprächsergebnisse zusammentragen
S_5 Abschlussgespräch – reflektierend bewertend

Beispiele für Doppelstunden

Deutsch: »*Rollenspiel*«

S_1 Metaunterricht
S_2 Text lesen lassen – Einzelarbeit
S_3 Aussprache
S_4 Text mit verteilten Rollen lesen lassen
S_{51} Kleingruppen bilden lassen
S_{52} Handlung im Rollenspiel aktualisieren lassen
S_{53} Die verschiedenen Varianten vorspielen lassen, Kleingruppen 1 bis 4
S_6 Abschlussgespräch – reflektierend bewertend

Mathematik: »*Ein Problem lösen*«

S_1 Metakommunikation
S_{21} Problemstellung umreißen
S_{22} Rückfragen beantworten
S_{31} Kleingruppen bilden
S_{32} Lösungsvorschläge erarbeiten lassen
S_{33} Lösungsvorschläge in der Gruppe vortragen lassen
S_{34} Lösungsvorschläge vergleichen und begutachten lassen
S_4 Die eleganteste Lösung herausstellen
S_5 Hausaufgabe – ein ähnliches Problem elegant lösen

Physik: »*Experimentieren*«

S_1 Metaunterricht
S_2 Kleingruppen bilden lassen
S_3 Arbeitsplätze vorbereiten lassen
S_{41} Experimentieranleitungen lesen lassen
S_{42} Fragen beantworten
S_{43} Kleingruppen betreuen
S_{44} Ergebnisse in der Gruppe vortragen und vergleichen
S_5 Abschlussdiskussion in der Gruppe – über mögliche Fehlerquellen

Die Lehr-Lern-Folge planen

Leitlinien auf einen Blick

- Den geplanten Verlauf inhaltlich strukturieren
- Den Stundenbeginn bewusst gestalten
- Die Abfolge gliedern – Tertiaden sehen –
- Zwischen Informationsvermittlung und -verarbeitung abwechseln
- Einen zunehmenden Schwierigkeitsgrad anstreben – die TEO berücksichtigen – *T*axonomy of *E*ducational *O*bjectives
- Dem Stundenziel entsprechend einen Schwerpunkt setzen
- Eine aktiv-produktive Lernphase einplanen
- Die EIS-Formel berücksichtigen – von der enaktiven über die ikonische zur symbolischen Ebene
- Angemessene Sozialformen wählen
- Für Abwechslung sorgen
- Eine Sicherung der Lernergebnisse anstreben
- Über sinnvoll erscheinende Hausaufgaben nachdenken
- Die benötigte Zeit kalkulieren

19 Mit den Schülern den Unterricht planen

Wenn Lehrerinnen und Schüler Unterricht gemeinsam planen, so entspricht dies demokratischen Grundsätzen und Einsichten sowie reformpädagogischen Vorstellungen, und die Vorteile einer gemeinsamen Planung liegen auf der Hand:

- Der zu planende Unterricht ist dann nicht nur eine Veranstaltung der Lehrerin, sondern er wird zu einem gemeinsamen Anliegen.
- Die Schüler fühlen sich ernst genommen, in das Zentrum gerückt, sie denken und organisieren mit und fühlen sich dann auch mitverantwortlich.
- Die Lehrerin wird auf diese Weise etwas entlastet. Sie braucht weniger anzuordnen und zu befehlen, stattdessen kann sie eher indirekt verfahren, anregen und vorschlagen (Flanders 1970; Tausch/Tausch 1977).
- Im gemeinsamen Planungsprozess lernen die Schüler Lehr-Lern-Prozesse zu planen, d.h. sie lernen auch das Lernen.

Durch diese Art der Partizipation wird indirekt auch das übergeordnete Lehr- und Erziehungsziel der Emanzipation angestrebt – die Befreiung der Schüler von der Abhängigkeit und Bevormundung durch die Lehrerin.

Lehrerinnen mit einer demokratischen Grundhaltung werden vom Sinn gemeinsamer Planungen überzeugt sein. Schulpädagogisch betrachtet handelt es sich um einen prospektiven Metaunterricht, einen Unterricht über Unterricht im Hinblick auf den beabsichtigten Lehr-Lern-Prozess. Wichtig ist in diesem Zusammenhang, dass die Schüler auch wirklich ihre eigenen Vorstellungen einbringen können, die Lehrerin den Schülern zuhört, deren Vorschläge aufgreift, zur Diskussion stellt und einbezieht. Eine gemeinsame Planung liegt nicht vor, wenn die Lehrerin den Schülern lediglich mitteilt, was sie zu tun beabsichtigt. Gemeinsame Planung ist also durch wechselseitige Kommunikation gekennzeichnet – nicht durch Einweg-Kommunikation.

Im Folgenden sollen die Möglichkeiten der gemeinsamen Planung sowie die Grenzen aufgezeigt werden. Die Möglichkeiten variieren auf verschiedenen Schulstufen, in verschiedenen Schularten und von Fach und Fach beträchtlich.

Für *Grundschüler* sind die Beteiligungsmöglichkeiten verhältnismäßig groß, sofern die Lehrerin gesamtunterrichtlich verfährt, eher ganzheitlich arbeitet oder Formen des offenen Unterrichts praktiziert. Die Schüler berichten über ihre Erlebnisse und Erfahrungen. Die Lehrerin greift die Beiträge der Schüler auf, Schüler und Lehrerin vereinbaren Zielsetzungen, planen ein Vorgehen und arbeiten gemeinsam an der Zielerreichung. – Beim notwendigen Erwerb bedeutsamer Kulturtechniken sind die Beteiligungsspielräume der Grundschüler allerdings eingeschränkt. Eine systemimmanente Einschränkung erfolgt im vierten Schuljahr, wenn sich die Planungen häufig an den Erwartungen der weiterführenden Schulen orientieren.

Die Beteiligung der Schüler an *weiterführenden Schulen* hängt neben der Einstellung der Lehrerin auch von dem jeweiligen Lernbereich ab. Wird in den Fächern Mathematik oder Englisch der Unterricht in Verbindung mit einem Lehrbuch erteilt, können die Lehrerin und die Schüler nicht einfach planen, ein oder mehrere Kapitel bzw. Lektionen auszusparen. Die Lerninhalte und Ziele sind aufeinander bezogen und so folgt dem Tangens der Kotangens, der Lesson 11 die Lesson 12. Ganz anders stellt sich die Situation z.B. in den Fächern Deutsch oder Religion dar. In diesen Lernbereichen sind die Ziele und Inhalte teilweise verhandelbar. Die Lehrerin kann den Schülern die Anforderungen des Lehrplans transparent machen, ihnen erklären, warum bestimmte Inhalte unbedingt erarbeitet werden müssen, sie dann aber auffordern, weitere Inhalte und Ziele zu nennen, die ihnen besonders interessant erscheinen. Nach einer gemeinsamen Beratung kann so ein gemeinsamer Stoffverteilungsplan erstellt werden.

An *Berufsfachschulen* sind die Beteiligungsmöglichkeiten der Schüler an der Unterrichtsplanung zumeist stark eingeschränkt. Schließlich kommt es darauf an, die Schüler in einer begrenzten Zeit für eine bestimmte Art der Berufsausübung zu qualifizieren. Zahlreiche Lehr-Lern-Ziele sind vorgegeben und operational definiert, so der Erwerb bestimmter Techniken oder Arbeitsabläufe im Bereich der EDV. Viele Ziele sind also nicht verhandelbar, weil die Schüler zur Funktion geführt werden müssen.

Sind die Beteiligungsspielräume bei der Unterrichtsplanung im Bereich der Lerninhalte und -ziele häufig stark eingeschränkt, so zeichnen sich im *methodischen Bereich* bessere Möglichkeiten der Partizipation ab. Schüler lernen vom ersten Schuljahr an verschiedene Methoden kennen, sinnvolle und weniger sinnvolle, effektive und ineffektive, freudvolle und langweilige Methoden. Schüler sammeln auch Erfahrungen im Bereich der Medienwahl und des Medieneinsatzes, aber auch bei der Vorbereitung und Durchführung von Klassenarbeiten, die der Leistungsbeurteilung dienen. Deshalb sind Schüler etwa vom dritten Schuljahr an durchaus bereit und in der Lage, mit der Lehrerin über ein mögliches Vorgehen nachzudenken und konkrete Lernschritte zu planen.

Uneingeschränkte Beteiligungsmöglichkeiten ergeben sich im *Bereich des Schullebens* und im Bestreben, den Unterricht nach außen zu öffnen. Lerngänge und Betriebsbesichtigungen, Wandertage und Klassenfahrten, der Schullandheimaufenthalt, Klassenfeste und Feiern sind stets gemeinsam zu planen, damit sich möglichst viele Schüler mit der betreffenden Aktivität identifizieren können. In solchen Planungssituationen ergeben sich übrigens zahlreiche Möglichkeiten, demokratische Spielregeln kennen zu lernen und einzuüben, gegensätzliche Positionen oder verschiedene Sichtweisen zu diskutieren, um dann den Mechanismus demokratischer Beschlussfassung greifen zu lassen nach dem Motto: Wer bei diese Abstimmung unterliegt und bei den Verlierern ist, gewinnt das nächste Mal!

Von radikaldemokratischen Pädagogen (Schulz 1980) und von Vertretern der Waldorfpädagogik wird gefordert, die *Eltern* in die Planung einzubeziehen. Eltern haben das Recht zu erfahren, was die Lehrerin mit ihren Kindern vorhat, und sie haben sogar die Pflicht, sich um die Unterrichtsplanung zu kümmern. Nur so lässt sich das Verhältnis zwischen Schule und Elternhaus intensivieren. Die Transparenz gerade auch von Lehrplanentscheidungen bietet die Voraussetzung für eine wünschenswerte Kooperation und Demokratisierung des Schulwesens.

Nun ist nichts dagegen einzuwenden, wenn sich Eltern informieren und orientieren, was in der Schule gelehrt und gelernt wird. Ein verstärktes Interesse der Eltern an schulischen Fragen ist sicher begrüßenswert. Und Eltern – vornehmlich Mütter, die nicht berufstätig sind, früher vielleicht selbst einmal Lehrerinnen waren – werden wahrscheinlich auch das Angebot zur Kooperation nutzen und gemeinsam mit der Lehrerin Planungsfragen diskutieren. Ganz anders stellt sich die Situation dar, wenn beide Elternteile berufstätig sein müssen, um den Familienunterhalt zu sichern. Diesen Eltern fehlt vermutlich die Zeit und die Kraft, um mit der Lehrerin den Unterricht für den Sohn oder die Tochter zu planen. Selbstkritische Eltern werden sich auf diesem Gebiet auch für wenig kompetent halten und die Aufgabe der Unterrichtsplanung der ausgebildeten Lehrerin zuschreiben. Und damit wären wir bei den Grenzen gemeinsamer Unterrichtsplanung angekommen, aber auch bei den Einwänden, die es zu berücksichtigen gilt.

Zunächst einmal gilt die Feststellung, dass die Aufgabe der Unterrichtsplanung vornehmlich der Lehrerin obliegt. Sie hat schließlich ein erziehungswissenschaftliches und fachbezogenes Studium durchlaufen, das Referendariat absolviert und sich erforderliche Planungsqualifikationen erworben. Also sollte sie im Vergleich zu Nicht-Lehrerinnen besser in der Lage sein, Ziele zu sehen, Medien zu wählen, Methoden zu entwickeln u.a.m. Doch geht es hier nicht um die Frage der Professionalisierung, sondern um die Ausschöpfung der Beteiligungsspielräume der Schüler bei vorhandenen Lehrqualifikationen. Auch wenn die Schüler an der Planung des Unterrichts beteiligt werden, *bleibt die Verantwortung* für den Unterricht *primär bei der Lehrerin.* Sie entscheidet letztlich doch über die Planung, Durchführung und Auswertung des Unterrichts, und sie muss schließlich auch die Schülerleistungen beurteilen.

So gesehen erscheint der Einwand, die gemeinsame Unterrichtsplanung gleiche einer *pseudodemokratischen Übung,* teilweise gerechtfertigt. Begibt sich eine Lehrerin mit einer vorgefassten Meinung in die metaunterrichtliche Situation hinein, indem sie am Ende des Gesprächs nur ihre eigene Auffassung gelten lässt, wäre es besser, sie würde ganz auf dieses Scheingefecht verzichten. Hält sie sich aber offen für die Lernbedürfnisse der Schüler, für deren Vorschläge und Einwände und ist sie bereit, Kompromisse einzugehen, hat das Gespräch seinen Zweck erfüllt.

Ein anderer Einwand, die gemeinsame Planung komme einer *Manipulation* der Schüler gleich, diene lediglich dazu, die Schüler zu noch höheren Lernleistungen anzustacheln, greift entschieden zu kurz. Wer andere Menschen manipuliert, führt sie zu einem bestimmten Punkt, um dann einen persönlichen Nutzen aus ihrem Verhalten zu ziehen, sich z.B. zu bereichern. Doch das ist im Verhältnis zwischen einer Lehrerin und ihren Schülern nicht der Fall. Im Gegenteil, wenn die Schüler aufgrund gemeinsamer Planung stärker motiviert und aktiviert werden, sie effektiver lernen und ansprechendere Leistungen erzielen, liegt dies auch im Interesse der Schüler. Die Lehrerin manipuliert also nicht, sondern sie verhält sich methodisch geschickt.

Ein vierter Einwand, die *Schüler* seien gar *nicht in der Lage*, an der Unterrichtsplanung mitzuwirken, trifft nur in Teilbereichen zu. Aus lern- und entwicklungspsychologischer Sicht haben Schüler im ersten und zweiten Schuljahr zumeist noch große Schwierigkeiten, vom eigenen Lernprozess zu abstrahieren, Zeiträume zu überschauen und einem metaunterrichtlichen Gespräch zu folgen. Trifft eine Lehrerin im Anfangsunterricht mit ihren Schülern einige Vereinbarungen, indem sie drei oder mehr Lernschritte vorgibt, kann es sein, dass die Schüler sich so intensiv in die erste Situation einbringen, dass sie die getroffenen Vereinbarungen ganz schnell vergessen. Im dritten, spätestens aber im vierten Schuljahr sind Planungsgespräche ohne weiteres möglich. Allerdings ist es Aufgabe der Lehrerin, den Schülern einen *Überblick* zu verschaffen, was es zu planen und zu entscheiden gibt. Dieser Überblick kann sich zu Beginn eines Schuljahres auf den Lehrplan beziehen. Oder ein Überblick ist auch am Anfang einer neuen Unterrichtseinheit denkbar, indem die Lehrerin den Schülern erklärt, was wie gelehrt und gelernt werden kann.

Neben dem fehlenden Überblick ist oft auch eine *fehlende Gesprächsbereitschaft und -fähigkeit* festzustellen. Wenn Schüler weder bereit noch in der Lage sind, ein Planungsgespräch zu führen, erscheint es vordergründig betrachtet sinnlos, ein solches Gespräch führen zu wollen. In dieser Situation gibt es zwei mögliche Vorgehensweisen, eine pädagogische und eine weniger pädagogische. Letztere besteht im Rückzug auf autokratische Verhaltensweisen, indem die Lehrerin den Schülern schlicht sagt, was sie zu tun und zu lassen haben. Der pädagogische Weg ist weitaus mühsamer, denn er besteht in dem fortwährenden Versuch, die Gesprächsbereitschaft und -fähigkeit der Schüler zu fördern.

Eine Umkehrung der Verhältnisse ist allerdings auch denkbar, wenn besonders gesprächsbereite Schüler *metaunterrichtliche Situation zur Selbstdarstellung missbrauchen* oder das Gespräch in die Länge ziehen, damit kostbare Unterrichtszeit möglichst folgenlos verstreicht. Erfahrene Lehrerinnen durchschauen das Spiel und werden den Gesprächsverlauf abkürzen, ohne die eloquenten Schüler für längere Zeit zu vergrämen. Ein Planungsgespräch verfehlt seine Zielsetzung, wenn das Gespräch um seiner selbst willen geführt wird.

Der Einwand, *die gemeinsame Planung koste zu viel Zeit,* erscheint selten zutreffend. Denn die Zeit, die zu Beginn eines Unterrichts in die gemeinsame Planung investiert wird, lässt sich im weiteren Prozess fast immer wieder herausholen. Wenn die Schüler Sinn, Zweck und Ziel des Unterrichts erfasst haben, können sie den Prozess bewusster mitgestalten und zielstrebiger mitarbeiten.

Eine gemeinsame Planung scheitert jedoch häufig an *unzureichenden Rahmenbe-*

dingungen, wie sie an weiterführenden Schulen leider auch heute noch anzutreffen sind. Wird der Unterricht im 45-Minuten-Takt erteilt, fehlt die Zeit, um sich gemeinsam mit den Schülern in einen Lernbereich einzudenken, Lerninhalte auszuwählen und Ziele zu vereinbaren. Auch lassen sich modernere Unterrichtskonzeptionen wie Wochenplanarbeit oder Projektunterricht kaum realisieren.

Bei der *Wochenplanarbeit* werden die Schüler aufgefordert, ihren eigenen Lernplan zu erstellen, also Planungsarbeit zu leisten. Doch bleibt es Aufgabe der Lehrerin, den Schülern zu zeigen, was geplant werden kann, d.h. sie muss den Schülern Lernangebote mit möglichst hohem Aufgabenanreiz bieten.

Die Konzeption des *Projektunterrichts* geht in allen Stadien davon aus, dass die Schüler den Unterricht gemeinsam mit der Lehrerin planen, also über die Projektinitiative beraten, einen Projektplan erstellen, die einzelnen Arbeitsschritte planen usw. Aufgabe der Lehrerin ist es, die zu planenden Einzelaktivitäten zu überschauen und zu koordinieren.

Abschließend soll die Frage nach der politischen Relevanz dieser Ausführungen gestellt werden. Ein demokratisches Gesellschaftssystem ist auf die verantwortliche Mitarbeit der Bürgerinnen und Bürger angewiesen. Anders ist ein solches System nicht denkbar. Wenn Schüler lernen, sich aktiv einzubringen, ihre Lernprozesse selbst planen oder doch zumindest mitplanen, werden sie diese Erfahrungen in außerschulische und nachschulische Bereiche übertragen können. Die Art und der Umfang der Beteiligung muss sich im Sinne einer emanzipierenden Mitbestimmung (Giesecke 1977) nach dem jeweiligen Entwicklungsstand der Schüler richten.

Beteiligungsmöglichkeiten in verschiedenen Bereichen

• Auswahl der Lerninhalte	eingeschränkt
• Setzung der Ziele	eingeschränkt
• Methodenwahl	eingeschränkt
• Wahl der Sozialformen	eingeschränkt
• Schulleben	kaum eingeschränkt
• Leistungsbeurteilung	stark eingeschränkt

Argumente gegen eine Beteiligung der Schüler an der Unterrichtsplanung – und ihre Widerlegung

- Unterrichtsplanung ist Aufgabe der Lehrerin –
  was weitgehend zutrifft, doch ist es auch ihre Aufgabe, Schülern Planungsaufgaben zu stellen.
- Die gemeinsame Planung gleicht einer pseudodemokratischen Veranstaltung – nicht unter dem Anliegen einer emanzipierenden Mitbestimmung.
- Gemeinsame Planung ist Manipulation der Schüler – im Gegenteil, hier handelt es sich um ein geschicktes methodisches Handeln.
- Schüler können sich gar nicht an der Planung beteiligen, weil ihnen der Überblick fehlt –
  die erforderlichen Informationen kann ihnen die Lehrerin liefern.
- Schüler haben keine Lust, sich an der Planung zu beteiligen –
  aber vielleicht können sie gerade über eine gemeinsame Planung zur Mitarbeit motiviert werden?
- Vielen Schülern fehlen die sprachlichen Voraussetzungen –
  was für extrem leistungsschwache Schüler zutreffen mag, aber bei gemeinsamer Planung können diese Fähigkeiten geschult werden.
- Die gemeinsame Unterrichtsplanung ist viel zu zeitaufwendig –
  doch die aufgewendete Zeit wird durch eine stärkere Schülerbeteiligung wieder eingeholt.

20 Disziplinkonflikten vorbeugen

Disziplin im Unterricht ist die für das Lehren und Lernen in Gruppen erforderliche soziale Ordnung, zu deren Einhaltung individuelle Bedürfnisse eingeschränkt oder zurückgestellt werden müssen, so z.B. das Bedürfnis nach Nahrungsaufnahme, Kommunikation oder Bewegung. Wird diese soziale Ordnung empfindlich gestört, kommt es zu einem Disziplinkonflikt, zu Auseinandersetzungen, Belastungen und Schwierigkeiten, die bei den beteiligten Personen eine emotionale Betroffenheit und Beeinträchtigung von unterschiedlicher Intensität auslösen (Becker 2000). Dann ist Lehren und Lernen nur noch unter hohem Zeitverlust oder gar nicht mehr möglich – es sei denn, man betrachtet den Versuch der Konfliktbewältigung als eine erwünschte Lehr-Lern-Situation. Die emotionale Betroffenheit ist sowohl bei der Lehrerin als auch bei einigen Schülern zu verzeichnen. Die verantwortungsbewusste Lehrerin sagt sich selbstkritisch: »Heute lernen die Schüler wieder einmal wenig oder nichts.« Und einige Schüler rufen in die Klasse: »Nun seid doch endlich ruhig!«

Was kann eine Lehrerin tun, um einer allgemeinen Disziplinlosigkeit vorzubeugen? Zunächst einmal kann sie an sich selbst arbeiten und den beabsichtigten Unterricht *inhaltlich und methodisch sorgfältig planen.* Wer fach- und methodenkompetent den Unterricht aufnimmt, vermag den Prozess emotional ausgeglichener zu steuern. Wer unzureichend vorbereitet ist, wird schnell nervös und das spüren die Schüler sofort. Es kommt zu Übertragungseffekten, die Schüler werden gleichfalls nervös und ergehen sich in extracurricularen Aktivitäten. Lehrerinnen, die sich als fach- und methodenkompetent erweisen, steigen in der Achtung der Schüler, manchmal begegnen sie ihnen sogar mit Respekt. Allgemein lässt sich festhalten: Je schwieriger die Lerngruppe, desto mehr Zeit und Kraft sollte in die Planung und Vorbereitung investiert werden.

Gerade in schwierigen Klassen ist es erforderlich, den Unterricht sorgfältig vorzubereiten und *sich vorbildlich zu geben.* Dazu gehören u.a. Absprachen mit Kolleginnen, Vorbereitung des Medieneinsatzes, der Folien, Arbeitsblätter, Materialien, das Führen der Versäumnisliste und des Klassenbuches. Der Unterricht ist möglichst pünktlich zu beginnen und zu beenden (Rutter 1980). Selbstdisziplinierte Lehrerinnen können diese oftmals geschmähten, aber unverzichtbaren *Sekundärtugenden* auch von ihren Schülern verlangen. Undisziplinierte Lehrerinnen regen die Schüler zur Nichtdisziplin an.

Schüler verhalten sich im Allgemeinen diszipliniert, wenn sie die Lehrerin kennen und zu ihr eine *konstruktive Beziehung aufgebaut* haben, die eine gemeinsame Verantwortlichkeit für den Lehr-Lern-Prozess bewirkt (Miller 1999). Kennt eine

Lehrerin nicht einmal die Namen der Schüler, sind Disziplinierungsschwierigkeiten vorprogrammiert. Wer in einer fremden Klasse unterrichtet, muss sich im Rahmen der Vorbereitung zwischen Namenschildern oder einem Sitzplan entscheiden. Muss die Lehrerin einen undisziplinierten Schüler ansprechen, ohne dessen Namen zu kennen, etwa in der Art: »Du da hinten im roten Pulli!« – und tragen mehrere Schüler einen roten Pullover, dann provoziert sie Gelächter und Disziplinlosigkeit. Umgekehrt wird das Bemühen einer Lehrerin, die Schüler so schnell wie möglich namentlich ansprechen zu können, meist von Schülern mit erhöhter Aufmerksamkeit honoriert.

Und nun zu den didaktischen und methodischen Überlegungen. Zunächst geht es um den Versuch, *Lerninhalte* auszuwählen und Ziele anzusteuern, *mit denen sich möglichst alle Schüler identifizieren können.* Im Hinblick auf leistungsheterogene Lerngruppen wird dies zwar oft schwierig sein, doch muss zumindest der Versuch, unternommen werden, alle Schüler einzubinden. Fühlen sich leistungsschwache Schüler nicht angesprochen und überfordert, treten sie bald aus dem Lernfeld, schalten ab, träumen in den Tag hinein, unterhalten sich mit dem Nachbarn oder stören bewusst, um auf sich aufmerksam zu machen. In ähnlicher Weise reagieren leistungsstarke Schüler. Wenn sie sich unterfordert fühlen, müssen sie sich anderweitig betätigen. Also sind im Rahmen der Planung Frage- und *Problemstellungen mit einem relativ hohen Aufgabenanreiz* zu suchen. Gleiches gilt für Arbeitsaufträge, für schriftliche Aufgaben- und Arbeitsblätter. Erkennen die Schüler die an sie gerichteten Anforderungen als sinnvoll an, sind sie auch motiviert, die Frage zu beantworten, das Problem zu lösen oder ein Aufgabenblatt zu bearbeiten. Und – lernende Schüler sind disziplinierte Schüler.

Um die Schüler zu einer disziplinierten Arbeitshaltung anzuregen, erscheint es ratsam, die Arbeitsaufträge so zu formulieren, dass sie den Einsichten des gemäßigten Konstruktivismus folgen. Dabei geht es um den Versuch, *die Schüler* in ihren eigenen Lernwelten *eigene Lernwege gehen zu lassen.* Dieser Vorschlag lässt sich natürlich nicht immer realisieren. Schulisches Lehren und Lernen ist schließlich überwiegend auf konvergente Produktion ausgerichtet, wenn es z.B. um die Lösung einer Aufgabe geht, für die es nur einen Lösungsweg gibt, oder um die Zuordnung von Begriffen oder um das Erlernen von Redewendungen. Doch kann der Forderung nach einer Individualisierung der Lernprozesse häufig durch reizvolle Zusatzfragen oder Zusatzaufgaben entsprochen werden.

Damit ist schon eine weitere Maßnahme genannt, die positiv disziplinierend wirken kann, nämlich die *Binnendifferenzierung.* In diesem Zusammenhang werden nur drei der wichtigsten Differenzierungskriterien genannt, die Interessendifferenzierung, die Differenzierung über das Aufgabenniveau und die Differenzierung über das Lerntempo. Gibt man dem Schüler Gelegenheit, sich dem eigenen Interesse entsprechend einer Aufgabe zuzuwenden, den Schwierigkeitsgrad einer Aufgabe selbst zu wählen und das Lerntempo selbst zu bestimmen, wird er sich eher auf die Lernaufgabe konzentrieren und sich weniger in Disziplinlosigkeiten ergehen.

Auch die Qualität der *schriftlichen Arbeitsaufträge* kann die Schüler veranlassen, konzentriert mitzuarbeiten. Wenn eine Lehrerin diese Aufträge selbst konzipiert, sie in den Prozess einfügt, auf das Niveau der Lerngruppe abstimmt, schülergemäße Lernanreize schafft und die Möglichkeit zur Selbstkontrolle der Lernergebnisse einbaut, schätzen Schüler meist den hohen Arbeitseinsatz ihrer Lehrerin – und heften ein solches Aufgaben- oder Arbeitsblatt auch sorgfältig ab.

Empirisch belegt und erfahrenen Lehrerinnen hinreichend bekannt sind häufige *Ergebniskontrollen*, die zu einer disziplinierteren Lernhaltung führen. Dieses von Kounin (1976) beschriebene Rechenschaftsprinzip ist besonders geeignet, die Aufmerksamkeit der Schüler auf die Lernaufgaben zu lenken.

Dazu einige Beispiele:

- Die Lehrerin sagt: »Wer die Aufgaben gerechnet hat, kommt bei mir vorbei, damit ich sie durchsehen kann. Und wer richtig gerechnet hat, darf in die Leseecke.«
- Die Lehrerin bemerkt in Verbindung mit einem Arbeitsauftrag: »Jede Kleingruppe nimmt sich eine Folie und einen Folienschreiber. Nach etwa einer halben Stunde legen wir die Folien auf und betrachten die Ergebnisse.« – Und da sich keine Kleingruppe blamieren möchte, wird meist auch zügig gearbeitet.
- Oder die Lehrerin bemerkt am Ende eines Schultages: »Macht bitte eure Hausaufgaben sorgfältig, ich nehme mir morgen einige Hefte mit und möchte mich über diese nur freuen.«

Leserinnen, die der Meinung sind, mit diesen Kontrollmaßnahmen würden die Schüler zu stark unter Druck gesetzt, sei entgegnet, dass Schüler nicht nur gefördert, sondern auch gefordert werden wollen. Das Bestehen auf gerechtfertigt erscheinenden Anforderungen gehört zu den Aufgaben einer jeden Lehrerin.

Es scheint zwar banal, muss aber an dieser Stelle erwähnt werden: Ein langweiliger Unterricht, der durch Methodenmonotonie gekennzeichnet ist, erhöht die Gefahr einer allgemeinen Disziplinlosigkeit. Ist der Unterricht langweilig, sind die Schüler genötigt, ihn von sich aus interessanter zu gestalten, z.B. mit Papierkugeln zu schießen oder Papierflieger zu starten. *Abwechslung* wird durch eine Veränderung der Lehr-Lern-Situation erreicht, durch die Involvierung möglichst vieler Sinneskanäle in den Lehr-Lern-Prozess, durch einen sachangemessenen Medieneinsatz und durch konkrete Handlungssituationen. Werden die Schüler aufgefordert, etwas zu malen, zu zeichnen, zu basteln, zu modellieren, zu konstruieren, sollen sie spielen, ihre Geschicklichkeit unter Beweis stellen oder in einem Wettbewerb bestehen, werden sie fast immer durch solche Lernaktivitäten absorbiert und kommen seltener auf die Idee, den Unterricht zu stören.

Ein angemessener Wechsel der Sozialform verringert ebenfalls die Auftretenswahrscheinlichkeit konfliktträchtiger Ereignisse. Unter dem Aspekt der Konfliktprophylaxe ist die *Partnerarbeit* zu bevorzugen. Sie kommt dem Kommunikationsbedürfnis der Schüler entgegen, jeder Schüler kann sofort etwas sagen und innerhalb dieser dyadischen Interaktion ist das Konfliktpotenzial meist gering. Ohne organisatorischen Aufwand lässt sich Partnerarbeit jederzeit initiieren und beenden. Dazu einige Verbalformen:

- »Unterhaltet euch bitte zunächst einmal für einige Minuten mit eurem Nachbarn über den Film.« – »Danke, jetzt bin ich gespannt zu erfahren, worüber ihr gesprochen habt.«
- Oder: »Sucht bitte mit euren Nachbarn eine Antwort auf diese Frage.« – »Danke, jetzt hören wir in die Antworten hinein. Wer möchte beginnen?«
- »Erarbeitet mit euren Nachbarn einen Vorschlag zur Problemlösung.« – »Danke, nun bitte ich euch um die Vorschläge.«

Die Sozialform der *Kleingruppenarbeit* ist risikoreicher und führt besonders dann zu Turbulenzen, wenn die Lehrerin die Schüler noch nicht gut kennt und deshalb kaum in der Lage ist, sozialsteuernd einzugreifen. Hingegen sollten Phasen der *Einzelarbeit* keinesfalls fehlen, führen sie doch die Schüler zur Besinnung, zur Konzentration auf eine Lernaufgabe, zu einem förderlichen Lern- und Arbeitsklima und zur Steigerung der Lehr-Lern-Effektivität (Walberg 1984).

Schon bei der Planung sind die *psychomotorischen Bedürfnisse* der Schüler zu berücksichtigen. Lehrerinnen, die ihre Schüler für längere Zeit zum Stillsitzen verurteilen, brauchen sich nicht zu wundern, wenn vor allem jüngere Schüler plötzlich aufspringen und im Klassenzimmer umherlaufen. Bewegungsspiele, gymnastische Übungen – aber auch meditative Techniken – und Pausen können aufkommenden Turbulenzen entgegenwirken (Granzer 2000).

Die im Unterricht zu fordernde *Disziplin variiert* von Lehr-Lern-Aktivität zu Lehr-Lern-Aktivität und *von Lehr-Lern-Situation zu Lehr-Lern-Situation.* Disziplin um ihrer selbst willen darf es im Unterricht nicht geben, sondern der Grad und die Art der Einschränkung persönlicher Bedürfnisse ist von der Lehrerin situativ zu legitimieren. Bei einer Mathematikarbeit ist natürlich ein hoher Grad an Disziplin zu fordern, bei einer Aussprache über eine lustige Geschichte oder bei der Fertigung einer Collage in Kleingruppen ein geringerer Grad. Am Stundenbeginn darf man von allen Schülern Aufmerksamkeit verlangen, schon um sie begrüßen zu können. Gleiches gilt für die Verabschiedung der Schüler am Ende eines Schulvormittags. In Situationen, in denen Arbeitsaufträge mündlich gestellt werden, Hausaufgaben erteilt werden, Einzelarbeit stattfindet oder Ergebnisse mitgeteilt werden, ist ebenfalls ein hohes Maß an Disziplin einzufordern. Wenn Schüler miteinander reden und diskutieren, wenn sie in Partner- oder Kleingruppenarbeit aktiv werden wollen, wäre eine solche Forderung ungerechtfertigt. Die planende Lehrerin hat sich also die Frage zu beantworten, in welchen Lehr-Lern-Situationen persönliche Bedürfnisse eingeschränkt oder zurückgestellt werden müssen.

In die Planungsüberlegungen einzubeziehen sind auch *kritische Situationen,* die der Organisation des Unterrichtsablaufs dienen, wie z.B. die Herstellung einer angemessenen Sitzordnung, die zügige Abdunklung des Klassenzimmers vor einem Medieneinsatz, das schnelle Austeilen von Lernmaterial, das geordnete Wasserfassen am einzigen Waschbecken, wenn mit Wasserfarben gemalt werden soll oder das gesittete Verlassen des Klassenzimmers. Bei älteren Schülern kann hier der Hinweis auf die britische Tugend des Schlangestehens hilfreich sein.

Auch wenn der Unterricht unter dem Aspekt der Konfliktvermeidung geplant und vorbereitet wird, kann man nicht davon ausgehen, dass keine Disziplinkonflikte auftreten. Dafür sorgen u.a. *Problemschüler* mit erheblichen Sozialisationsdefiziten, denen zu selten abverlangt wurde, Bedürfnisse einzuschränken oder zurückzustellen und die oftmals mit stark abweichendem Verhalten die Aufmerksamkeit der Lehrerin gewinnen möchten. Oder es gibt Schüler in der Pubertät, die sich im Widersprechen üben und so die Grenzen im Umgang mit der Lehrerin testen. Zwar lassen sich Überlegungen anstellen, wie diese Problemschüler in den Lehr-Lern-Prozess integriert werden können, doch ganz vermeiden lassen sich diese Konflikte nicht.

Kommt es nun trotz aller konfliktprophylaktischer Maßnahmen zu einer massiven Störung der für das Lehren und Lernen in Gruppen erforderlichen sozialen Ordnung, sind permanente Selbstzweifel unangebracht. Neben den schon erwähnten Problemschülern gibt es weitere Ursachen für Disziplinkonflikte, die sich weitgehend der Einflussnahme der Lehrerin entziehen, wie z.B. kritische Phasen in gruppendynamischen Prozessen, ungünstige Rahmenbedingungen wie Lärmbelästigung, fehlende Frischluftzufuhr, ein fragwürdiger Stundenplan oder besondere Ereignisse wie die Rückgabe einer schlecht ausgefallenen Klassenarbeit in der vorausgegangenen Stunde.

In Lerngruppen, in denen Disziplinkonflikte gehäuft auftreten oder die Regel sind, empfiehlt es sich, das Problem selbst mit dem Ziel einer Bewusstseinserweiterung und Verhaltensänderung zum Lerninhalt zu machen. Mit jüngeren Schülern lässt sich ein *altersgemäßes Verhaltensposter* erstellen. Ältere Schüler können über eine *Klassenordnung* diskutieren, sie ausarbeiten und verabschieden, natürlich mit bestimmten Sanktionen. Auch gibt es die Möglichkeit, mittels Videoaufzeichnungen eine Konfrontation mit dem eigenen fragwürdigen Verhalten zu bewirken.

Maßnahmen der Konfliktprophylaxe

- den Unterricht sorgfältig planen und vorbereiten
- sich um emotionale Ausgeglichenheit bemühen
- sich möglichst vorbildlich verhalten
- eine konstruktive Beziehung zu den Schülern aufbauen
- die Rahmenbedingungen optimieren
- den Grad der einzufordernden Disziplin für die einzelnen Lehr-Lern-Situationen einschätzen
- kritische Situationen durch Metaunterricht oder -kommunikation entschärfen
- Aufgabenanreize erhöhen
- eigenwillige Lernwege tolerieren
- Maßnahmen der Binnendifferenzierung ergreifen
- für Abwechslung sorgen
- Einzel- und Partnerarbeit einplanen
- den psychomotorischen Bedürfnissen entgegenkommen
- Stilleübungen vorsehen
- Verhaltensposter erstellen lassen
- eine Klassenordnung erarbeiten lassen
- Pausen einlegen

21 Unterrichtsentwürfe ausarbeiten

Von Praktikantinnen und Referendarinnen wird die Erarbeitung ausführlicher Unterrichtsentwürfe verlangt. Anfangs erfordert dies viel Zeit und Kraft, doch dann stellt sich bald eine gewisse Planungsroutine ein. Die hier gestellten Anforderungen erscheinen gerechtfertigt. Wer einen ausführlichen Unterrichtsentwurf ausarbeiten möchte, muss sich mit schulpädagogischer Fachliteratur befassen, die schulpädagogische Fachsprache aneignen, über einen beabsichtigten Unterricht intensiv nachdenken, die Überlegungen strukturieren, systematisieren und sequenzieren. Wer Unterricht plant, ist überwiegend analytisch tätig, verknüpft und bewertet, entwickelt Planungskreativität – sofern vorhanden und aktivierbar – und versetzt sich immer wieder in die Lage der Schüler, für die ja der Unterricht gedacht ist. Da sich im Planungsprozess häufig verschiedene Möglichkeiten abzeichnen, übt sich die Lehrerin in der Fähigkeit, Entscheidungen zu treffen.

Ausführliche Unterrichtsentwürfe können folgende Gliederungspunkte aufweisen und die stichwortartig genannten Überlegungen beinhalten:

1) Allgemeine Angaben
2) Sachanalyse
3) Methodische Überlegungen
4) Verlaufsplanung

Zu 1) *Allgemeine Angaben*
Schule, Fach oder Lerngebiet, Unterrichtskonzeption, Thema, Lerngruppe, Name der Lehrenden, Wochentag, Zeit, Raum-Nr.

Zu 2) *Sachanalyse*
Begründung für die Auswahl des Lerninhalts, Sachstruktur, bedeutsame Elemente, mögliche Schwerpunkte, mögliche Ziele, erarbeitete Strukturen, nachfolgende Themen, Lehrplanbezug, Entscheidung über den Schwerpunkt (die Schwerpunkte) des Unterrichts und die Zielsetzung(en), Abgrenzungsproblem …

Zu 3) *Methodische Überlegungen*
Unterrichtskonzeption, Lehr-Lern-Strategie, Methodenwahl, Lernvoraussetzungen, zu vermutende Vorkenntnisse und Vorerfahrungen, Stundenbeginn, Medienwahl, Funktion der gewählten Medien, Medieneinsatz vorbereiten, zentrale Frage- und Problemstellungen, aktiv-produktive Lernphase, Arbeitsauftrag, Sozialformen, Dif-

ferenzierungsmöglichkeiten, Vermittlungshilfen, Lernschwierigkeiten, Lernhilfen, Ergebniskontrollen, Beteiligungsspielräume, konfliktprophylaktische Maßnahmen, Rahmenbedingungen.

Zu 4) *Verlaufsplanung*
Sachlogik, Lernlogik, Stundenanfang, Schwerpunkt, Stundenende, typische Situationsfolgen, Tertiaden, zunehmender Schwierigkeitsgrad, kognitive, affektive, psychomotorische Dimension, emotionale Dimension; von der enaktiven über die ikonische zur symbolischen Ebene, altersgemäß, Handlungssituationen, Abwechslung, Sozialformen, Vermittlungshilfen, Lernhilfen, Ergebniskontrolle, Hausaufgaben, Zeiteinteilung ...

Diese und weitere Überlegungen können bei der Ausarbeitung eines ausführlichen Unterrichtsentwurfs relevant sein.

Beispiel eines ausführlichen Unterrichtsentwurfs

1) ***Allgemeine Angaben***
Fächerübergreifender Unterricht (Biologie, Sozialkunde, Religion, Philosophie)
Thema: Organspende, 7. Schuljahr, Schüler aller Schularten

2) ***Sachanalyse***
Eine Begründung für die Auswahl des Themas ergibt sich z.B. aus der Tatsache, dass jeder Mensch bei einem tödlichen Unfall zum Organspender werden kann oder nach einem Unfall auf eine Organspende angewiesen sein kann. Das Thema ist also im wahrsten Sinne des Wortes existenzbedeutsam.

Patienten, die auf eine Organspende warten, führen ein stark eingeschränktes Leben mit einer verminderten Lebensqualität. So muss ein Dialysepatient dreimal in der Woche für vier bis sechs Stunden an die »künstliche Niere« angeschlossen werden. Um die Lebenssituation solcher Patienten zu verbessern, erscheint ein solidarisches Handeln im Sinne einer Freigabe eigener Organe nach dem Tod angebracht.

Transplantation, lat. transplantare – verpflanzen, beinhaltet zumeist die Übertragung eines Organs von einem Spender (Explantation – Entnahme) auf einen Empfänger (Implantation – Einpflanzung). Daneben gibt es die Lebendtransplantation, meist zwischen Familienangehörigen, die autogene Transplantation, bei der Spender und Empfänger identisch sind, z.B. bei Hautübertragungen, und die Mehrfachtransplantation.

In der Reihenfolge ihrer Nennung werden besonders häufig die Niere, die Leber, das Herz, die Bauchspeicheldrüse sowie die Lunge transplantiert. Zwischen 1963 und 1999 erfolgten insgesamt 54.770 Organtransplantationen, 1999 waren es 3.896 Organe, die übertragen worden sind.

1999 konnten insgesamt 3.896 Organe transplantiert werden. Dabei handelte es sich um die Verpflanzung der folgenden Organe:

Erfolgte Organtransplantationen in Deutschland im Einzelnen

Organe	in Deutschland 1999	in Deutschland bisher insgesamt	weltweit bisher ca.
Niere:	2.275	39.515	470.000
Leber:	757	6.942	74.000
Herz:	500	6.249	54.000
Pankreas:	218	1.122	10.000
Lunge:	146	942	10.000

Quelle: Deutsche Stiftung Organtransplantation

Abbildung 1

Neben den genannten Organen lassen sich auch Gewebe übertragen, wie die Augenhornhaut, die Gehörknöchelchen oder das Knochenmark. Die Anzahl jener Patienten, die auf eine Transplantation warten und hoffen, ist stets größer als die Anzahl der zur Verfügung stehenden Organe. Also sind diese Patienten auf die Spendebereitschaft der Bevölkerung angewiesen.

Beim ***Spender*** müssen mehrere Voraussetzungen bzw. Bedingungen erfüllt sein:

- Er muss klinisch tot sein, d.h. das EEG muss Nulllinien schreiben, und dieser Tod muss von einem unabhängigen Ärzteteam, das nicht an der Explantation beteiligt ist, bestätigt werden.
- Er muss seine Zustimmung gegeben haben (Spenderausweis, 4%) oder es muss ein bekannter Wille vorliegen (9%) oder ein mutmaßlicher Wille (81%) oder eine positive Entscheidung der Angehörigen (6%, z.B. bei Kindern). Die Einzelheiten sind für die Bundesrepublik in einem Transplantationsgesetz von 1997 geregelt.
- Der Spender muss gesund sein (Routineuntersuchung des Spenderbluts auf Antikörper).
- Das Organ muss unverletzt sein und sich hinsichtlich der Größe eignen. Und das Organ sollte möglichst »frisch« sein.
- Und es muss eine Gewebeverträglichkeit (HLA-System, human leukocyte antigen system) im Hinblick auf den Empfänger vorliegen, d.h. möglichst viele Gewebemerkmale sollten übereinstimmen, damit die Abstoßreaktionen möglichst gering sind.

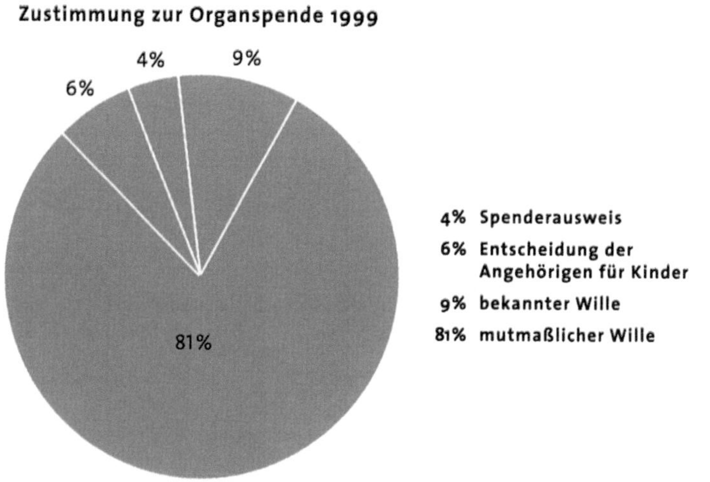

Quelle: Deutsche Stiftung Organtransplantation

Abbildung 2

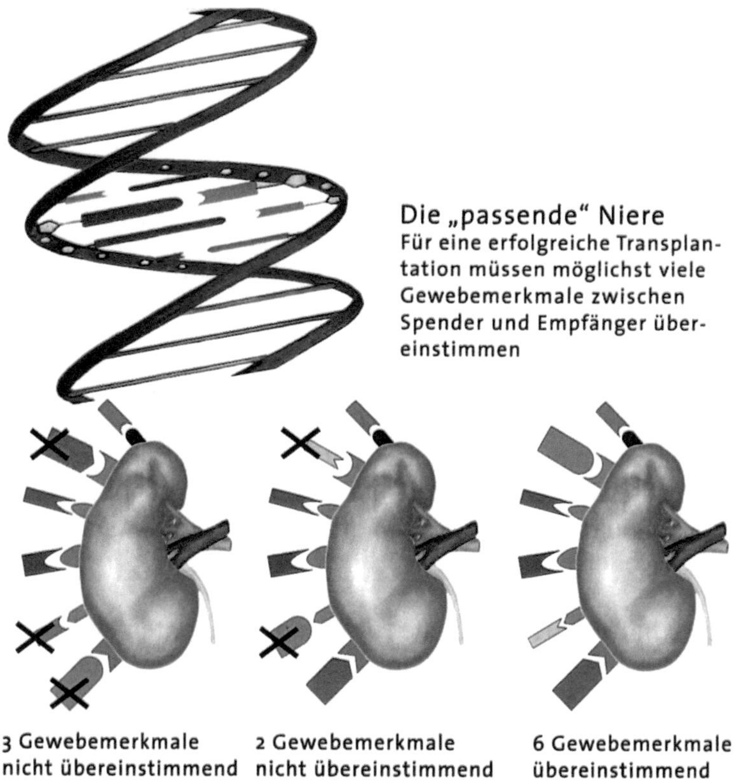

Quelle: Deutsche Stiftung Organtransplantation

Abbildung 3

Der ***Empfänger*** muss sich also für eine Implantation eignen, er muss einverstanden sein, und es muss eine Dringlichkeit vorliegen.

Wer welches Organ erhält, wird in medizinischen Datenzentralen entschieden. Für Europa ist *Eurotransplant* in Leiden/Holland zuständig. In der Bundesrepublik gibt es sieben Organisationszentralen, die Zentralen Nord, Nordost, Ost, Nordrhein-Westfalen, Mitte, Baden-Württemberg und Bayern. Neben den medizinischen Daten der möglichen Empfänger wie benötigtes Organ, Blutgruppe, Gewebemerkmale, Alter, Geschlecht werden auch soziale Merkmale wie der Familienstand und die Anzahl der Kinder erfasst, um so zu einer Prioritätenliste zu gelangen. Eine Rolle spielt auch der Transportweg, der zwischen Spender und Empfänger möglichst kurz gehalten werden sollte.

Der *organisatorische Ablauf* einer Transplantation lässt sich in folgenden Schritten festhalten:

- Patient stirbt,
- Hirntod wird festgestellt,
- Einwilligung liegt vor (Spenderausweis, bekannter oder mutmaßlicher Wille, Entscheidung der Angehörigen),
- Explantation des Organs erfolgt,
- Gewebetypisierung wird vorgenommen,
- Eurotransplant ermittelt geeigneten Empfänger,
- Transport des Organs erfolgt,
- Empfänger wird vorbereitet,
- Implantation erfolgt,
- Transplantation ist gelungen/misslungen, abhängig von zahlreichen Variablen, so z.B. der Art des Organs, des Gewebes, vom HLA-System, Verlauf der Operation u.a.m.

Neben den medizinischen und rechtlichen Fragen ergeben sich ethische, moralische und religiöse Probleme, die sich nicht ausklammern lassen. Das Thema »Organspende« lässt sich nicht naiv im Fach Biologie abhandeln, sondern hier treffen sich in einem fächerübergreifenden Thema die Fächer Biologie, Sozialkunde, Religion und Philosophie. Folgende Fragestellungen erscheinen besonders interessant, anregend, wenn nicht sogar aufregend:

- Wann ist ein Mensch tot?
- Besteht die Gefahr, einem noch lebenden Menschen Organe zu entnehmen?
- Besteht die Gefahr des Missbrauchs, des Handels mit Organen z.B. aus der Dritten Welt?
- Besteht die Gefahr einer Zwei-Klassen-Gesellschaft, sodass die Organe Privatpatienten vorbehalten bleiben und Kassenpatienten ausgeschlossen werden?
- Sollten jene Patienten, die einen Spenderausweis haben, als mögliche Empfänger bevorzugt werden?

- Welche Einstellung haben die Kirchen hinsichtlich der Organtransplantation? (Papst Johannes Paul II., am 2.8.1984, spricht von einem »noblen und verdienstvollen Akt, sein eigenes Blut und sein eigenes Organ den bedürftigen Brüdern zu schenken ...«)
- Wie entscheide ich mich als Angehöriger, wenn an mich die Bitte herangetragen wird, einer Organentnahme zuzustimmen?
- Bin ich bereit, einen Spenderausweis auszufüllen und bei mir zu tragen?

Das Thema »Organspende« lässt sich in einer Kurzstunde nicht sinnvoll erarbeiten. Eine Stunde wird für die Vermittlung biologisch-medizinischer Kenntnisse und Einsichten benötigt, eine zweite für die Vermittlung ethischer Probleme.

3) ***Methodische Überlegungen***
Man sollte von heterogenen *Lernvoraussetzungen* ausgehen. Fundierte Kenntnisse und Einsichten in die Problematik sind kaum zu erwarten. Wenn zufällig ein Schüler einen Menschen in seinem sozialen Umfeld kennen sollte, der ein Organ empfangen hat oder auf eine Organspende wartet, wird sich der betreffende Schüler vermutlich zu Wort melden und über seine Vorkenntnisse und Vorerfahrungen berichten. Letztere in der Lerngruppe zu Beginn der Stunde abzurufen erscheint wenig sinnvoll, denn falls kein Schüler Bedeutsames zu berichten weiß, wird keine Motivation aufgebaut. Wie bereits erwähnt besteht die Notwendigkeit, fächerübergreifend zu verfahren. Dabei erscheint es ein Gebot der Sach- und Lernlogik, zunächst die biologischen und medizinischen Einsichten zu vermitteln, um sich dann den ethischen, religiösen und rechtlichen Fragen zuzuwenden.

Aufgrund der Sachanalyse ergeben sich folgende mögliche Lernziele. Die Schüler sollten

- die existenzielle Bedeutung des Themas erkennen,
- sich in die Lage eines Menschen versetzen, der todkrank auf ein Organ wartet,
- die Begriffe »Transplantation«, »Explantation« und »Implantation« kennen lernen, evtl. auch »Lebendtransplantation« und »Autotransplantation«,
- Kenntnisse erhalten, welche Organe und Gewebe transplantiert werden können,
- über die Größenordnungen von Transplantationen informiert werden,
- darüber informiert werden, dass der Spender klinisch tot sein muss, das EEG Nulllinien schreiben und der Tod von einem unabhängigen Ärzteteam bestätigt werden muss,
- informiert werden, dass jeder Mensch über seinen Tod hinaus über seinen Leichnam selbst bestimmen darf, sein Einverständnis zur Organentnahme vorliegen muß,
- Kenntnis darüber erhalten, dass es ein Transplantationsgesetz (1997) gibt, in dem die rechtlichen Einzelheiten geregelt sind,
- die Einsicht gewinnen, dass die Gewebeverträglichkeit (HLA-System) das Haupt-

problem bei der Organtransplantation darstellt und möglichst viele Gewebemerkmale bei Spender und Empfänger übereinstimmen müssen,
- Kenntnis erhalten, dass die Organspenden über medizinische Datenzentralen möglichst gerecht verteilt werden,
- die Einsicht gewinnen, dass zahlreiche Voraussetzungen gegeben und Bedingungen erfüllt sein müssen, damit die Transplantation erfolgreich verläuft,
- den organisatorischen Ablauf einer Transplantation kennen lernen,
- erkennen, dass es schwierig ist, die Grenze zwischen Leben und Tod zu ziehen,
- die Einsicht gewinnen, dass ein Einverständnis von ethischen, moralischen und religiösen Überzeugungen abhängig sein kann,
- Kenntnis erhalten, dass die christlichen Konfessionen die Organspende vorbehaltlos unterstützen,
- um die Möglichkeit des Missbrauchs wissen, z.B. einen Organhandel zu betreiben,
- sich in die Lage von Angehörigen versetzen, die gebeten werden, der Organentnahme bei einem Familienmitglied zuzustimmen,
- darüber nachdenken, ob sie einen Organspendeausweis ausfüllen und bei sich tragen wollen …

Die Vielzahl möglicher Lernziele zwingt zur Auswahl und Beschränkung. Für eine Schwerpunktbildung zeichnen sich folgende Fragestellungen ab:

- Wie geht es einem Menschen, der auf ein Organ wartet?
- Welche Organe lassen sich transplantieren?
- Wie kommen Zustimmungen zustande?
- Wann ist ein Mensch tot?
- Wie stellt sich das Problem der Gewebeverträglichkeit dar?
- Wie gelangt ein Organ vom Spender zum Empfänger?
- Wie gestaltet sich der organisatorische Ablauf?
- Wie würde man selbst entscheiden, wenn man als Angehöriger um eine Zustimmung gebeten wird?
- Bin ich bereit, einen Spendeausweis auszufüllen?

Folgende Medien stehen zur Verfügung:

Organspende rettet Leben

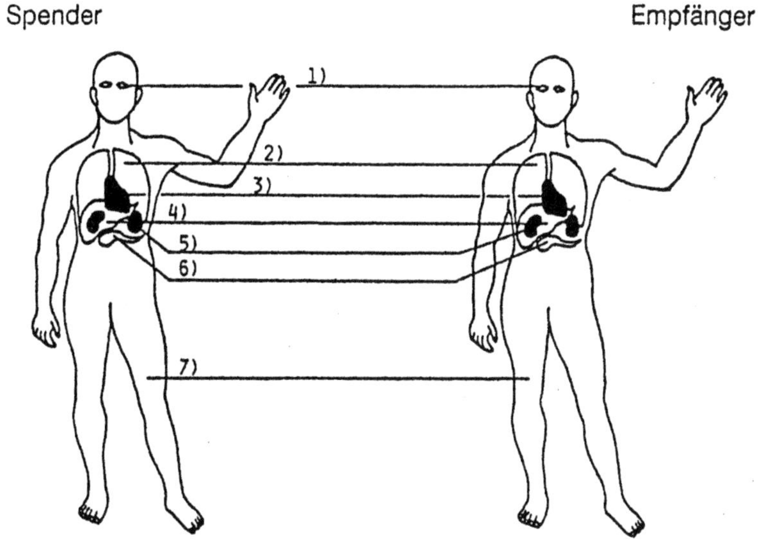

Welches sind die Organe, die besonders häufig gespendet werden?

1. Hilft beim Sehen und schützt das Auge
2. Ermöglicht die Atmung
3. Pumpt Blut durch den Körper
4. Verwertet und speichert Nahrungsstoffe
5. Bilden Harn und scheiden giftige Stoffe aus
6. Bildet Verdauungssäfte
7. Schützt unseren Körper und sorgt für Temperatur-, Berührungs- und Schmerzempfindungen

Quelle: Becker-Brandenburg

Abbildung 4: Organspende rettet Leben.

Quelle: Deutsche Stiftung Organtransplantation

Abbildung 5

Der Hirntod

Bei starker Hirnschwellung (Verletzungsfolge) ist die normale Durchblutung aufgehoben (rechts). Die Hirnzellen sterben ab.

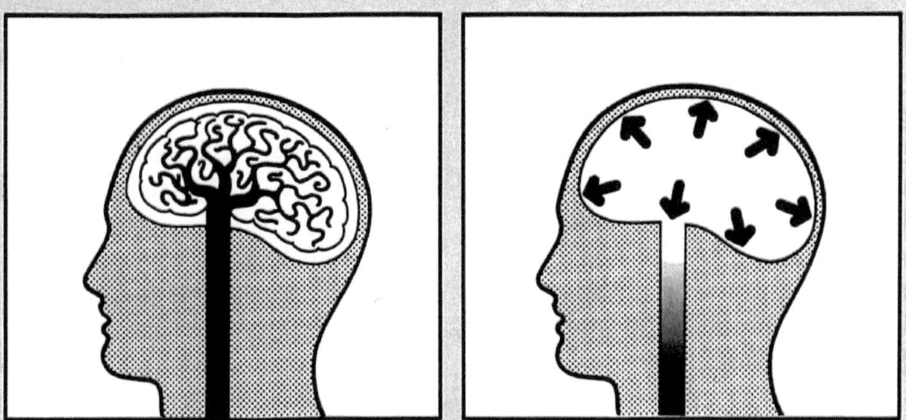

Der klinische Befund des Hirntodes wird noch durch weitere Untersuchungen bewiesen. Hierzu gehört auch der Nachweis fehlender Hirnströme.

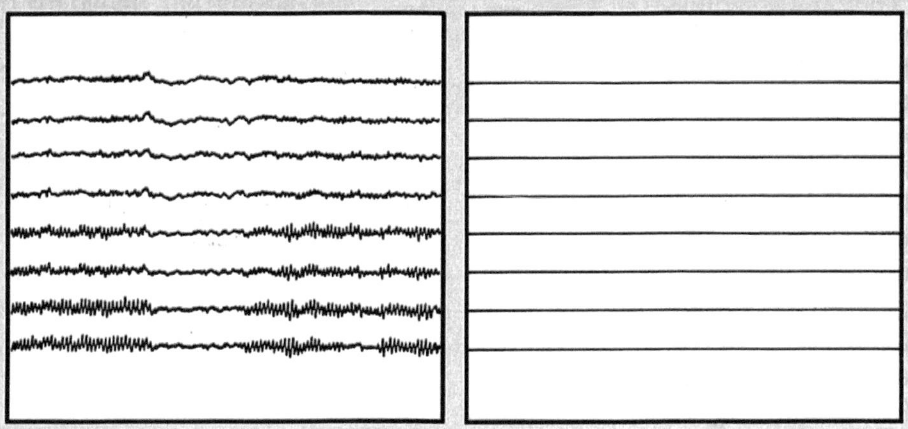

Normale Hirnstromaktivität

Null-Linien EEG nach eingetretenem Hirntod

Quelle: Deutsche Stiftung Organtransplantation

Abbildung 6: Der Hirntod.

Ausfall der Gehirnfunktion

Das Gehirn ist das Steuerungszentrum für alle Organe und für den menschlichen Geist. Die Lunge reichert das Blut mit Sauerstoff an. Über die Tätigkeit des Herzens werden alle Organe mit Blut versorgt.

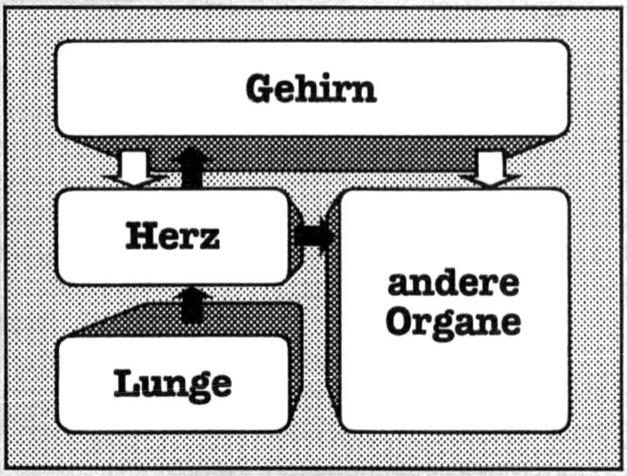

Durch Verletzung des Gehirns erfolgt eine Hirnschwellung. Ist diese nicht mehr durch Behandlung beeinflußbar, führt der Druckanstieg innerhalb der Schädelkapsel zum Stillstand der Durchblutung. Die Gehirnzellen sterben infolge von Sauerstoffmangel schnell ab. Eine Maschine übernimmt die künstliche Beatmung.

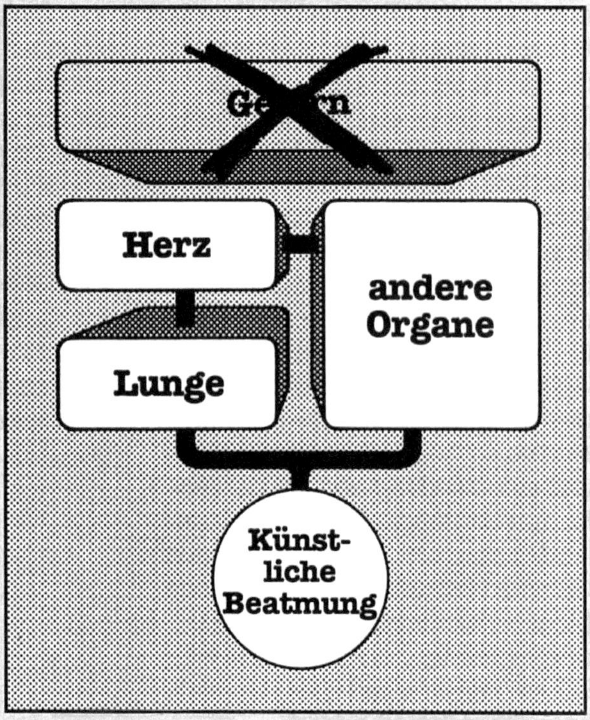

Quelle: Deutsche Stiftung Organtransplantation

Abbildung 7: Ausfall der Gehirnfunktion.

Organisatorischer Ablauf einer Transplantation

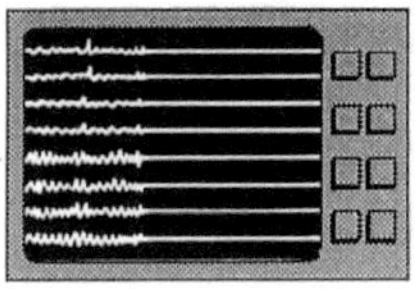

Wenn der Patient stirbt...
Sind die intensiven Bemühungen der Ärzte, das Leben eines Patienten zu erhalten, erfolglos geblieben, wird bei bestimmten Todesursachen an eine Organspende gedacht. Voraussetzung ist der eingetretene Hirntod, bei Aufrechterhaltung des Kreislaufs.

Eurotransplant und die Ermittlung von geeigneten Transplantatempfängern
Eurotransplant ist eine von mehreren Datenzentralen für Patienten, die zur Transplantation angemeldet sind. Nach dort werden die medizinischen Daten des Spenders gemeldet und über Computer der bestgeeignete Empfänger ermittelt.

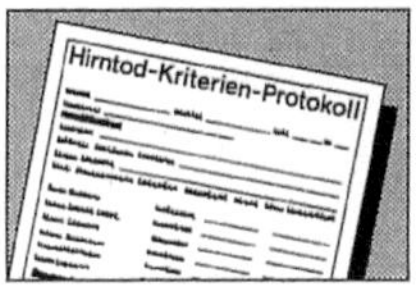

Feststellung des Hirntodes
Der Hirntod muß durch zwei erfahrene Ärzte, Intensivmediziner, die unabhängig vom Transplantationsteam arbeiten, festgestellt und dokumentiert werden.

Transport der Organe
Das konservierte Organ wird schnellstmöglich per Auto oder Verkehrsflugzeug in das entsprechende Transplantationszentrum gebracht.

Einwilligung der Angehörigen
Liegt kein Organspenderausweis vor, so werden die nächsten Angehörigen um Zustimmung zur Organspende gebeten. Deshalb sollte die Bereitschaft zur Organspende der Familie bekannt sein.

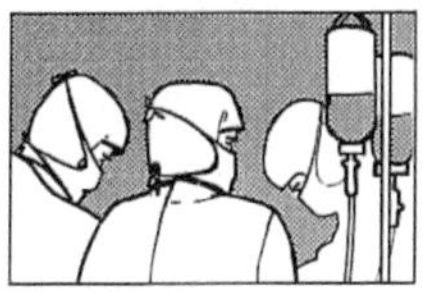

Vorbereitung des Empfängers auf die Transplantation
Der Empfänger wird schnellstens benachrichtigt, daß ein passendes Organ für die Transplantation zur Verfügung steht. Der aktuelle Gesundheitszustand des Patienten wird nochmals im Hinblick auf die Transplantation festgestellt.

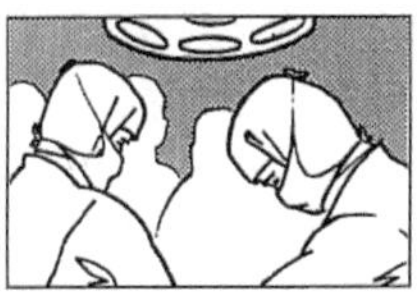

Explantation der Organe
Die Organentnahme erfolgt durch ein erfahrenes Ärzteteam. Die Organe werden bis zur Einpflanzung konserviert.

Transplantation
Es folgt die Übertragung des Spenderorgans auf den chronisch kranken Menschen. Nach geglückter Transplantation beginnt das Organ seine Tätigkeit.

Gewebe-Typisierung
Gleichzeitig werden Blut- und Gewebeproben vom Verstorbenen entnommen und in einem Speziallabor auf die Blutgruppe und die gewebetypischen Merkmale untersucht.

Ein neues Leben mit einem fremden Organ

Quelle: Deutsche Stiftung Organtransplantation

Abbildung 8: Organisatorischer Ablauf einer Transplantation.

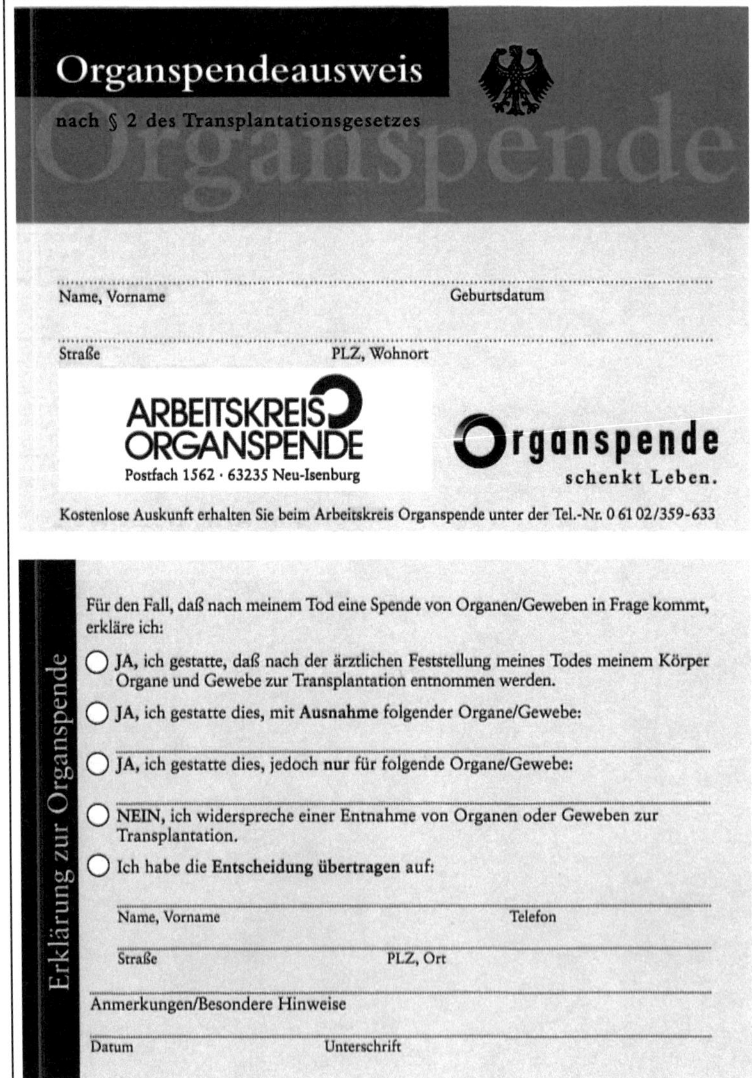

Organspendeausweis

nach § 2 des Transplantationsgesetzes

Organspende

Name, Vorname Geburtsdatum

Straße PLZ, Wohnort

ARBEITSKREIS ORGANSPENDE

Postfach 1562 · 63235 Neu-Isenburg

Organspende schenkt Leben.

Kostenlose Auskunft erhalten Sie beim Arbeitskreis Organspende unter der Tel.-Nr. 0 61 02/359-633

Erklärung zur Organspende

Für den Fall, daß nach meinem Tod eine Spende von Organen/Geweben in Frage kommt, erkläre ich:

- ◯ JA, ich gestatte, daß nach der ärztlichen Feststellung meines Todes meinem Körper Organe und Gewebe zur Transplantation entnommen werden.
- ◯ JA, ich gestatte dies, mit **Ausnahme** folgender Organe/Gewebe:
- ◯ JA, ich gestatte dies, jedoch **nur** für folgende Organe/Gewebe:
- ◯ **NEIN**, ich widerspreche einer Entnahme von Organen oder Geweben zur Transplantation.
- ◯ Ich habe die **Entscheidung übertragen** auf:

Name, Vorname Telefon

Straße PLZ, Ort

Anmerkungen/Besondere Hinweise

Datum Unterschrift

Quelle: Arbeitskreis Organspende

Auf dem Organspendeausweis kann festgelegt werden, ob der Aussteller für oder gegen eine Organspende ist. Im Falle einer Zustimmung können bestimmte Organe/Gewebe von der Entnahme ausgeschlossen oder die Einwilligung auf zu benennende Organe/Gewebe beschränkt werden. Es ist auch möglich, die Entscheidung über eine Organspende auf andere Personen zu übertragen. Dieses Feld ist aber nur auszufüllen, wenn kein persönlicher Wille dokumentiert wird.

Der Organspendeausweis sollte – ausgefüllt und unterschrieben – stets bei den Personalpapieren verwahrt werden, die Familie hierüber Kenntnis erhalten.

Abbildung 9

Eine Fallbeschreibung, welche die Situation von 13-jährigen Schülern in besonderer Weise berücksichtigt, sodass sie sich mit dem Problem besser identifizieren können.

Fallbeschreibung

Eine schwere Entscheidung

Andreas fährt ohne Schutzhelm auf seinem frisierten Mofa. Mit Tempo 70 hat es ihn aus einer Kurve getragen. Er verletzt sich schwer am Kopf. Zwar ist sofort der Rettungsdienst zur Stelle, er wird noch operiert, doch die Ärzte können ihm nicht mehr helfen. Während der Operation schreibt das EEG Nulllinien. Nun werden die Eltern angerufen und gebeten, einer Organtransplantation zuzustimmen. – Wie würdet ihr entscheiden, wenn Andreas euer Sohn wäre?

Weitere Arbeitsblätter und Overheadfolien sowie ein Begleitheft für Lehrerinnen sind erhältlich beim

Arbeitskreis Organspende (AKO)
Pressestelle
Postfach 15 62, 63235 Neu-Isenburg
Telefon: 0 61 02/3 59-2 25, Fax: 0 61 02/3 59-4 10
E-Mail: presse@akos.de, Internet: http.//www.akos.de

4) ***Verlaufsplanung***

Erste Stunde

Situation	geplante Lehrhandlungen	erwartete Schüleraktivitäten	Kommentar
1 Provokation	L schreibt an die Tafel: »Menschen sind Ersatzteillager«	S werden vermutlich Zweifel anmelden	Provokation Motivation
2 Thema klären	»Organtransplantation« an die Tafel, L legt Folie auf, »Terminkalender eines Dialysepatienten«	S zeigen vermutlich Betroffenheit	Begriffsklärung Motivation
3 Arbeitsblatt »Organspende«			
3.1	L lässt Arbeitsblatt austeilen	S bemühen sich, die Organe zu identifizieren	Partnerarbeit TEO Ebene 2
3.2	Betreuung minimale Lernhilfen		
3.3	Ergebnisse sichten	L nimmt Antworten entgegen	S benennen die Organe
4 L-Vortrag			
4.1 Folie I	Hirntod Erklärung	S Fragen vermutlich nach	TEO Ebene 2
4.2 Folie II	Ausfall der Gehirnfunktion	dito	TEO Ebene 2
4.3 Folie III	Die »passende« Niere	dito	TEO Ebene 2
5 Problemstellung	L-Frage: »Welche Voraussetzungen und Bedingungen müssen erfüllt sein, damit die Transplantation gelingt?« L hält Beiträge an der Tafel fest	S bringen Beiträge, z.B. Größe des Organs, Blutgruppe, Organ muss gesund sein, Organ sollte »frisch« sein, Spezialklinik, Operationsteam, schneller Transport, Zustimmung …	TEO Ebene 4
6 Ablauf einer Transplantation	L teilt Übersicht aus	S lesen die Vorlage	Einzelarbeit
7 Aussprache	L steuert	S stellen offene Fragen	Kreisgespräch – Dauer richtet sich nach der vorhandenen Zeit

Zweite Stunde

Situation	geplante Lehrhandlungen	erwartete Schüleraktivitäten	Kommentar
1 Fallbeschreibung	L lässt Fallbeschreibung austeilen	S lesen dieselbe	Einzelarbeit
2 Diskussions-auftrag	L fordert auf, das Problem in Kleingruppen zu diskutieren	S diskutieren und bemühen sich um eine Stellungnahme	Kleingruppendiskussionen TEO 6
3 Ergebnisse sichten	L fordert auf, die Stellungnahmen vorzutragen	S tragen vor, bewerten und beurteilen	Moralisches Dilemma – Gruppendiskussion
4 Spenderausweis	L »Habe euch etwas mitgebracht«, lässt Ausweise austeilen	S betrachten sich die Ausweise mit gemischten Gefühlen, fragen nach	keine Indoktrination
5 Hausaufgabe	L »Diskutiert zu Hause darüber und sagt mir morgen, ob ihr euch entschieden habt.«	S stecken die Ausweise ein – das Problem arbeitet so in ihnen weiter	Wenn Zeit zur Verfügung steht, kann die Diskussion auch im Unterricht geführt werden

22 Die Planungsbemühungen relativieren

Wer den Unterricht sorgfältig plant und vorbereitet, sollte nicht davon ausgehen, dass die konzipierte Lehr-Lern-Folge auch realisiert werden kann. Das darf aber nicht dazu führen, ganz auf die Planung zu verzichten. Denn generell betrachtet, ist ein geplanter und vorbereiteter Unterricht qualifizierter als ein nicht geplanter und nicht vorbereiteter.

Praktikantinnen, Referendarinnen und jüngere Lehrerinnen müssen einen verhältnismäßig hohen Planungsaufwand betreiben, vor allem dann, wenn sie das Thema zum ersten Mal unterrichten. In diesem Fall ist es erforderlich, sich Informationsmaterial zu beschaffen, sich in das Thema einzulesen, in die Sache einzudenken, Schwerpunkte zu erkennen und Ziele zu sehen. Dies alles ist ziemlich zeitaufwendig.

Wer zu einem Thema wiederholt lehrt, einen Lehr-Lern-Bereich zum zweiten oder dritten Mal erarbeitet, kann schon auf eigene Unterlagen zurückgreifen, sich kurz informieren, die Lehr-Lern-Folge erneut strukturieren und die erforderlichen Vorbereitungen treffen.

Erfahrene Lehrerinnen, die sich als fach-, methoden- und sozialkompetent bezeichnen können, die Sache, um die es gehen soll, kennen, über ein umfangreiches Methodenrepertoire verfügen und zu den Schülern der betreffenden Lerngruppe eine konstruktive Beziehung aufgebaut haben, können auch mal auf die Unterrichtsplanung verzichten und sich auf die vorbereitenden und organisatorischen Maßnahmen beschränken.

In den seltensten Fällen verläuft der Unterricht so wie er geplant und vorbereitet worden ist. Für diese Diskrepanz zwischen Planung und Wirklichkeit gibt es viele Ursachen. – Zunächst einmal sind alle unterrichtlichen Prozesse einmalig und einzigartig, wie die in ihnen agierenden Lehrerinnen und Schüler. Die lebendigen und lebhaften Schüler lassen sich nicht naiv verplanen, sie bestimmen den Prozess mit. Und auch die gut vorbereitete Lehrerin wird nicht so naiv sein, die von ihr geplante Lehr-Lern-Folge rigide umsetzen zu wollen. Schließlich ist sie – gleichgültig welcher Unterrichtskonzeption dieser Lehr-Lern-Prozess folgt – darauf bedacht, den Schülern zuzuhören, sie zum Fragen anzuregen, die Schülerfragen zu beantworten, die Schülerbeiträge aufzugreifen, zu integrieren, zu präzisieren und weiterzuführen. Also kann der Unterricht oft nicht so enden, wie er geplant worden ist.

Aber die Lehrerin und die Schüler haben im Prozess auch unvorhersehbare Einfälle, originelle Gedanken oder lustige Ideen, denen nachgegangen und über die gelacht werden muss.

Wenn die Lehrerin bestrebt ist, die einzelnen Lehr-Lern-Situationen auszuschöpfen, d.h. die Lernchancen der Schüler in den Situationen zu nutzen, bedarf es hierzu natürlich Zeit. Aber diese Zeit lässt sich nicht vorhersehen und deshalb auch nicht exakt einplanen.

Schon der Stundenanfang kann ganz anders ausfallen, als er geplant worden ist. Die Lehrerin geht davon aus, dass sich alle Schüler für das ausgewählte Thema interessieren würden. Doch sie sieht sich getäuscht, und nun sind zusätzliche motivationale Maßnahmen erforderlich. Dann glaubt sie, auf bestimmte Vorkenntnisse aufbauen zu können, doch auch hier wird sie überrascht, sodass ein Exkurs notwendig wird. Des Weiteren hat sie sich vorgestellt, dass eine Aufgabe, die den Schwerpunkt der Stunde bilden soll, den Schülern kaum Schwierigkeiten bereiten würde. Aber wider Erwarten sind die Lernschwierigkeiten bei mehreren Schülern beträchtlich, sodass sie Differenzierungsmaßnahmen ergreifen und Lernhilfen geben muss. Des Weiteren erweist sich die Aufgabe für einige leistungsschwache Schüler als zu umfangreich, und dies erfordert weitere Differenzierungsmaßnahmen auch bei den Hausaufgaben.

Neben den didaktischen und methodischen fließen die sozialen und emotionalen Unwägbarkeiten in den Prozess ein. Einige Schüler verhalten sich undiszipliniert, stören die für das Lehren und Lernen in Gruppen erforderliche soziale Ordnung, indem sie sich z.B. ungeniert unterhalten, Mitschüler beim Lernen stören oder die Lehrerin mit Papierkugeln beschießen. Es kommt zu sozialen Konflikten, zu Auseinandersetzungen, die geschlichtet werden müssen. Dann zeigt sich ein Problemschüler als besonders originell, um so auf seine Probleme aufmerksam zu machen. Diese sozialen und emotionalen Unwägbarkeiten verzögern die Lehr-Lern-Prozesse, lenken sie in andere Richtungen und führen zu einer Diskrepanz zwischen den Planungsüberlegungen und der Unterrichtswirklichkeit.

Aber es sind nicht nur die Schüler, die für eine Verzögerung der Prozesse verantwortlich sind. Sofern einer Lehrerin der Überblick fehlt, sie zu schnell von der geplanten Lehr-Lern-Spur abweicht, sich irritieren lässt und wenig konsequent verfährt, sorgt sie selbst für Dissonanzen und Diskrepanzen. Wenn sie sich als fachlich inkompetent erweist, eigene Wissenslücken nicht zugibt, rechthaberisch auf falschen Aussagen beharrt, wenn sie stets die gleichen Methoden wählt oder mit den Schülern autokratisch verfährt, wird sie zur Ursache sozialer Konflikte, die den Lehr-Lern-Prozess beeinträchtigen.

Schließlich treten organisatorische, nicht vorhersehbare Ereignisse ein. Da funktioniert der Overheadprojektor oder der Videorekorder nicht. Die Kollegin hält sich nicht an die getroffene Absprache, den Raum zu tauschen. Plötzlich steht eine entrüstete Mutter vor der Tür, die sich nicht abweisen lässt. Unverhofft erfolgt eine wichtige Durchsage über die Lautsprecheranlage, gerade als alle Schüler einmal intensiv nachdenken. Sommerliche Schwüle, Lärm von einer nahen Baustelle oder eine nicht funktionierende Klimaanlage beeinträchtigen und belasten die Lehrerin und die Schüler in gleicher Weise.

Aufgrund dieser Ausführungen muss man sich wundern, dass einige Unterrichtsstunden doch in etwa so ablaufen, wie sie geplant worden sind. Eine Lehrerin darf sich durch diese Widerwärtigkeiten des Schulalltag nicht beeindrucken und schon gar nicht frustrieren lassen. Ihr bleibt keine andere Wahl. Sie muss die letzten Ereignisse analysieren, Konsequenzen ziehen, die nächsten Unterrichtsstunden planen und vorbereiten und sich erneut auf die Schüler konzentrieren.

Literaturverzeichnis

Aebli, H.: Grundformen des Lehrens. Stuttgart [10]1977.
ders.: Zwölf Grundformen des Lehrens. Stuttgart 1983.
Aschersleben, K.: Frontalunterricht – klassisch und modern. Neuwied 1999.
Aschersleben, K./Hohmann, M.: Handlexikon der Schulpädagogik. Stuttgart 1979.
Ausubel, D.P.: Psychologie des Unterrichts. 2 Bde, Weinheim 1974.
ders.: The Psychology of Meaningful Verbal Learning. New York 1963.
Baumert, J. et al.: TIMSS – Mathematisch-naturwissenschaftlicher Unterricht im internationalen Vergleich. Opladen 1997.
Becker, G.E.: Durchführung von Unterricht. Weinheim [8]1998.
ders.: Handlungsorientierte Didaktik. Eine auf die Praxis bezogene Theorie. Weinheim [2]1995.
ders.: Lehrer lösen Konflikte. Weinheim 2000.
ders.: Unterricht auswerten und beurteilen. Weinheim [6]1998.
Becker, G.E./Coburn-Staege, U. (Hrsg.): Pädagogik gegen Fremdenfeindlichkeit, Rassismus und Gewalt. Weinheim 1994.
Becker, G.E./Gonschorek, G.: Kultusminister schicken 55.000 Lehrer vorzeitig in Pension. In: Pädagogik, 41 (1989) 6, 16–23.
dies.: Das Burnout-Syndrom. Ursachen – Interventionen – Konsequenzen. In: Pädagogik, 42 (1990) 10
Becker, G.E./Hartmann-Kurz, C./Nagel, U. (Hrsg.): Schule für alle. Die Asylpolitik und ihre Auswirkungen auf Kinder von Asylbewerbern. Weinheim 1997.
Becker, G.E./Kohler, B.: Hausaufgaben – kritisch sehen und die Praxis sinnvoll gestalten. Weinheim [3]1995.
Benden, M. (Hrsg.): Zur Zielproblematik in der Pädagogik. Bad Heilbrunn 1977.
Bentzien, K.-H.: Der Epochenunterricht auf der Oberstufe der Volksschule. Stuttgart [3]1968.
Bloom, B.S.: The 2 Sigma Problem: The Search for Methods of Group Instruction as Effective as One-to-One Tutoring. In: Educational Researcher. June/July 1984.
ders. et al.: Taxonomie von Lernzielen im kognitiven Bereich. Weinheim 1986 (Originalausgabe 1956)
Behr, M.: Nachhilfeunterricht: Erhebung in einer Grauzone pädagogischer Alltagsrealität. Darmstadt 1990.
Bönsch, M.: Variable Lernwege. Ein Lehrbuch der Unterrichtsmethoden. Paderborn 1991.
Borg, W.R. et al.: The Minicourse. A Microteaching Approach to Teacher Education. London 1970.
Borich, G.D.: Effective Teaching Methods. New York 1992.
Brendel, Chr.: »Nun wer'n se dir schon Benehmen beibringen…«. In: Pädagogik, 5 (2000) 10–12.
Bruner, J.S.: Der Prozeß der Erziehung. Berlin 1970.
Carle, U.: Mein Lehrplan sind die Kinder. Entwicklungsorientierte Förderung statt Lehrpläne. In: Pädagogik, 46 (1996) 5, 26–28.
Clark, C.M.: A Model Teacher Training System. Questioning, Explaining and Listening Skills in Tutoring. Stanford Center for Research and Development in Teaching. Stanford University 1972.

Claus, K.E.: Effects of Modeling and Feedback Treatments on the Development of Teachers' Questioning Skills. Stanford Center for Research and Development in Teaching. Stanford University 1969.
Cohn, R.C.: Von der Psychoanalyse zur Themenzentrierten Interaktion. Stuttgart 1975.
Dave, R.H.: Eine Taxonomie pädagogischer Ziele und ihre Beziehung zur Leistungsmessung. In: Ingenkamp/Marsolek (Hrsg.) a.a.O.
Deutsch, M.: Konfliktregelung. Konstruktive und destruktive Prozesse. München 1976.
Diederich, J.: Verlaufsformen des Unterrichts. In: Pädagogische Beiträge, 31 (1979) 11, 431–433.
Dohmen, G.: Medienwahl und Medienforschung im didaktischen Problemzusammenhang. In: Unterrichtswissenschaft, 1 (1973) 2/3, 2–26.
Duck, L.: Teaching with Charisma. Boston 1981.
Eigler, G. et al.: Grundkurs Lehren und Lernen. Weinheim ^{2}1975.
Eigler, G./Straka, G.A.: Mastery Learning. Lernerfolg für jeden? München 1978.
Elmore, R.F.: What Knowledge Base? Review of Educational Research, 63 (1993) 3, 314–318.
Faller, K./Kerntke, W./Wackmann, M.: Konflikte selber lösen. Mediation für Schule und Jugendarbeit. Mühlheim/R. 1996.
Feuser, G.: Behinderte Kinder und Jugendliche: zwischen Integration und Aussonderung. Darmstadt 1995.
Das Fläming Modell: gemeinsamer Unterricht für behinderte und nicht behinderte Kinder an der Grundschule. Weinheim 1988.
Flanders, N.A.: Analyzing Teaching Behavior. Reading 1970.
Forsberg, B./Meyer, E. (Hrsg.): Einführung in die Praxis der schulischen Gruppenarbeit. Heidelberg 1976.
Frey, K.: Die Projektmethode. Der Weg zum bildenden Tun. Weinheim ^{8}1998.
Gage, N.L./Berliner, D.C.: Pädagogische Psychologie. Weinheim ^{5}1996.
Gagné, R.M.: Die Bedingungen des menschlichen Lernens. Hannover 1969.
Gagné, R.M./Briggs, L.J.: Principles of Instructional Design. New York 1974.
Gardner, H.: Frames of Mind. New York 1983, zitiert nach Gage/Berliner, a.a.O.
Gervé, F.: Freie Arbeit. Grundkurs für die Aus- und Fortbildung. Weinheim 1998.
Giesecke, H.: Emanzipierende Mitbestimmung als Erziehungsziel des Demokratisierungsprozesses. In: Benden (Hrsg.) a.a.O.
Goleman, D.: Emotionale Intelligenz. München 1996.
Granzer, D.: Schweigen, Stille und Stilleübungen als Form schulischen Lernens. Opladen 2000.
Groeben, N.:. Die Verständlichkeit von Unterrichtstexten. Münster ^{2}1978.
Groeben, A.v.d.: Höflichkeit. Eine vernachlässigte Tugend? In: Pädagogik, 52 (2000) 5, 6–9.
Gudjons, H.: Handlungsorientiert Lehren und Lernen. Bad Heilbrunn 1986.
ders. (Hrsg.): Handbuch Gruppenunterricht. Weinheim 1993.
Gugel, G.: Methoden-Manual I: »Neues Lernen«. Weinheim 1998.
Guilford, J.P.: Persönlichkeit. Weinheim 1964.
Hartmann-Kurz, C.: Grundrechte in der Schule. Weinheim 1998.
Heckhausen, H.: Förderung der Lernmotivierung und der intellektuellen Tüchtigkeiten. In: Roth (Hrsg.) a.a.O.
Hegele, I. (Hrsg.): Lernziel Offener Unterricht. Weinheim ^{2}1997.
dies. (Hrsg.): Lernziel Stationenarbeit. Weinheim ^{2}1997.
Heimann, P./Otto, G./Schulz, W.: Unterricht – Analyse und Planung. Hannover ^{6}1972.
Helmke, A./Weinert, F.E.: Unterrichtsqualität und Leistungsentwicklung: Ergebnisse aus dem SCHOLASTIK-Projekt. In: Weinert/Helmke (Hrsg.) a.a.O.
Henderson, J.E./Lanier, P.E.: What Teachers Need to Know and Teach (for Survival on the Planet). In: The Journal of Teacher Education, 24 (1973) 1, 4–16.

Hentig, H. v.: Allgemeine Lernziele der Gesamtschule. In: Gutachten und Studien der Bildungskommission. Bd. 12. Stuttgart [3]1971, 14–43.
ders.: Ach, die Werte! München 1999.
ders.: Arbeit am Frieden. München 1987.
Heinsohn, G.: Rostocks Gewalt und ihre Erhellung durch die Bystander-Forschung. In: Leviathan. Zsch. f. Sozialwissenschaft, 21 (1993) 5–12.
Hirzel, M.: Partnerarbeit im programmierten Unterricht. Stuttgart 1969.
Hudgins, B.B./Ahlbrand, W.P.: A Study of Classroom Interaction and Thinking. Central Midwestern Regional Educational Laboratory. Saint Louis 1967.
Hunkins, F.P.: Questioning Strategies and Techniques. Boston 1972.
Ingenkamp, K./Marsolek, T. (Hrsg.): Möglichkeiten und Grenzen der Testanwendung in der Schule. Weinheim 1968.
Jackson, P.W.: The Student's World. In: The Elementary School Journal (1966) 4, 345–357.
Jefferys-Duden, K.: Das Streitschlichter-Programm. Weinheim 1999.
Kamm, H. (Hrsg.): Epochenunterricht. Grundlagen – Modelle – Praxisberichte. Bad Heilbrunn 2000.
Kasper, H. (Hrsg.): Lasst die Kinder lernen: offene Lernsituationen. Braunschweig 1989.
dies. (Hrsg.): Vom Klassenzimmer zur Lernumgebung. Ulm 1979.
Kasper, H.: Mobbing in der Schule. Weinheim [2]1998.
Keck, R.W.: Unterricht gliedern – zielorientiert lehren. Bad Heilbrunn 1983.
Keck, R..W./Sandfuchs, U. (Hrsg.): Schulleben konkret. Bad Heilbrunn 1979.
Keller, G.: Lehrer helfen lernen. Donauwörth [3]1991.
ders.: Das Lern- und Arbeitsverhalten leistungsstarker und leistungsschwacher Schüler. In: Psychologie in Erziehung und Unterricht, 40 (1993) 125–129.
Kempowski, W.: Unser Herr Böckelmann. Hamburg 1979.
Kiewra, K.A. et al.: Effects of Advance Organizers and Repeated Presentations on Student's Learning. In: The Journal of Experimental Education, 65 (1997) 2, 147–159.
Kintrup, A.: Bell und Lancaster. In: Lexikon der Pädagogik. Freiburg 1964, Bd. I, Sp. 363.
Kiphard, E.J.: Motopädagogik. Psychomotorische Entwicklungsförderung. Dortmund 1979.
Klafki, W.: Neue Studien zur Bildungstheorie und Didaktik. Weinheim [2]1991.
ders.: Studien zur Bildungstheorie und Didaktik. Weinheim 1963.
Kliebard, H.M.: What Is a Knowledge Base, and Who Would Use It If We Had One? In: Review of Educational Research, 63 (1993) 3, 295–303.
Klinzing, H.G./Klinzing-Eurich, G.: Lehrfertigkeiten und ihr Training. Weil der Stadt 1981.
Klippert, H.: Methodentraining. Weinheim 2000.
Kösel, E.: Die Modellierung von Lernwelten. Elztal-Dallau 1993.
Kohlberg, L.: Die Psychologie der Moralentwicklung. Frankfurt/M. 1995.
Kohler, B.: Elternratgeber Hausaufgaben. Weinheim [5]1998.
dies.: Konstruktivistische Ansätze für den Sachunterricht. In: Löffler (Hrsg.) a.a.O.
dies. Problemlöseaufgaben bewältigen und Kenntnisse erwerben: Lernen mit problemorientiert gestalteten Texten. In: Zsch. f. Entwicklungspsychologie und Pädagogische Psychologie, 32 (2000) 1, 34–43.
Kounin, J.S.: Techniken der Klassenführung. Stuttgart 1976.
Kozdon, B. (Hrsg.): Lernzielpädagogik – Fortschritt oder Sackgasse? Bad Heilbrunn 1981.
Krathwohl, D. et al.: Taxonomie von Lernzielen im affektiven Bereich. Weinheim 1975 (Originalausgabe 1964).
Leber, A.: Das Gewissen steht auf. Lebensbilder aus dem deutschen Widerstand. Mainz 1984, hrsg. v. K.D. Bracher.
Löffler, G. (Hrsg.): Sachunterricht: zwischen Fachbezug und Integration. Bad Heilbrunn 2000.
Mager, R.: Lernziele und programmierter Unterricht. Weinheim 1972.

Maier, W.: Grundkurs Medienpädagogik Mediendidaktik. Weinheim 1998.

Mager, R.: Lernziele und programmierter Unterricht. Weinheim 1972.

Mandl, H./Friedrich, H. (Hrsg.): Lern- und Denkstrategien. Analyse und Intervention. Göttingen 1992.

Metzig, W./Schuster M.: Lernen zu lernen: Lernstrategien wirkungsvoll einsetzen. Berlin ²1995.

Meyer, E.: Gruppenunterricht. Grundlegung und Beispiel. Oberursel 1975.

ders.: Trainingshilfen zum Gruppenunterricht. Oberursel 1981.

ders. (Hrsg.): Burnout und Streß. Praxismodelle und Bewältigung. Hohengehren 1991.

Meyer, H.: Unterrichtsmethoden I. Frankfurt/M. 1992.

Meyer-Willner, G.: Differenzieren und individualisieren. Bad Heilbrunn 1979.

Mickel, W.W. (Hrsg.): Handbuch zur politischen Bildung. Bonn 1999.

Miller, R.: Beziehungsdidaktik. Weinheim ³1999.

ders.: Sich in der Schule wohlfühlen. Weinheim 2000

Miltz, R.J.: How to Explain. A Manual for Teachers. Stanford Center for Research and Development Teaching. Palo Alto 1972.

Nuhn, H.-E.: Partnerarbeit als Sozialform des Unterrichts. Weinheim 1995.

Oblinger, H./Kotzian, O./Waldmann, J.: Grundlegende Unterrichtskonzeptionen. Donauwörth 1984.

Otto, B.: Gesamtunterricht. Weinheim 1969.

Petersen, P.: Der kleine Jenaplan. Weinheim 2001.

Peterßen, W.H.: Handbuch Unterrichtsplanung. München ³1982.

ders.: Fächerverbindender Unterricht. München 2000.

Piaget, J.: Der Aufbau der Wirklichkeit beim Kinde. Stuttgart 1974.

Prawat, R.S.: Misreading Dewey: Reform, Projects, and the Language Game. In: Educational Researcher, 24 (1995) 7, 13–22.

Robinsohn, S.B.: Bildungsreform als Revision des Curriculum. Neuwied ⁴1973.

Rosenshine, B.: To Explain: A Review of Research. In: Educational Leaderchip, 26 (1968) 303–309.

Roth, H. (Hrsg.): Begabung und Lernen. Deutscher Bildungsrat. Gutachten und Studien der Bildungskommission. Bd. 4, Stuttgart ²1969.

Rutter, M. et al.: Fünfzehntausend Stunden. Weinheim 1980.

Schewior-Popp, S.: Handlungsorientiertes Lehren und Lernen in Pflege- und Rehabilitationsberufen. Stuttgart 1998.

Schneider, H.: Der Beutelsbacher Konsens. In: Mickel (Hrsg.) a.a.O.

Schräder-Naef, R.: Schüler lernen Lernen. Weinheim ⁶1996.

Schulz, W.: Unterrichtsplanung. München 1980.

Schwanitz, D.: Bildung. Alles was man wissen muss. Frankfurt/M. 1999.

Schwarzer, R./Steinhagen, K. (Hrsg.): Zur Wechselwirkung von Schülermerkmalen und Unterrichtsmethoden. München 1975.

Simons, J.R.P.: Lernen, selbständig zu lernen – ein Rahmenmodell. In: Mandl/Friedrich (Hrsg.) a.a.O.

Snow, R.E.: Heuristic Teaching. In: Fifth Annual Report. Stanford Center for Research an Development in Teaching. Palo Alto 1969.

Steffens, R.: Höflich-sein und mehr. Voraussetzungen für Gruppenarbeit. In: Pädagogik, 52 (2000) 5, 13–15.

Sutor, B.: Wertorientierung und Legitimation. In: Mickel (Hrsg.) 1999, a.a.O.

Tausch, R./Tausch, A.-M.: Erziehungspsychologie: Begegnung von Person zu Person. Göttingen ⁸1977.

dies.: Erziehungspsychologie: psychologische Vorgänge in Erziehung und Unterricht. Göttingen ²1965.

Terhart, E.: Lehr-Lern-Methoden. Weinheim ³2000.

Ulich, D.: Gruppendynamik in der Schulklasse. München 1971.
Vilsmeier, F.: Der Gesamtunterricht. Weinheim 1960.
Vollstädt, W. u.a.: Lehrpläne im Schulalltag. Opladen 1999.
Wagenschein, M.: Zum Begriff des exemplarischen Lehrens. Weinheim 1959.
Walberg, H.J.: Improving the Productivity of America's Schools. In: Educational Leadership, 41 (1984) 8
ders.: Productive Teaching and Instruction: Assessing The Knowledge Base. In: Phi Delta Kappan (1990) 470–478.
Wallrabenstein, W.: Offene Schule – Offener Unterricht. Ratgeber für Eltern und Lehrer. Reinbek bei Hamburg 1991.
ders.: Wie planbar ist Offener Unterricht? In: Pädagogik, 48 (1996) 4, 27–31.
Wang, M.C./Haertel, G.D./Walberg, H.J.: Toward a Knowledge Base for School Learning. In: Review of Educational Research, 63 (1993) 3, 249–294.
Weck, H.: Bewertung und Zensierung. Berlin 1982.
Weinert, F.E./Helmke, A. (Hrsg.): Entwicklung im Grundschulalter. Weinheim 1997.
Weinert, F.E./Zielinski, W.: Lernschwierigkeiten – Schwierigkeiten des Schülers oder der Schule? In: Unterrichtswissenschaft, 5 (1977) 4, 292–304.
Weizsäcker, C.F.v.: Die Zeit drängt. München 1986.
Winnefeld, F.: Pädagogischer Kontakt und pädagogisches Feld. München [4]1967.
Zinnecker, J. (Hrsg.): Der heimliche Lehrplan. Weinheim 1994.

Sachregister